汉字故事

全彩图解

思履／主编

图书在版编目（CIP）数据

全彩图解汉字故事 / 思履主编 . -- 长春 : 吉林文史出版社，2019.10（2020.11 重印）

ISBN 978-7-5472-5468-4

Ⅰ . ①全… Ⅱ . ①思… Ⅲ . ①汉字—通俗读物 Ⅳ . ① H12-49

中国版本图书馆 CIP 数据核字 (2018) 第 222272 号

全彩图解汉字故事

主　　编：思　履

责任编辑：董　芳　程　明

封面设计：韩立强

出版发行：吉林文史出版社（长春市福祉大路5788号出版集团A座）

www.jlws.com.cn

印　　刷：三河市鹏远艺兴印务有限公司

版　　次：2019年 10月第1版　2020年11月第2次印刷

开　　本：155mm × 220mm　1/16

印　　张：22印张

字　　数：196千字

书　　号：ISBN 978-7-5472-5468-4

定　　价：45.00元

中国语言学家陈寅恪说：“依照今日训诂学之标准，凡解释一字，即是作一部文化史。”汉字是一种生生不息、历久弥新的文字，是中华民族文化的瑰宝，是前人智慧的结晶。考古科学发现，6000 年前的半坡遗址就有可以称为汉字的刻画符号。汉字反映了中国人自古以来的生存环境、社会环境、物质生活、精神生活和情感生活。汉字展现了中国的山川、河流、植物、动物、房屋、车辆、道路和船舶等，还表现了中国人的劳动、风俗、习惯、思想、情感等。它传载着中国历史文化的本源的信息。汉字有着深厚的文化意蕴、独特的文化魅力，潜藏着丰富的审美价值。汉字有字义之美，如“仁”字，是人与人（二人），讲的是人与人要和谐相处；汉字有字容之美，如“喜”字，立见喜悦，“美”字，显得美妙；汉字有字音之美，如“伐木丁丁”，“流水潺潺”；汉字有艺术之美，书写汉字产生了世界一流的艺术家。它书写了中华民族的历史，承载着光辉灿烂的中华文化，对加强中华民族凝聚力，维系中华文明数千年延绵不断向前发展起了巨大的作用。作为一位中国人，理应了解、掌握汉字的演变过程及与汉字相关的文化知识。

本书选取了近 700 个汉字，讲述其博大精深的文化内涵。每一个选取的汉字都列举了该字的甲骨文、金文、小篆、楷书，剖析每个字起源和演变的详细过程，用《说文解字》的相关内容加以说明，并且引用相关文章或名句来说明所选字的本义、引申义，将汉字置于博大精深的中国古代文化背景之中，结合中国古代哲学思想及古代社会生活方方面面的具体内容，涉及天文、历史、地理、物候、礼仪、文化等各个方面，以新鲜的见解和丰富的资料深刻论述了汉字的文化意义和字里的“天地乾坤”。同时配有解字作用的多幅精美配图，形象地展示每个汉字的字形与字义的内在关系及其发展历程，使人看图能知字义，将汉字世界与真实世界紧密结合起来。每一个汉字都来源于一幅美丽的图画，每一个汉字也都蕴藏着一个动人的故事，有助于读者从根本上加强对汉字字形和字义的理解与记忆。

值得一提的是，为了方便读者查阅，本书中的汉字采用了简体字的写法，而在目录中，仍然是按照《说文解字》的原文进行归类和排列的。

本书既立足于汉字本身的含义与演变，又拓展性地全面介绍了汉字的文化底蕴，力求对每个汉字的介绍具有知识性、趣味性和可读性，为读者举一反三、事半功倍地学习、掌握其他更多的汉字提供方法和思路，是一本了解中国汉字文化的不可多得的案头必备书。一字一图，解说生动，一看就懂，一学就会。一卷在手，随时翻检，读者可以通过本书了解汉字常用字的起源和演变、本义和引申义，并且对中国文化形成一个全面的、系统的、深入的了解，从而从根本上认识汉字，从根本上理解中国文化。

目录

部首索引

一部

元…………2
天…………2

上部

帝…………3
下…………3

示部

示…………4
福…………4
神…………5
斋…………5
祭…………6
祖…………6
祝…………7
社…………7
禁…………8

三部

三…………8

王部

王…………9

玉部

玉…………9
瑜…………10
琼…………10
璧…………11
瑕…………11
玩…………12
玖…………12
碧…………13
珠…………13
玲…………14

珏部

班…………14

气部

气…………15

丨部

中…………15

屮部

熏…………16

艸部

芝…………16
菁…………17
萧…………17
薮…………17
苏…………18
芋…………18
苹…………19
蓝…………19
苦…………20
茅…………20
艾…………21
芸…………21
荷…………22
蔚…………22
菌…………23
茁…………23
英…………24
芒…………24
荟…………25
苍…………25
苗…………26
菜…………26
芳…………27
药…………27
藉…………28
若…………28
茹…………29
卉…………29
苟…………30
芙…………30

小部

少…………31
尚…………31

牛部

牛…………32
牲…………32
牵…………33
牢…………33
物…………34

告部

告…………34

口部

口…………35
唱…………35
叱…………36
啐…………36
吁…………36
嗷…………37
各…………37
局…………37
吻…………38
吞…………38
咳…………39
吮…………39
叽…………40
吹…………40
命…………41

召………… 41
右………… 42
吉………… 42
周………… 43
唇………… 43

哭部

哭………… 44

走部

走………… 44
起………… 45
赶………… 45

止部

止………… 46
归………… 46
岁………… 47

癶部

登………… 47

是部

是………… 48

辵部

巡………… 48
随………… 49
进………… 49
迁………… 50
遏………… 50
逞………… 51
道………… 51

彳部

微………… 52
得………… 52
御………… 53
待………… 53

行部

行………… 54
衙………… 54

齿部

齿………… 55

足部

跟………… 55
踊………… 56
蹈………… 56
跻………… 56
跌………… 57
蹲………… 57
跛………… 57
跪………… 58
踞………… 58
跨………… 59
跳………… 59
跋………… 60
路………… 60

册部

册………… 61
嗣………… 61

㗊部

嚣………… 62

只部

只………… 62

㕯部

商………… 63

十部

十………… 63
千………… 64
博………… 64

卅部

世………… 65

言部

诗………… 65
谋………… 66
信………… 66
蔼………… 67
谏………… 67
诰………… 68
誓………… 68
设………… 69
谢………… 69
说………… 70
话………… 70
讥………… 71
讧………… 71
讶………… 72
讷………… 72
谆………… 73
议………… 73
详………… 73
许………… 74
诵………… 74
譬………… 74
诈………… 75
让………… 75

音部

音………… 76

辛部

妾………… 76

収部

奉………… 77
丞………… 77
具………… 78

舁部

兴………… 78

革部

革………… 79
靶………… 79

臼部

要………… 80

晨部

晨………… 80
农………… 81

鬲部

鬻………… 81

爪部

爪………… 82

鬥部

斗………… 82

又部

又………… 83
友………… 83
彗………… 84
父………… 84
及………… 85
秉………… 85
取………… 86

史部

史………… 86

殳部
段…………87
毅…………87
畫部
画…………88
臣部
臣…………88
寸部
寸…………89
皮部
皮…………89
攴部
整…………90
赦…………90
牧…………91
教…………91
收…………92
效…………92
数…………93
故…………93
寇…………93
卜部
占…………94
用部
用…………94
爻部
爻…………95
㸚部
尔…………95
目部
盼…………96
眯…………96
相…………97
看…………97
眉部
眉…………98
鼻部
鼻…………98
自部
自…………99
白部
百…………99
習部
习…………100
羽部
羽…………100
翰…………101
翱…………101
隹部
隹…………102
鸡…………102
雀…………103
奞部
夺…………103
羊部
羊…………104
美…………104
羔…………105
雔部
双…………105
鳥部
鸟…………106
鸣…………106
烏部
乌…………107
𠦒部
毕…………107
弃…………108
幺部
幺…………108
𠬪部
受…………109
争…………109
歺部
殊…………110
残…………110
殃…………111
殄…………111
殖…………111
殇…………112
殡…………112
殆…………112
死部
死…………113
肉部
脂…………113
脾…………114
肝…………114
筋部
筋…………115
刀部
刀…………115
切…………116
副…………116
利…………117
初…………117
刮…………118
制…………118
刊…………119
删…………119
券…………120
角部
角…………120
衡…………121
解…………121
竹部
竹…………122
笙…………122
箱…………123
策…………123
简…………124
箪…………124
筝…………125
箕…………125
箭…………126
笨…………126
篆…………126
篇…………127
等…………127
符…………127
丌部
典…………128
左部
左…………128

工部
工…………129
巫部
巫…………129
甘部
甘…………130
曰部
曰…………130
丂部
宁…………131
喜部
喜…………131
壴部
彭…………132
鼓部
鼓…………132
豆部
豆…………133
虎部
彪…………133
虎…………134
皿部
皿…………134
盥…………135
尽…………135
益…………136
丶部
主…………136
皀部
即…………137
丹部
丹…………137
井部
井…………138
食部
饴…………138
养…………139
饱…………139
亼部
合…………140
會部
会…………140
入部
内…………141
缶部
缶…………141
缸…………142
矢部
矢…………142
高部
高…………143
亭…………143
冂部
央…………144
來部
来…………144
京部
京…………145
㫗部
厚…………145
麥部
麦…………146
夊部
夏…………146
韋部
韦…………147
久部
久…………147
木部
木…………148
松…………148
本…………149
柿…………149
梅…………150
李…………150
桂…………150
榛…………151
栩…………151
梧…………151
桃…………152
杜…………152
椅…………153
杨…………153
朱…………154
末…………154
果…………155
枉…………155
枯…………156
杳…………156
楣…………157
枕…………157
杼…………158
棚…………158
柄…………159
楫…………159
休…………160
桎…………160
東部
东…………161
林部
林…………161
麓…………162
森…………162
才部
才…………163
出部
卖…………163
生部
生…………164
丰…………164
巢部
巢…………165
束部
束…………165
華部
华…………166
囗部
囗…………166
回…………167
因…………167
貝部
贝…………168
贿…………168

宾…………169
买…………169
货…………170
资…………170
贤…………170
贺…………171
贡…………171
赞…………171
财…………172
赏…………172

邑部

邑…………173
都…………173
郡…………174

日部

日…………174
昧…………175
旭…………175
盰…………176
昃…………176
昌…………177
暑…………177
昔…………178

旦部

旦…………178

㫃部

旌…………179
旅…………179

晶部

晶…………180
星…………180

月部

月…………181

明部

明…………181

夕部

夕…………182
外…………182

多部

多…………183

鼎部

鼎…………183

齊部

齐…………184

片部

片…………184

禾部

禾…………185
稿…………185
稼…………186
穆…………186
秋…………187
秦…………187
秧…………188
稔…………188
私…………189
稗…………189
移…………189
秀…………190
稠…………190
稀…………190
程…………191

香部

香…………191

米部

米…………192
糟…………192

臼部

臼…………193
舀…………193

瓜部

瓜…………194

麻部

麻…………194

宀部

寓…………195
家…………195
室…………196
向…………196
宇…………197
宏…………197
安…………198
实…………198
宝…………199
宿…………199
寒…………200

宫部

宫…………200

穴部

穴…………201
突…………201
穿…………202

冖部

冠…………202

疒部

痒…………203

冃部

冕…………203
胄…………204

网部

网…………204
罩…………205
置…………205

巾部

巾…………206
带…………206
幅…………207
帚…………207

白部

白…………208

㡀部

敝…………208

人部

人…………209
保…………209
仕…………210
佩…………210
位…………211
作…………211
仁…………212
儒…………212
佳…………212
健…………213

傲…………213
伐…………213
伏…………214

匕部

化…………214

匕部

匕…………215

从部

从…………215
并…………216

比部

比…………216

北部

北…………217

丘部

丘…………217

重部

重…………218

卧部

监…………218
临…………219

身部

身…………219

衣部

袍…………220
衷…………220
杂…………221
裕…………221
裎…………222
褐…………222
衰…………223

老部

老…………223
寿…………224
孝…………224

毛部

毛…………225

尸部

尸…………225
屋…………226

尾部

尾…………226

舟部

舟…………227
服…………227

儿部

儿…………228

見部

见…………228

欠部

欠…………229

頁部

页…………229

面部

面…………230

𩠐部

首…………230

県部

悬…………231

文部

文…………231

印部

印…………232

山部

山…………232

广部

庶…………233

石部

石…………233
碑…………234
确…………234
磬…………234
碎…………235
破…………235
磊…………235

長部

长…………236

而部

而…………236

豕部

豕…………237

象部

象…………237

馬部

马…………238
驹…………238
骑…………239
惊…………239

鹿部

鹿…………240

兔部

兔…………240

犬部

犬…………241
独…………241
臭…………242
狂…………242
猴…………243
狼…………243

鼠部

鼠…………244

熊部

熊…………244

火部

火…………245
然…………245
炭…………246
灰…………246
照…………247
光…………247
炕…………248

炎部

炎…………248

黑部

黑…………249

炙部

炙…………249

赤部

赤…………250

大部

大…………250
夹…………251

亦部

亦…………251

夨部

吴…………252

交部

交…………252

壶部

壶…………253

㚔部

报…………253

亣部

奚…………254

夫部

夫…………254

立部

立…………255

心部

心…………255
意…………256
愁…………256
怃…………257
慢…………257
情…………258
志…………258
慎…………258
忠…………259
快…………259
想…………259
忘…………260
悴…………260
患…………261

水部

水…………261
海…………262
洪…………262
衍…………263
滔…………263
滥…………264
激…………264
渊…………265
滴…………265
溃…………266
涧…………266
凄…………267
瀑…………267
泳…………268
湛…………268
渴…………269
潸…………269
浓…………270
汔…………270
染…………271
漕…………271
湿…………272
滓…………272
洗…………273
淋…………273
漏…………274
萍…………274

川部

川…………275
州…………275

泉部

泉…………276

永部

永…………276

雨部

雷…………277
电…………277
露…………278

雲部

云…………278

魚部

鱼…………279
鲜…………279
鳞…………280

燕部

燕…………280

龍部

龙…………281

飛部

飞…………281

西部

西…………282

户部

户…………282

門部

门…………283
间…………283
阙…………284
阁…………284
闭…………284
闪…………285
阚…………285
阔…………285
闺…………286
开…………286
闲…………287

耳部

耳…………287
耽…………288
耿…………288
声…………289
闻…………289

手部

手…………290
扶…………290
控…………291
承…………291
招…………292
挑…………292
摘…………293
搂…………293
揭…………294
擩…………294
抒…………295
拾…………295
拔…………296
播…………296

女部

姜…………297
妻…………297
妇…………298
母…………298
媾…………299

奴…………299
娥…………300
媚…………300
好…………301
媲…………301
如…………302
婴…………302
嬖…………303
姿…………303
娃…………304

民部

民…………304

戈部

戈…………305
戎…………305
戌…………306

我部

我…………306

乚部

直…………307

亡部

望…………307

曲部

曲…………308

瓦部

瓦…………308

弓部

弓…………309
弭…………309
弩…………310

系部

系…………310
绵…………311
织…………311
绪…………312
纯…………312
经…………312
统…………313
纳…………313
绍…………313
绝…………314
终…………314
绘…………315
绢…………315
紫…………316
红…………316
纲…………317
緼…………317
纷…………318
绁…………318
缌…………319
丝…………319

率部

率…………320

虫部

虫…………320
蝉…………321
虹…………321

風部

风…………322

它部

它…………322

龜部

龟…………323

土部

土…………323

田部

田…………324
畜…………324

黄部

黄…………325

男部

男…………325

力部

力…………326
劲…………326
劳…………327
劫…………327

金部

铁…………328
铸…………328
钉…………329
镜…………329

且部

且…………330

斤部

斤…………330
斧…………331

斗部

斗…………331

𠂤部

降…………332
陈…………332
陶…………333
陪…………333

四部

四…………334

亞部

亚…………334

五部

五…………335

六部

六…………335

九部

九…………336

丁部

丁…………336

内部

禽…………337
万…………337

子部

子…………338
孕…………338

己部

己…………339

𠫓部

育…………339

丑部

羞…………340

申部

申…………340

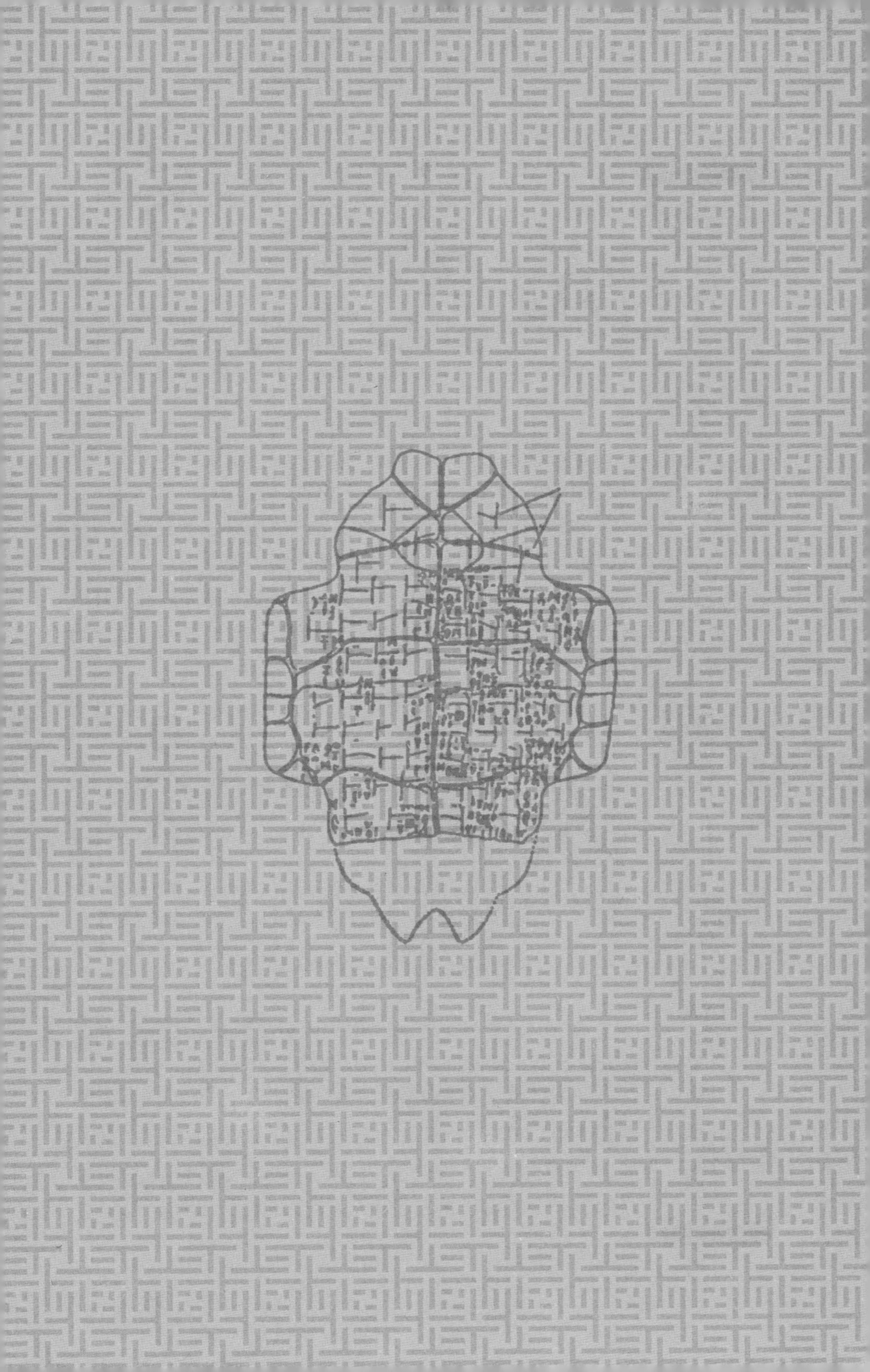

元

(yuán)

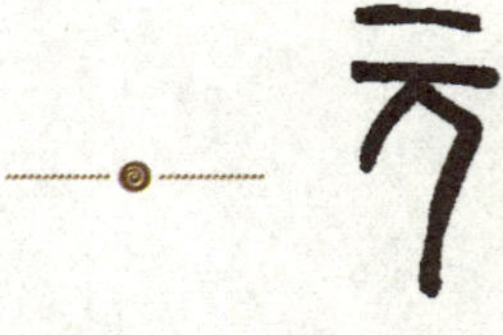

“元”是会意字。甲骨文从兀（削去人的头发），又用短横指明头的部位，以表示人头。金文与甲骨文大致相同，小篆的形体整齐化。隶变后楷书写作“元”。

《说文·一部》：“元，始也。从一，从兀。”（元，开始。由一、由兀会意。）

“元”的本义是人头。如《左传·僖公三十三年》：“狄人归其元。”意思是狄人送还了他的头。

引申指人们的首领。如“元首”。又引申为开头、开始或第一等。如《公羊传·隐公元年》：“元年者何，君之始年也。”

(tiān)

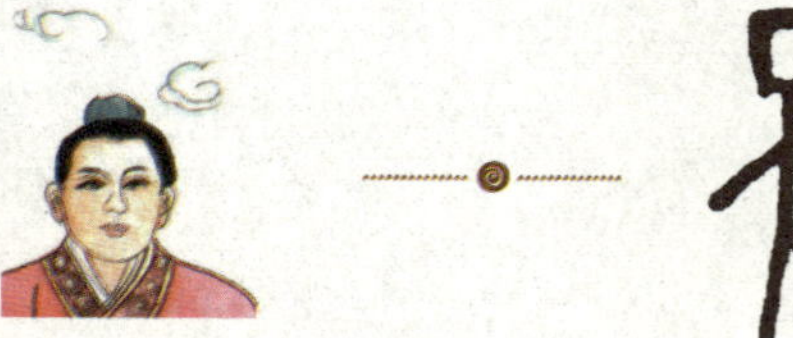

“天”的甲骨文、金文是象形字。甲骨文像正面站立的人，突出了上部的方框（头）。金文与甲骨文的形体大致相同，显得更形象。小篆线条化。隶变后楷书写作“天”。

《说文·一部》：“天，颠也。至高无上，从一、大。”（天，头顶。最高而无以上加的部位。由一、由大会意。）

“天”的本义为人的头顶；两眉之间，称为“天庭”。如常说的“天庭饱满”。人至高无上的部分为“天”（头），自然界至高无上的部分也为“天”。如宋代杨万里《晓出净慈寺送林子方》：“接天莲叶无穷碧，映日荷花别样红。”

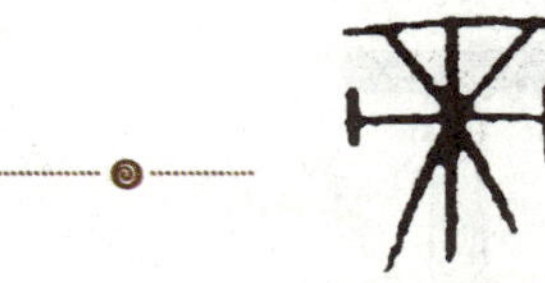

(dì)

“帝”是象形字。甲骨文字形像一堆横七竖八架在一起准备点燃的木柴。金文与甲骨文基本相同。小篆下部变成了“巾”。隶变后楷书写作“帝”。

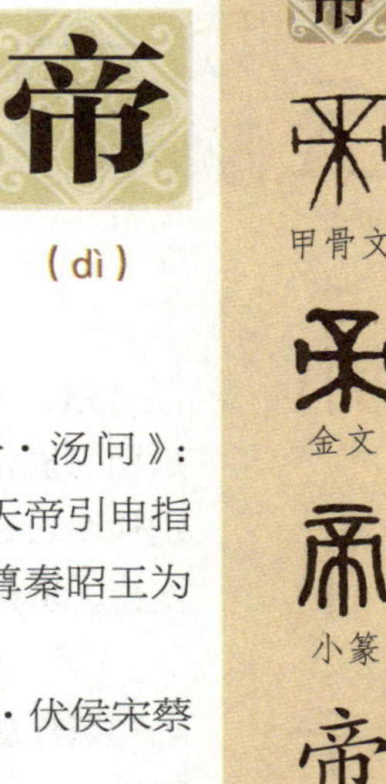

“帝”的本义就是天神、天帝。如《列子·汤问》：“操蛇之神闻之，惧其不已也，告之于帝。”由天帝引申指帝王、君主。如《战国策·赵策》：“赵诚发使尊秦昭王为帝。”意思是赵国果真派遣使臣尊奉秦昭王为帝。

“帝”作动词用时，表示称帝。如《后汉书·伏侯宋蔡冯赵牟韦列传》：“受命而帝。”

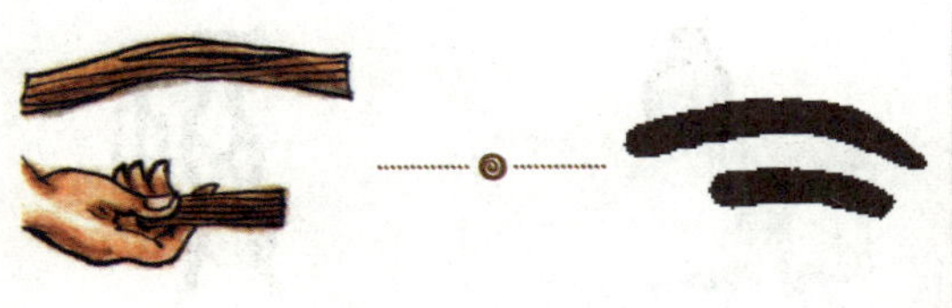

(xià)

“下”是指事字。甲骨文上面的长弧线表地面，下面的短横表地下。金文和小篆都是由此演化而来。隶变后楷书写作“下”。

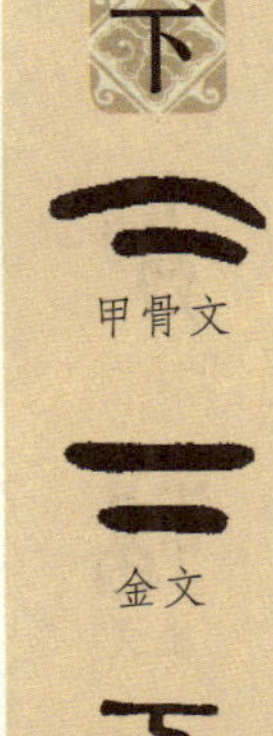

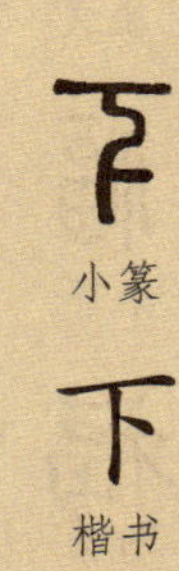

“下”的本义是指示方向。也用来表底部、低处，因此又引申指去往（从高处到低处）。如常说的“南下”就是这种用法。

地有高低上下，人有上下尊卑，所以“下”又引申指地位低下。如“下人”。后来人们又把在高位的人屈就地位较低的贤才称作“下”。如成语“礼贤下士”就是这种用法。还引申指离开、除下。如“下去吧”“下了枪”。

(shì)

“示”是象形字。甲骨文像用两块石头搭起的简单祭台之形。金文把甲骨文的底座变为“小”，表示供桌的支架。隶变后楷书写作“示”。

示，上天垂下天文图像，体现人事的吉凶，这些图像是用来显示给人们看的东西。从二代表天上；三竖笔，分别代表日、月、星。人们观看天文图像，用来考察时世的变化。示是神的事。大凡示的部属都从示。

“示”的本义是古人祭祀祖先与鬼神时所使用的祭台，因为祭祀被古人当作头等大事，所以，“示”后引申为神灵的象征。

(fú)

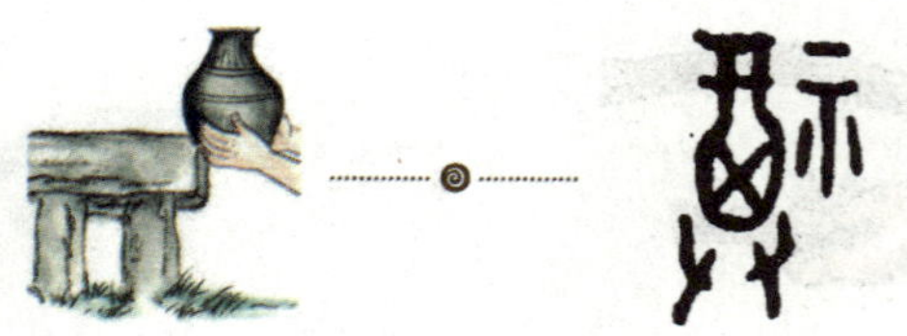

“福”在甲骨文和金文中是会意字。甲骨文右为祭坛，左为双手捧着酒坛之形，会拿酒祭神，祈求幸福之意。隶变后楷书写作“福”。

“福”的本义是求福。后来作名词，与“祸”相对。如《老子》第五十八章：“祸兮福之所倚，福兮祸之所伏。”

引申指护佑。如《左传·庄公十年》：“小信未孚，神弗福也。”又引申指行礼致敬。如《官场现形记》第四十四回：“马老爷才赶过来作揖，瞿太太也只得福了福。”

福

甲骨文

金文

小篆

楷书

(shén)

“神”是形声字。金文像闪电的样子，或另加义符“示”。小篆整齐化、文字化。隶变后楷书写作“神”。

“神”的本义是传说中的天神。如《周礼·天官冢宰》：“大宗伯之职，掌建邦之天神、人鬼、地祇之礼，以佐王建保邦国。”泛指神灵、神仙。如《左传·庄公十年》：“小信未孚，神弗福也。”

由于神仙的威力不同寻常，故引申指特别高超的、令人惊奇的。如“神机妙算”。又引申指精神、意识。如《庄子·养生主》：“臣以神遇而不以目视，官知止而神欲行。”

神

金文

小篆

楷书

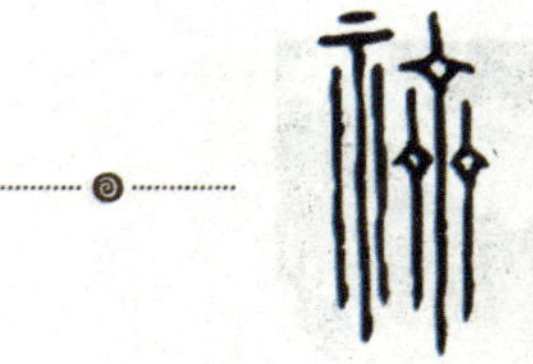

(zhāi)

斋，斋戒，（祭祀之前）整洁身心（以示虔敬）的行为。从示，齊省声。

“斋”可以解释为施舍饭食给僧、道或穷苦人。如《清平山堂话本》：“张待诏娘子盛一碗饭，一碗羹，斋这无眼婆婆。”又如：“斋僧敬道，对和尚道士虔诚有礼，供食舍钱。”

“斋”作为名词时有素食的意思。如《西游记》：“我们是行脚僧，遇庄化饭，适处求斋。”还有作为对房舍的称呼。如“书斋”“斋屋”。或专指拜忏诵经、祈祷求福一类的活动。

金文

小篆

齋

楷书

祭

（jì）
（zhài）

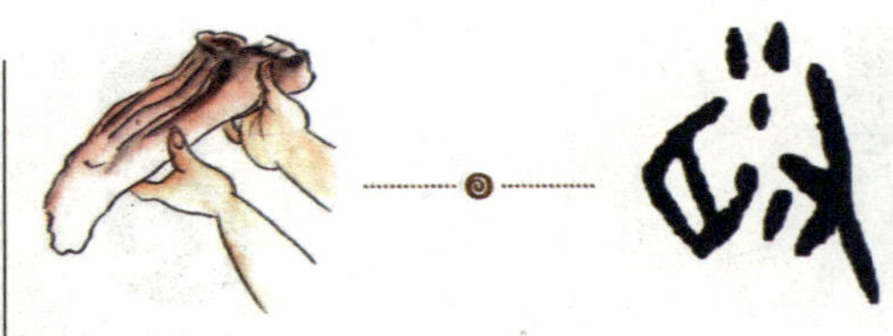

“祭”是会意字。甲骨文从示（祭台），从又（手），从肉，会以手持肉置于祭台上致祭之意。金文与甲骨文大体相同。小篆整齐化。隶变后楷书写作“祭”。

“祭”（jì）的本义是祭祀。旧时祀神、供祖或以仪式追悼死者都可称“祭”。如“祭天”。

旧小说中念口诀以施放法宝，所以又引申指念咒、使用法宝。如“祭起法宝”中的“祭”就是指使用。

祭祀要杀牲，故又泛指杀。如《礼记·月令》：“鹰乃祭鸟。”意思是老鹰于是捕杀鸟儿。

祖

（zǔ）

甲骨文的形体像祭祀时放置祭品的礼器。金文、小篆另加义符“示”，从示从且会意，且兼表声，成了会意兼形声字。隶变后楷书写作“祖”。

《说文·示部》：“祖，始庙也。从示，且声。”（祖，初始；宗庙。从示，且声。）

“祖”的本义为祭祀先人的宗庙或神主。如《周礼·考工记·匠人》：“左祖右社。”引申指祖宗、祖先。进而引申指某种事业或行业、派别的创始人。如“鼻祖”“祖师”。又表示效法、承袭。如《史记·屈原贾生列传》：“然皆祖屈原之从容辞令，终莫敢直谏。”

祝

(zhù)

“祝”的小篆是会意字。甲骨文像一人跪于示（祭台）前向神灵祭奠祷告之形。隶变后楷书写作“祝”。

祝，祭祀时主管向神灵祷告的人。由示、由人、由口会意。另一说是，祝字的“兄”旁是由“兑”省去上面的八。《易经》说：“兑”卦可以代表“口”，代表“巫”。

“祝”的本义为向神灵祷告求福。如洪迈《容斋四笔》：“一人祝之，一国诅之，一祝不胜万诅。”后世指衷心美好的愿望。如“庆祝”“祝贺”。特指祭祀时主持祭礼念颂词的人。如“巫祝”。后世也指庙中司香火的人。如“庙祝”。

社

(shè)

“社”是象形兼会意字。甲骨文写作“土”，像原始祭社之形。金文另加义符“示”和“木”。小篆从土从示会意。隶变后楷书写作“社”。

《说文·示部》：“社，地主也。从示、土。《春秋传》：‘共工之子句龙为社神。’”（社，土地的神主。由示、由土会意。《春秋传》说：“共工的儿子句龙是土地神。”）

引申为土地神的神像、牌位。如《论语·八佾》：“哀公问社于宰我。宰我对曰：‘夏后氏以松，殷人以柏，周人以栗。’曰：‘使民战栗。’”

祝

甲骨文

金文

小篆

祝

楷书

社

甲骨文

金文

小篆

社

楷书

禁

小篆

楷书

禁

(jìn)

(jīn)

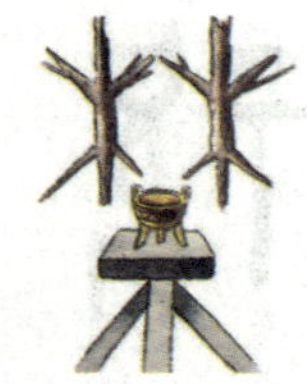

“禁”是形声字。小篆从示（表鬼神），而林（坟地多植树，故坟地特称“林”），会令人忌讳的坟地之意，林兼表声。隶变后楷书写作“禁”。

《说文·示部》：“禁，凶吉之忌也。从示，林声。”（禁，指有关吉凶之事的避忌。从示，林声。）

“禁”（jìn）原指令人忌讳的坟地。本义为忌讳、避讳。如“百无禁忌”。由本义引申指不许、制止、阻止。如“令行禁止”。进而又引申指约束、控制。如“禁欲”。

“禁”还引申监狱。监狱用来控制人的恶念，所以“禁”又有拘囚、关押之意。如“监禁”。

甲骨文

金文

小篆

楷书

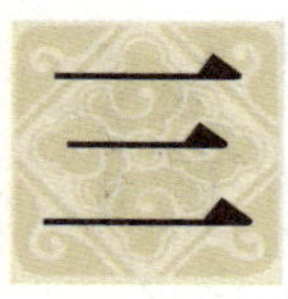

(sān)

“三”是指事字。甲骨文、金文、小篆、楷书都写成三横。

《说文·三部》：“三，天地人之道也。从三数。凡三之属皆从三。弎，古文三从弋。”（三，天、地、人的道数。由三画构成。大凡三的部属都从三。弎，古文“三”字，从弋。）

“三”的本义是数名。如《道德经》中说：“道生一，一生二，二生三，三生万物。”

“三”由本义引申出多的意思。如《论语·公冶长》：“季文子三思而后行。”成语“三思而行”即出于此，表示经过多次考虑，然后再去做。

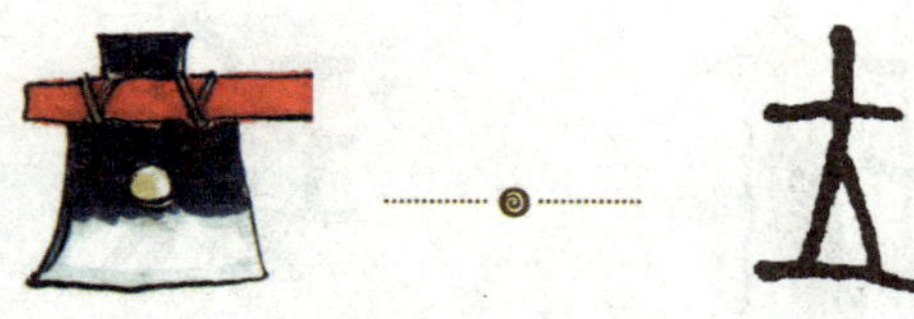

(wáng)

“王”是象形字。甲骨文像斧钺之形，下端是刃。金文基本上和甲骨文相同，不过下端刃部更为厚重。小篆的形体由金文演变而来。隶变后楷书写作“王”。

《说文·王部》：“王，天下所归往也。董仲舒曰：‘古之造文者，三画而连其中谓之王。三者，天、地、人也，而参通之者王也。’孔子曰：‘一贯三为王。’”（王，天下归趋向往的对象。董仲舒说：“古代创造文字，三画而又用竖线连接其中，叫王。三横画，代表天道、地道、人道，而能同时通达它的，就是王。”孔子说：“用一贯三就是王。”）

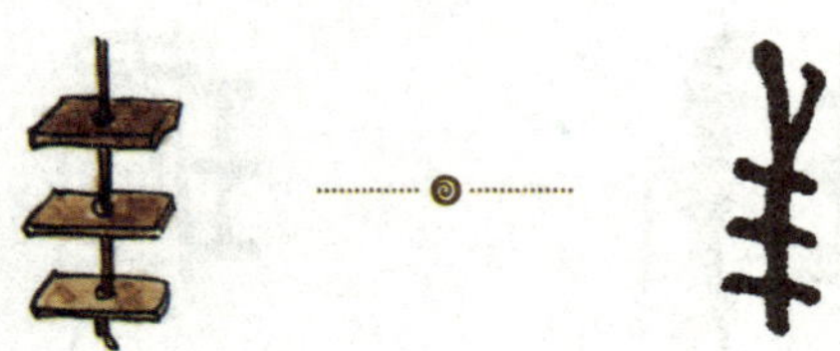

(yù)

“玉”是象形字。甲骨文像用一根绳子串吊着三、四或五块玉石，后规范为三。金文和小篆都很像“王”字，但实际上不一样。隶变后楷书写作“玉”。

玉，美好的石头。像三块玉的连接。中间的“丨”，是那穿玉的绳索。大凡玉的部属都从玉。

“玉”的本义是温润而有光泽的美石。如《诗经·秦风·小戎》：“言念君子，温其如玉。”古人往往用“玉”来形容美好的、珍贵的、洁白的东西。如《诗经·召南·野有死麕》：“白茅纯束，有女如玉。”后用作一种雅称或敬辞。如曹植《七启》：“将敬涤耳，以听玉音。”

瑜

小篆

瑜

楷书

瑜

(yú)

“瑜”是形声字。小篆从玉，俞声。隶变后楷书写作“瑜”。

《说文·玉部》:“瑜，瑾瑜，美玉也。从玉，俞声。”（瑜，瑾瑜，美玉。从玉，俞声。）

“瑜”的本义为美玉。如《礼记·玉藻》:“世子佩瑜玉而綦织绶。”意思是，世子佩戴美玉，使用青黑色丝带。引申指玉的光彩、光辉。如“瑕瑜互见”。进而引申指美好。

“瑜伽”，是梵语的音译。指印度教的一种修行方法，意为“结合”。

琼

小篆

瓊

楷书

琼

(qióng)

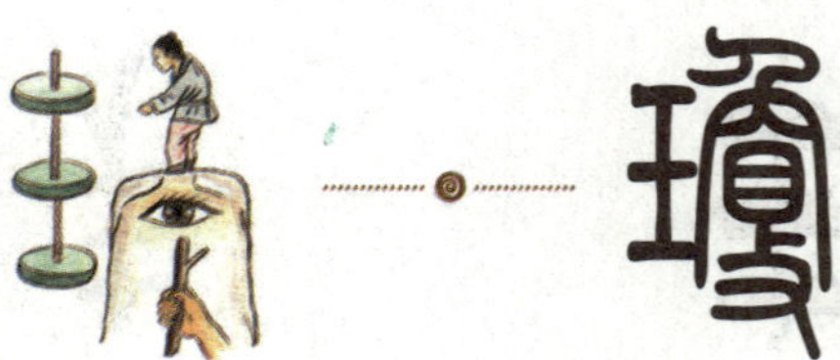

“琼”是形声字。左形，右声。琼是红色的玉，也用来泛指一切美玉。隶变后楷书写作“瓊”。

“琼”的本义是红色的美玉。如《诗经·卫风·木瓜》:“投我以木瓜，报之以琼琚。”又如《左传·僖公二十八年》:“楚子玉自为琼弁玉缨。”引申为光彩似玉的。如《汉书·扬雄传上》:“精琼靡与秋菊兮。”后用来比喻美好的事物。如明代施耐庵《水浒传》:“雪地里踏着碎琼乱玉。”又如宋代苏轼《水调头歌》:“我欲乘风归去，又恐琼楼玉宇，高处不胜寒。”

琼，海南省的简称。

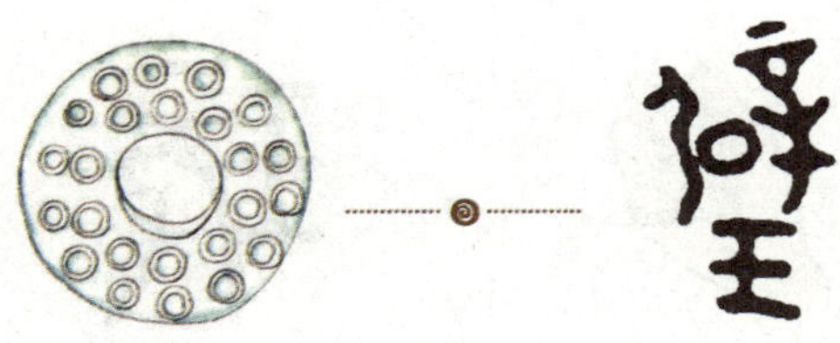

璧

(bì)

“璧”是形声字。金文从玉，辟声。小篆字形变化不大，只是更加整齐。隶变后楷书写作“璧”。

《说文·玉部》：“璧，瑞玉圜也。从玉，辟声。”（璧，用作印信凭证、平圆而正中有孔的玉。）

“璧”的本义为古代一种玉器，圆形扁平，中间有孔。如《周礼·春官·大宗伯》：“以苍璧礼天。”泛指美玉。如“白璧无瑕”。又用作辞谢礼品或归还借用之物。如奉璧；敬璧。

璧

金文

小篆

楷书

瑕

(xiá)

“瑕”是形声字。小篆从玉，叚（jiǎ）声。隶变后楷书写作“瑕”。

“瑕”的本义为带红色的玉。如《礼记·聘义》：“瑕不掩瑜，瑜不掩瑕。”又指红色、红色的。如《汉书·扬雄传》：“吸清云之流瑕兮，饮若木之露英。”还比喻人或事物显露出来的缺陷、缺点或小毛病。如“纯洁无瑕”“瑕疵”。

瑕

小篆

瑕

楷书

玩

玩
小篆

玩
楷书

玩

（wán）

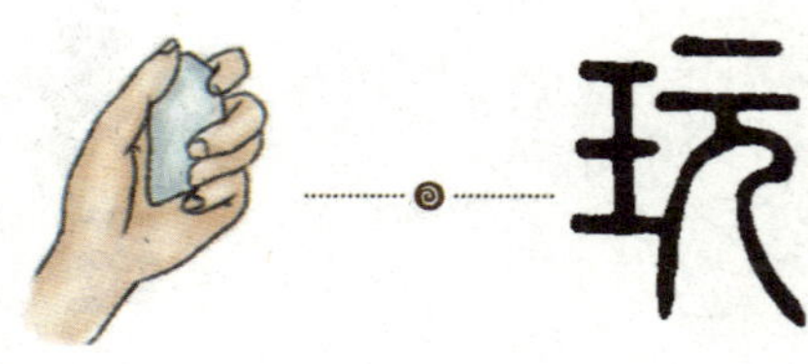

“玩”是形声字。小篆从玉，元声，表示把玩观赏美玉。隶变后楷书写作“玩”。异体又作“貦”，从貝（贝）。如今规范化，以“玩”为正体。

“玩”的本义为以手玩弄。泛指玩弄、戏弄。如“玩物丧志”。引申为观赏、欣赏。如《楚辞·九章·思美人》：“惜吾不及古人兮，吾谁与玩此芳草？”

用作名词，指供玩赏的东西。如《国语·楚语》：“若夫白珩，先王之玩也，何宝焉？”又引申指轻慢、轻视。如“玩忽职守”“玩世不恭”。

玖

玖
小篆

玖
楷书

玖

（jiǔ）

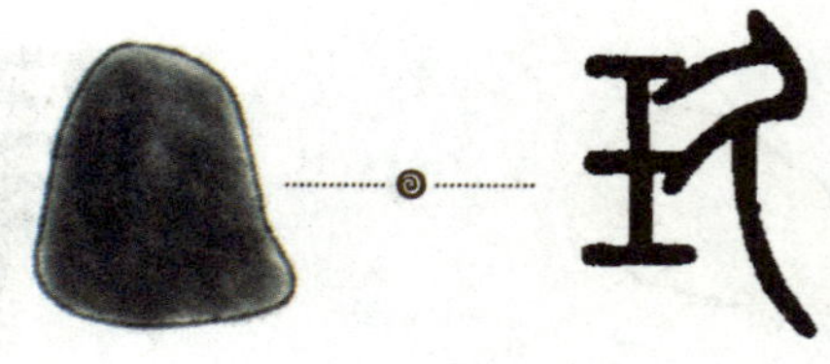

“玖”是形声字。小篆从玉，久声。隶变后楷书写作“玖”。

《说文·玉部》：“玖，石之次玉黑色者。从玉，久声。”（玖，次于玉的黑色美石。从玉，久声。）

“玖”的本义为比玉稍次的黑色美石。如《诗经·卫风·木瓜》：“投我以木李，报之以琼玖。匪报也，永以为好也！”又如《诗经·王风·丘中有麻》：“贻我佩玖。”

数词“九”的大写形式。如“玖仟玖佰玖拾玖圆整”。

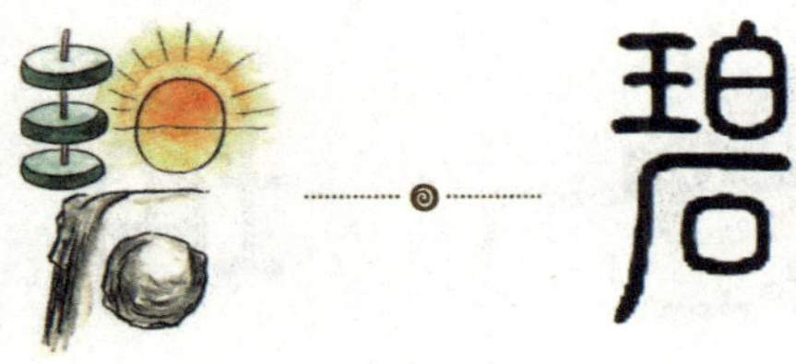

（bì）

“碧”是会意兼形声字。小篆由玉、由石、由白会意，白兼表声。隶变后楷书写作“碧”。

“碧”的本义是青绿色的玉石。如《山海经·西山经》上说：“高山，其下多青碧。”“青碧”就是指青绿色的玉石。绿水和青绿色的玉石颜色相似，所以“碧”引申指绿水。

“碧”还指青绿色。如《玉台新咏·古诗为焦仲卿妻作》：“绿碧青丝绳。”宋代陆游《过小孤山大孤山》：“碧峰巉然孤起。”王夫人《小云山记》：“寒则苍，春则碧。”

碧

碧 小篆

碧 楷书

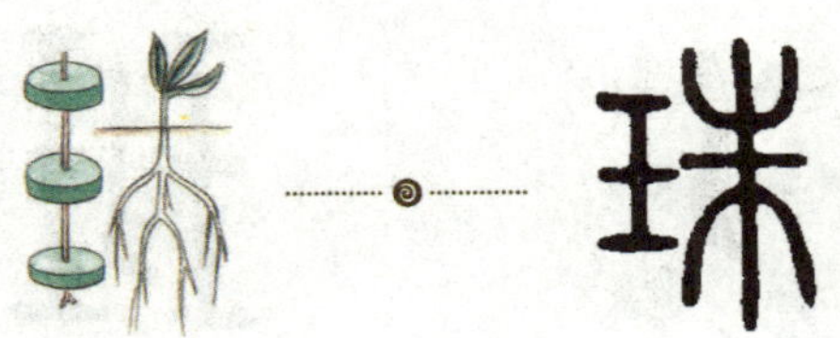

（zhū）

“珠”是形声字。小篆从玉，朱声。隶变后楷书写作“珠”。

珠，蚌壳里头的水精。如《春秋国语》中：“珠足以用来抵御火灾。”说的就是这个意思。

“珠”的本义为蚌壳体内所生的珍珠，圆形固体颗粒，为乳白色或略带黄色，有光泽。

引申指像珠子的东西。如白居易《暮江吟》：“可怜九月初三夜，露似珍珠月似弓。”

用作形容词，形容事物的华美、光泽。如“珠光宝气”。

小篆

珠 楷书

琀

琀

小篆

琀

楷书

琀

(hán)

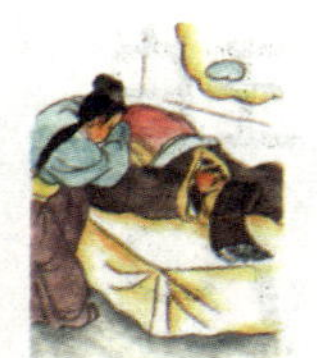

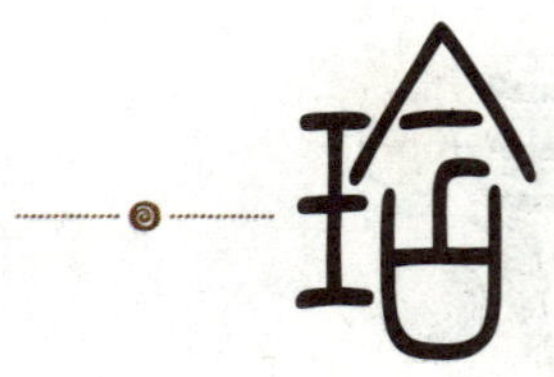

"琀"是会意兼形声字。送终时放入死人口中的珠玉。从玉，从含，含亦表声。

"琀"是古代塞在死者嘴里的珠玉，以不使死者空口，并希冀以玉石质坚色美的特性来保护尸体不朽。如《说文》："琀，送死口中玉也。"又如《荀子·大略》："玉贝曰琀。"

经典多作"含"。如《公羊传·文公五年》："含者何？口实也。"

班

班

金文

班

小篆

班

楷书

班

(bān)

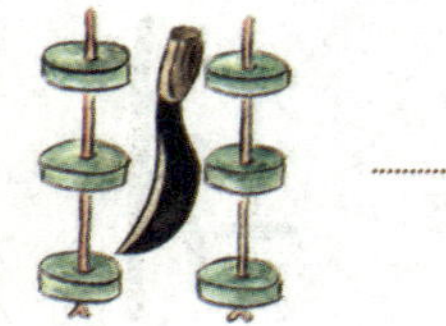

"班"是会意字。由珏、由刀会意。金文像刀分玉石为两半。小篆的形体与金文基本相同。隶变后楷书写作"班"。

"班"的本义就是分剖瑞玉。用作名词，指分开人群而形成的组织。如"培训班""戏班"。"班"还有返回的意思。如"班师回朝"。

作量词时：一种用于人群。如《儒林外史》第三十二回："忙出来吩咐雇了两班脚子。"另一种用于定时开行的交通运输工具。如"航班""末班车"。按规定一天之内工作的一段时间也可叫"班"。如"早班""晚班"。

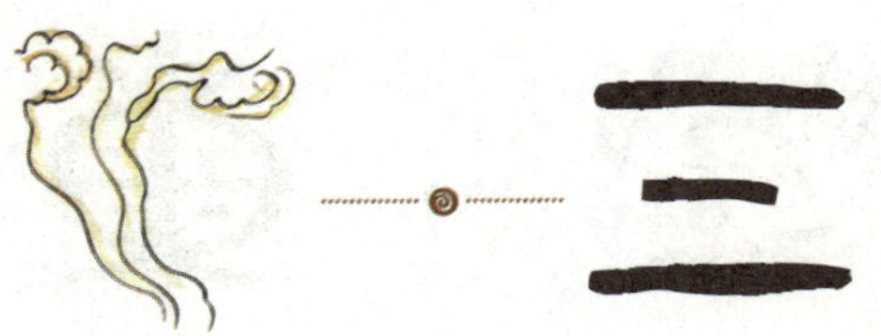

（qì）

“气”是象形字。甲骨文、金文的形体就像云气蒸腾上升的样子。小篆的形体承接甲骨文、金文。隶变后楷书写作“气”。

“气”的本义为云气。如《史记·项羽本纪》：“吾令人望其气，皆为龙虎，成五彩。”泛指一切气体。如“空气”“天然气”。后又引申指天气、气象。如王羲之《兰亭集序》：“是日也，天朗气清，惠风和畅。”

又引申指景象。如杜甫《秋兴八首》其一：“玉露凋伤枫林树，巫山巫峡气萧森。”“气”也指人的各种精神状态。如《孟子·公孙丑》：“我知言，我善养吾浩然之气。”

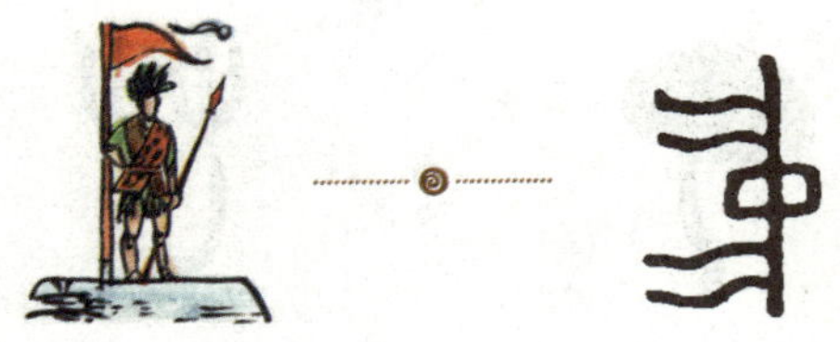

（zhōng）
（zhòng）

“中”是象形字。甲骨文像一面直立的旗帜，居中的“口”表示“中间”之意。金文、小篆变得更加美观。隶变后楷书写作“中”。

“中”（zhōng）的本义为内、里。如柳宗元《笼鹰词》：“草中狸鼠足为患，一夕十顾惊且伤。”意思是，草里的狸鼠之类足以成为祸害，一夜之中多次张望挑衅，令人受惊难安。

由内、里引申为中间，一定范围内适中的位置。如“居中”。由内、里又可引申指内心。如三国时曹操《短歌行》：“忧从中来，不可断绝。”

金文

小篆

楷书

（xūn）
（xùn）

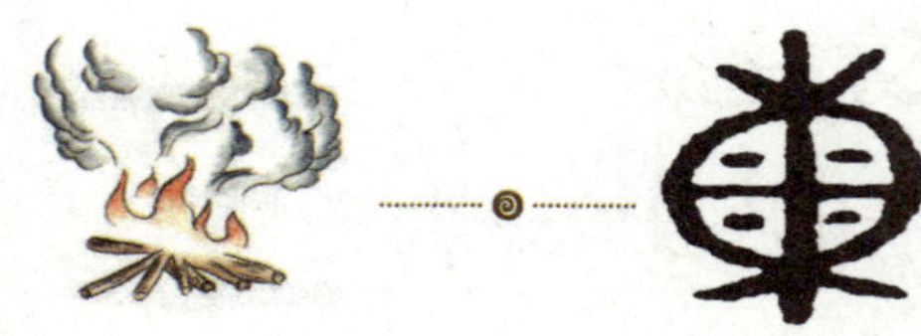

“熏”在小篆中是会意字。由金文上面像火烟冒出，中间是烟囱，四点表示烟苔，下面是火焰的样子。隶变后楷书写作“熏”。

《说文·屮部》：“熏（xūn），火烟上出也。从屮，从黑。屮黑，熏黑也。”（熏，火烟向上冒出熏黑物体的意思。由屮（chè）、由黑会意。屮黑，火烟上升把物体熏黑。）

“熏”的本义为火烟或火烟上出。如陶弘景《许长史旧馆坛碑》：“兰缸烈耀，金炉扬熏。”泛指用火、烟气等烤炙。如“熏肉”。又引申指烟、气等侵袭。如鲍照《代苦热行》：“瘴气昼熏体，草露夜霑衣。”

小篆

芝

楷书

（zhī）

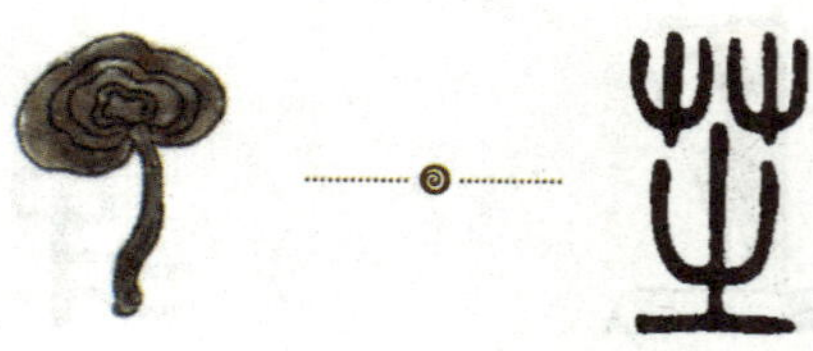

“芝”是形声字。小篆从艸（艹），之声。隶变后楷书写作“芝”。

《说文·艸部》：“芝，神艸也。从艸，从之。”（芝，神草。从艸，之声。）

“芝”本义指一种真菌，生于枯木根际，菌柄长，菌盖肾形，多为赤色或紫色。古人认为是瑞草，服食可以成仙，所以又称灵芝。

“芝”也指香草白芷，古人常用来比喻高尚、美好的事物。如《晋书·谢玄传》：“譬如芝兰玉树，欲使其生于庭阶耳。”这里的“芝兰”就比喻优秀子弟。

“菁”是形声字。菁，韭菜的花。从艸，青声。

“菁”的本义是韭菜花。如《说文》：“菁，韭华也。”

泛指盛开的花。如《文选·宋玉·高唐赋》：“秋兰茝蕙，江离载菁。”

泛指蔬菜。如“菁羹”。

“菁英”指精华、精英。

（jīng）

小篆

楷书

“萧”是形声字。萧，艾蒿。从艸，肃声。

“萧”的本义是艾蒿。如《诗经·王风·采葛》：“彼采萧兮。”

指萧条，没有生机。如宋代范仲淹《岳阳楼记》：“满目萧然。”

姓氏的一种。如宋代王安石《游褒禅山记》：“庐陵萧君圭君玉。”

萧通“肃”，指内部。如“祸起萧墙”。

“萧萧”形容马叫声或乐器声等。如《渡易水歌》：“风萧萧兮易水寒。”

（xiāo）

萧

小篆

萧

楷书

薮，大的湖泽。从艸，数声。九州的大湖泽：扬州的具区，荆州的云梦，豫州的甫田，青州的孟诸，兖州的大野，雍州的弦圃，幽州的奚养，冀州的杨纡，并州的昭余祁，就是这样的薮。

“薮”的本义是湖泽。如《说文》：“薮，大泽也。”《诗经·郑风·大叔于田》：“叔在薮，火烈具举。”

指人或物聚集的地方。如《左传·宣公十五年》：“山薮藏疾。”指民间。如“辞朝归薮”。

（sǒu）

小篆

薮

楷书

苏

蘇
小篆

蘇
楷书

苏

(sū)

“苏”是形声字，味辛如桂的荏类植物。从艸，酥(sū)声。

“苏”的本义是一种植物名。如紫苏或白苏的种子，称为苏子。又指须头向下垂的东西。如“流苏”。《玉台新咏·古诗为焦仲卿妻作》：“金车玉作轮，踯躅青骢马，流苏金缕鞍。”

江苏省的简称。

作动词指从昏迷中醒过来。如《聊斋志异·促织》：“近抚之，气息惙然。喜置榻上，半夜复苏。”

芋

芋
小篆

芋
楷书

芋

(yù)

“芋”是形声字。小篆从艸，于声。隶变后楷书写作“芋”。

“芋”的本义为芋头，是多年生草本植物，叶子大，地下块茎呈椭圆形，可供食用。如《史记·项羽本纪》：“今岁饥民贫，士卒食芋菽，军无见粮。”意思是，如今正当荒年，人民贫困，士兵都只能吃芋头和菽子之类的植物，军队没有现成的粮食。

引申泛指马铃薯、甘薯等薯类植物。如“山芋”“洋芋”。

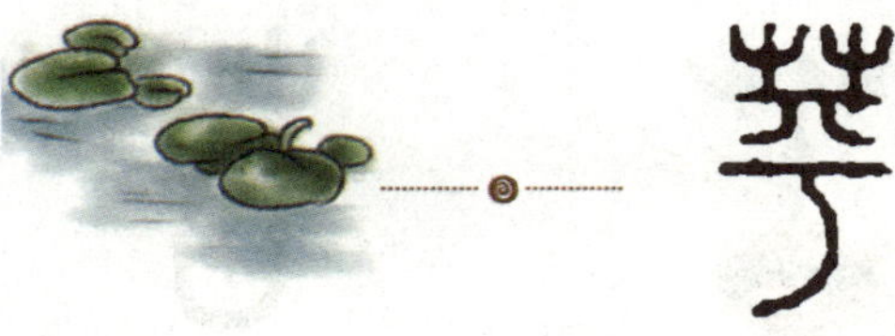

苹

(píng)

“苹”是会意兼形声字。小篆从艸，从平，会平浮于水面上的草之意，平兼表声。隶变后楷书写作“苹”，是“苹”的本字。

“苹”的本义为藾蒿。如《诗经·小雅·鹿鸣》：“呦呦鹿鸣，食野之苹。”

同“萍”，指浮萍，没有根，浮在水面而生。如《大戴礼记·夏小正》：“七月湟潦生苹。”郭璞注：“水中浮萍，江东谓之薸，又其大者苹。”“蘋”的简化字，指苹果，植物类水果，具有丰富的营养成分，有食疗和辅助治疗功能。

苹

小篆

苹

楷书

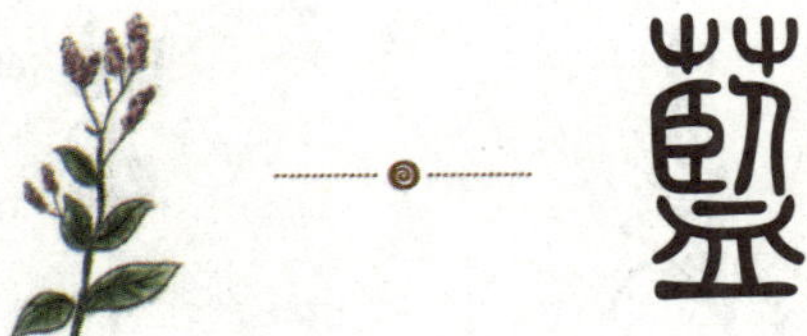

蓝

(lán)

“蓝”是形声字。蓝，染青色的草。从艸，监声。

“蓝”本义是用作染青色的草，为蓼科一年生草本植物。又泛指叶含蓝汁可制蓝靛作染料的植物。如《荀子·劝学》：“青，取之于蓝而青于蓝。”引申指蓝色，如唐代白居易《忆江南》：“春来江水绿如蓝。”

后指用靛青染成的颜色或晴天天空的颜色。如唐代杜甫《冬到金华山观》：“上有蔚蓝天。”

也用作植物的名称。如“马蓝”。

蓝

小篆

藍

楷书

苦

小篆

苦

楷书

（kǔ）

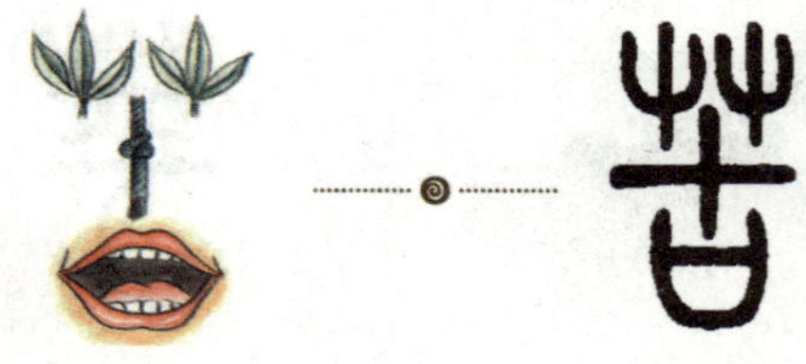

“苦”是形声字。小篆从艸，古声。隶变后楷书写作“苦”。

“苦”的本义是苦菜，即荼。如《诗经·唐风·采苓》：“采苦采苦，首阳之下。”荼的味道是苦的，故引申为苦味。如“苦尽甘来”“酸甜苦辣”。

苦味令人难受，由此又引申为难受、痛苦。如杜甫《石壕吏》：“吏呼一何怒，妇啼一何苦。”“苦”还有竭力的意思。如“苦口婆心”，意思是善意地竭力加以劝说。

金文

小篆

茅

楷书

（máo）

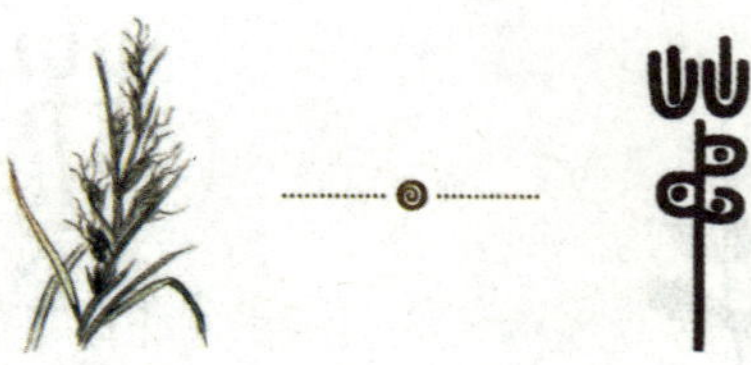

“茅”是形声字。小篆从艸，矛声。隶变后楷书写作“茅”。

“茅”的本义为草名，即白茅，俗称茅草。如“茅塞顿开”。《诗经·小雅·白华》：“白华菅兮，白茅束兮。”《孟子·尽心下》：“山径之蹊间，介然用之而成路；为间不用，则茅塞之矣。”唐代杜甫《茅屋为秋风所破歌》：“卷我屋上三重茅。”

简陋的居住所在。如“茅舍”。茅房，既指用茅草盖的房屋，也是北方地区人们对厕所的俗称。

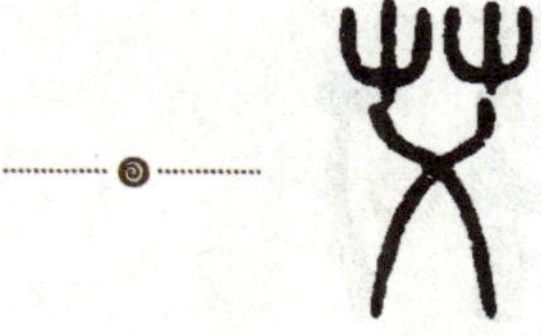

（ài）
（yì）

“艾”是形声字。小篆从艸，乂声。隶变后楷书写作“艾”。

“艾”（ài）的本义为艾蒿，是一种多年生草本植物，嫩叶可食，叶子老了以后制成绒，可以供针灸用。又引申为美好、美丽的女子。如“少艾”，指年轻漂亮的女子。

秋天时艾叶上有层白霜，故“艾”引申为灰白色。如汪中《自序》：“余玄发未艾，野性难纯。”老人的头发是灰白色的，故又泛指年老的人。用作动词，表示停止、尽。如“方兴未艾”。

艾

小篆

艾

楷书

（yún）

“芸”是形声字。芸，香草。像苜蓿草。从艸，云声。《淮南子》说：芸草可以死而复生。

“芸”的本义是香草名，也叫“芸香”。“芸帙”“芸编”“芸窗”“芸馆”“芸签”等，借指书籍。

“芸台”指古代藏书之所，亦指掌管图书的官署，即秘书省。

作动词时，有除掉杂草的意思，同“耘”。如《论语·微子》：“植其仗而芸。”

芸

金文

小篆

芸

楷书

荷

𦸕
小篆

荷
楷书

荷

(hé)
(hè)

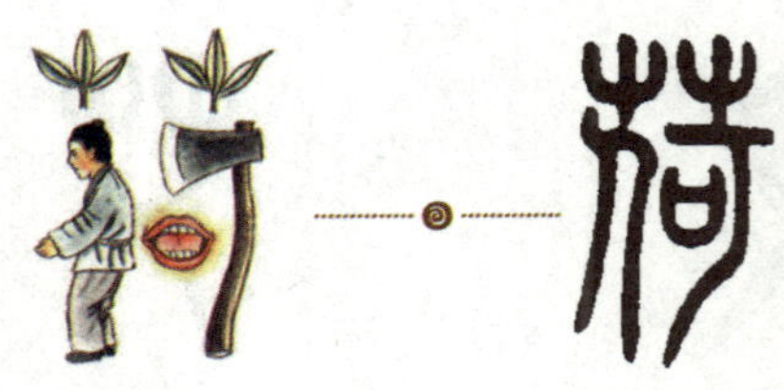

"荷"是形声字。小篆从艸，何声。隶变后楷书写作"荷"。

《说文·艸部》:"荷(hé)，芙蕖叶，从艸，何声。"(荷，芙蕖的叶。从艸，何声。)

"荷"的本义是莲叶，也指莲花，读作hé。《洛阳伽蓝记》:"朱荷出池，绿萍浮水。"所谓"朱荷"，指红色的荷花。

又读hè，表示担或扛。如"荷枪实弹"。由担、扛又引申为担负。张衡《东京赋》:"荷天下之重任。"意思是担负起天下的重任。

蔚

小篆

蔚
楷书

蔚

(wèi)
(yù)

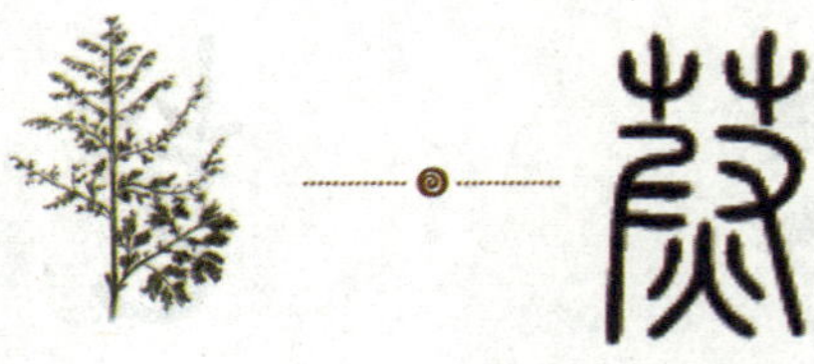

"蔚"是形声字。小篆从艸，尉声。隶变后楷书写作"蔚"。

《说文·艸部》:"蔚(wèi)，牡蒿也。从艸，尉声。"(蔚，雄蒿。从艸，尉声。)

"蔚"的本义是牡蒿，菊科植物，可入药。如《诗经·小雅·蓼莪》:"蓼蓼者莪，匪我伊蔚。"又表示草木茂盛的样子。还用来形容云雾兴起的样子。如"云蒸霞蔚"。

又引申为有文采的、文采华美的。《汉书·叙传下》:中称赏司马相如为"蔚为辞宗，赋颂之首。"还表示盛大。如"蔚为大观"。

（jùn）
（jūn）

“菌”是形声兼会意字。小篆从艸，囷声，囷兼表圆囤之意。隶变后楷书写作“菌”。

《说文·艸部》：“菌，地蕈也。从艸，囷声。”（菌，地蕈。从艸，囷声。）

“菌”读作 jùn，本义为蕈，是形状像伞的菌类植物，有的可以食用。如《庄子·逍遥游》：“朝菌不知晦朔，蟪蛄不知春秋。”

又读作 jūn，是低等生物的一大类，靠寄生生活。这种菌的种类很多。如“细菌”“真菌”。

（zhuó）

“茁”是形声字。小篆从艸，出声。隶变后楷书写作“茁”。

《说文·艸部》：“茁，艸初生出地貌。从艸，出声。”（茁，草木初生长时冒出地面的样子。从艸，出声。）

“茁”的本义为草初生出地的样子。如宋代陈允平《过秦楼》：“向东风种就，一亭兰茁，玉香初茂。”引申泛指生出、生长。如宋代苏轼《僧惠勤初罢僧职》：“霜髭茁病骨，饥坐听午钟。”

小篆

菌

楷书

小篆

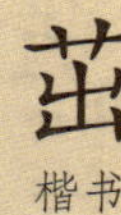

楷书

英

小篆

英

楷书

英

(yīng)

“英”是形声字。小篆从艸，央声。隶变后楷书写作“英”。

“英”的本义是花。如晋代陶渊明《桃花源记》：“芳草鲜美，落英缤纷。”花是美好的，所以引申为美好、杰出、优异、超众不凡。如生前创立了伟大事业的人，被尊称为“英魂”“英灵”。又引申为精华。如唐代韩愈《进学解》：“沉浸酿郁，含英咀华。”意思就是沉浸在书籍中，探求书中的精粹。

芒

小篆

芒

楷书

芒

(máng)

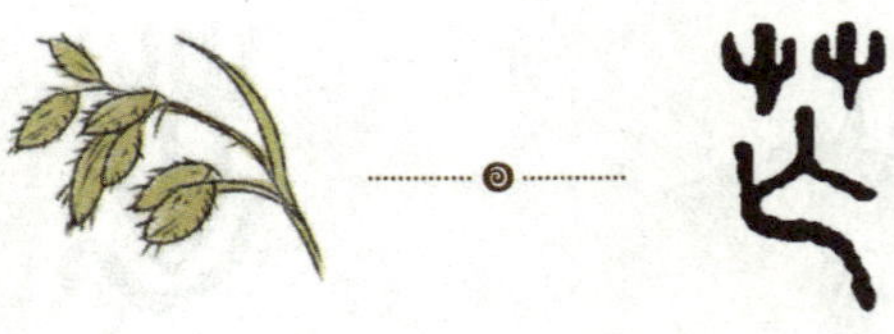

“芒”是会意兼形声字。小篆从艸，从亡（无），会植物上似有似无的细刺之意，亡兼表声。隶变后楷书写作“芒”。

“芒”的本义是指某些禾本科植物籽实外壳上针状的尖毛。如“麦芒”。引申泛指尖刺、尖端。如汉代陈宠《清盗源疏》：“堤溃蚁孔，气泄针芒。是以明者慎微，智者识几。”

又引申指刀剑尖端和锋刃。如“不露锋芒”“锋芒毕露”。又引申指光芒，向四周放射的强烈光线。如唐代刘禹锡《柳河东集序》：“粲焉如繁星丽天，而芒寒色正。”

荟 (huì)

“荟”是形声字。荟，草多的样子。从艸，会声。《诗经》说：“像草木一般繁茂啊，（南山之上早晨云气升腾的情景。）”

“荟”的本义是草木繁盛的样子。如《诗经·曹风·侯人》：“荟兮蔚兮。”又如《孙子兵法·行军篇》：“山林翳荟者，必谨复索之，此伏奸之所处也。”后引申为会集，如“荟萃”多用于人才或精美之物。如鲁迅《书信集·致章廷谦》：“于会场中，一览了荟萃于上海的革命作家，然而以我来看，皆茄花色。”

也指云雾弥漫的样子。

荟

小篆

楷书

苍 (cāng)

苍，草的颜色。形声字，从艸，仓声。

“苍”的本义是草色，后引申为青黑色。《广雅·释器》：“苍，青也。”又如《墨子·所染》：“染于苍则苍，染于黄则黄。”

指老年人。如“苍头”。

指天，如《诗经·秦风·黄鸟》：“彼苍者天。”

指灰白的颜色。如唐代白居易《卖炭翁》：“满面尘灰烟火色，两鬓苍苍十指黑。”

指年老。如“苍老”。

指平民百姓。如“苍生”。

苍

小篆

楷书

苗

小篆

苗

楷书

(miáo)

“苗”是会意字。小篆从艸，从田，用生长在田地里的草会禾苗之意。隶变后楷书写作“苗”。

《说文·艸部》:“苗，草生于田者。从艸，从田。”（苗，生长在田里的禾。由艸、由田会意。）

“苗”的本义是庄稼以及一般植物的幼株。如《诗经·王风·黍离》:“彼黍离离，彼稷之苗。”引申特指某些蔬菜的嫩茎或嫩叶。如“蒜苗”“豌豆苗儿”。又从植物扩展到动物，表示某些用于饲养的初生的动物。如“鱼苗”“猪苗”。

菜

小篆

菜

楷书

(cài)

“菜”是形声兼会意字。小篆从艸，采声，采兼表采食之意。隶变后楷书写作“菜”。

《说文·艸部》:“菜，草之可食者。从艸，采声。”（菜，可供食用的草。从艸，采声。）

“菜”的本义为蔬菜。如“野菜”“青菜”。引申为烹调好的蔬菜、肉类、鱼类等佐餐食品的统称。如“中国菜”“川菜”。又特指油菜，开黄色小花，种子可以榨油。如“菜油”“菜籽”。

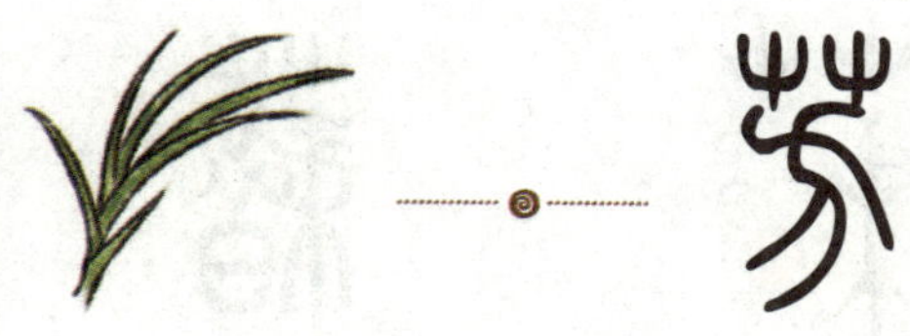

芳

(fāng)

“芳”是形声字。从艸，方声。指草的香气。

“芳”的本义是草香。泛指香、香气。如《说文》：“芳，草香也。”引申指香草、花卉。如宋代欧阳修《醉翁亭记》：“野芳发而幽香。”

比喻有好的名声或德行。如汉代蔡邕《刘镇南碑》：“昭示来世，垂芳后昆。”比喻有高尚德行的人。如屈原《楚辞·九章·涉江》：“腥臊并御，芳不得薄兮。”

对人的美称。如《红楼梦》：“原来今日也是姐姐的芳诞。”

(yào)

“药”是形声字。从艸，乐声。《说文》：“药，治病草。”“药”的本义是治病的草。

“药”原是指能治病的植物，后泛指能治病的物品。《周礼·疾医》：“以五味、五谷、五药养其病。”

指古代术士所言的能长生不老的仙丹。如《史记·秦始皇本纪》：“因使韩终、侯公、石生求仙人不死之药。”

特指火药。如明代宋应星《天工开物·火器》：“凡鸟铳长约三尺，铁管载药。”

用药治疗。如《诗经·大雅·板》：“多将熇熇，不可救药。”又如《孔子家语·正论解》：“不如吾闻而药之也。”

毒死。如“药死”。

小篆

芳

楷书

藥

小篆

藥

楷书

藉

小篆

藉

楷书

藉

(jiè)

(jí)

“藉”是形声字。藉（jiè），祭祀时垫在地上的东西。另一义说，草没有编结好，（又杂乱又繁多，）叫狼藉（jí）。从艸，耤声。

“藉”（jí）有杂乱的意思。如唐代柳宗元《田家三首》：“公门少推恕，鞭朴恣狼藉。”

还有践踏、欺凌的意思。如明代高启《书博鸡者事》：“藉贫孱者。”《吕氏春秋·慎人》：“杀夫子者无罪，藉夫子者不禁。”

藉田，即古代天子、诸侯征用民力耕种的田。藉通“籍”，如《礼记·祭义》：“天子为藉千亩，诸侯为藉百亩。”

若

甲骨文

金文

小篆

若

楷书

若

(ruò)

(rě)

若（ruò），择菜。由艸、右会意；右表示手。另一义说：若是杜若，一种香草。

“若”（ruò）引申为选择。如《晋语》：“秦穆公曰：‘夫晋国之乱，吾谁使先若夫二公子而立之，以为朝夕之急。’”

相当于。如唐代韩愈《师说》：“彼与彼年相若也。”《孟子·滕文公上》：“布帛长短同，则贾相若。”

及，等到。如《国语》：“病未若死。”

第二人称代词你、你们。如《小尔雅》：“若，汝也。”

茹

茹

(rú)

“茹”是形声字。从艸，如声。

小篆

茹

楷书

“茹”的本义为喂牛马。如《说文·艸部》：“茹，喂马。”又如《玉篇·艸部》：“茹，饭牛也。”

可以解释为吃。如《方言》：“茹，食也。吴越之间，凡贪饮食者谓之茹。《孟子·尽心下》：“舜之饭糗茹草也，若将终身焉。”《礼记·礼运》：“饮其血，茹其毛。”

可解释为包含。如唐代皇甫湜《韩文公墓铭》：“茹古涵今，无有端涯。”又如“茹古涵今”。

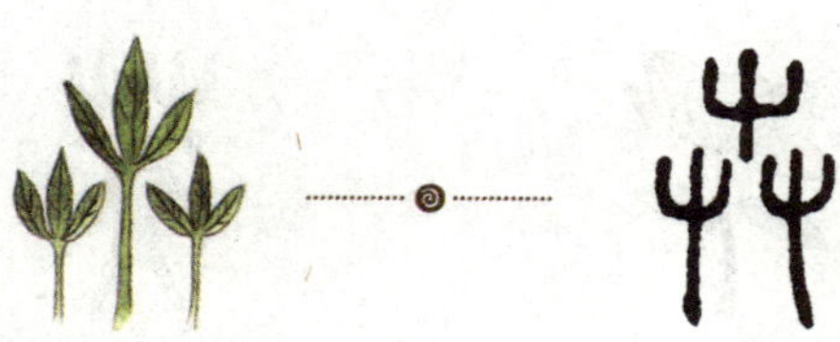

(huì)

“卉”是会意字。小篆会众多的草在蓬勃生长之意。隶变后楷书写作“卉”。

小篆

卉

楷书

《说文·艸部》：“卉，草之总名也。从艸、屮。”（卉，草的总称。由艸、由屮会意。）

“卉”的本义为百草的总称。如《诗经·小雅·出车》：“春日迟迟，卉木萋萋。”

也泛指草木。如张衡《思玄赋》：“卉既凋而已育。”意思是草木看起来是凋零了，但实际上下一个花期已经在孕育了。

又特指花。

荀

小篆

苟

楷书

苟

(gǒu)

“苟”是形声字。小篆从艸，句声。隶变后楷书写作“苟”。

“苟”的本义为一种草名。借用以表示草率、随便。如“不苟言笑”“一丝不苟”。引申指不正当的、不合礼法的。如“苟且之事”“苟合”等。

用作副词，表示时间，意为姑且、暂且。如“苟且偷生”“苟延残喘”。又表示祈望，相当于“希望”。如《诗经·王风·君子于役》中有“苟无饥渴”之句，意思就是希望再不忍饥挨饿。

芙

小篆

芙

楷书

芙

(fú)

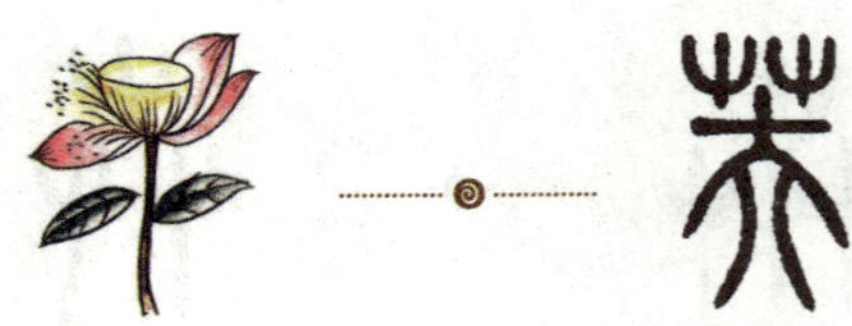

“芙”是形声字。小篆从艸，夫声。隶变后楷书写作“芙”。

《说文·艸部》:“芙，芙蓉也。从艸，夫声。”(芙，芙蓉。从艸，夫声。)

“芙”本义是“芙蓉”，也作“芙蕖”，是荷花的别名。如唐代白居易《长恨歌》:“芙蓉如面柳如眉，对此如何不泪垂。”

又指木芙蓉，一种落叶灌木或小乔木，秋季开花，花朵大，有柄，有红、白等颜色，或小乔木，可供观赏，叶、花、根皆可入药。如宋代苏轼《和陈述古拒霜花》:“千林扫作一番黄，只有芙蓉独自芳。”

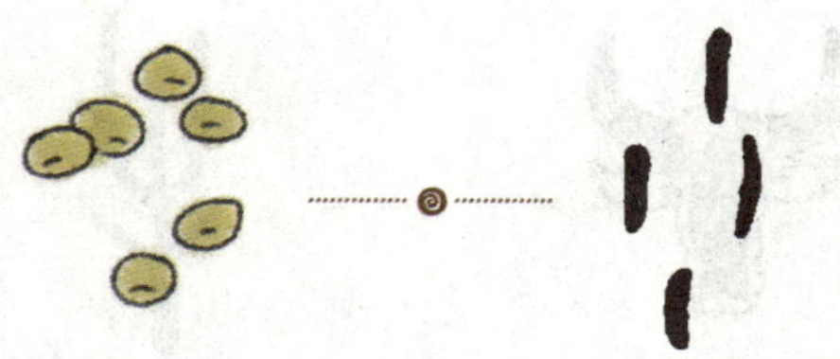

(shǎo)

(shào)

“少”的甲骨文是象形字。上古“少”与“小”通用。甲骨文仅四个小点，象小颗粒之形。金文稍变其形。小篆承接金文，线条化、整齐化。隶变后楷书写作“少”。

《说文·小部》:“少，不多也。从小，丿(piě)声。”(少，不多。从小，丿声。)“少”的本义指细小的颗粒，读作 shǎo。如《孟子·梁惠王上》:“邻国之民不加少，寡人之民不加多，何也?”引申为稍微。如《战国策·触龙说赵太后》:“太后之色少解。”又读作 shào，一般是用作形容词或者名词，指年幼、年轻、少年、青年等。

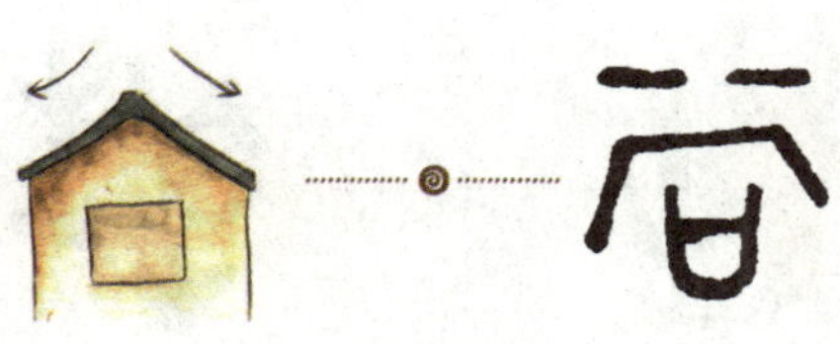

(shàng)

“尚”为象形字。甲骨文下部像一个有窗户的建筑物，上有两横，像烟气上腾形。金文和小篆都承接甲骨文而来。隶变后楷书写作“尚”。

“尚”的本义为烟气自窗户上腾。由此可以引申为超过、高出。又引申指古远、久远。如“尚远”，意为久远。进而引申为崇尚、尊重。如“尚武”“尚贤”。

“尚”用作副词，表示尚且、还。如“尚不可知”“尚小”。为帝王管理事物称为“尚”。如“尚食”(掌理帝王膳食的人)、“尚衣”(掌管帝王衣服的人)、“尚书”(执掌帝王文书奏章的人)。

牛

(niú)

“牛”是象形字。甲骨文像正面看的牛头之形。金文与甲骨文大致相同。小篆整齐化。隶变后楷书写作“牛”。

《说文·牛部》：“牛，大牲也。牛，件也；件，事理也。象角头三、封、尾之形。凡牛之属皆从牛。”（牛，大的牲畜。像两角和头三样东西、像肩甲隆起的地方和尾巴的形状。大凡牛的部属都从牛。）

“牛”的本义为家畜之一的牛。如《敕勒歌》：“风吹草低见牛羊。”“牛”也是星宿名。如王勃《滕王阁序》：“物华天宝，龙光射斗牛之墟。”这里的“斗牛”即指斗宿和牛宿。

牲

甲骨文

金文

小篆

牲

楷书

牲

(shēng)

“牲”的小篆是形声字。甲骨文左边为一只捆绑的牛，右边从生。金文从牛，从生。隶变后楷书写作“牲”。

《说文·牛部》：“牲，牛完全。从牛，生声。”（牲，指供祭祀用的完整的牛。从牛，生声。）

“牲”的本义是指祭祀用的完整的牛。如《周礼·庖人》：“始养之曰畜，将用之曰牲，是牲者，祭祀之牛也。”也有“六牲”之谓，即牛、羊、豕（猪）、马、犬、鸡。后来泛指牛、马、驴、骡等较有力量的家畜，统称为“牲口”。

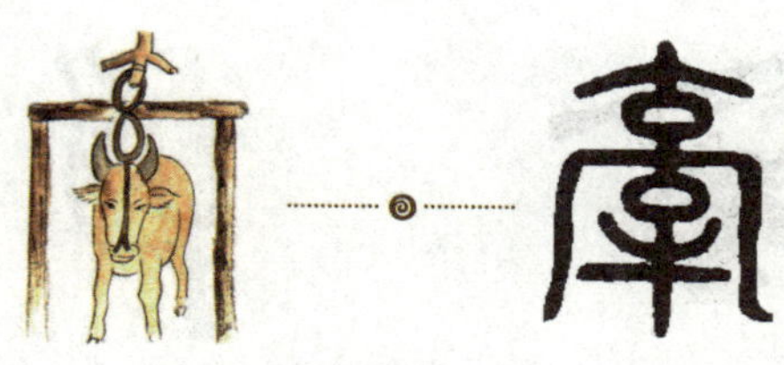

(qiān)

“牵”是会意兼形声字。小篆从牛，从玄（绳），从冂（表前引之象），会手拉缰绳向前引牛之意，玄兼表声。隶变后楷书写作“牽”。汉字简化后写作“牵”。

《说文·牛部》：“牵，引前也。从牛，象引牛之縻也。玄声。”（牵，牵引向前。从牛，冂像牵引牛的绳索。玄表声。）

“牵”的本义为拉引向前。如“牵一发而动全身”。

由牵拉引申指连带、涉及。如汉代张衡《西京赋》：“夫人在阳则舒，在阴则惨，此牵乎天者也。”

牵

小篆

牽

楷书

(láo)

“牢”的小篆是会意字。甲骨文里面是个“牛”字，外面像养牛的圈。金文的形体与甲骨文大致相同。隶变后楷书写作“牢”。

牢，畜养牛马的栏圈。由牛字和冬字省去下面的仌（即冰字）会意。Ω取四周包围的意思。

“牢”的本义为豢养牛马等牲畜的栏圈。如“亡羊补牢”。

由豢养牲畜的圈栏引申为关押犯人的监狱。如“画地为牢”。圈养牲畜的栏圈必须非常结实，故又引申指坚固、稳妥可靠。如“牢固”“牢不可破”。

牢

甲骨文

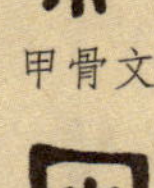

金文

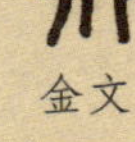

小篆

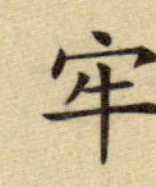

楷书

甲骨文

小篆

物

楷书

(wù)

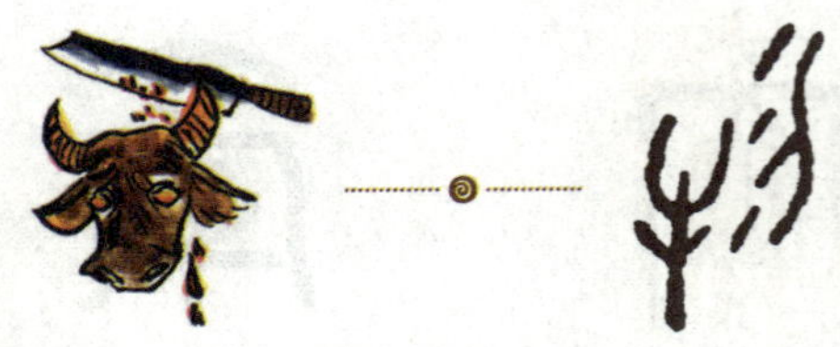

“物”的小篆是会意兼形声字。小篆从牛从勿(色彩)会意，勿兼表声。隶变后楷书写作“物”。

《说文·牛部》:“物，万物也。牛为大物；天地之数，起于牵牛：故从牛。勿声。”(物，万物。牛是万物中的大物；天地间的事数，兴起于牵牛而耕：所以物从牛。勿声。)

“物”的本义为杂色牛。引申指牲畜的种类、品级。进而引申指杂色旗、杂色帛。

由各种形色引申指所有客观存在的东西。如“暴殄天物”“身外之物”。

甲骨文

金文

小篆

告

楷书

(gào)

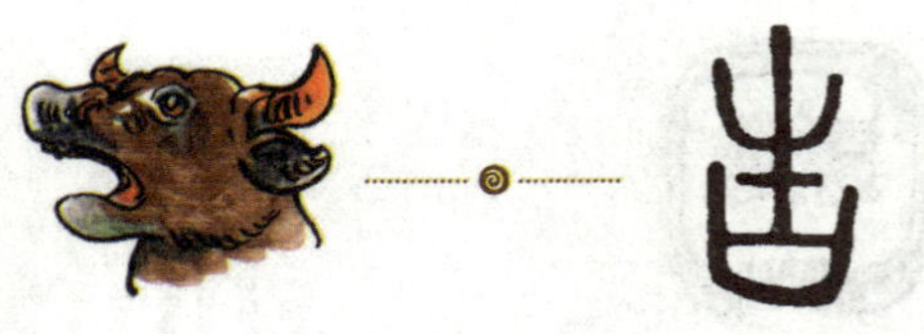

“告”是会意字。甲骨文从口，从牛，会用牛羊祭祀祷告神灵求福之意。金文与甲骨文大致相同，小篆整齐化。隶变后楷书写作“告”。

《说文·告部》:“告，牛触人，角箸横木，所以告人也。从口，从牛。”(牛喜欢抵触人，在牛角上施加横木，是用以告诉人们的标志。由口、由牛会意。)

“告”的指向神灵祈祷、诉说。如“祷告”。祷告意在求福，故引申指请求。如《礼雅·释言》:“告，请也。”又引申指报告、上报。如《诗经·齐风·南山》:“取妻如之何？必告父母。”

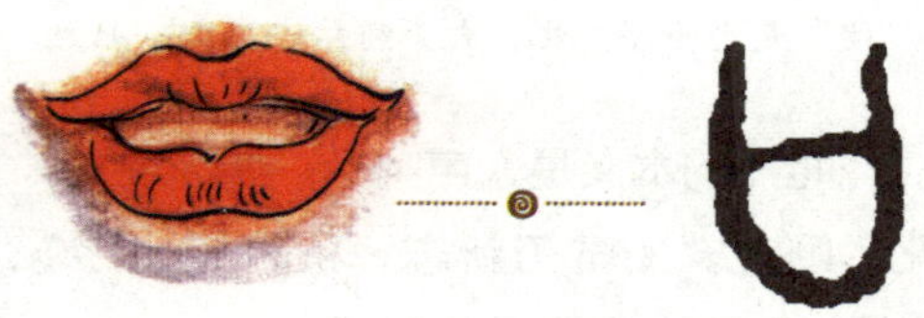

(kǒu)

“口”是象形字。甲骨文、金文、小篆的形体都像一个人开口笑的样子。隶变楷书后写作“口”。

《说文·口部》:“口，人所以言食也。象形。凡口之属皆从口。”(口，人用来说话饮食的器官。象形。大凡口的部属都从口。)“口”的本义就是指嘴巴。一人一口，故引申指人口。如《管子·海王》:“十口之家，十人食盐。”由进食说话的通道，又引申为孔穴及容器内外相通的地方。如“瓶口”“井口”。还可引申指破裂的地方。如“伤口”“疮口”。用作量词，可以表示物品的件数。如“一口剑”“一口锅”。

(chàng)

“唱”是形声字。小篆从口，从昌。隶变后楷书写作“唱”。

“唱”的本义为领唱、领奏。如陈叔方《颍川语小》下卷:“呼应者一唱一和，律吕相宜以成文也。”引申指倡导、发起，此义后写作“倡”。

又引申指歌唱、唱歌。如唐代杜牧《泊秦淮》:“商女不知亡国恨，隔江犹唱后庭花。”也指吟诵。如唐代王建《霓裳词》之二:“一声声向天头落，效得仙人夜唱经。”

口

甲骨文

金文

小篆

楷书

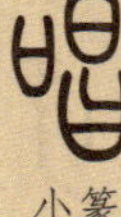

小篆

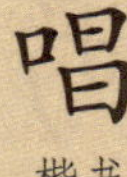

楷书

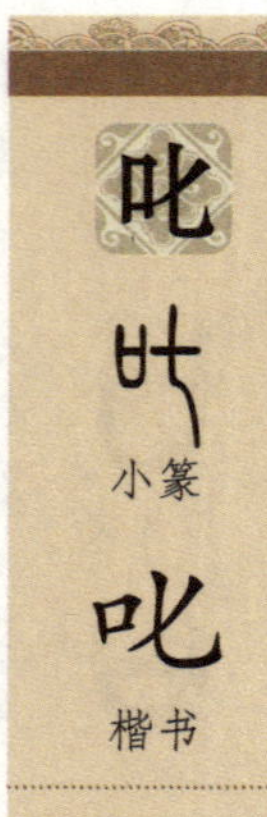

（chì）

“叱”是形声字。叱，大声呵斥。从口，七声。

“叱”的本义是大声呵斥。如《说文》：“叱，呵也。”《虞初新志·秋声诗自序》：“大儿初醒声，夫叱大儿声。”

呼喊，吆喝。如唐代白居易《卖炭翁》：“回车叱牛牵向北。”

指斥责的声音或叫喊声。如《史记·淮阴侯传》：“喑恶叱咤。”

小篆

啐

楷书

啐

（cuì）

‘啐’是形声字。啐，吃惊。从口，卒声。

“啐”的本义是惊愕时所发出的声音。如《说文》：“啐，惊也。”

指品尝，饮用。如《广雅·释诂三》：“啐，尝也。”《礼记·杂记》：“众宾兄弟则皆啐之。”《仪礼·乡射礼》：“席末坐，啐酒。”

指吐出。如“啐了一口”。

指愤怒或者不屑。

吁

金文

小篆

吁

楷书

（xū）
（yū）
（yù）

“吁”一说是形声字。吁（xū），（表示）惊叹（的虚词）。从口，于声。

“吁”的本义是惊奇、疑怪。如《说文》：“吁！惊也。”又如《法言·君子》：“吁！是何言欤？”

指叹息、叹气。如《明珠记》：“香车辗尽关山月，弹罢琵琶只自吁。”

指忧愁。如《诗经·周南·卷耳》：“云何吁矣。”

指喘气声。如“气喘吁吁”。

嗷，众口愁叹的声音。从口，敖声。《诗经》说：“（鸿雁飞来飞去啊，）发出嗷嗷的哀鸣之声。”

（áo）

嗷

小篆

楷书

“嗷”的本义是哀鸣声。如《说文》：“嗷，众口愁也。”《诗经·小雅·鸿雁》：“鸿雁于飞，哀鸣嗷嗷。”指大喊大叫的样子。如“嗷然”。指叫呼声、吵闹声。如《楚辞·惜贤》：“声嗷擬以寂寥兮。”《汉书·刘向传》：“谗口嗷嗷。”

各（gè），表示不同个体的词。由口字、夂字会意。夂的意思是有人使之行走而又有人使之停下来，彼此间不相听从。

（gè）
（gě）

各

甲骨文

金文

小篆

楷书

指每个，各自。如《尚书·汤浩》：“各守尔典。”唐代杜甫《兵车行》：“行人弓箭各在腰。”全部，都。如《尚书·盘庚下》：“各非敢违卜，用宏兹贲。”《春秋繁露·阳尊阴卑》：“诸在上者，皆为其下阳；诸在下者，各为其上阴。”

局，局促。由“口”在“尸”下、又“勹”着口来表示。另一义是，局是棋盘，是用来走棋的器具。象形。

（jú）

局

小篆

楷书

“局”的本义是局促。如《说文》：“局，促也。”指弯曲。如《诗经·小雅·正月》：“不敢不局。”

指变。如《诗经·小雅·采绿》：“予发曲局。”指催促、逼迫。如《儒林外史》第三回：“屠户被众人局不过，只得连斟两碗酒喝了，壮一壮胆。”指部分、局部。如《礼记·曲礼》：“各司其局。”

吻

小篆

吻

楷书

吻

(wěn)

“吻”是形声字。小篆从口，勿声。隶变后楷书写作“吻”。

《说文·口部》：“吻，口边也。从口，勿声。”（吻，嘴唇。从口，勿声。）

“吻”的本义为嘴唇。如《论衡·率性》：“扬唇吻之声，聒贤圣之耳。”也指动物的嘴。如“象有长吻，猪有短吻”。又引申指用嘴唇接触，表示喜爱。如“亲吻”。

吞

小篆

吞

楷书

吞

(tūn)

“吞”是形声字。小篆从口，天声。隶变后楷体写作“吞”。

《说文·口部》：“吞，咽也。从口，天声。（吞，咽下。从口，天声。）

“吞”的本义为没有咀嚼或细嚼就整块或成块地咽下。如“囫囵吞枣”。引申指容纳、包括。如宋代范仲淹《岳阳楼记》：“衔远山，吞长江，浩浩汤汤，横无际涯。”又引申比喻吞并、消灭。如《战国策·楚策一》：“夫秦，虎狼之国也，有吞天下之心。”

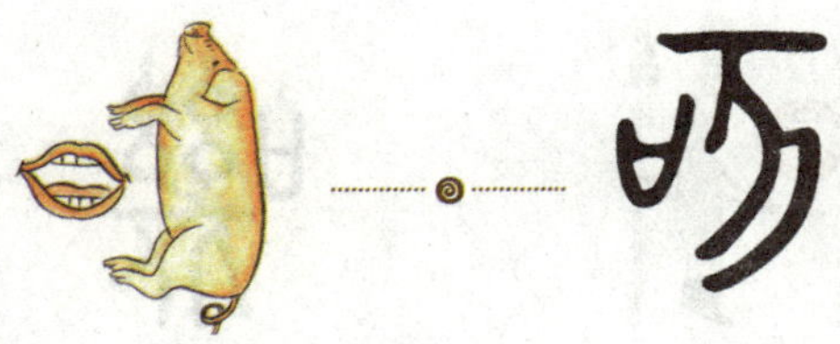

咳

(hái)
(hāi)
(ké)

"咳"是形声字。小篆从口，亥声。咳，小儿笑的样子。

《说文·口部》："咳，小儿笑也。从口，亥声。孩，古文咳，从子。"（咳，婴儿笑。从口，亥声。孩，古文"咳"字，从子。）

"咳"的本义为婴儿笑，读作 hái，是"孩"的异体字。后人用"儿"来称呼"孩"。借作"欬"，表示咳嗽，读作 ké。如宋代苏轼《石钟山记》："又有若老人咳且笑于山谷中者。"引申为叹息，读作 hāi。如"咳声叹气"。

咳

金文

小篆

咳

楷书

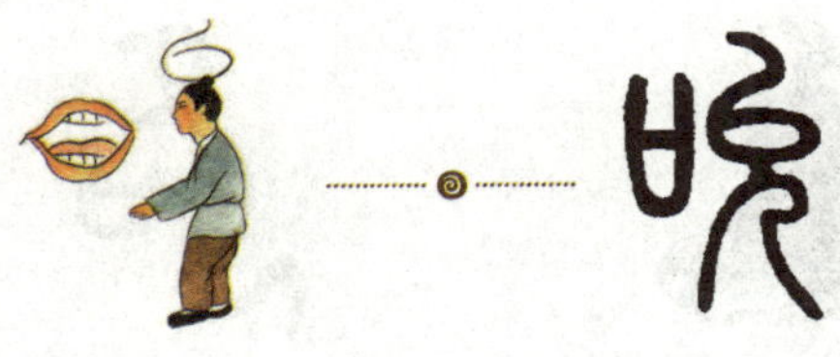

(shǔn)

"吮"是形声字。小篆从口，允声。隶变后楷书写作"吮"。

《说文·口部》："吮，欶也。从口，允声。"（吮，用口含吸。从口，允声。）

"吮"的本义为用口含吸。如唐代李白《蜀道难》："朝避猛虎，夕避长蛇，磨牙吮血，杀人如麻。"如宋代王禹偁《一品孙郑昱》："脱耒秉金钺，吮笔乘朱轩。"其中的"吮笔"是指口含笔毫，借指构思为文或绘画。

小篆

吮

楷书

叽

嘰

小篆

嘰

楷书

叽

(jī)

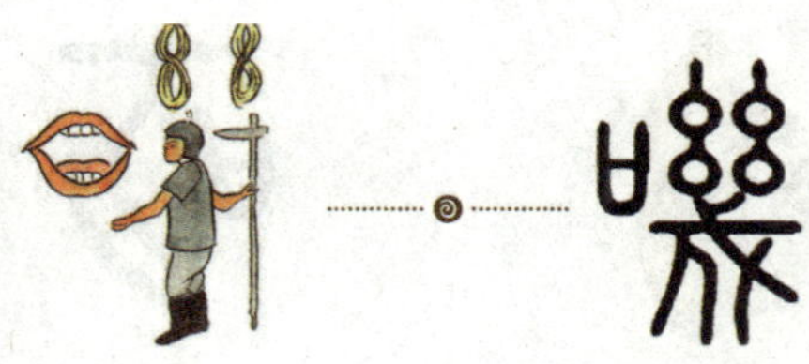

叽，稍微吃一点。从口，幾声。《正字通·口部》："即少食。古小少字通。"

"叽"的本义是稍微吃一点。如《说文》："叽，小食也。从口，几声。"《史记·司马相如列传》："呼吸沆瀣兮餐朝霞，噍咀芝英兮叽琼华。"

有悲叹的意思。如刘安《淮南子·缪称训》："纣为象箸而箕子叽。"

形容鸟声、说话声或各种嘈杂声。如"叽叽喳喳"。

形容小声说话。如"叽叽咕咕"。

吹

甲骨文

金文

小篆

吹

楷书

吹

(chuī)

"吹"是会意字。甲骨文从口，从欠（像人张口呵欠），会人撮口急促出气之意。小篆整齐化。隶变后楷书写作"吹"。

"吹"的本义是用口吹气。如《庄子·逍遥游》："尘埃也，生物之以息相吹也。"引申为大自然界的吹风。如五代冯延巳《谒金门》："风乍起，吹皱一池春水。"引申指吹奏乐器。如《韩非子·内储说上》："齐宣王使人吹竽，必三百人。"又如"吹手"（吹鼓手）"吹打"（吹打乐器）。

又引申为关系破裂。如"他们俩吹了"。

"吹"还可以表示说大话、自夸。如"吹牛""吹嘘"。

命

(mìng)

“命”是会意字。甲骨文同“令”。金文增加义符“口”，突出发布之意。于是“命”和“令”两个字出现分化。隶变后楷书写作“命”。

《说文·口部》：“命，使也。从口，从令。”（命，使令。由口、由令会意。）“命”的本义为指派、发布。如《列子·汤问》：“命夸娥氏二子负二山。”引申指命令、指示。如《论语·子路》：“使于四方，不辱君命。”

古人认为人的穷通福祸、社会的兴衰更替是上天的安排，“命”由此引申指天命、命运。又引申指生命或性命。如《古诗为焦仲卿妻作》：“命如南山石，四体康且直。”

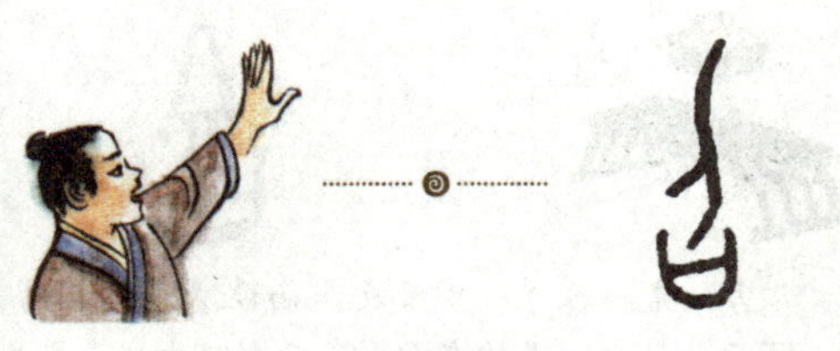

召

(zhào)
(shào)

“召”是形声字。甲骨文从口（表示呼唤或打招呼），刀声。金文形体与甲骨文大致相同。小篆的形体整齐化、符号化。隶变后楷书写作“召”。

《说文·口部》：“召，呼也。从口，刀声。”（召，呼唤。从口，刀声。）“召”（zhào）的本义为呼唤、召唤，用言语来叫人。如俗语“召之即来，挥之即去”，是一经召唤立即就来，手一挥就去的意思，形容非常听从使唤。

由呼唤、召唤又可以引申指征召来授予官职或另有调用。如《史记·李将军列传》：“于是天子乃召拜（李）广为右北平太守。”

命

甲骨文

金文

小篆

楷书

召

甲骨文

金文

小篆

楷书

(yòu)

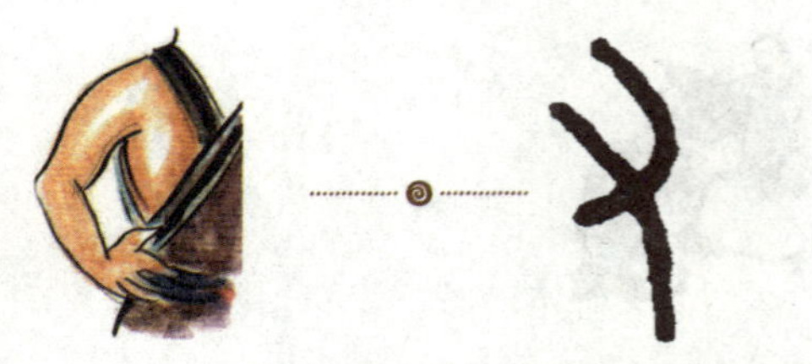

“右”的小篆是会意字。甲骨文字形像一个人手捧祭品于祭台前，求神保佑之意。金文、小篆都直接由甲骨文演化而来。隶变后楷书写作“右”。

《说文·口部》：“右，助也。从口，从又。”（右，帮助。由口、由又会意。）

“右”是“祐”的本字，本义指神保佑，引申指帮助。

古代以右为上。“右姓”指世家大族；“右职”指重要的职位。古时候，东方和西方也往往用左方和右方代之。如“陇右”就是指“陇西”。

吉

(jí)

“吉”是会意字，甲骨文上面像盛满祭品的器物，下面是供桌一类的东西，表示家有吉庆。金文、小篆承接甲骨文。隶变后楷书写作“吉”。

《说文·口部》：“吉，善也。从士、口。”（吉，美好吉祥。由士、口会意。）“吉”的本义为吉祥、吉利。如“大吉大利”。引申为善、美好。如唐代杜甫《忆昔》之二：“九州道路无豺虎，远行不劳吉日出。”《仪礼·士冠礼》：“令月吉日。”《周礼·大祝》：“吉礼大祝。三曰吉祝，五曰吉拜。”《易·系辞》：“吉人之辞寡。”战国时屈原《东皇太一》：“吉日兮辰良。”

古代祭祀鬼神的礼仪。如《礼记·曲礼》：“吉事先近日。”

（zhōu）

“周”的甲骨文是象形字。甲骨文像在玉片上雕刻出纹饰，四点则象征雕刻的图画和花纹有疏密。金文在其下增加了一个“口”，隶变后楷书写作“周”。

《说文·口部》：“周，密也。从用、口。”（周，周密。由用、由口会意。）“周”的本义为周密、周到，没有疏漏。如《汉书·张安世传》：“（张安世）职典枢机，以谨慎周密自著。”由周密引申为周遍、遍及。如《史记·秦始皇本纪》：“亲巡天下，周览远方。”大意是亲自巡视天下，周遍地观察远方的形势。

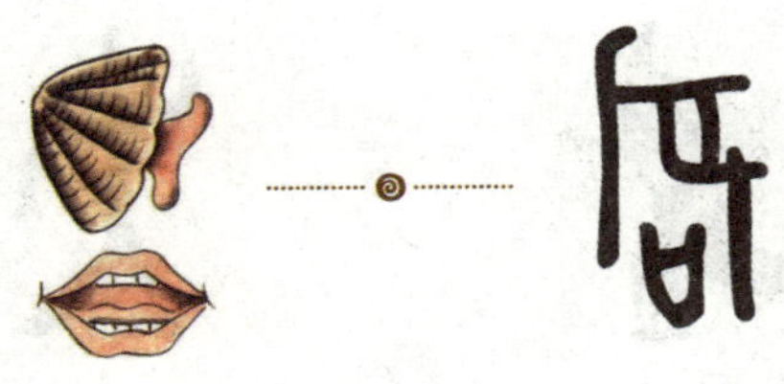

（chún）

“唇”，震惊。从口，辰声。

《说文·口部》：“唇，惊也。从口，辰声。”（唇，震惊。从口，辰声。）

“唇”的本义为嘴唇。古人常以“唇红齿白”赞人面容俊美，这里的“唇”指的就是嘴唇。

引申指边缘。如宋代沈括《梦溪笔谈》：“用胶泥刻字，薄如钱唇。”指的就是用胶泥制成的模子，薄得像铜钱边一样。

周

甲骨文

金文

小篆

周

楷书

唇

金文

小篆

唇

楷书

哭

哭 小篆

哭 楷书

走

大 甲骨文

走 金文

走 小篆

走 楷书

哭

(kū)

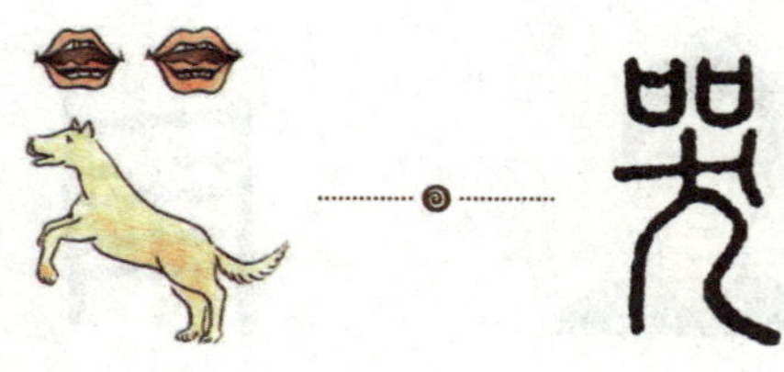

"哭"是会意字。从吅，狱省声。本义为狗的哀鸣。隶变后楷书写作"哭"。

《说文·哭部》："哭，哀声也。从吅，狱省声。凡哭之属皆从哭。"（哭，悲哀的声音。从吅，狱省声。大凡哭的部属都从哭。）

"哭"指哭丧。如《论语·先进》："颜渊死，子哭之恸。"引申为吊唁。如《汉书·王莽传》："则哭以厌之。"泛指流泪。如"哭泣"。

走

(zǒu)

"走"的小篆是会意字。金文上部像摆动两臂跑步的人形，下部是一只大脚（止），会人在跑之意。古代走就是跑的意思。隶变后楷书写作"走"。

《说文·走部》："走，趋也。从夭止。夭止者屈也。"（走，跑。由夭、由止会意。"夭止"的意思是因为跑得快，腿脚弯曲）"走"的本义为跑。如《木兰诗》："双兔傍地走，安能辨我是雄雌？"信息、秘密的"跑"，即是泄露的意思。如"说走了嘴"。进一步引申指改变。如"走样"。作名词，泛指兽类。如张衡《西京赋》："上无逸飞，下无遗走。"

起

(qǐ)

"起"是形声兼会意字。小篆从走，巳声，巳兼表起始之意。隶变后楷书写作"起"。

《说文·走部》："起，能立也。从走，巳声。"（起，能举足起立。从走，巳声。）

"起"的本义为立，就是由躺到坐，或由坐到站立。引申指起床。如"鸡鸣而起"。泛指起来、上升。如"风起云涌"。又引申指发生、产生。如"祸起萧墙"。

还引申指兴建、设置。如"另起炉灶"。也指兴起、发动。如"起义"。

用作量词，指件、宗。如"一起案件"。

起

小篆

起

楷书

赶

(gǎn)

"赶"为形声字。小篆从走，干声。隶变后楷书写作"赶"。

《说文·走部》："赶，举尾走也。从走，干声"（赶，兽畜翘着尾巴奔跑。从走，干声。）

"赶"的本义为兽类翘起尾巴奔跑。引申为急赴。如"赶路""赶考"。追赶时的速度一定很快，由此引申为加速、加快。如"赶紧"。又表示追逐。如"赶上""追赶"。由此引申为驱赶。如"赶鸭子上架"。

引申为碰上某种情况。如"正赶上"。口语中"赶"有等到的意思。如"赶年下"，意思是等到过年的时候。

赶

小篆

赶

楷书

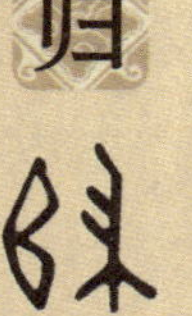

(zhǐ)

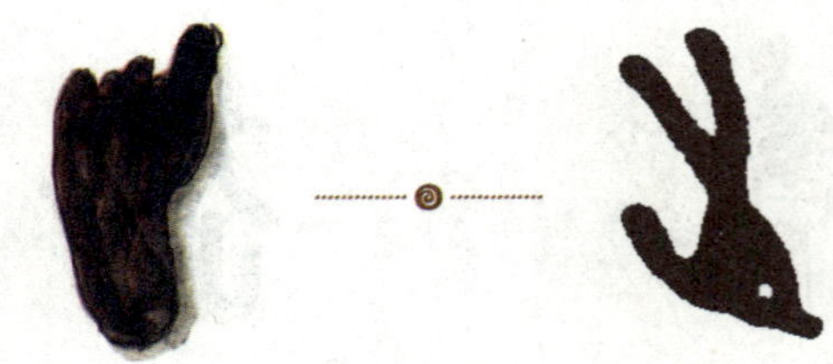

“止”是象形字。甲骨文像一只脚丫的形状。金文的形体更加规整美观。小篆与金文形体大体相同。隶变后楷书写作“止”。

《说文·止部》:“止，下基也。象草木出有址，故以止为足。凡止之属皆从止。”（止，底下的基础。像草木长出来有根干基址的样子，所以用“止”表示足。大凡止的部属都从止。）

“止”的本义就是脚。如《汉书·刑法志》:“斩左止。”

由站立不走引申指停止、停息。如《诗经·秦风·黄鸟》:“交交黄鸟，止于桑。”

(guī)

“归”是形声兼会意字。从止，从妇省，𠂤声。本义是女子出嫁。《说文》:“归，女嫁也。”

“归”的本义是女子出嫁。如《诗经·周南·桃夭》:“桃之夭夭，灼灼其华。之子于归，宜其室家。”

返回的意思。如《史记·高祖本纪》:“大风起兮云飞扬，威加海内兮归故乡。”归还。如《史记·廉颇蔺相如列传》:“臣请完璧归赵。”

“归宁”指出嫁女儿返回娘家。如《左传·庄公二十八年》:“凡诸侯之女归宁曰来，出曰来归。”《诗经·周南·葛覃》:“害澣害否，归宁父母。”

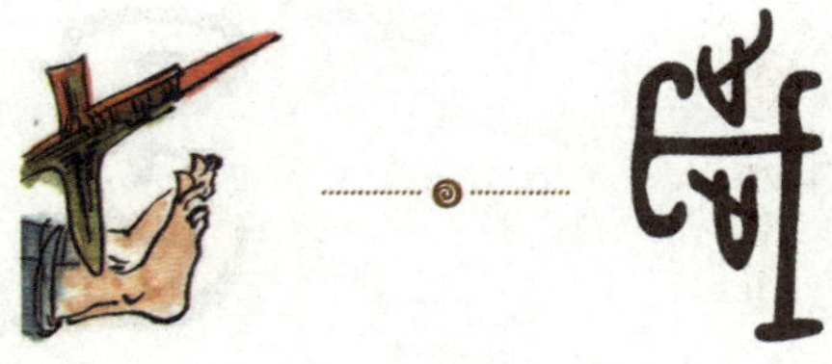

岁

(suì)

岁，木星。经过了二十八星宿，行遍了阴阳十二辰，每十二个月就行走了一个躔（chán）次。从步，戌声。《汉书·律历志》把（金木水火土）五星叫作五步。

“岁”的本义是木星。如《说文》：“岁，木星也。”

年的称呼。如《诗经·魏风·硕鼠》：“三岁贯汝，莫我肯顾。”指年龄。如《史记·秦始皇本纪》：“年十二岁，庄襄王死，政代为秦王。”收成，年景。如《战国策·齐策》：“威后问使者曰：‘岁亦无恙耶？民亦无恙耶？王亦无恙耶？’”

岁

甲骨文

金文

小篆

歲

楷书

登

(dēng)

“登”的甲骨文是象形字。甲骨文像双手捧举食器进献的样子。隶变后楷书写作“登”。

《说文·癶部》：“登，上车也。从癶、豆，象登车形。”（登，登上车。由“癶”字在“豆”字之上会意，表示两脚立在用来垫脚乘车的石头上，像登车的样子。）

“登”指上车，或由低处到高处。如“登山”。由上车引申指上路、登上路程。如“登上征程”。又指登载。如“登报”。庄稼成熟就要在场院晾晒脱粒，所以又引申为成熟。如“五谷丰登”。

登

甲骨文

金文

小篆

登

楷书

金文

小篆

是

楷书

(shì)

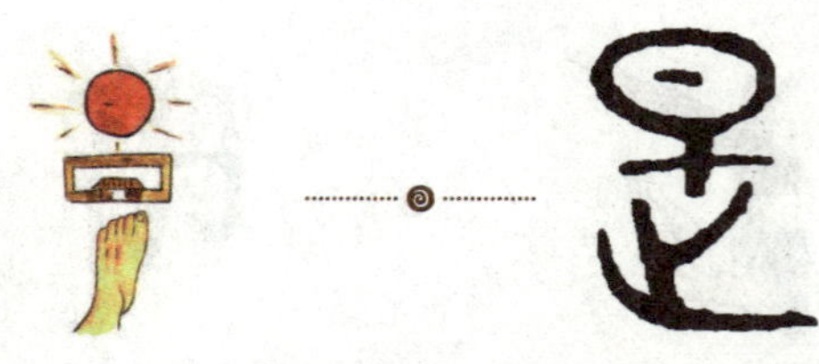

“是”的小篆是会意字。金文从日，从正，其中短竖象征端直，会日中端直之意。小篆整齐化。隶变后楷书写作“昰”与“是”。如今规范化，以“是”为正体。

《说文·是部》：“是，直也。从日、正。凡是之属皆从是。”（是，正直。由日、正会意。大凡是的部属都从是。）

“是”的本义为正、不偏斜。如《易·未济》：“濡其首，有孚失是。”

引申指对的、正确的。如陶渊明《归去来兮辞》：“实迷途其未远，觉今是而昨非。”作代词，表示此、这。如《论语·八佾》：“是可忍也，孰不可忍也。”

甲骨文

金文

小篆

巡

楷书

(xún)

“巡”的小篆是形声字。从辵（辶），川声。隶变后楷书写作“巡”。

《说文·辵部》：“巡，延行貌。从辵，川声。”（巡，长行的样子。从辵，川声。）

“巡”的本义为来往查看、视察。如《史记·秦始皇本纪》：“三十有七年，亲巡天下。”

作量词，用于巡行，相当于“遍”。如宋代王安石《窥园》：“杖策窥园日数巡，攀花弄草兴常新。”又用于给在座的全体客人斟酒，为全体客人斟酒一遍叫一巡。如“酒过三巡”。

随，随从。“随”是形声字。从辵，𡐦省土为声。

随

(suí)

“随”的本义是随从。如《说文》：“随，从也。”《韩非子·扬权》：“主失其神，虎随其后。”唐代杜甫《春夜喜雨》：“随风潜入夜，润物细无声。”又如晋代陶渊明《桃花源记》：“太守即遣人随其往，寻向所志，遂迷，不复得路。”依顺，依从。如《红楼梦》：“今黛玉见了这里许多事情不合家中之式，不得不随的，少不得一一改过来，因而接了茶。”指任由某事物自由发展。如唐代韩愈《进学解》：“业精于勤荒于嬉，行成于思毁于随。”

随

小篆

楷书

“进”是会意字。甲骨文字形，上面是“隹”，像小鸟形，下面是“止”(脚)。鸟的脚只能前进不能后退，所以表示前进。

进

(jìn)

“进”的本义是前进。如《说文》：“进，登也。”《诗经·大雅·桑柔》：“进退维谷。”超过，越过。如《庄子·养生主》：“臣之所好者道也，进乎技矣。”进入，与“出”相反。如《水浒传》：“府尹叫进后堂来说。”献上。如《聊斋志异·促织》：“以一头进。”推荐，举荐。如《汉书·灌夫传》：“父张孟常为颍阴侯灌婴舍人，得幸，因进之。”收入。如“进账”“进出相当”。

进

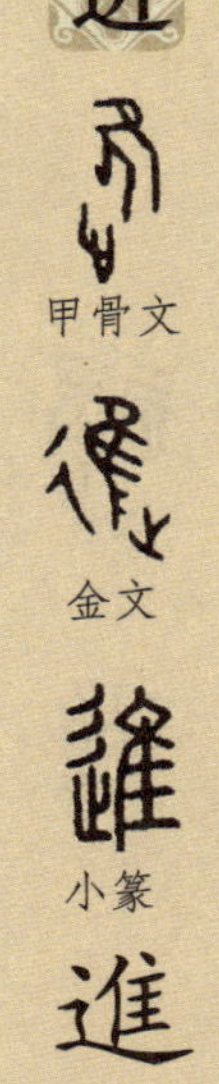

甲骨文

金文

小篆

楷书

小篆

遷

楷书

(qiān)

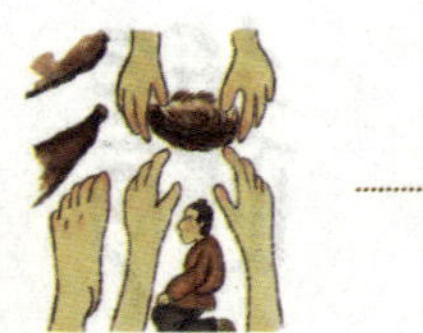

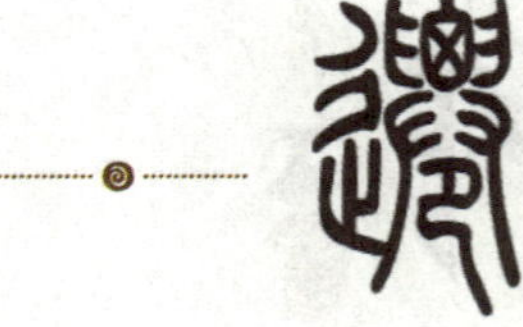

“迁”是形声兼会意字。从辵，“辵”表移动。形声字声旁有时有表意作用，此即一例。

“迁”的本义是向高处迁移。如《说文》：“迁，登也。”《诗经·小雅·伐木》：“出自幽谷，迁于乔木。”升官或调动。《后汉书·张衡传》：“迁为太史令。”搬家，搬动。如《孟子·梁惠王下》：“毁其宗庙，迁其重器。”

变动，更改。如《韩非子·饬令》：“饬令，则法不迁。”贬谪，降职。如宋代范仲淹《岳阳楼记》：“迁客骚人，多会于此。”

遏

小篆

遏

楷书

(è)

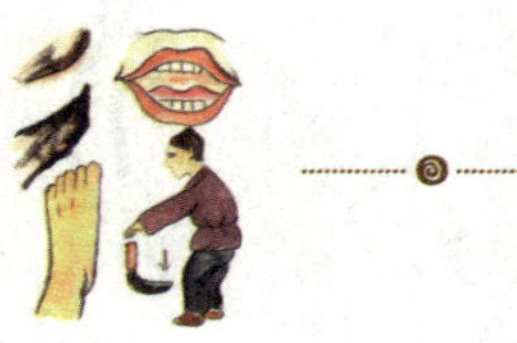

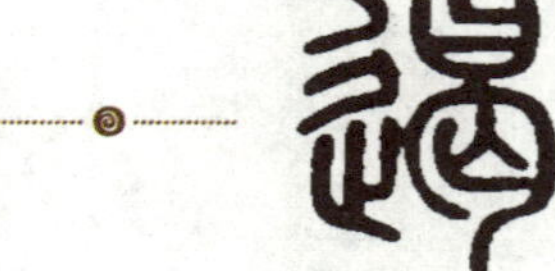

“遏”是会意兼形声字。小篆从辵（辶），从曷（喝止），曷兼表声。隶变后楷书写作“遏”。

“遏”的本义是抑制、阻止。如《列子·汤问》：“声振林木，响遏行云。”《诗经·大雅·民劳》：“式遏寇虐。”《诗经·周颂·武》：“胜殷遏刘。”《尚书·汤誓》：“夏王率遏众力。”

引申指阻击、抵御。如“遏截”“遏夺”。又通“害”，指伤害。如《诗经·大雅·文王》：“命之不易，无遏尔躬。”

遮拦，遮蔽。如《吕氏春秋·安死》：“扑击遏夺。”

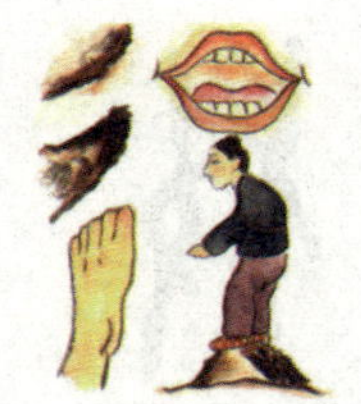

逞

(chěng)

逞，通达。从辵，呈声。楚地叫快走作逞。《春秋左传》说："什么地方不能使（您的）欲望得到快慰呢？"

"逞"的本义是通，通达。如《说文》："逞，通也。"

心愿得以实现，称心如意。如《左传·桓公六年》："今民馁而君逞欲。"《左传·僖公三十三年》："使归就戮于秦，以逞寡君之志。"

放纵。如"逞一时之快"。

炫耀。如"逞强"。

凭借，倚仗。如"逞富"。

逞

金文

小篆

楷书

道

(dào)

"道"是会意兼形声字。金文从辵（街道），从首，会在路上行走之意；或另加义符"止"（脚），以强调行走。小篆整齐化。隶变后楷书写作"道"。

"道"的本义为道路。如李白《蜀道难》："蜀道之难，难于上青天。"引申指路程、行程。如《荀子·修身》："道虽迩，不行不至。"引申为途径、方法。如朱熹《中庸集注》第十三章："故君子之治人也，即以其人之道，还治其人之身。"

又引申为主张、学说。如《孟子·滕文公上》："从许子之道，则市贾不贰，国中无伪。"

道

金文

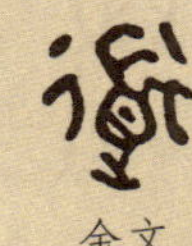

小篆

楷书

微

甲骨文

金文

小篆

微

楷书

微

（wēi）

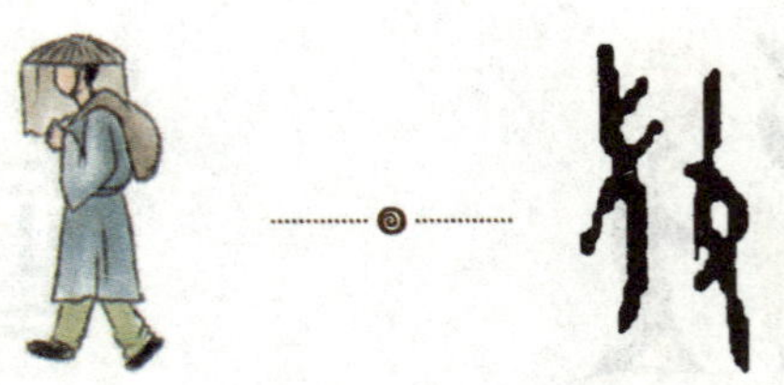

“微”是会意兼形声字。甲骨文和金文用“敚”（表示细小）表意。小篆承之，从彳，从敚，会隐蔽行踪之意，敚兼表声。隶变后楷书写作“微”。

《说文·彳部》：“微，隐行也。从彳，敚声。”（微，隐蔽出行。从彳，敚声。）

“微”指隐秘地行走。引申指精妙、深奥。又引申指轻微、细小。如“微恙”“防微杜渐”。又引申指地位低、卑贱。如“卑微”“低微”。

得

甲骨文

金文

小篆

得

楷书

得

（dé）
（děi）
（de）

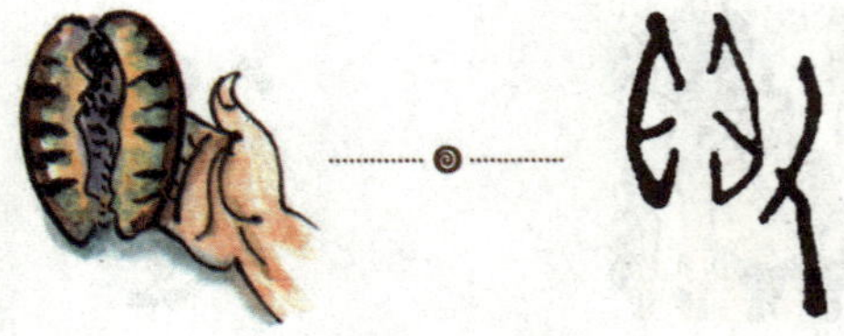

“得”的甲骨文是会意字。甲骨文从贝、从手，会得到、获得之意。金文加“彳”，会在路上拾到宝贝之意。小篆发生讹变。隶变后楷书写作“得”。

“得”（dé）的本义是得到、获得。如《后汉书·班超传》：“不入虎穴，不得虎子。”引申为具备。如《荀子·劝学》：“积善成德，而神明自得。”

用作名词，表示收获、心得。

“得”又念 děi，表示必须、应该。如《红楼梦》第九十四回：“这件事还得你去，才弄的明白。”

御

(yù)

“御”的小篆是会意字。甲骨文像人手拿马策之形。金文的形体与甲骨文大致相同。小篆承接甲骨文和金文，但是将马策讹变为“午”。隶变后楷书写作“御”。

“御”的本义是驾驭马车。引申特指驾车的人。

又用来指治理、统治。如贾谊《过秦论》中有“振长策而御宇内”，就是挥舞着长鞭子统治整个天下的意思。还表示统帅、率领，抵挡、抵御之意。如“兄弟阋于墙，外御其侮”，是说兄弟在家里争吵，却能一起抵御外敌。比喻虽有内部争吵，但仍能团结起来一致对外。

待

(dāi)
(dài)

“待”是形声字。小篆从彳（街道），寺声。隶变后楷书写作“待”。

《说文·彳部》：“待，竢也。从彳，寺声。”（待，等候。从彳，寺声。）

“待”的本义为暂时停留，读作 dāi。如“还在这待一天吗？”也指无目的地消磨时间或在某处逗留。如“在家待了一整天”。

又读作 dài，本义为等候。如《左传·隐公元年》：“多行不义，必自毙，子姑待之。”引申为对待、招待。如“以礼相待”“宽以待人”。

御 甲骨文 金文 小篆 楷书

待 金文 小篆 楷书

行

(háng)
(hàng)
(héng)
(xíng)

“行”是象形字。甲骨文像十字路口的形状。金文与甲骨文形体大致相同。小篆承接金文而来。隶变后楷书写作“行”。

“行”(háng)的本义是路、道路，读作háng。如《诗经·豳风·七月》:“女执懿筐，遵彼微行。”引申为行列、队伍。如《楚辞·九歌·国殇》:“凌余阵兮躐余行。”

还读作xíng，引申为行走。如李商隐《瑶池》:“八骏日行三万里。”又引申指从事、干。如“他为人行事不错”。还特指路程。如“千里之行，始于足下”。

衙

(yú)
(yá)

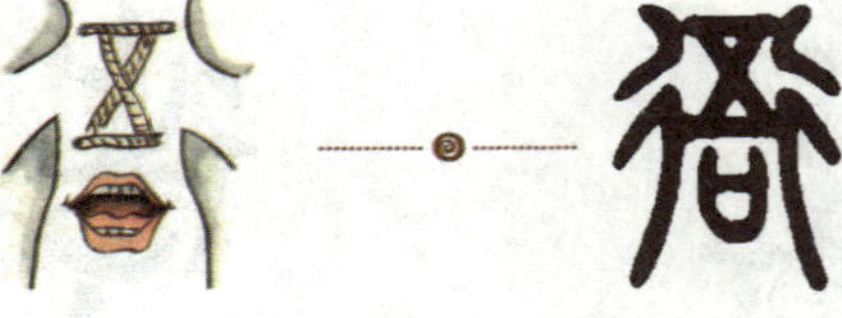

“衙”是形声字。从行，吾声，楷书写作“衙”。

《说文·行部》:“衙，行貌。从行，吾声。”(衙，衙衙，列队行进的样子。从行，吾声。)

“衙”的本义为列队行进的样子，读作yú，用作“衙衙”，指行走的样子。如战国时宋玉《楚辞·九辩》:“通飞廉直之衙衙。”又读作yá，用作旧时官署的代称。如“官衙”“衙门”。又指坐衙，官吏坐堂审案。如清代蒲松龄《聊斋志异》:“值城隍早衙，喊冤以投。”引申指排列成行的事物。如“柳衙”“松衙”。

(chǐ)

“齿”的甲骨文是象形字。小篆像口中牙齿的形状，止声。大凡齿的部属都从齿。

“齿”的本义是牙。如《大戴礼记·易本命》：“男以八月而生齿，八岁而龀，女七月生齿，七岁而龀。”

指像牙齿一样排列的物品。如锯齿、齿轮。

指年龄大小。如唐代柳宗元《捕蛇者说》：“退而甘食其土之有，以尽吾齿。”

指年马的年岁。如《礼记·曲礼》：“齿路马，有诛。”

并列，次列。如《左传·隐公十一年》：“不敢与诸任齿。”《庄子·天下》：“百官以此相齿。”

(gēn)

“跟”是形声兼会意字。小篆从足，艮声，艮（人扭头后看）兼表向后之意。隶变后楷书写作“跟”。

“跟”的本义为脚的后部。如“脚后跟”“脚跟”。引申指紧随在后，追随。如“跟踪”“跟从”。进而引申指赶、及。如“跟不上”。

还引申指侍奉主人。如《红楼梦》第四十三回：“我茗烟跟二爷这几年，二爷的心事，我没有不知道的。”其中的“跟”就是伺候、侍奉的意思。用作连词，相当于“和”“与”。

甲骨文

金文

小篆

齒

楷书

跟

小篆

跟

楷书

（yǒng）

踊，跳跃。从足，甬声。

“踊”的本义是跳跃。如《说文》：“踊，跳也。”

指登上。如《晏子春秋》：“景公为路寝之台，成而不踊焉。”《广雅》：“踊，上也。”指价格上涨。如《史记·平准书》：“物踊腾粜。”《北史·任城王云传》：“百姓疲于土木之功，金银之价为踊上。”

蹈

小篆

蹈

楷书

（dǎo）

蹈，践踏。从足，舀声。

“蹈”的本义是踩、践踏。如《说文》：“蹈，践也。”《庄子·达生》：“至人潜行不窒，蹈火不热。”《资治通鉴》：“羸兵为人马所蹈藉。”指跳，脚踩地。如“手舞足蹈”。

指遵循、遵守。如“循规蹈矩”。又如宋代苏轼《伊尹论》：“后之君子，蹈常而习故。”指实践、实施。如清代袁枚《祭妹文》：“一旦长成，遽躬蹈之。”

跻

小篆

躋

楷书

（jī）

跻，登升。从足，齐声。《商书》说：“我们商朝将会颠覆、坠落。”

“跻”的本义是登上、升上。如《说文》：“跻，登也。”《易经·震卦》：“跻于九陵，勿逐。”《诗经·豳风·七月》：“跻彼公堂，称彼兕觥，万寿无疆。”

达到，到达。如“跻致”，意思是使达到安居乐业的境地。

引申为晋升。如《左传·文公二年》：“大事于大庙，跻僖公，逆祀也。”

跌

跌，跌踢。从足，失声。另一义说：跌是过度。

(diē)

“跌”的本义是摔倒。如《汉书·晁错传》：“跌而不振。”《淮南子·缪称训》：“若跌而据。”指走路不稳。如“跌跌撞撞”。

指失足，喻犯错。如《汉书·扬雄传》：“一跌将赤吾之族。”指降落、降低。如“跌停”。指过度。如《公羊传·庄公二十二年》：“肆者何？跌也。”

小篆

跌 楷书

蹲

蹲，坐。从足，尊声。

蹲

(dūn)
(cún)

“蹲”(dūn)的本义是坐。如《说文》：“蹲，踞也。”汉代曹操《苦寒行》：“熊罴对我蹲。”《庄子·外物》：“蹲乎会稽。”

待着不动。如“蹲在家里哪也不去”。指虚坐的姿势，屁股不着地。如“屈腿下蹲”。

小篆

蹲 楷书

跛

跛，行步偏跛不正。从足，皮声。另一义说，跛是“足排之”。音读像“彼”字。

跛

(bǒ)

“跛”的本义是腿或脚瘸，走路时身体不稳。如《说文》：“跛，行不正也。”《易经·履卦》：“眇能视，跛能履。”《淮南子·人间训》：“此独以跛之故。”

指腿或脚瘸的人。如宋代梅尧臣《田家语》：“盲跛不能耕，死亡在迟速。”

小篆

跛 楷书

跪

小篆

楷书

跪

(guì)

"跪"是形声兼会意字。小篆从足，危声，危兼表高直之意。隶变后楷书写作"跪"。

"跪"的本义为跪坐，即屈腿双膝着地，臀部离开脚后跟，伸直腰股。这是古人表示敬意的一种姿势。如果下跪叩头，则为"拜"；如果长时间的跪着，则称"跽"。"三跪九叩"是古代最敬重的行礼方式。就是起跪三次，磕九个头。

又引申特指足。如《韩非子》中提到的"刖跪"（砍脚），就是这种用法。

跽

甲骨文

小篆

楷书

跽

(jì)

"跽"的甲骨文是会意字。甲骨文从己，从止，会弯曲之意。小篆增加一"足"，右边变为"忌"，就变成了从足、忌声的形声字。隶变后楷书写作"跽"。

《说文·足部》："跽，长跪也。从足，忌声。"（跽，上身伸直，双膝着地。从足，忌声。）

"跽"指长跪，指长时间双膝着地、上身挺直。如《史记·项羽本纪》中有"项王按剑而跽"，其中的"跽"就是长跪之意。是古人对话时常用的一种姿势。

也引申指单膝着地，半跪。如明代黄淳耀《李龙眠画罗汉记》："一人跽左足，蹲右足，以手捧膝作缠结状。"

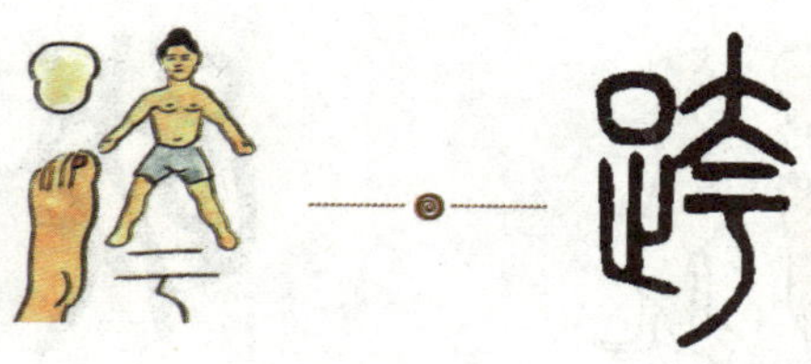

“跨”是形声兼会意字。小篆从足，夸声，夸兼表张大之意。隶变后楷书写作“跨”。

(kuà)

“跨”的本义为迈腿越过。体育运动中“跨栏”的“跨”，就是用“跨”的本义。如成语“跨州连郡”，就是用跨越州郡来形容涉足的路远、地方大。由腿跨两边，引申为兼而占有。

又引申指超过时间或地区之间的界限。如“跨年度”“跨国公司”。

骑马时，两腿要分跨两边，所以又引申指骑，两脚分在器物的两边坐着或立着。如“跨马”。

小篆

跨

楷书

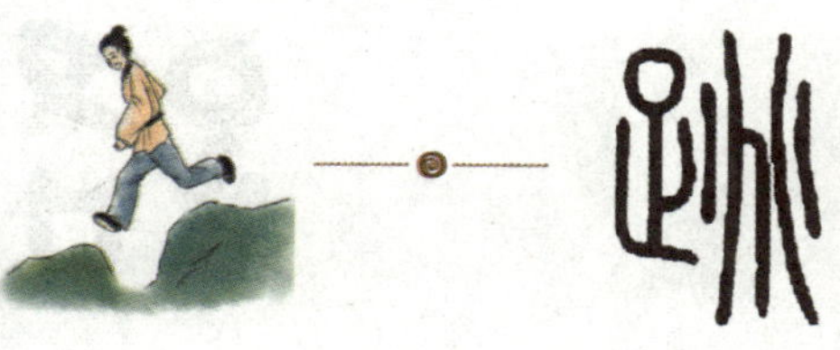

“跳”是形声字。小篆从足，兆声。隶变后楷书写作“跳”。

(tiào)

《说文·足部》：“跳，蹶也。从足，兆声。一曰：跃也。”（跳，跳起。从足，兆声。另一义说：跳是跃过。）

“跳”的本义为跳跃。成语“跳梁小丑”中的“跳”就是跳跃之意。由此引申为越过。如《晋书·刘牢之传》：“（刘）牢之策马跳五丈涧，得脱。”说的就是刘牢之骑马越过了五丈涧，逃跑了。

“跳”又引申指起伏地动、闪动。如“眼跳”“火苗跳动”等。又引申指上冒、冒出。

小篆

跳

楷书

跋

小篆

楷书

路

金文

小篆

楷书

跋

（bá）

“跋”是形声字。小篆从足，犮声。隶变后楷书写作“跋”。

《说文·足部》：“跋，仆倒。从足，犮声。”（跋，人倒下。从足，犮声。）

“跋”的本义为人倒下。引申指在草中行走，越山过岭。如“跋山涉水”。又引申指倒转、翻转。如《汉书·杨雄传》：“扡苍豨，跋犀牦。”

还引申指一种文体，写在书籍或文章的后面，多用以评价其内容，或考释、说明写作经过等。

路

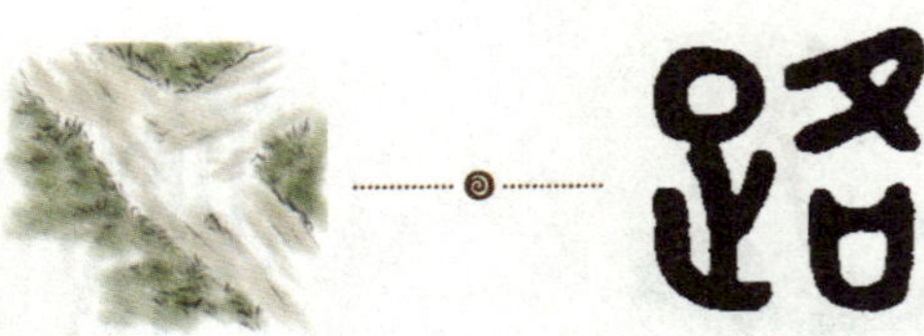

（lù）

“路”是会意兼形声字。金文从足，从各（表示到来），各兼表声。小篆承接金文。隶变后楷书写作“路”。

《说文·足部》：“路，道也。从足，从各。”（路，道路。从足，从各声。）“路”的本义是道路。引申指经过的里程。如“山高路远”等。还引申指车辆行驶的路线。如“13 路公交车”。引申指职业。我们常听人说“半路出家”，原指年岁大点，才去当和尚、尼姑或道士。比喻中途改行，从事另一工作。由脚所走之路又可引申为思想或行为的途径、方法。如“出路”“生路”。

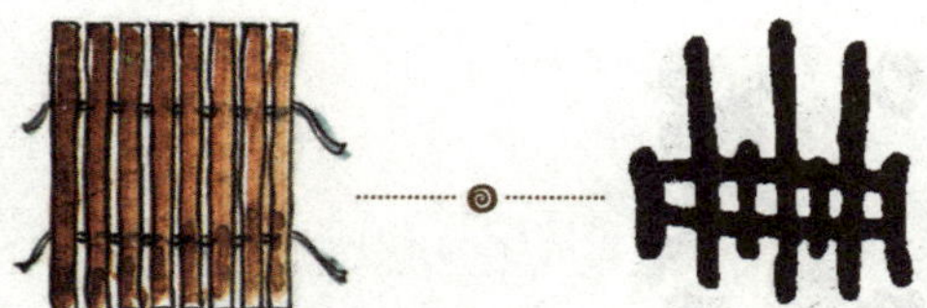

（cè）

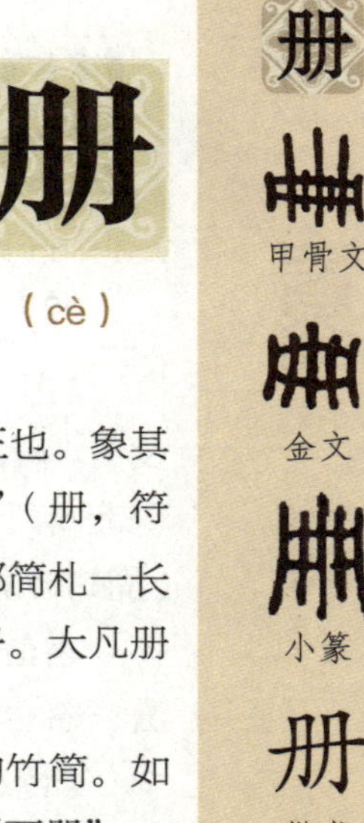

“册”是象形字。甲骨文像编简成册之形。金文、小篆字形变化不大，只是整齐化了。隶变后楷书写作“册”。

《说文·册部》：“册，符命也。诸侯进受于王也。象其札一长一短；中有二编之形。凡册之属皆从册。”（册，符信教命。诸侯进朝从王者处接受的简策。像那简札一长一短的样子，中间的表示有两道连竹简的绳子。大凡册的部属都从册。）

“册”的本义为古代编串在一起用来书写的竹简。如“简册”。引申指装订好的本子。如“装订成册”“画册”。

（sì）

“嗣”的小篆是会意兼形声字。甲骨文从大，从子，从册，会册封大儿子为继承人之意。金文省略大，另加义符“口”，以突出册封子嗣之意，司声。隶变后楷书写作“嗣”。

《说文·册部》：“嗣，诸侯嗣国也。从冊，从口，司声。”（嗣，诸侯继承国君之位。由册、由口会意，司表声。）

“嗣”的本义为诸侯继承国君之位。后来泛指继承、接续。如唐代柳宗元《捕蛇者说》：“今吾嗣为之十二年，几死者数矣。”用作名词，指继承人。如“子嗣”。

嚣

小篆

嚣

楷书

嚣

(xiāo)

(áo)

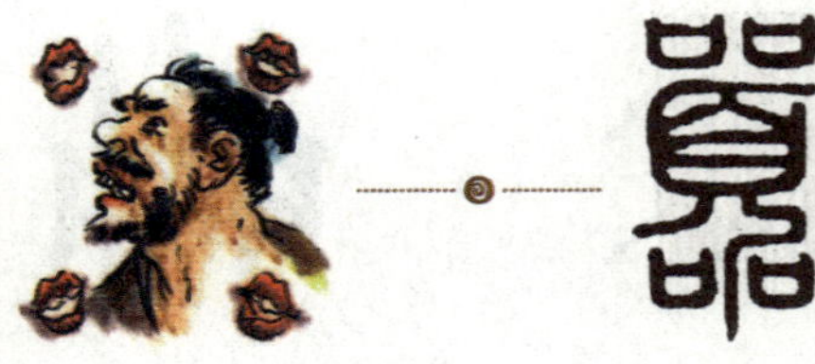

嚣，(众口喧哗)之声。语气从头上冒出。由㗊、由页会意。页，表示头。

“嚣”(xiāo)的本义是喧哗，声音响而吵闹。如《说文》：“嚣，嚣声也。气出头上。”《左传·成公十六年》：“在陈而嚣。”《诗经·小雅·车攻》：“选徒嚣嚣。”唐代柳宗元《捕蛇者说》：“叫嚣乎东西，隳突乎南北。”

害羞。如《歧路灯》：“店主起来作揖，说与谭绍闻道喜，绍闻嚣的耳朵稍都是红的。”

嚣张。如《宋论·太祖》：“秦恶其嚣而坑儒，师吏以重抑之。”

甲骨文

金文

小篆

只

楷书

(zhī)

(zhǐ)

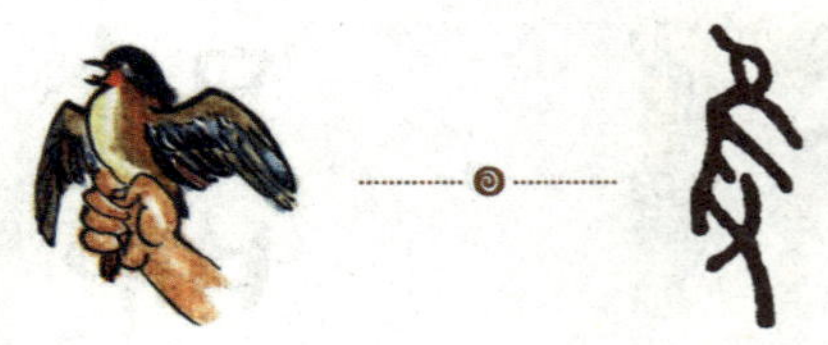

“只”是会意字。甲骨文从又(手)，从隹(鸟)，会一只手逮住了一只鸟之意。金文与甲骨文形体大致相同。小篆承接金文。隶变后楷书写作“隻”。汉字简化后写作“只”。

只(zhī)，鸟一只。由“又”(手)持握着“隹”(鸟)会意。手里拿着一只鸟叫只，(拿着)两只鸟叫双。

“只”的本义为一只鸟，读作 zhī。引申为凡物之单者曰“只”，与“双”相对，指单数、奇数。如《宋史·张洎传》：“肃宗而下，咸只日临朝，双日不坐。”引申指孤独。如“形单影只”。

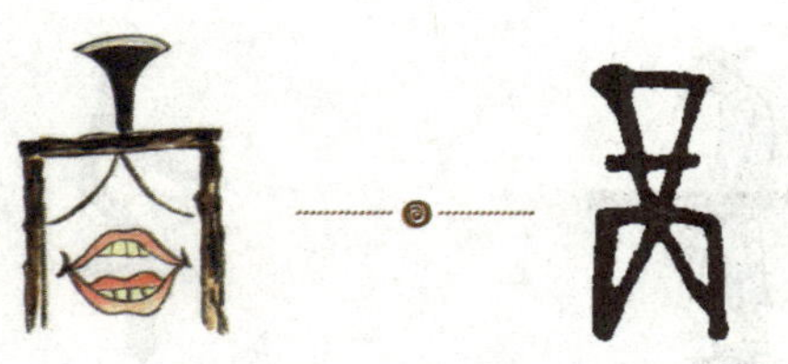

（shāng）

“商”的小篆是形声字。甲骨文的下部是祭祀时所设的灵台，其上置薪，焚烧祭天。金文下面增加了一个“口”。隶变后楷书写作“商”。

商 甲骨文 金文 小篆 楷书

《说文·㕯部》:“商，从外知内也。从㕯（nè），章省声。”（商，从外面估测里面的情况。从㕯，章省声。）

“商”指量度，估计。又指星名。如杜甫《赠卫八处士》:“人生不相见，动如参与商。”“参商”即指参星与商星。又表示计议、商量。如“商榷”。又引申指买卖活动。如“经商”。“商”又是古代五音之一。五音即“宫、商、角、徵、羽”。

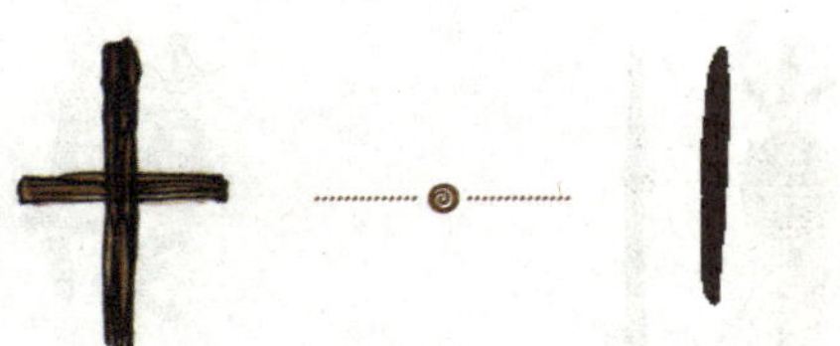

（shí）

“十”是指事字。甲骨文字形为“丨”，用一根树枝代表十。金文像结绳记数，用一个结表示十。小篆符号化，一点变成了一横。隶变后楷书写作“十”。

十 甲骨文 金文 小篆 楷书

“十”的本义为数字十。汉字中的数字，以一到十为基础，其他的数字都是由此演化而来，无穷无尽，所以有了这十个数，就相当于拥有了全部，所以，“十”在中国是圆满的象征，因此“十”又引申为完备、完满。我们常说的“十全十美”就是非常典型的运用。古人还常用“十”来表示虚指、约数。

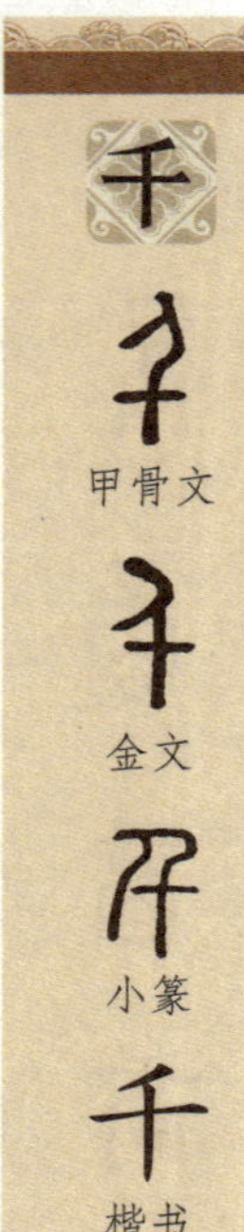

(qiān)

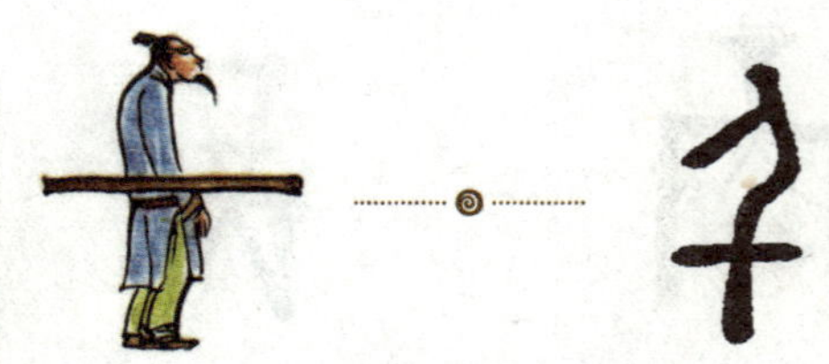

“千”是会意字。甲骨文从十，从人。金文稍讹。小篆进一步线条化，就很难看出本来的意义了。隶变后楷书写作“千”。

《说文·十部》：“千，十百也。从十，从人。”（千，十个百。由十、由人会意。）

“千”的本义为数词。如“十百为千”“盈千累万”。

泛指极多。如“千言万语”“千方百计”。

姓氏的一种。

博

(bó)

“博”是会意兼形声字。金文和小篆皆从十，从尃（分布）会意，尃兼表声。隶变后楷书写作“博”。

《说文·十部》：“博，大通也。从十，从尃。尃，布也。”（博，广大；精通。由十、由尃会意。尃是分布的意思。）“博”的本义为大。如《管子·权修》：“土地博大，野不可以无吏。”引申指丰富。如《论语·子罕》：“博我以文，约我以礼。”又引申指广泛。如《荀子·劝学》：“君子博学而日参省乎己，则知明而行无过矣。”又引申指博弈，是古代一种赌输赢的棋类游戏，后泛指赌博。

“世”是会意字。金文的形体是三个带圆点的竖，就是古代的三十（卅）。在小篆中，三个小圆点变成了一小横。隶变后楷书写作“世”。

（shì）

《说文·卅部》：“世，三十年为一世。从卅而曳长之。亦取其声也。”（世，三十年叫一世。由“卅”字延长它的末笔而成，“卅”字延长末笔成“乁”（yí）字。世也取乁表声。）

“世”的本义为三十年。如《论语·子路》：“如有王者，必世而后仁。”意思是，如果有王者兴起，也一定要三十年才能实现仁政。引申指一辈一辈相承的。如“世袭”“世交”。人的一生也可以称为“一世”。

“诗”是形声字。用言语表达心志的一种文学体裁。从言，寺声。

（shī）

“诗”的本义是诗歌。如《尚书·舜典》：“诗言志，歌永言。”《说文》：“诗，志也。指《诗经》。如《论语·为政》：“《诗》三百，一言以蔽之，曰：思无邪。”《孟子·梁惠王章句上》：“《诗》云：‘他人有心，予忖度之。’”

吟诗，作诗。如《洛阳伽蓝记》：“能造者其必诗，敢往者无不赋。”

比喻美妙而富有诗意的事物。如“诗情画意”。

世

金文

小篆

楷书

小篆

楷书

谋

謀
小篆

謀
楷书

谋

(móu)

“谋”是形声字。考虑事情的难易叫谋。从言，某声。《说文》：“虑难曰谋。”

“谋”的本义是考虑，策划。如《尚书·洪范》：“聪作谋。”《诗经·小雅·巷伯》：“谁适与谋。”《左传·僖公三十三年》：“谋及子孙，可谓死君乎。”

商量。如《列子·汤问》：“聚室而谋。”

谋求。如三国时诸葛亮《出师表》：“亦宜自谋。”《资治通鉴·唐纪》：“谋袭蔡州。”计谋，谋略。如《论语》：“小不忍则乱大谋。”《礼记·缁衣》：“无以小谋败大作。”明代张溥《五人墓碑记》：“非常之谋难于猝发。”

信

金文

信
小篆

信
楷书

信

(xìn)

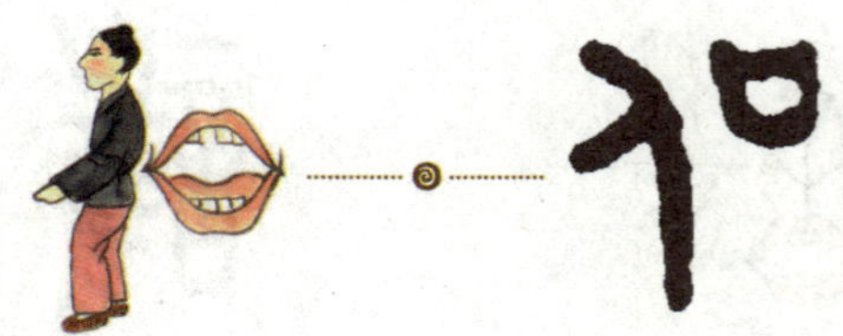

“信”是会意字。金文从人，从口。小篆改为从言，用“人”口所“言”会真实之意。隶变后楷书写作“信”。

《说文·言部》：“信，诚也。从人，从言，会意。”（信，诚实。由人、由言会意。）

“信”的本义为语言真实。如《老子》：“信言不美，美言不信。”引申泛指诚实有信用。又引申指相信、信任。如《论语·公冶长》：“听其言而信其行。”相信则听从、任随，所以“信”又引申指听从、任随。成语“信马由缰”，就是放松缰绳，听凭马儿任意走。

(ǎi)

蔼，形容臣子竭忠尽力的美好。从言，葛声。《诗经》说：“尽力得好啊。周王的众多贤士！”

“蔼”的本义是树木生长繁茂。如《广雅》：“蔼蔼，盛也。”《楚辞·九辩》：“离芳蔼之方壮兮，余萎约而悲愁。”

繁多的样子。如《尔雅·释训》：“蔼蔼、济济，止也。”《诗经·大雅·卷阿》：“蔼蔼王多吉士，维君子使，媚于天子。”态度和气、亲切。如《聊斋志异·王大》：“笑语蔼然。”又如“态度和蔼”。

蔼

小篆

楷书

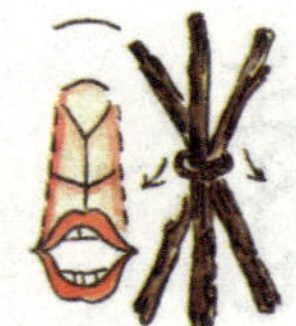

(jiàn)

谏，直言劝谏。形声字。从言，柬声。《说文》：“谏，证也。”

“谏”的本义是直言规劝。如《左传·僖公二年》：“宫之奇之为人也，懦而不能强谏。”

匡正，挽回。如晋代陶渊明《归去来兮辞》：“悟已往之不谏，知来者之可追。实迷途其未远，觉今是而昨非。”

通“间”。挑拨离间。如唐代皮日休《忧赋》：“郭开受谏，李牧就诛。”

谏官。如唐代杜甫《晚出左掖》：“避人焚谏草，骑马欲鸡栖。”

金文

小篆

楷书

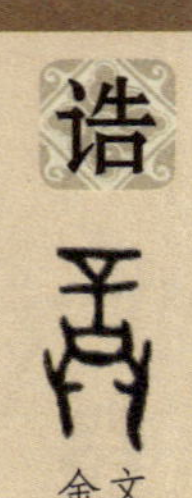

（gào）

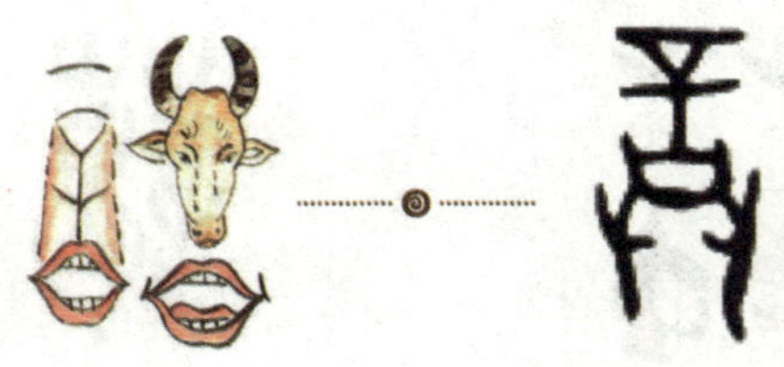

“诰”的小篆是形声字，从言，告声。本义是告诉。《说文》：“诰，告也。“

“诰”的本义是告诉，上告发下曰诰。如《说文通训定声》：“按，上告下之义，古用诰，秦复造诏安当之。”《尚书·太甲下》：“伊尹申诰于王。”《尚书·序》：“雅诰奥义。”《荀子·大略》：“诰誓不及五帝。”

告诫，劝勉。如《国语·楚语上》：“近臣谏，远臣谤，舆人诵，以自诰也。”

告诫、任命或封赏的文书。如《清会典事例》：“一品至五品，皆授以诰命，六品至九品，皆授以敕命。”

誓

金文

小篆

楷书

（shì）

“誓”是形声兼会意字。金文从言，折声，折兼表斩截之意。隶变后楷书写作“誓”。

《说文·言部》：“誓，约束也。从言，折声。”（誓，约束的言辞。从言，折声。）

“誓”的本义是古代出军时告诫、约束将士的言辞。如词语“誓师”，就是用言语告诫将士。一般是将出征的目的与意义告知将士，揭露敌人的罪恶，强调纪律与作风。

引申为表示决心的话。如成语“信誓旦旦”。

“设”是会意字。设，布列陈设。由言、由殳（shū）会意。殳是用来指使人的东西。

设

（shè）

设

小篆

楷书

“设”的本义是布列陈设。如《说文》：“设，施陈也。”《诗经·小雅·彤弓》：“钟鼓既设。”清代蒲松龄《聊斋志异·促织》：“入其舍，则密室垂帘，帘外设香几。”

开创，建立。如《诗经·商颂·殷武》：“设都于禹之绩。”布置，部署。如《史记》：“赵亦盛设兵以待秦，秦不敢动。”

如果，假如。如清代徐珂《清稗类钞·战事类》：“设以炮至，吾村不齑粉乎？”

“谢”是形声字。从言，射声。本义是离开，辞去。或者向人认错道歉之意。

（xiè）

谢

小篆

楷书

“谢”一义是向人道歉。如《史记·项羽本纪》：“不可不蚤自来谢项王。”辞去官职。如唐代王维《送张五归山》：“当亦谢官去，岂令心事违。”告辞，离开。如《史记·李将军列传》：“广不谢大将军而起行。”

感谢，感激。如《三国演义》：“休谢之。”《史记·项羽本纪》：“哙拜谢，起，立而饮之。”

衰落，凋谢。如明代李渔《闲情偶寄·种植部》：“花之既谢。”

说

說
小篆

說
楷书

说

(shuō)
(shuì)
(yuè)

说（yuè），喜悦。由言、兑会意。另一义说：说（shuō）是谈说的意思。

“说”（yuè）的本义是高兴，同“悦”。如《论语·学而》：“学而时习之，不亦说乎？”

谈说（shuō）、告诉。如晋代陶渊明《桃花源记》：“既出，得其船，便扶向路，处处志之。及郡下，诣太守，说如此。”唐代白居易《琵琶行》：“低眉信手续续弹，说尽心中无限事。”说（shuō）明。如《墨子·经上》：“说所以明也。”评论、谈论。如宋代辛弃疾《西江月·夜行黄沙道中》：“稻花香里说丰年，听取蛙声一片。”

话

䛡
小篆

話
楷书

话

(huà)

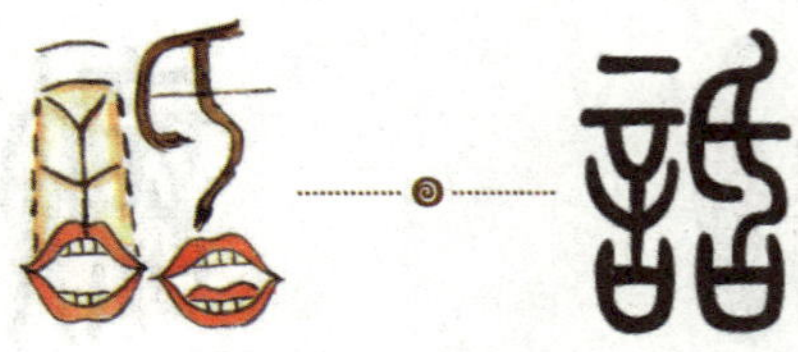

话，会合善言。从言，昏声。《春秋左传》说：“将善言写在竹帛上。”

“话”的本义是言语。如《说文》：“话，合会善言也。”《诗经·大雅·板》：“出话不然。”晋代陶渊明《归去来兮辞》：“悦亲戚之情话。”唐代李朝威《柳毅传》：“心诚之话。”

需要表达的内容。如“带个话儿”。

说，谈论。如《尔雅·释诂》：“话，言也。”唐代孟浩然《过故人庄》：“把酒话桑麻。”

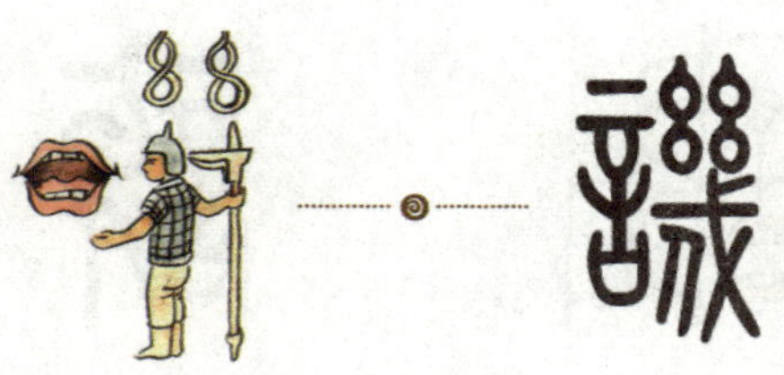

讥，用隐含的语言从旁指责过失。从言，幾声。

（jī）

“讥”指讥刺，谴责。如《说文》：“讥，诽也。宋代范仲淹《岳阳楼记》：“忧谗畏讥。”

讽刺，嘲笑。如《战国策·齐策》：“谤讥于市朝。”

进谏，劝谏。如《广雅·释诂》：“讥，谏也。”《楚辞·天问》：“殷有惑妇，何所讥？”

讥

譏 小篆

譏 楷书

讧，因胡乱争讼而导致溃乱。从言，工声。《诗经》说：“那些害人虫在内部争吵。”

（hòng）

“讧”的本义是溃败。如《说文》：“讧，谮（huì）也。”《诗经·大雅·召旻》：“蟊贼内讧。”

引申为争吵，冲突。《袁可立晋秩兵部右侍郎夫妇诰》：“陆运水输，策远之肤功立奏；相机制变，讧内之巨患以消。”

争扰。如“讧乱”。

訌 小篆

訌 楷书

讶

讶

(yà)

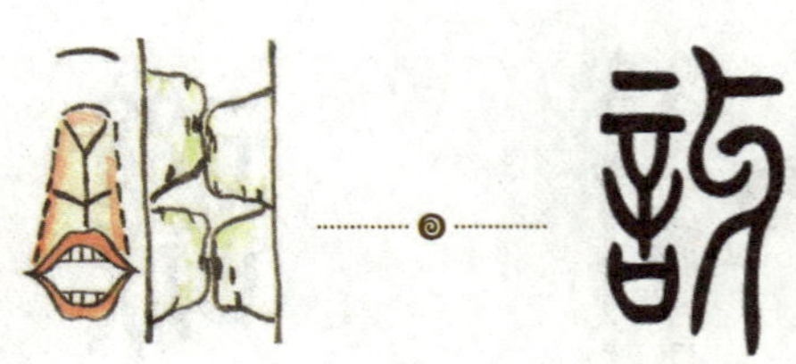

讶，用言辞欢迎宾客。从言，牙声。《周礼》说："（宾客）是诸侯。就有卿来迎接。"

小篆

訝

楷书

"讶"的本义是迎接宾客。如《说文》："《周礼》曰，诸侯有卿讶发。按，乍接必以言，故从言，俗字作迓。周官有讶士，有掌讶。"《仪礼·聘礼》："厥明，讶宾于馆。"

称誉。如《吕氏春秋·必己》："若夫道德则不然：无讶无訾。"

责备，怪罪。如宋代苏轼《与郭功父》："本欲往见，以下痢乏力，未果，想未讶也。"

讷

讷

(nè)

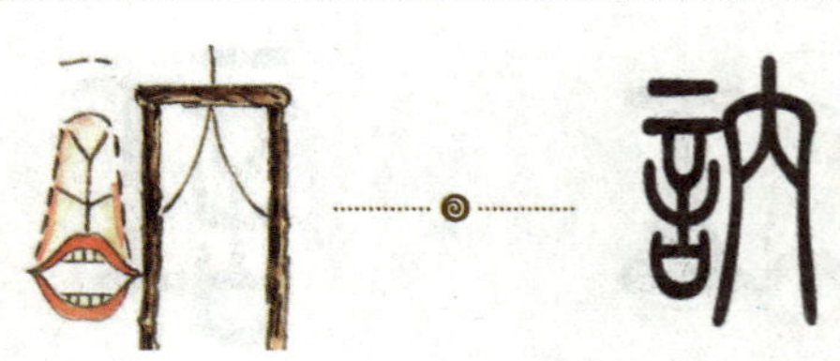

"讷"是会意字。从言，从内。本义是有话难以说出来。

小篆

訥

楷书

"讷"的本义是言语困难。如《说文》："讷，言难也。"《史记·李将军列传》："广讷口少言。"

说话结结巴巴。如《水浒全传》第十回："只听得差拨口里讷出一句'高太尉'三个字来。"

形容人话少且谨慎。如三国魏刘劭《人物志·体别》："能威能怀，能辨能讷。"《论语·里仁》："君子欲讷于言而敏于行。"

谆，仔细周详地告明。从言，享声。音读像“庉”（dùn）字。

（zhūn）

谆

小篆

楷书

“谆”的本义是耐心教导的样子。如《说文》：“谆，告晓之孰也。”《诗经·大雅·抑》：“诲尔谆谆。”《史记·司马相如传》：“不必谆谆。”指诚恳、忠诚。如韩愈《送惠师》：“吾嫉惰游者，怜子愚且谆。”

指辅佐、辅助。如《国语·晋语》：“曾孙蒯聩以谆赵鞅之故，敢昭告于皇祖文王、烈祖康叔、文祖襄公、昭考灵公。”

议，论事之宜。从言，義声。

（yì）

议

小篆

楷书

“议”的本义是讨论、商议。如《说文》：“议，语也。”《诗经·小雅·斯干》：“唯酒食是议。”《史记》：“赵王悉召群臣议。”指评价。如唐代韩愈《柳子厚墓志铭》：“议论证据古今。”

指判处罪责。如司马迁《报任安书》：“因为诬上，卒从吏议。”指意见或看法。如《资治通鉴》：“不复料其虚实，便开此议。”

详，详细审议。从言，羊声。

（xiáng）

详

小篆

楷书

“详”的本义是审察、审议。如《说文》：“详，审议也。”

清楚地知道。如《玉台新咏·古诗为焦仲卿妻作》：“非君所详。”晋代陶渊明《五柳先生传》：“亦不详其姓字。”

旧时下级将案情向上级报告请示。如《红楼梦》：“一到任就有件人命官司详至案下。”

详细，详尽。如宋代苏轼《石钟山记》：“言之不详。”

许

金文

小篆

楷书

(xǔ)

许，听从其言。从言，午声。

“许”的本义是许可、答应。如《说文》：“许，听也。”

指赞同。《三国志·诸葛亮传》：“每自比于管仲、乐毅，时人莫之许也。”指期许。如宋代陆游《书愤》：“塞上长城空自许，镜中衰鬓已先斑。”表示约数。如《聊斋志异·促织》：“引之长丈许。”姓氏的一种。

诵

小篆

楷书

(sòng)

诵，朗诵。从言，甬声。

“诵”的本义是背诵、朗读。如《说文》：“诵，讽也。”《玉台新咏·古诗为焦仲卿妻作》：“十五弹箜篌，十六诵诗书。”

指讲述。如《孟子·公孙丑下》：“为王诵之。”指诗篇。如《诗经·大雅·烝民》：“吉甫作诵，穆如清风。”

小篆

楷书

(pì)

譬，告谕。从言，辟声。

“譬”的本义是用打比方的方法说明事理。如《说文》：“譬，谕也。”《诗经·小雅·小弁》：“譬彼舟流。”《战国策·齐策》：“臣窃为公譬可也。”

告诉，让人知道。如《后汉书》：“又譬诸外戚。”

明白，领悟。如《后汉书·鲍永传》：“言之者虽诚，而闻之未譬。”

诈

（zhà）

“诈”是形声字。从言，乍声。从言，说明与言论有关。本义是欺诈。

“诈”的本义是欺诈。如《说文》：“诈，欺也。”《史记·廉颇蔺相如列传》：“相如度秦王特以诈佯为予赵城，实不可得。”伪装成，假冒。如《尔雅·释诂下》：“诈，伪也。”《史记·陈涉世家》：“诈自称公子扶苏、项燕。”《资治通鉴》：“诈云欲降。”

用语言试探，让对方上当从而吐露实情。如《红楼梦》第九十九回：“谁不知道李十太爷是能事的！把我一诈，就吓毛了！”

诈

小篆

詐

楷书

让

（ràng）

“让”是形声字。从言，襄（xiāng）声。本义是责备。

“让”的本义是责备。如《说文》：“让，相责让。”《广雅》：“让，责也。”《国语·周语》：“让不贡。”《史记·项羽本纪》：“大行不顾细谨，大礼不辞小让。”

转让，出让。如《尚书·尧典》：“允恭克让。”《礼记·曲礼》：“退让以明礼。”

转人，出让。如《红楼梦》：“薛家伏势倚情，偏不相让。”

古代的一种礼节。举手平衡的样子。

让

小篆

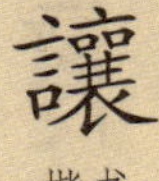

讓

楷书

金文

小篆

楷书

(yīn)

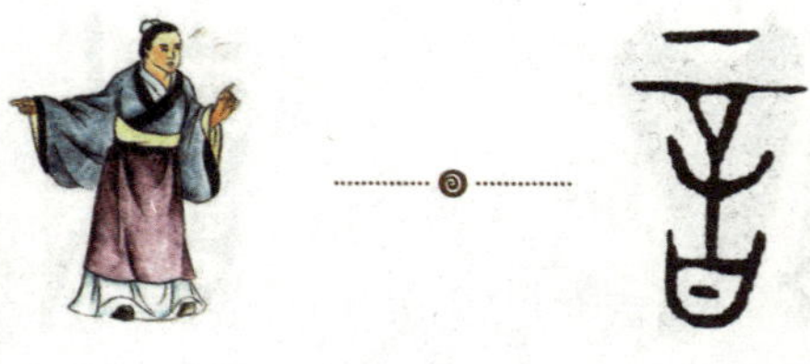

“音”是会意字。表示声音从口中发出。

《说文·音部》:“音，声也。生于心，有节于外，谓之音。宫商角徵羽，声；丝竹金石匏土革木，音也。从言含一。凡音之属皆从音。”(音，言语的声音。从心底产生，受口腔节制的，叫作音。宫、商、角、徵、羽，(单独发出的，)是乐声；用丝、竹、金、石、匏、土、革、木等乐器演奏出的，是音乐。由“言”含“一”会意。大凡音的部属都从音。)

甲骨文

金文

小篆

楷书

妾

(qiè)

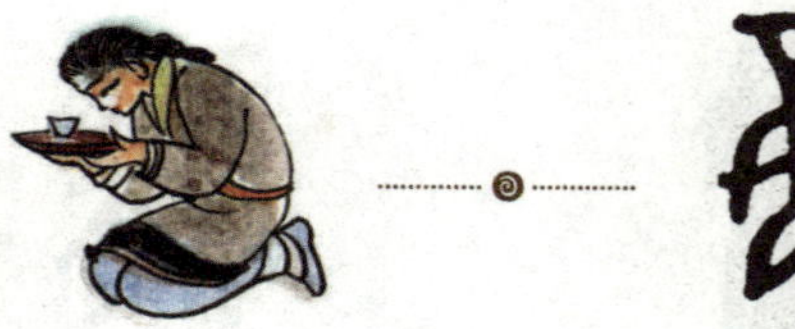

“妾”是会意字。甲骨文下部是一个跪着的女人的形象，其头顶上是一把平头铲刀之形。金文和小篆都由甲骨文演变而来。隶变后楷书写作“妾”。

《说文·䇂部》:“妾，有罪女子，给事之得接于君者。从䇂(qiān)，从女。”(妾，有罪的女人，是能够被君主接触并为君主供职的女人。由䇂、由女会意。)

“妾”的本义为有罪的女子。古代女子有罪则罚为女奴，故引申指女奴隶。如《尚书·费誓》:“臣妾逋逃。”这里的“妾”即女奴隶。

因为古代陪嫁或偏房的地位犹如奴仆，故又引申指男子在妻子之外另娶的女子。

奉

（fèng）

“奉”是会意字。金文像用双手捧着禾麦奉献给神祖的样子，会向神祖拜祭祷告、祈求丰收之意。小篆的字形线条化、复杂化。隶变后楷书写作“奉”。

《说文·廾部》：“奉，承也。从午，从廾（gǒng），丰声。”“奉”的本义为捧禾祭献神祖。祭神时，要神情庄重，并用双手捧着祭品，所以引申为恭敬地捧着、拿着，此义后写作“捧”。由祭祀神祖，又引申指给予、供养。如宋代苏洵《六国论》：“奉之弥繁，侵之愈急。”像供奉神祖一样敬畏某项法则，就会严格遵守，所以还引申为遵守、遵循。如“奉公守法”。

奉

金文

小篆

奉

楷书

丞

（chéng）

“丞”是会意字。甲骨文会双手从坑中救人之意。金文简化。小篆承接金文并整齐化。隶变后楷书写作“丞”。

《说文·廾部》：“丞，翊也。从廾，从卩，从山。山高，奉承之义。”（丞，辅佐。由廾、由卩、由山会意。山高，有向上奉承的意思。）“丞”的本义是拯救。实际上是“拯”字的本字，念zhěng。

引申为辅助。如《汉书·百官公卿表上》：“掌丞天子，助理万机。”进而引申指辅佐帝王的最高官吏，也指各级长官的辅助官吏。如“丞相”“府丞”“县丞”等。

甲骨文

金文

小篆

楷书

(jù)

“具”是会意字。甲骨文中间是“鼎”，下部为手，用手捧鼎会酒食具备之意。金文中间是“貝”。隶变后楷书写作“具”。

《说文·廾部》：“具，共置也。从廾，从貝省。古以贝为货。”（具，供给设置。由廾、由貝省会意。古时候用贝作钱财。）“具”的本义是指准备饭菜酒席。引申泛指备办、准备。进而引申为具有、具备。如“别具匠心”“独具慧眼”。后来引申为一般的用具，作名词的构词语素。如“玩具”。还可以作量词，只用于“棺材”“尸体”和某些器物。如“一具尸体”。

(xīng)

(xìng)

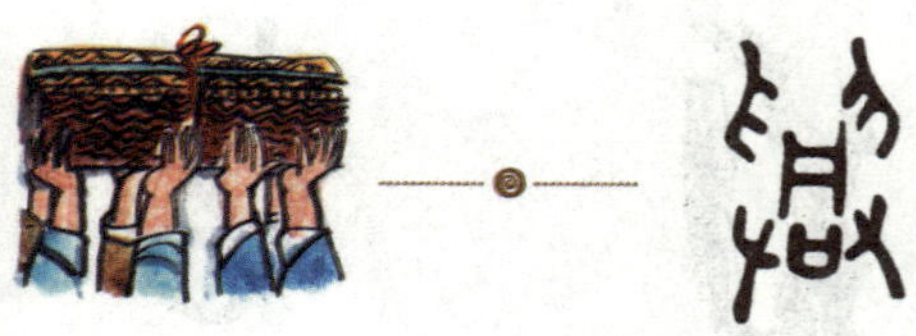

兴，兴起。小篆由舁、由同会意，同是表同心合力的意思。

“兴”(xīng)的本义是兴起。如《说文》：“兴，起也。”《史记·陈涉世家》：“大楚兴。”

起身。如《诗经·卫风·氓》：“夙兴夜寐。”

开始发展。如宋代范仲淹《岳阳楼记》：“百废具兴。”

成功。如《国语·楚语上》：“教备而不从者，非人也，其可兴乎？”发动。如《战国策·燕策》：“不敢兴兵。”

蓬勃，兴旺。如《三国志·诸葛亮传》：“汉室可兴。”《诗经·小雅·天保》：“天保定尔，以莫不兴。”

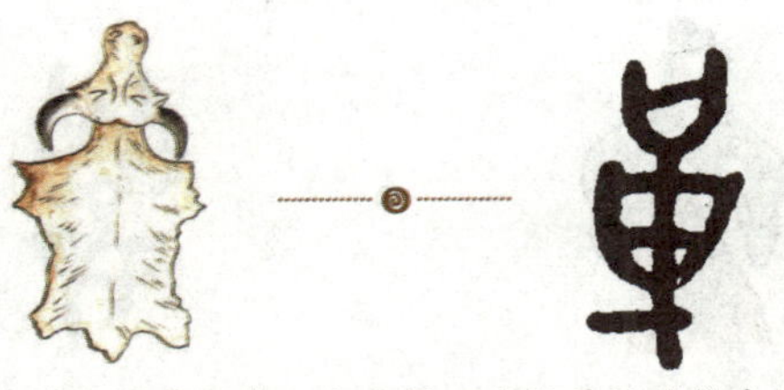

（gé）
（jí）

“革”是象形字。金文像一张拉平的动物皮俯视图：腿被分开了，最上面的是头和角。小篆形体加以简化，但变化不大。隶变后楷书写作“革”。

《说文·革部》：“革，兽皮治去其毛，革更之。”（革，兽皮除去它的毛，改变它的样子。）“革（gé）”的本义为去毛的兽皮。如“皮革”。兽皮去毛而成革，所以又引申泛指免除或丢掉。如“革职”。又引申指变更、改变。如“革新”。古代常用革做武士护身的甲胄，“兵革”原本指兵器和甲胄，后泛指军力或战争。如《战国策·秦策》：“兵革大强，诸侯畏惧”。

（bǎ）

“靶”是形声字。小篆从革，巴声。隶变后楷书写作“靶”。

《说文·革部》：“靶，辔革也。从革，巴声。”（靶，缰绳上御人所把之革。从革，巴声。）

“靶”的本义为驾马人把握缰绳的部位，以前读作bà。引申指刀剑等物的柄，通“把”。

读作bǎ，练习射箭或射击时特意设置的目标。如“靶场”“靶子”。

革

金文

小篆

革

楷书

小篆

靶

楷书

要
金文
小篆
要
楷书

要

(yāo)
(yào)

要，身躯的中部。像人用两手叉着腰的样子。小篆从臼，交省声。

“要”(yāo)指人的腰。如《墨子·兼爱中》：“昔者楚灵王好细要。”《楚辞·离骚》：“户服艾以盈要兮，谓幽兰其不可佩。”《荀子·礼论》：“故量食而食之，量要而带之。”

邀请。如晋代陶渊明《桃花源记》：“便要还家，设酒杀鸡作食。”《史记·项羽本纪》：“张良出，要项伯。”

求取。如《孟子·告子上》：“今之人修其天爵，以要人爵。”胁迫。如《左传·襄公九年》：“明神洋蠲要盟。”《论语·宪问》：“虽不要君，吾不信也。”

晨
甲骨文

金文
小篆
晨
楷书

晨

(chén)

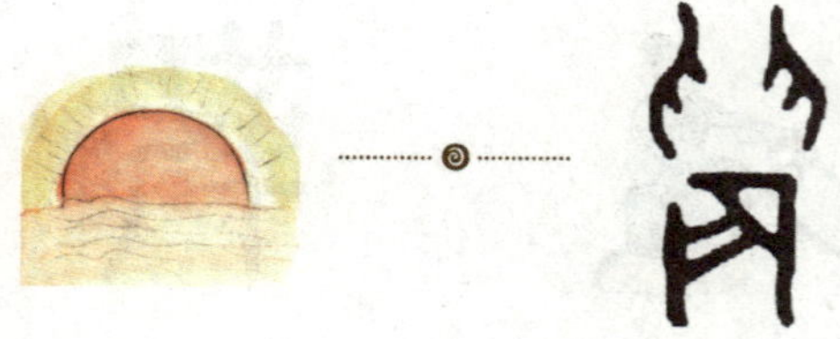

晨，早晨，天将明之时。由臼、由辰会意。辰表示时间。辰也表声。丮、夕会意表示夙，臼、辰会意表示晨：都是同一表意形式。大凡晨的部属都从晨。

“晨”义为早晨。如《说文》：“晨，早、昧爽也。”《尔雅》：“晨，早也。”《诗经·小雅·庭燎》：“夜乡晨。”《礼记·曲礼》：“昏定而晨省。”《国语·晋语》：“丙之晨。”明代刘基《苦斋记》：“从者多艰其昏晨之往来。”

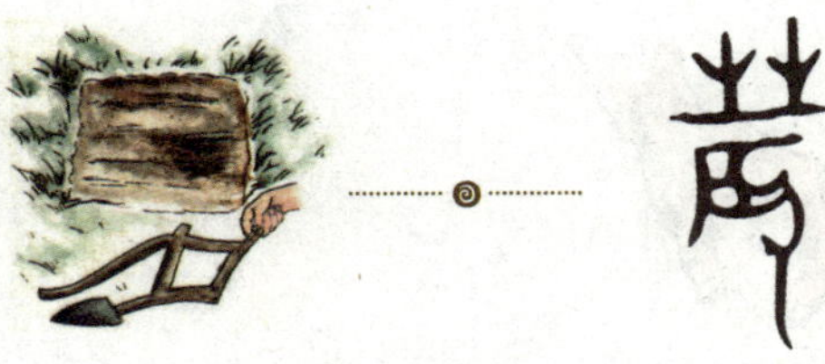

"农"是会意字。本义是耕种。

农

(nóng)

"农"义为耕种。如《说文》:"农,耕也。"《汉书·食货志》:"辟土植谷曰农。"《汉书·文帝纪》:"农,天下之大本也。"汉代晁错《论贵粟疏》:"贫生于不足,不足生于不农。"

农业。如汉代晁错《论贵粟疏》:"方今之务,莫若使民务农而已矣。"农民。如《汉书·食货志上》:"士农工商,四民有业。"《史记·货殖列传》:"待农而食。"

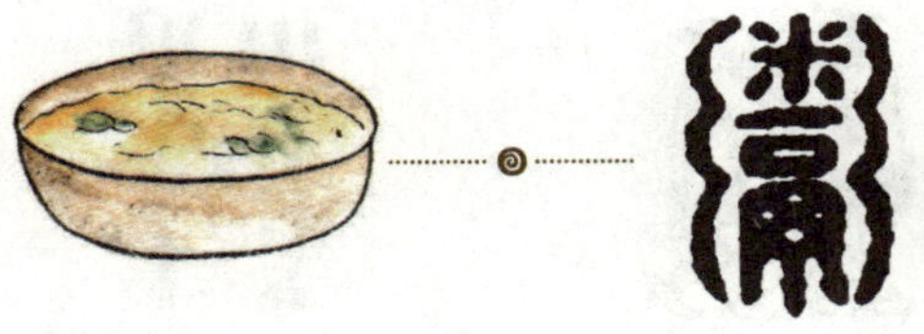

"鬻"是会意兼形声字。小篆从米,从䰜(lì煮)会意,䰜兼表声。隶变后楷书写作"鬻"。

鬻

(yù)

《说文·䰜部》:"鬻,馇也。从䰜、米。"(鬻,糜。从䰜,从米。)

"鬻"(zhōu)的本义为米粥,是"粥"的本字。

指出售、以物换钱,读yù。如《国语·齐语》:"以其所有,易其所无,市贱鬻贵。"韦昭注:"市,取也;鬻,卖也。"也指买。如"卖官鬻爵"。是指当权者出卖官职、爵位以聚敛财富。

幼小的样子。如"鬻(jū)子"。

农

甲骨文

金文

小篆

農

楷书

鬻

小篆

楷书

爪

(zhǎo)
(zhuǎ)

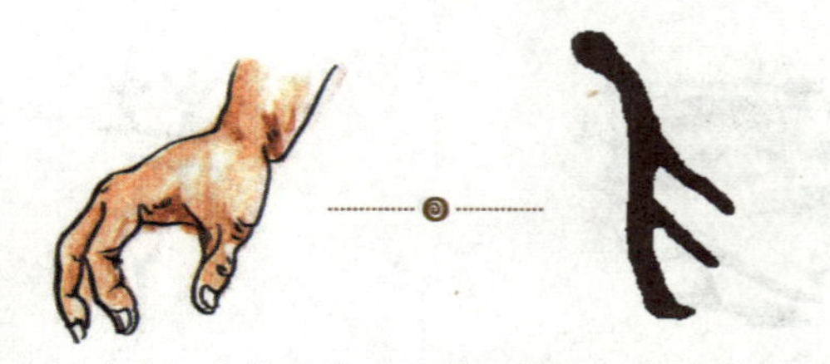

“爪”是象形字。甲骨文像一只朝下伸出的手形。金文像指尖朝上的手的形状。小篆由甲骨文演变而来，像鸟的脚趾和脚掌都向下的形状。隶变后楷书写作“爪”。

《说文·爪部》：“爪，丮（jǐ）也。覆手曰爪。象形。凡爪之属皆从爪。”（爪，用爪抓持。另一说：覆着手叫爪。象形。大凡爪的部属都从爪。）读作 zhǎo 时，本义为人的手。后指鸟兽的脚趾。如宋代苏轼《和子由渑池怀旧》：“泥上偶然留指爪，鸿飞那复计东西。”用作动词，指抓挠。如唐代柳宗元《种树郭橐驼传》：“爪其肤以验其生枯，摇其本以观其疏密。”此义后用“抓”来表示。

斗

(dòu)
(dǒu)

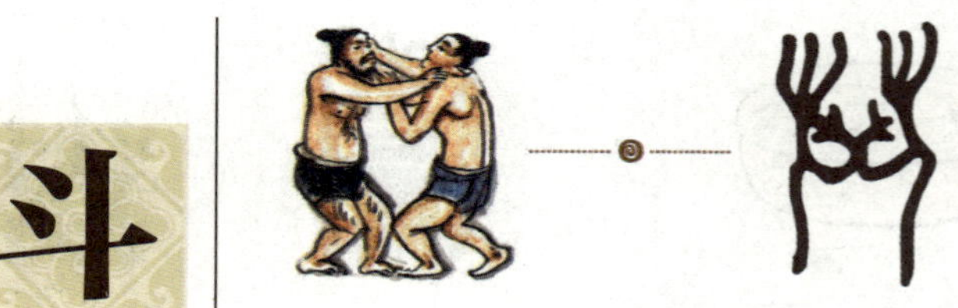

“斗”（dòu）是象形字。像两个士卒的手相对争斗的样子。大凡斗的部属都从斗。

“斗”（dòu）本义是两人搏斗，引申为争斗。如《说文》：“斗，两士相对，兵杖在后，象斗之形。”清代徐珂《清稗类钞·战事类》：“投身大敌，与之扑斗。”

较量，比赛。如《聊斋志异·促织》：“试与他虫斗。”

古代天文用语，星球互相撞击。如《新唐书》：“十四载二月，荧惑，太白斗于毕、昂、井、鬼间，至四月乃伏。”

让动物争斗。如：“斗鸡走狗”“斗蛐蛐”。

（yòu）

"又"是象形字。甲骨文像一只右手的样子。金文、小篆与甲骨文形体大体相同。隶变后楷书写作"又"。

《说文·又部》："又，手也。象形。三指者，手之列多略不过三也。凡又之属皆从又。"（又，手。象形。字形只见三个指头的原因是，表示手的一类字多是简略不过三个。大凡又的部属皆从又。）

"又"的本义就是右手。后来有了"左右"的"右"字，这个"又"字就当更、再讲，作为副词用了。如唐代白居易《赋得古原草送别》："野火烧不尽，春风吹又生。"

（yǒu）

"友"是会意字。甲骨文和金文都是方向相同的两只右手靠在一起的样子，会志同道合地做一件事情之意。隶变后楷书写作"友"。

《说文·又部》："友，同志为友。从二又。相交友也。"（友，志趣相同为友。由两个"又"（手）字会意，表示相交为友的意思。）

"友"的本义是朋友。如《荀子·性恶》："择良友而友之。"前一个"友"是名词，当朋友讲；后一个"友"是动词，当结交讲。也就是说，要选择好的朋友和他结交。

还表示相好的、非常亲密的。如"友善""友爱"。

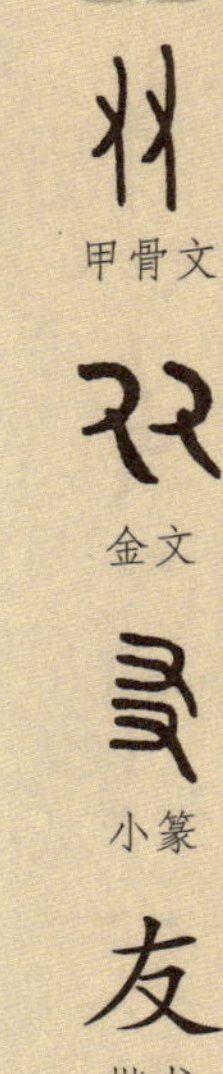

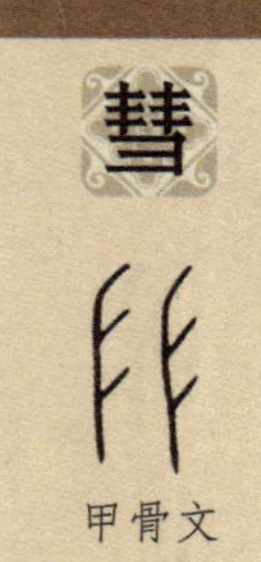

彗

(huì)

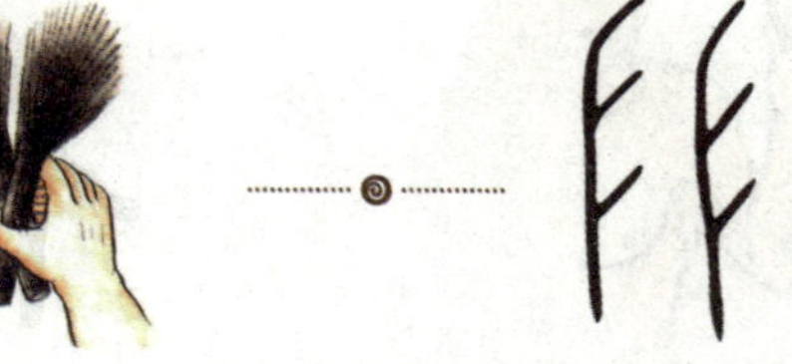

“彗”的小篆是会意字。甲骨文像扫帚的形状。隶变后楷书分别写作“彗”。

《说文·又部》:“彗，扫竹也。从又持甡。”（彗，扫帚。由“又”持握“甡”会意。）

“彗”的本义是扫帚。引申为动词扫。如《后汉书·光武帝纪下》:“高锋彗云。”意思是强大的武力就像是风扫残云一样。“彗”又比喻像扫帚状围绕太阳运行的一种天体——“彗星”。当它接近太阳时，在背向太阳的方向形成长的光尾，形状像扫帚，所以也叫扫帚星。古人认为彗星的出现是不祥之兆。

父

(fù)
(fǔ)

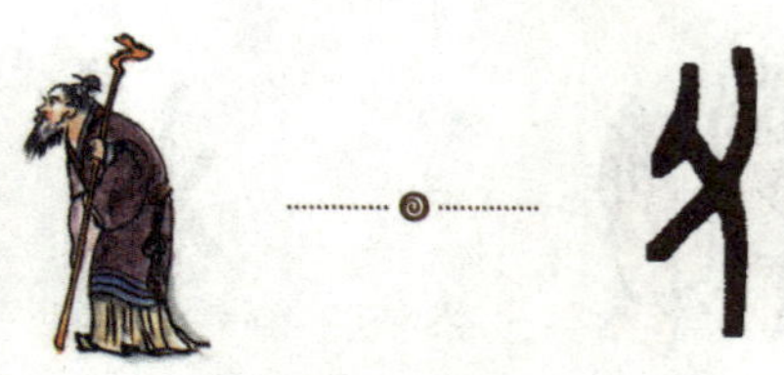

“父”是会意字。甲骨文左边的一条竖线像石斧一类的工具，右下是一只手，会手持工具之意。金文与甲骨文形体大体相同。隶变后楷书写作“父”。

《说文·又部》:“父（fù），矩也。家长，率教者。从又举杖。”（父，坚持规矩，是一家之长，是引导、教育子女的人。由“又”（手）举杖会意。）

“父”的本义为手持工具。手拿石斧从事艰苦的野外劳动的男子即为“父”（fù），后引申指父亲。如唐代杜甫《赠卫八处士》:“怡然敬父执，问我来何方。”引申作为男性长辈的通称。如“祖父”“伯父”。

(jí)

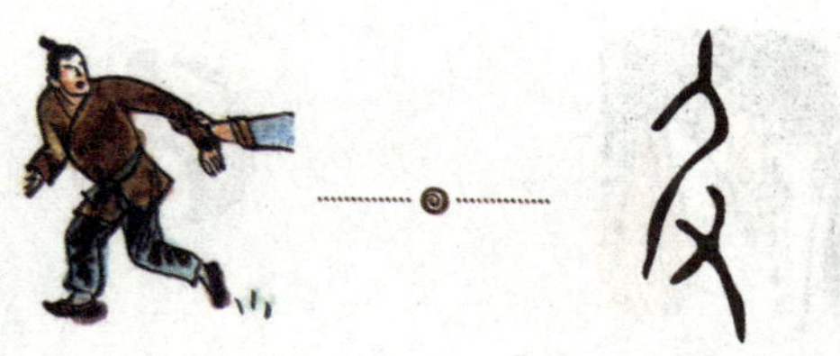

“及”是会意字。甲骨文是一只手从后面抓住一个人。金文是一个弯腰的人被背后伸过来的一只右手捉住了腿。小篆承接金文而来。隶变后楷书写作“及”。

《说文·又部》:“及，逮也。从又，从人。”(及，追上。由又、由人会意。)

“及”的本义就是追上或赶上。如“赶不及”“企及”。由追上引申为到或至。如“及第”指古代科举考试中选，特指考取进士。又引申为比得上。如唐代李白《赠汪伦》:“桃花潭水深千尺，不及汪伦送我情。”

及

甲骨文

金文

小篆

及

楷书

(bǐng)

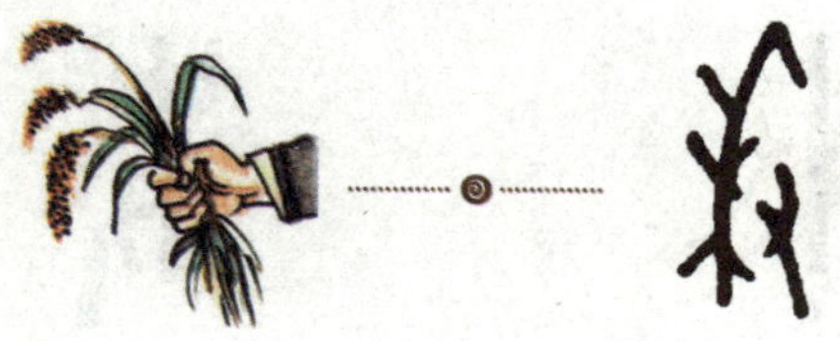

“秉”是会意字。甲骨文像手拿一把禾稻。小篆承接金文，手满把攥住禾稻。隶变后楷书写作“秉”。

《说文·又部》:“秉，禾束也。从又持禾。”(秉，禾一把。由“又”(手)持握“禾”会意。)

“秉”的本义是一把禾。如《诗经·小雅·大田》:“彼有遗秉。”意思是(收割后)那边田里还有遗落的禾。

因为禾把是用手拿的，所以又引申指手拿着、手持。如《古诗十九首·生年不满百》:“何不秉烛游？”

秉

甲骨文

金文

小篆

秉

楷书

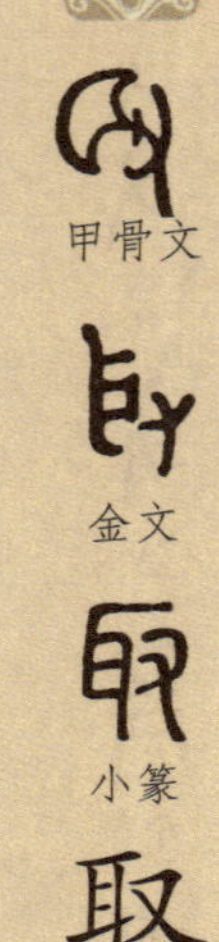

取

(qǔ)

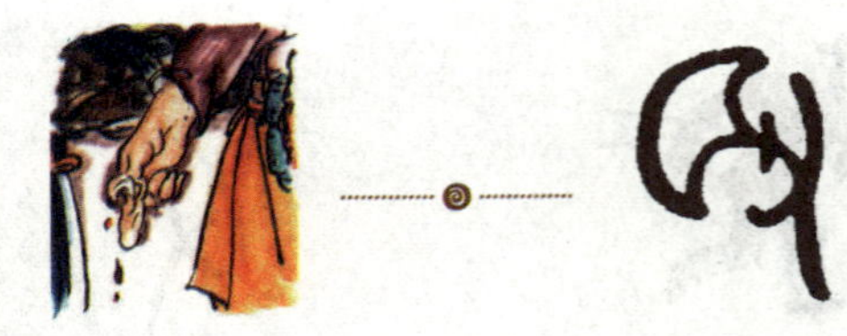

“取”是会意字。甲骨文左边是一只耳朵，右边是一只手（又），合起来表示用手割耳朵之意。金文的形体与甲骨文大致相同。小篆线条化。隶变后楷书写作“取”。

《说文·又部》：“取，捕取也。从又，从耳。《周礼》：‘获者取左耳。’《司马法》曰：‘载献聝。’聝者，耳也。”（取，捕获。由又、由耳会意。《周礼》说：“被捕获的野兽割取左耳。”《司马法》曰：“献上聝。”聝（guó），是（割下的）耳朵。）“取”的本义为捕获到野兽或战俘时割下左耳。引申为拿。如“对面取人物”，是说当着面拿取别人的货物。

(shǐ)

甲骨文

金文

小篆

史

楷书

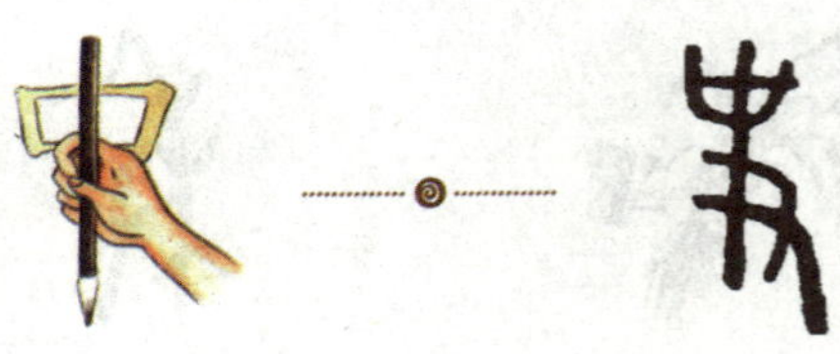

“史”是会意字。甲骨文上部像捕捉禽兽的猎具，下部是一只右手握着一支笔。金文与甲骨文的形体大致相同。小篆的形体承接金文而来。隶变后楷书写作“史”。

《说文·史部》：“史，记事者也。从又持中；中，正也。”（史，记事的人。由“又”持握着“中”会意。中，是正的意思。）

“史”的本义是指管理狩猎或记录猎物的人。引申指古代掌管记载史事的官。如《左传·宣公二年》：“董狐，古之良史也。”又引申为记载历史的书称为“史”。“史鉴”。

“段”是会意字。金文从殳，从厂（山崖），从两点（敲下的石块），会手于山崖敲取石块之意。隶变后楷书写作“段”。

（duàn）

《说文·殳部》：“段，椎物也。从殳，耑省声。”（段，用槌棰击物体。从殳，耑省声。）

“段”的本义为锤击。特指古时在石上用棒打干肉（并施加姜、桂皮等）。如“段脩”，意为经捶捣并加姜桂的干肉。

敲击就会断开，所以引申为断开。断开之物是整体中的部分，故而又引申为部分。如“第三段”。由此又引申指某些部门的基层机构。如“工段”。

段

金文

小篆

段

楷书

“毅”是形声字。小篆从殳，豙声。隶变后楷书写作“毅”。

（yì）

《说文·殳部》：“毅，妄怒也。从殳，豙声。（毅，盛怒。从殳，豙声。）

“毅”的本义为刚强、果断、坚韧。如《论语·泰伯》：“士不可以不弘毅，任重而道远。”引申指严酷、严厉。如《韩非子·内储说上》：“弃灰之罪轻，断手之罚重，古人何太毅也？”

残忍，残酷。如《国语·楚语下》：“强忍犯义，毅也。”

金文

小篆

毅

楷书

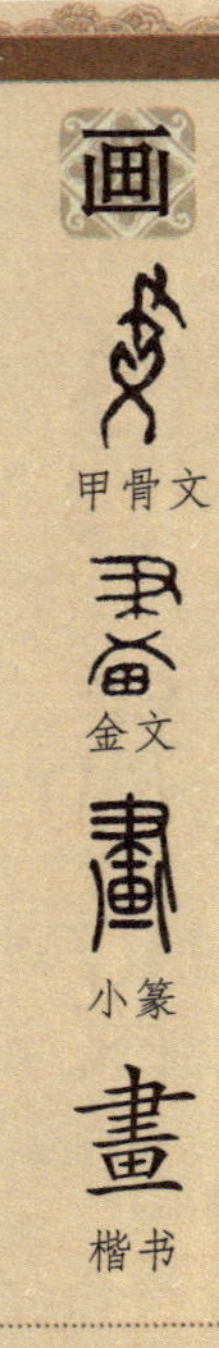

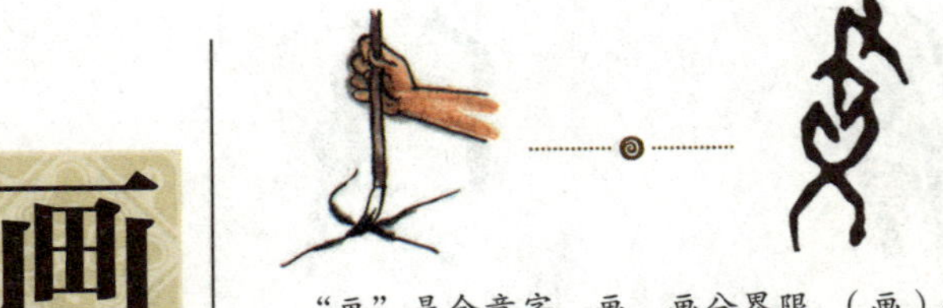

画

（huà）

“画”是会意字。画，画分界限。（画）像田和四周的界画。聿，是用来画分界限的器具。大凡画的部属都从画。

“画”的本义是画分界线。如《说文》：“画，界也，象田四界，聿所以画之。”《左传·襄公四年》：“画为九州。”

绘画，画画。如清代全祖望《梅花岭记》：“为蛇画足。”筹划，谋划。如《说文》：“画，计也，策也。”《资治通鉴》：“助画方略。”

画作。如清代薛福成《观巴黎油画记》：“画果真邪。”

计策，计划。如唐代柳宗元《封建论》：“后乃谋臣献画，而离削自守矣。”

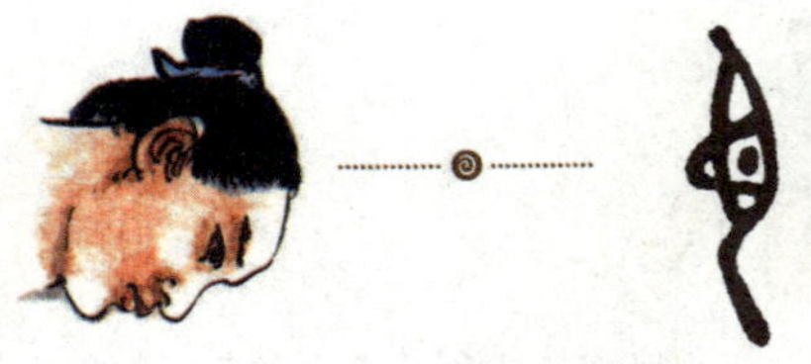

（chén）

“臣”是象形字。甲骨文就像竖起来的一只眼睛。当人低头向上斜视时，眼睛便会竖起来。隶变后楷书写作“臣”。

《说文·臣部》：“臣，牵也。事君也。象屈服之形。凡臣之属皆从臣。”（臣，受牵制的人，侍奉君王的人。像屈服的样子。大凡臣的部属都从臣。）

“臣”的本义就是奴隶。由奴隶又可以引申为俘虏。如孔颖达在注解《礼记·少仪》时说：“臣，谓征伐新获民虏者也。”意思就是，在征战时所捉的俘虏叫“臣”。

甲骨文 金文 小篆 楷书

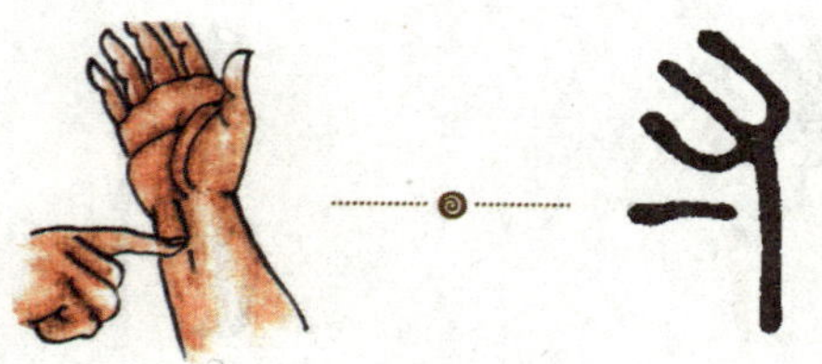

（cùn）

"寸"是指事字。在小篆的形体中，手下部左侧有一小横，指的是手腕一寸之处。隶变后楷书写作"寸"。

寸，十分。人手后退一寸，即动脉之处，叫作寸口。由又、由一会意。大凡寸的部属都从寸。

"寸"的本义为长度单位，约等于 33.3 毫米。"寸"这个长度单位相当微小，因此"寸"又用来形容极小或极短。如唐代孟郊《游子吟》："谁言寸草心，报得三春晖。"

此外，中国人习惯用长度单位及衡量事物的标尺来表示法度、常规。如"分寸"。

小篆

寸

楷书

（pí）

"皮"是会意字。金文从又（手）剥取兽皮之意。小篆形体规范化。隶变后楷书写作"皮"。

《说文·皮部》："皮，剥取兽革者谓之皮。从又，为省声。凡皮之属皆从皮。"（皮，剥取兽皮叫作皮。从又，为省声。大凡皮的部属都从皮。）

"皮"指事物的表层。如《左传·僖公十四年》："皮之不存，毛将安傅？"由兽皮引申指表面、肤浅。如《史记·郦食其传》："以目皮相。"意思是，只从表面看。

金文

小篆

皮

楷书

整

金文

小篆

楷书

赦

金文

小篆

楷书

整

(zhěng)

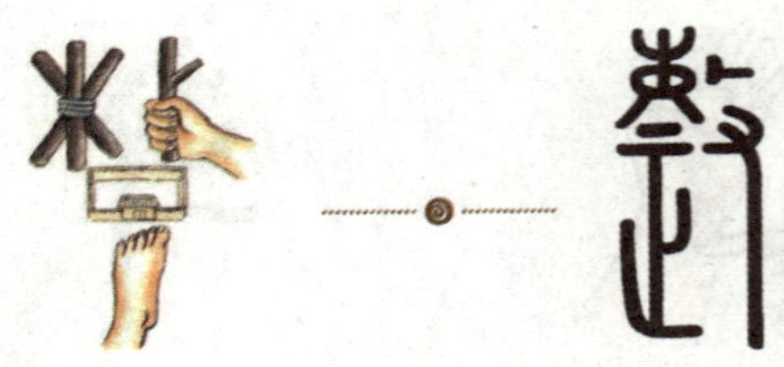

“整”是会意兼形声字。小篆从攴，从束，从正，会以手整理捆束使整齐之意，正兼表声。隶变后楷书写作“整”。

《说文·攴部》：“整，齐也。从攴，从束，从正，正亦声。”（整，整齐。由攴、由束、由正会意。正也表声。）

“整”的本义为整理、整顿。如《宋史·儒林传六·李道传》：“虽处暗室，整襟危坐。”引申指有秩序、有条理。如“整洁”。由整齐引申为完全无缺、齐备。如“整个”。又引申指修理、美化。如“整修”“整形”。整理是一种纠治行为，故又引申指使吃苦头。如“整人”。

赦

(shè)

“赦”是形声字。金文从攴（pū），亦声。小篆改为赤声并整齐化。隶变后楷书写作“赦”。

《说文·攴部》：“赦，置也。从攴，赤声。”（赦，舍弃，放置。从攴，赤声。）

“赦”的本义为舍弃、放置。引申指宽免罪过。如《史记·廉颇蔺相如列传》：“臣从其计，大王亦幸赦臣。”《论语·子路》：“先有司，赦小过，举贤才。”

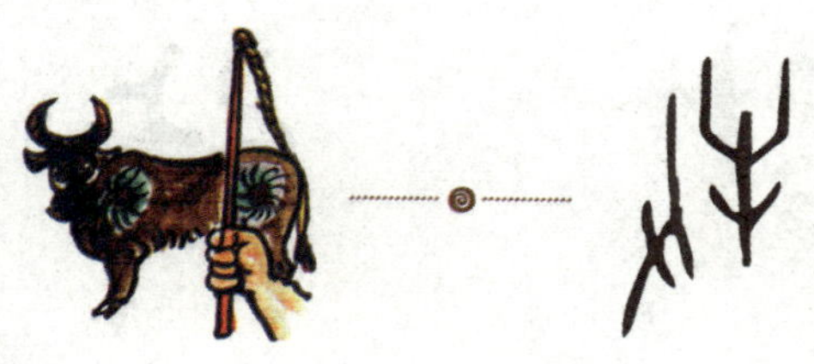

(mù)

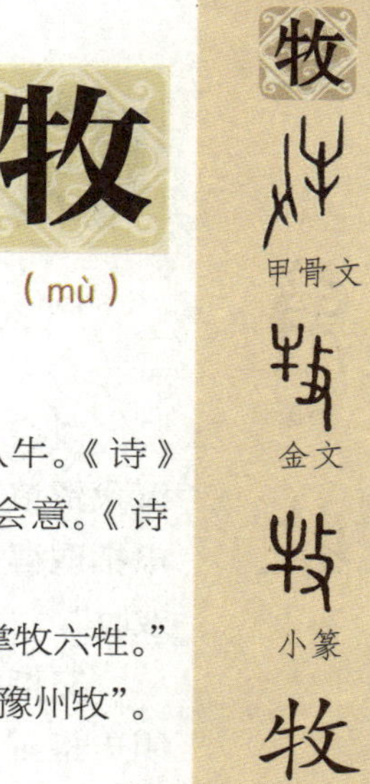

“牧”是会意字。甲骨文像拿着木棍赶牛。金文将“牛”放在了左边。小篆是由金文演变而来。隶变后楷书写作“牧”。

《说文·支部》:“牧,养牛人也。从支,从牛。《诗》曰:‘牧人乃梦。’”(牧,养牛的人。由支、牛会意。《诗经》说:“牧人于是做起梦来。”)

“牧”的本义是放牧。如《周礼·牧人》:“掌牧六牲。”

古代州的长官。如三国时刘备就曾经做过“豫州牧”。

(jiào)

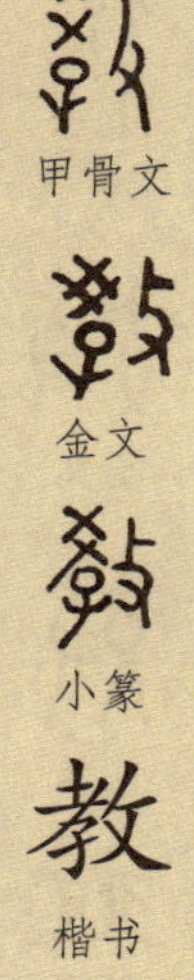

“教”的甲骨文是会意字。甲骨文左为子,爻(yáo)表示防效,右边是一只手拿了一条教鞭。金文的形体与甲骨文相似。小篆线条化。隶变后楷书写作“教”。

《说文·教部》:“教,上所施下所效也。从支,从孝。凡教之属皆从教。”(教,在上位的施教,在下位的仿效行为。由支、由孝会意。大凡教的部属都从教。)

“教”指教育、指导。如《礼记·学记》:“教也者,长善而救其失者也。”

收

小篆

收

楷书

收

(shōu)

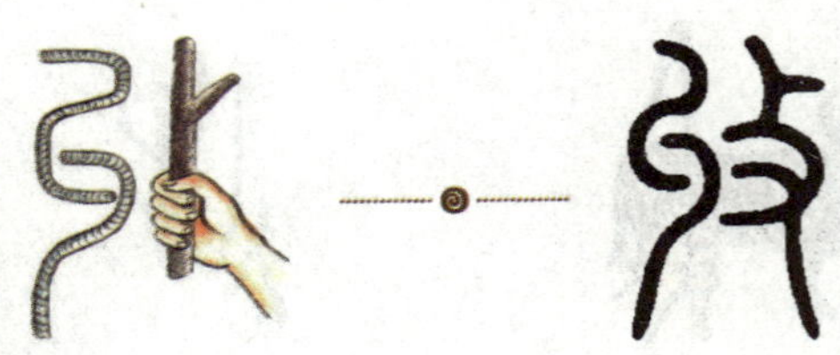

“收”是会意兼形声字。小篆从攴，从丩（jiū），会拘捕犯人之意，丩兼表声。隶变后楷书写作“收”。

“收”的本义为逮捕、拘押。引申指征收，收缴。如汉代贾谊《过秦论》：“收天下之兵，聚之咸阳。”又引申指取得、占取、获得（利益）。如“坐收渔利”“名利双收”。

又指接受、容纳。如“美不胜收”“收礼物”。还可引申指把属于自己的东西取回、收回。如“收回”“收复”。进而指控制、约束。如“收心”“收敛”。

甲骨文

金文

小篆

效

楷书

(xiào)

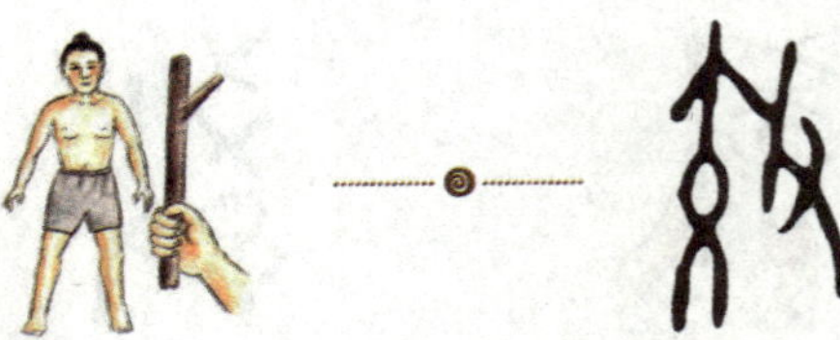

“效”的小篆是形声字。效，效法。从攴，交声。

“效”义为贡献、效力。如《左传》：“司城荡意诸来奔，效节于府人而出。”明白。如《荀子·正论》：“由此效之也。”验证。如汉代王充《论衡》：“何以效之？”

摹仿，效法。如《说文》：“效，像也。”《诗经·小雅·鹿鸣》：“君子是则是效。”效果，结果。如宋代苏洵《六国论》：“用兵之效。”

数

“数”的小篆是形声字。数，计数。从攴，娄声。

（shǔ）
（shù）
（shuò）

“数”（shǔ）的本义是计算、数数。如《说文》:“數，计也。”明代魏学洢《核舟记》:“珠可历历数也。”

列举，例数。如宋代司马光《训俭示康》:“其余以俭立名，以侈自败者多矣，不可遍数，聊举数人以训汝。”

责备，指责。如《广雅》:“数，责也。”

故

金文
小篆
楷书

“故”的小篆是形声字。故，使它成为这样。从攴，古声。

（gù）

“故”的本义是缘由、原因。如《说文》:“故，使为之也。”

事故，不幸。如《周礼·天官·宫正》:“国有故。”

老相识。如《史记·项羽本纪》:“君安与项伯有故？”旧的、已有的事物。如《论语·为政》:“温故而知新，可以为师矣。”因此，所以。如《史记·留侯世家》:“夫秦为无道，故沛公得至此。”

寇

“寇”的小篆是会意字。寇，暴乱。由攴、由完会意。

寇

（kòu）

“寇”指暴乱。如《说文》:“寇，暴也。”砍伐。如《庄子·人间世》:“山木自寇也，膏火自煎也。”

指入侵者。如唐代杜甫《登楼》:“西山寇盗莫相侵。”

敌人。如《资治通鉴》:“岂可复留此残寇，使长为国家之忧者。”

甲骨文

小篆

占

楷书

用

甲骨文

金文

小篆

用

楷书

占

(zhān)
(zhàn)

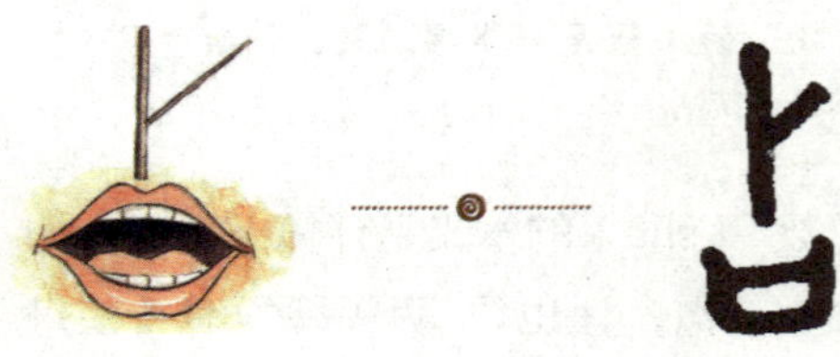

“占”(zhān)是会意字。甲骨文从卜，从口，会以口问卜之意。小篆与甲骨文形体大致相同。隶变后楷书写作“占”。

《说文·卜部》：“占，视兆问也。从卜，从口。”(占，察兆问疑。由卜、由口会意。)

“占”(zhān)的本义指看龟甲之兆推知吉凶。如《仪礼·士丧礼》：“占者三人。”引申指通过观察物象来推断吉凶。如“占卦”“占星”。

引申指不起草、口述文辞。如《西游记》第一百回：“一夜无寐，口占几句俚谈，权表谢意。”

(yòng)

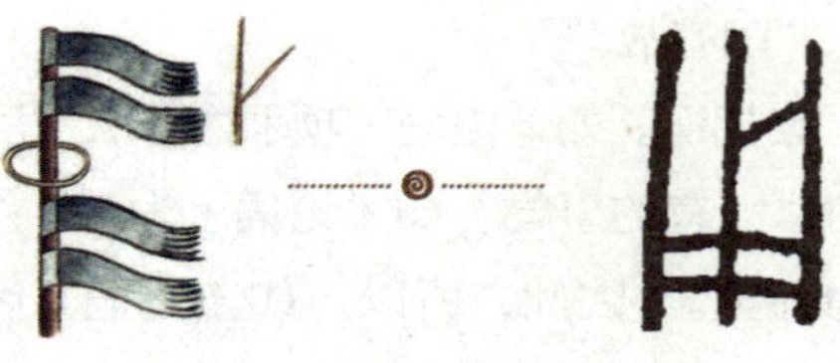

“用”的甲骨文是象形字。甲骨文像一只木桶，可见“用”是“桶”的初文。金文与甲骨文一脉相承。小篆的写法进一步线条化。隶变后楷书写作“用”。

《说文·用部》：“用，可施行也。从卜，从中卫宏说。凡用之属皆从用。”(用，可以施行。由卜、由中会意。是卫宏的说法。大凡用的部属都从用。)

“用”的本义为桶。桶是常用之物，所以引申为使用、采用。

器物可以使用，资源财货也可以使用，所以“用”后来又引申指可用的资源、财货。

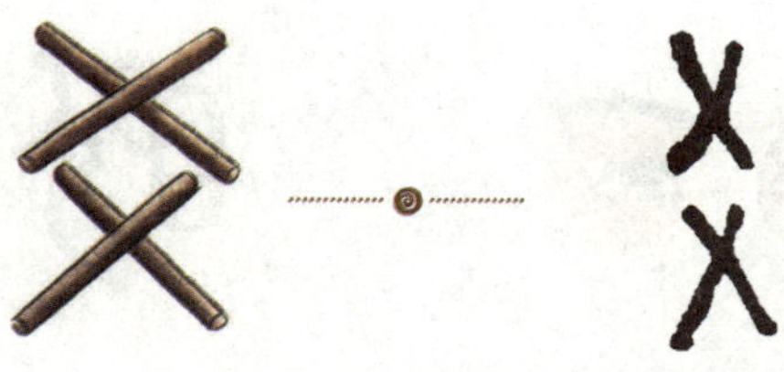

(yáo)

“爻”是象形字。甲骨文像物与物相互交叉的样子。金文像三物互相交叉的样子。小篆承接甲骨文。隶变后楷书写作“爻”。

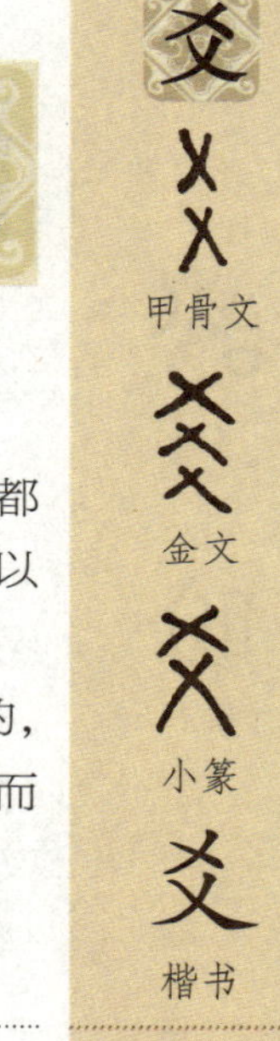

爻，交错。像《易经》卦六爻相交。大凡爻的部属都从爻。“爻”义为交叉蓍草或算筹进行占卜计算。交叉可以产生变化，故在《易经》中，“爻”表示组成卦的符号。

“爻”为部首字。但真正属于“爻”部的字是很少的，有些汉字只是因为它们的楷书结构中含有“爻”的笔形而又难以归部，只好归入“爻”部。

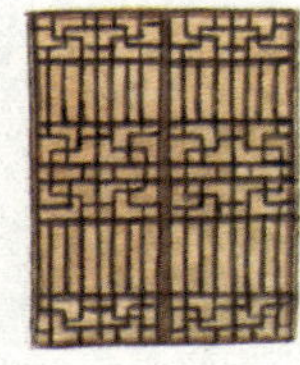

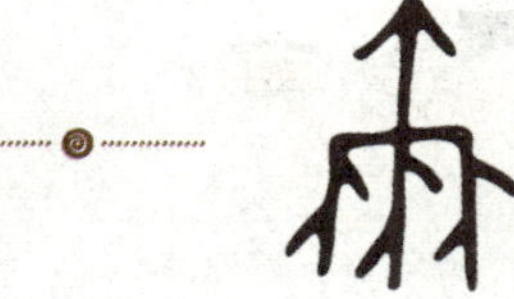

(ěr)

尔，丽尔，犹如说空明。由冂、由㸚会意，㸚表示孔格疏朗，尒声。尔与爽都从㸚，构形之意相同。

“尔”指花儿繁茂的样子。如《诗经·小雅·采薇》:“彼尔维何？维常之华。”

同“迩”，距离近。如《诗经·大雅·行苇》:“戚戚兄弟，莫远具尔。

第二人称代词你，你们。如《孟子·公孙丑》:“尔为尔，我为我。”宋代欧阳修《归田录·卖油翁》:“尔安敢轻吾射。”

如此。如晋代陶渊明《饮酒》:“问君何能尔。”

而已，罢了。如宋代欧阳修《归田录》:“唯手熟尔。”

盼

𥄎
小篆

盼
楷书

盼

(pàn)

"盼"是会意兼形声字。小篆从目，从分，表示眼睛黑白分明，分兼表声。隶变后楷书写作"盼"。

《说文·目部》:"盼,《诗》曰:'美目盼兮。'从目，分声。"(盼,《诗经》说:"美目(流转)，眼珠儿黑白分明啊。"从目，分声。)

"盼"的本义为眼睛黑白分明，比喻美目流转。如《文心雕龙·情采》:"夫铅黛所以饰容，而盼倩生于淑姿。"又引申为看。如"顾盼生姿"。还引申出企望之意。如"盼望"。

眯

小篆

眯
楷书

眯

(mī)
(mí)

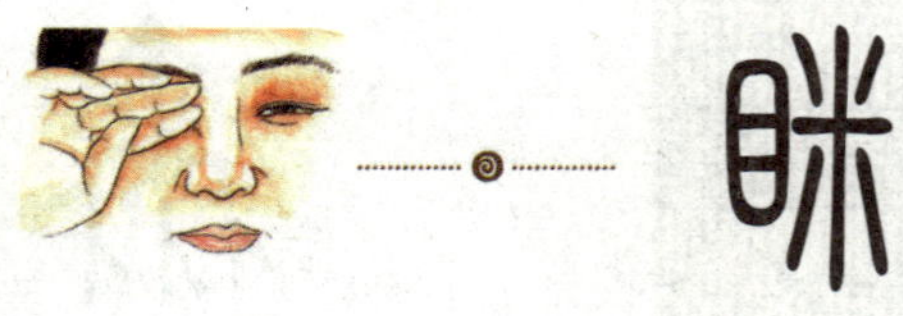

"眯"是形声字。从目，米声。本义是草入眼中，让视线模糊。

"眯"(mí)的本义是东西进入眼中，使视线模糊。如《说文》:"眯，草入目中也。"《庄子·天运》:"夫播糠眯目，则天地四方易位矣。"《淮南子·缪称》:"故若眯而抚，若跌而据。"《淮南子·说林》:"蒙尘而眯。"

又读作mī，指眼皮微微闭合。如"眯缝着眼睛"。

小睡，在白天打个盹。如"眯一小会儿"。

（xiāng）
（xiàng）

“相”是会意字。甲骨文从木，从目，会用目来看树木之意。金文与甲骨文大体相同。小篆直接从甲骨文、金文演变而来。隶变后楷书写作“相”。

《说文·目部》：“相（xiāng），省视也。从目，从木。《易》曰：‘地可观者莫可观于木。’《诗》曰：‘相鼠有皮。’”（相，察看。由目、由木会意。《易经》说：“地上可观的东西，没有什么比树木更可观了。”《诗经》说：“察看那老鼠，一定有皮。”）

“相”（xiàng）的本义是细看、观察。如《左传·隐公十一年》：“相时而动。”引申为相面。

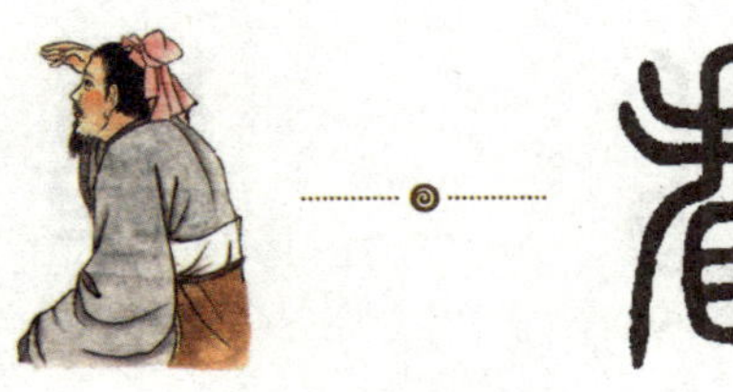

（kān）
（kàn）

“看”是会意字。小篆从手，从目。人们向前看时，习惯把手放在额头上，以遮挡阳光，“看”的字形正是这一姿势的缩影。隶变后楷书写作“看”。

《说文·目部》：“看，睎也。从手下目。”（看，望。由“手”下加“目”字会意。）

“看”（kàn）义为远望。最常用的意义就是用眼睛去注视和观赏。由注视引申指观察并加以估量、判断。如“看风使舵”。又引申指看待、对待。如“士别三日，刮目相看”。由远望引申指探望、访问。又引申指照看和招待。如范成大《田家留客行》：“木臼新春雪花白，急炊香饭来看客。”

相
甲骨文
金文
相
小篆
相
楷书

看
看
小篆
看
楷书

眉

甲骨文

金文

小篆

眉

楷书

小篆

鼻

楷书

(méi)

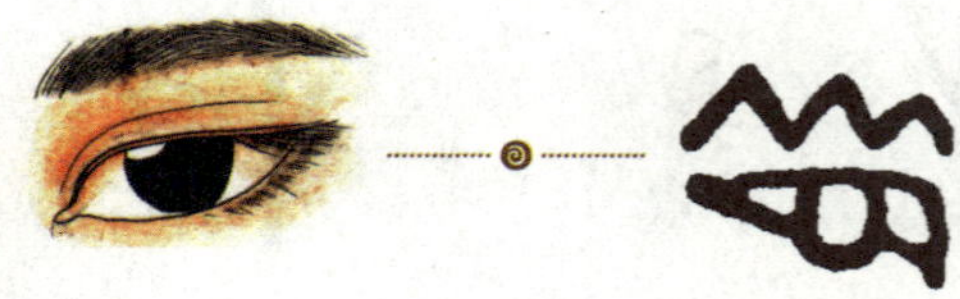

“眉”是象形字。甲骨文上边像眉毛，下部是眼睛（横着的“目”）。金文形体更加形象：三根眉毛直接长在上眼皮上，眉下是“目”。小篆的形体线条化了。隶变后楷书写作“眉”。

《说文·眉部》：“眉，目上毛也。从目，象眉之形，上像额理也。”（眉，眼上的眉毛。从目，𠂆像眉毛的形状，上面的仌像额上的纹理。）“眉”的本义为眉毛。如“蛾眉”，蚕蛾触须细长而弯曲，用来比喻女子美丽的眉毛。后来遂用“蛾眉”来借指女子美丽的容貌，或用作美女的代称。如白居易《长恨歌》：“宛转蛾眉马前死。”泛指在上面的。如书页上方空白的地方叫“书眉”。

(bí)

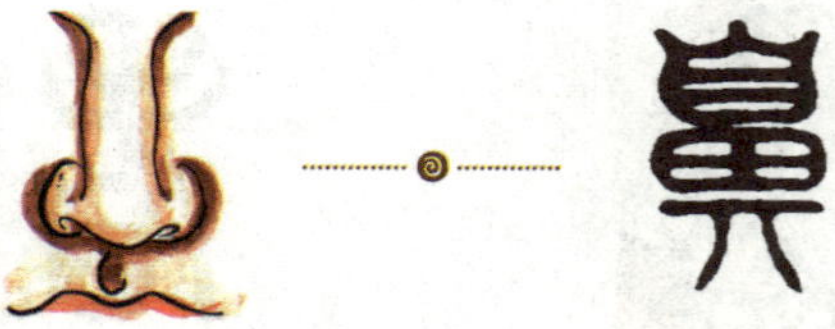

“鼻”是会意兼形声字。小篆从自（鼻子），从畀（bì，表示给予、付与），会用鼻子一呼一吸，自相给予之意，畀兼表声。隶变后楷书写作“鼻”。

《说文·鼻部》：“鼻，引气自畀也。从自、畀。”（鼻，引气以自助。由自、由畀会意。）“鼻”的本义为用鼻子闻。所以“鼻”被借用来表示鼻子。如“仰人鼻息”，意思是依赖别人的呼吸来生活。比喻依赖别人，不能自主。

动物出生时先露出鼻子，故引申为创始。如“鼻祖”。又引申为器物上面突出带孔的部分或零件。如“针鼻”“门鼻”。

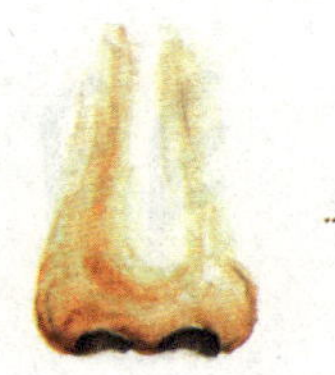

自

（zì）

“自”是象形字。甲骨文像人的鼻子的形状。金文承之。小篆线条化，但下部已经看不出鼻孔的样子了。隶变后楷书写作“自”。

《说文·自部》：“自，鼻也。象鼻形。凡自之属皆从自。”（自，鼻子。像鼻子的形状。大凡自的部属都从自。）

“自”的本义为鼻子。古人常用手指指自己的鼻子来表示自己，故用作第一人称代词，表示自己。如“自称”。又引申为亲自、自行。如“自立为王”。

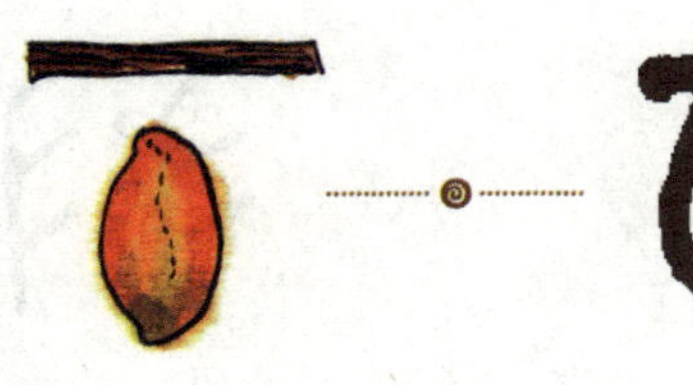

百

（bǎi）

“百”是指事字。甲骨文形体是在“白”字之上加“一”为指事符号，与“白”相区别。金文与甲骨文形体大致相同。小篆整齐化、符号化。隶变后楷书写作“百”。

甲骨文

金文

小篆

楷书

百，十个十。由一、由白会意。数目，十个百是一贯。这样就能彰明不乱。

“百”的本义指十个十。如林嗣环《口技》：“虽人有百手，手有百指，不能指其一端。”

引申指众多。如《孙子兵法》：“知彼知己，百战不殆。”意思是说，既了解敌人也了解自己，多少次作战也不会失败。

甲骨文

小篆

楷书

甲骨文

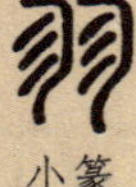

小篆

楷书

（xí）

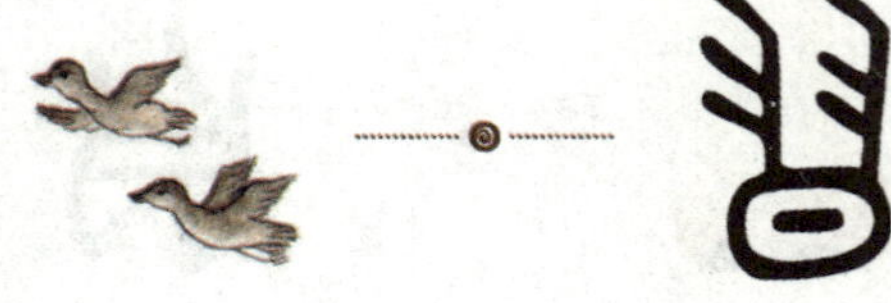

习，鸟儿频频试飞。由羽、由白（zì）会意。大凡习的部属都从习。

“习”的本义是小鸟频频试飞。如《说文》：“習，数飞也。”《礼记·月令》：“鹰乃学习。”晋代左思《咏史》：“习习笼中鸟，举翮触四隅。”反复练习。如《论语·学而》：“学而时习之，不亦说乎？”熟悉。如《战国策·秦策》：“不习于诵。”《资治通鉴》：“不习水战。”学习。如唐代韩愈《师说》：“授之书而习其句读者。”习惯于。如宋代王安石《答司马谏议书》：“人习于苟且非一日。”

（yǔ）

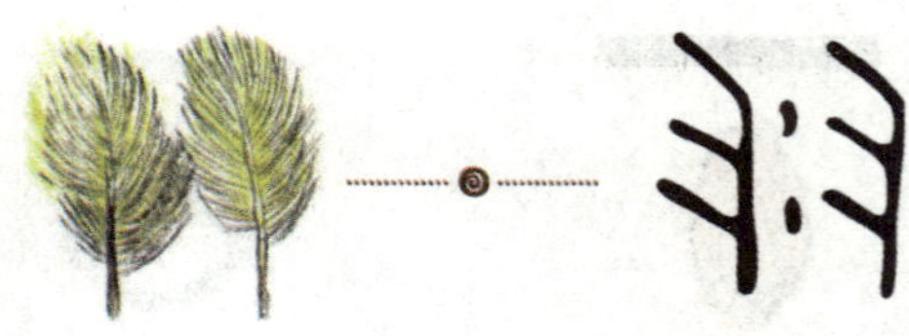

“羽”是象形字。甲骨文、金文、小篆都像极了羽毛的样子。隶变后楷书写作“羽”。

《说文·羽部》：“羽，鸟长毛也。象形。凡羽之属皆从羽。”（羽，鸟翅上的长毛。象形。大凡羽的部属都从羽。）

“羽”指鸟或昆虫的翅膀。如“羽翼”。由于翅膀助鸟飞翔，故又引申指党徒。如“党羽”。

又引申指代羽扇、旌旗、箭。如卢纶《塞下曲》：“平明寻白羽，没在石棱中。”其中“白羽”指白羽箭。

特指古代五音（宫、商、角、徵、羽）之一。

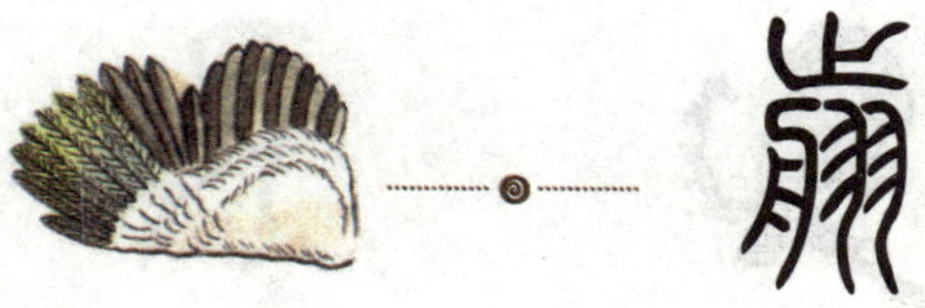

翦

(jiǎn)

“翦”是形声字，从羽，前声。本义是初生的羽毛。另一义是箭羽。

“翦”的本义是初生的羽毛或箭羽。如《说文》：“翦，羽生也。一曰：矢羽。”修剪整齐。《韩非子·五蠹》：“茅茨不翦。”收割，杀戮。如《礼记·文王世子》：“不翦其类也。”歼灭。如“翦除羽翼”。《诗经·鲁颂·閟宫》：“实始翦商。”削弱、放弃。如《左传·襄公十四年》：“毋是翦弃。”《左传·哀公十一年》：“卫人翦夏戊。”《左传·宣公十二年》：“其翦以赐诸侯，使臣妾之。”

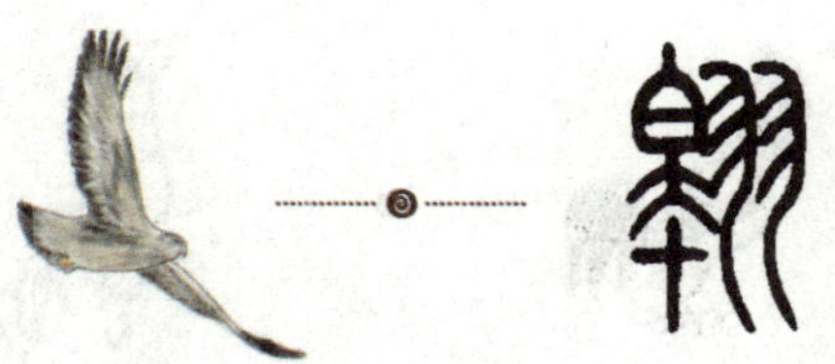

翱

(áo)

“翱”是形声兼会意字。小篆从羽，皋声，皋兼表高之意。隶变后楷书分别写作“翺”和“翱”。如今规范化，以“翱”为正体。

《说文·羽部》：“翺，翺翔也。从羽，皋声。”（翱，回旋飞翔。从羽，皋声。）“翱”的本义为鸟展开翅膀一上一下扇动高飞的样子。常用作“翱翔”。

关于“翔”与“翱”的区别，高诱注《淮南子·俶真训》说道：“鸟之高飞，翼上下曰翱，直刺不动曰翔。”意思是说，在高空飞行的鸟，双翼上下扇动为“翱”，双翼直刺不动为“翔”。

隹

甲骨文

金文

小篆

楷书

鸡

甲骨文

金文

小篆

楷书

隹

(zhuī)

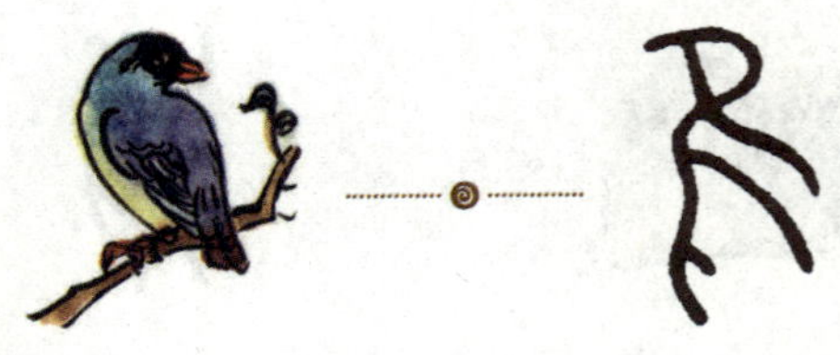

“隹”是象形字。甲骨文就像鸟的样子。金文显得更加形象。小篆承接金文而来。隶变后楷书写作“隹”。

《说文·隹部》:“隹，鸟之短尾总名也。象形。凡隹之属皆从隹。”（隹，短尾鸟的总名。象形。大凡隹的部属都从隹。）

“隹”本为短尾鸟的总称，“鸟”最初则作为长尾鸟的总称。

“隹”属部首字。凡由“隹”组成的字，大都与鸟等禽类有关。如“雕”“雞”（鸡）“雎”“雄”。

鸡

(jī)

鸡，知道时辰的家畜。小篆是形声字。从隹，奚声。

“鸡”的本义是一种家禽名。如《说文》:“鸡，知时兽也。从隹，奚声。籀文鸡从鳥。”《汉书·五行志》:“鸡者，小兽，主司时起居人。”《礼记·月令》:“食菽与鸡。”晋代陶渊明《桃花源记》:“鸡犬相闻。”唐代孟浩然《过故人庄》:“故人具鸡黍。”

(què)

(qiāo)

(qiǎo)

“雀”的甲骨文是象形字。甲骨文的形体就像一个鸟头，头顶上有一撮羽毛。小篆承接金文。隶变后楷书写作“雀”。

《说文·隹部》：“雀（què），依人小鸟也。从小、隹。读与爵同。”（雀，依人而宿的小鸟。由小、由隹会意。音读与“爵”字同。）

“雀”（què），鸟名，指麻雀或山雀。如“螳螂捕蝉，黄雀在后”，是说螳螂正要捉蝉，却不知黄雀在后面正要吃它。现在用来比喻人目光短浅，只想到算计别人，没想到别人正在算计自己。

雀

甲骨文

金文

小篆

楷书

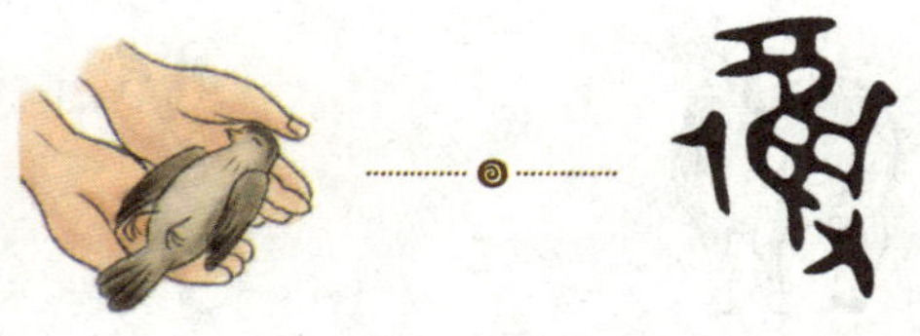

(duó)

金文字形，上面像振翅欲飞的鸟，下面是手（又、寸），意思是：这只振翅欲飞的鸟，眼看着就要从手中失脱掉。

“夺”指手中的鸟丧失了，义为失去。如《说文》：“夺，手持隹失之也。”使改变。如《论语·子罕》：“三军可夺帅也，匹夫不可夺志也。”夺取。如《史记·廉颇蔺相如列传》：“秦王度之，终不可夺。”《史记·项羽本纪》：“夺项王天下者，必沛公也。”

冲开，冲出。如“夺门而出”。

率先得到。如“夺魁”“夺冠”。剥夺，罢免。如明代高启《书博鸡者事》：“胁服，夺其官。”

夺

金文

小篆

楷书

羊

(yáng)

“羊”是象形字。甲骨文像正面的羊头之形。金文将羊的眼睛简化为一条直道。小篆整齐化。隶变后楷书写作“羊”。

羊，吉祥。从𦍌，像（羊的）头、角、足、尾的形状。大凡羊的部属都从羊。

“羊”是最早被中国先民们驯化的动物之一。也是十二生肖之一。在中国文化里，羊代表着美好与吉利，“吉羊”就是“吉祥”。

古人以羊作为祭祀时的珍贵祭品。古人祭祀时的“太牢”“少牢”之中均有羊。

小篆

楷书

美

(měi)

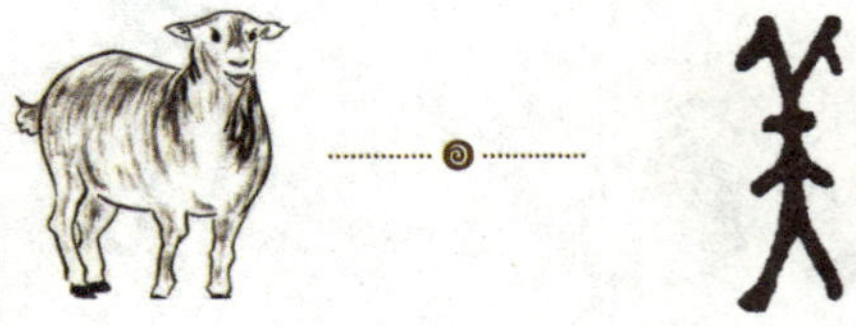

“美”是会意字。甲骨文像一个正面站立的人，头上戴着羊角或羽毛之类的装饰物。金文中，人头上的饰物更为复杂了。小篆直接承接金文。隶变后楷书写作“美”。

《说文·羊部》:“美，甘也。从羊，从大。羊在六畜主给膳也。美与善同意。”（美，味道甜美。由羊、由大会意。羊在六畜之中，为供给牲肉之主。“美”字与“善”字构形同意。）

“美”的本义为美丽。如“貌美如花”。由美丽引申为味道鲜美。如“美味的牛排”。又引申指才德或品质好。如“美德”。还引申指好事、善事。如“成人之美”。

羔

(gāo)

“羔”是会意字。甲骨文上部是羊，下部是火，会用火烤羊之意。金文与甲骨文相似。小篆线条化。隶变后楷书写作“羔”。

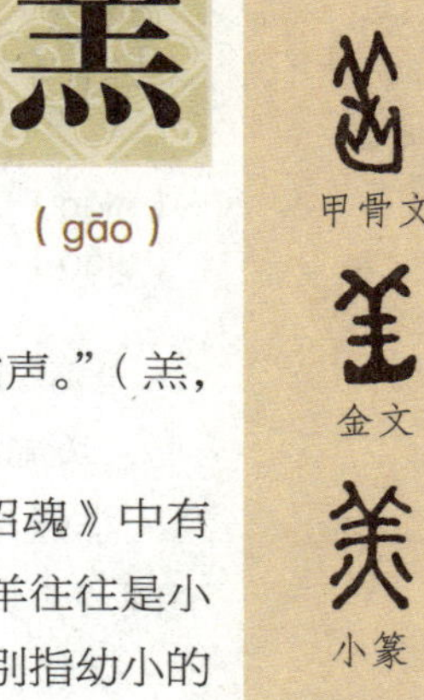

《说文·羊部》：“羔，羊子也。从羊，照省声。”（羔，小羊。从羊，照省昭为声。）

“羔”的本义为初生的小羊。如《楚辞·招魂》中有“炮羔”一词，就是烤整羊的意思，而所烤的整羊往往是小羊。泛指幼小的生物。如“鹿羔”“骆驼羔”分别指幼小的鹿、幼小的骆驼。

羔

甲骨文

金文

小篆

楷书

双

(shuāng)

双，鸟两只。会意字，从“雔”，“又”（手）持握着它。

“双”的本义是两只鸟。如《说文》：“双，隹二枚也。”

成双的，一对。如《玉台新咏·古诗为焦仲卿妻作》：“中有双飞鸟，自名为鸳鸯。”

偶数，与“单”相对。如《宋史·礼志》：“唐朝故事，只日视事，双日不坐。”数量上的两个。如《仪礼·聘礼》：“凡献，执一双。”匹敌，相媲美。如《史记·淮阴侯列传》：“至如信者，国士无双。”《玉台新咏·古诗为焦仲卿妻作》：“云有第三郎，窈窕世无双。”

双

小篆

雙

楷书

鸟

(niǎo)
(diǎo)

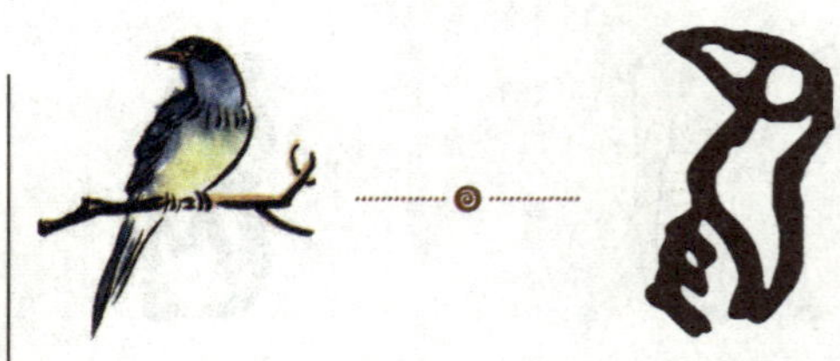

鸟，长尾飞禽的总名。象形字。鸟的脚像匕字之形，从匕。大凡鸟的部属都从鸟。

“鸟”（niǎo）是一种长尾飞禽的总名称。如《说文》：“鸟，长尾禽总名也。”引申指所有飞禽的总名称。如《易经·小过》：“飞鸟遗之音。”《周书·君奭》：“我则鸣鸟不闻。”《诗经·小雅·菀柳》：“有鸟高飞。”《诗经·大雅·生民》：“鸟乃去矣。”

像鸟一样。如“鸟窜”。

“鸟篆”，篆体古文字。形如鸟的爪迹。

甲骨文

小篆

鳴

楷书

(míng)

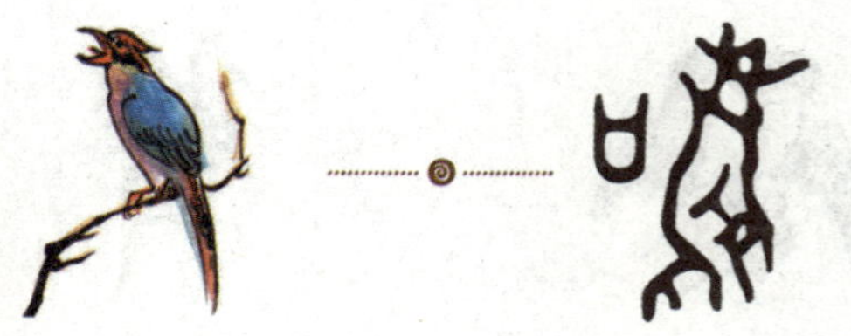

鸣，鸟的叫声。由鸟、由口会意。《说文》：“鸣，鸟声也。”

“鸣”的本义是鸟叫。如《诗经·大雅·卷阿》：“凤皇鸣矣。”《诗经·齐风·鸡鸣》：“鸡既鸣矣，朝既盈矣。”晋代陶渊明《归园田居》：“狗吠深巷中，鸡鸣桑树颠。”

野兽、昆虫的鸣叫。如《诗经·小雅·车攻》：“萧萧马鸣。”唐代柳宗元《三戒》：“驴一鸣”。发出声响。如宋代苏轼《石钟山记》：“虽大风不能浪鸣也。”

震惊。如唐代王维《老将行》：“愿得燕弓射天将，耻令越甲鸣吾君。”

乌

金文

小篆

烏

楷书

（wū）

（wù）

乌，孝顺的乌。像乌鸟形。孔子说："乌，舒气自呼的意思。"取乌的声音用来帮助语气，所以借它来作"乌呼"的乌字。大凡乌的部属都从乌。

"乌"（wū）的本义是一种鸟的名称，乌鸦。如《楚辞·屈原·涉江》："燕雀乌鹊。"

古代神话传说中对太阳的称呼。如"乌飞兔走"。

黑色的。如《三国志·邓艾传》："身披乌衣，手执耒耜，以率将士。"又如"乌云"。怎么，哪里。如《吕氏春秋·明理》："乌闻至乐？"《文选·左思·吴都赋》："乌闻梁岷有陟方之馆？"

（bì）

毕，田猎用的长柄网。从華，華像毕网的形状，毕比華微小。有人说，（上面的田是由的讹变），由表声。

"毕"的本义是田猎所用的网。如《说文》："毕，田也。"《汉书·扬雄传》："其余荷垂天之毕。"

用网猎取禽兽。如《诗经·小雅·鸳鸯》："鸳鸯于飞，毕之罗之。"

完结，结束。如《史记·项羽本纪》："若入前为寿，寿毕，请以剑舞。用尽。"如《列子·汤问》："吾与汝毕力平险。"全部，所有。如《战国策·齐策》："责毕收。"

弃

甲骨文

小篆

楷书

(qì)

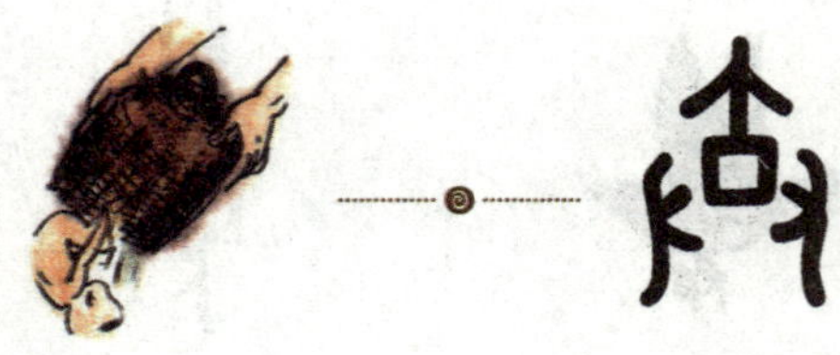

弃，抛掉。由“収”（gǒng，双手）推着“芈”去抛弃；又，从𠫓（tū），𠫓是忤逆之子。

“弃”的本义是扔掉，抛弃。如《说文》：“弃，捐也。”《左传·僖公二十二年》：“天之弃商也久矣。”宋代苏洵《六国论》：“举以予人，如弃草芥。”清代徐珂《清稗类钞·战事类》：“敌弃炮仓皇遁。”

废除，废弃。如《左传·昭公二十九年》：“水官弃矣。”忘记，遗忘。如《尔雅》：“弃，忘也。”《左传·昭公十三年》：“其庸可弃乎？”

离开。如《战国策·秦策》：“子弃寡人。”

幺

甲骨文

金文

小篆

楷书

(yāo)

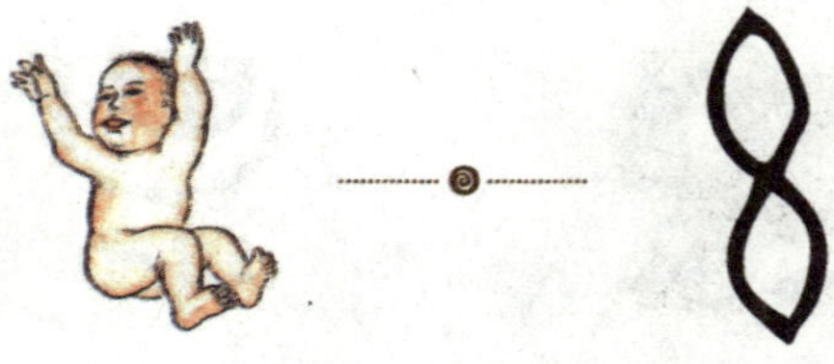

“幺”是象形字。甲骨文像一小束丝的样子。金文形体承接甲骨文。小篆与金文的形体相似。隶变后楷书写作“幺”。

《说文·幺部》：“幺，小也。象子初生之形。凡幺之属皆从幺。”（幺，小。像婴儿刚刚出生的样子。大凡幺的部属都从幺。）

“幺”的本义为小。如柳宗元《童区寄传》：“幸得壮大，则缚取幺弱者”。

因为一是最小的整数，所以至今人们还称“一”为幺。“幺”也指排行最末的。如在湘西及四川一带称幼子为“幺儿”。

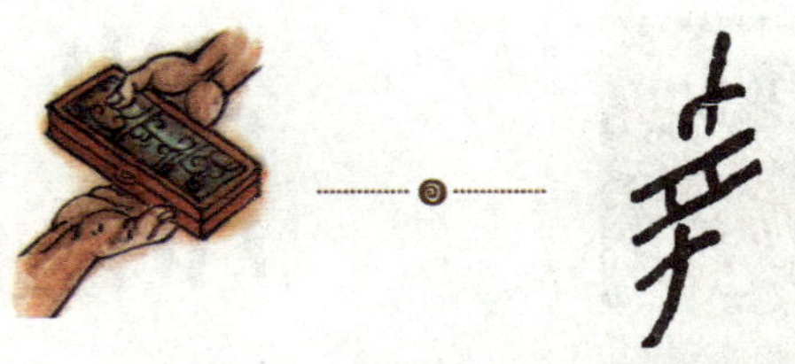

受

(shòu)

"受"的小篆是会意兼形声字。甲骨文上下为两只手，中间是一个盘子，是一手"授"、一手"受"的意思，会一方给予、一方接受之意。金文中间部分讹为"舟"，舟兼表声。小篆线条化。隶变后楷书写作"受"。

《说文·𠬪部》："受，相付也。从𠬪，舟省声。"（受，互相交付。从𠬪，舟省声。）

"受"的本义为互相交付。引申为给予。后增加义符"扌"，突出了手给之意，于是给予之意就由"授"来代替。

"受"也当接受讲。如《三国志·吴书·吴主传》："权辞让不受。"意思是孙权辞让不接受。

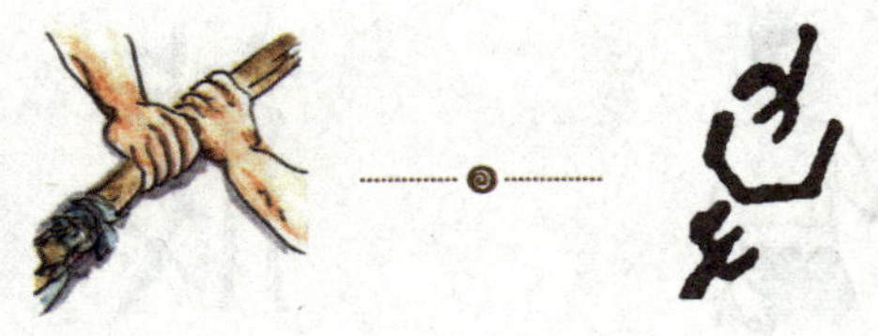

争

(zhēng)

"争"是会意字。甲骨文、金文都像两手争夺一物的样子。小篆线条化。隶变后楷书写作"爭"。汉字简化后写作"争"。

"争"的本义就是争夺，指把东西拽过来归为己有。如《墨子·公输》："杀所不足而争所有余，不可谓知。"引申为夺取、争取。如"争先恐后""力争上游"。

还引申为言语之争，有争论、争辩的意思。

受

甲骨文

金文

小篆

楷书

争

殊

小篆

殊

楷书

殊

(shū)

“殊”是形声字。小篆从歹(è)，朱声。隶变后楷书写作“殊”。

《说文·歹部》：“殊，死也。从歹，朱声。汉令曰：‘蛮夷长有罪，当殊之。’”（殊，杀死。从歹，朱声。汉朝的法令说：“蛮夷戎狄之长有罪，判决杀死他们。”）

“殊”的本义为斩首。如《汉书·高帝纪》：“其赦天下殊死以下。”泛指死。如《史记·淮南王安传》：“太子即自刑，不殊。”

残

小篆

殘

楷书

(cán)

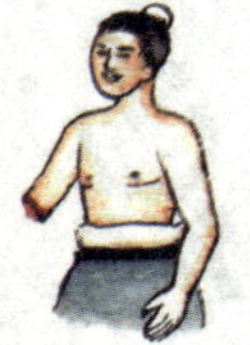

残，伤害。从歹，戋声。从“歹”表示与死亡有关。

“残”的本义是伤害。如《仓颉篇》：“残，伤也。”《诗经·大雅·民劳》：“废为残贼。”

毁坏，破坏。如《荀子·荣辱》：“家室立残，亲戚不免于刑戮。”凋落。如唐代李商隐《无题》：“东风无力百花残。”凶残，狠毒。如《汉书·隽不疑传》：“故不疑为吏，严而不残。”残废。如汉代司马迁《报任安书》：“顾自以为身残处秽，动而见尤。”残留，残存。如《庄子·马蹄》：“故纯朴不残，孰为牺尊？”

殃，灾祸。从歺，央声。

(yāng)

“殃”的本义是灾祸、灾难。如《说文》：“殃，咎也。”《释言》：“殃，祸也。”《楚辞·屈原·涉江》：“伍子逢殃兮。”

殃及、损害。如《孟子·告子下》：“不教民而用之，谓之殃民。”《国语》：“吾主以不贿闻于诸侯，今以梗阳之贿殃之，不可。”

殃 小篆 殃 楷书

殄，尽。从歺，㐱声。

(tiǎn)

“殄”的本义是断绝、用尽。如《说文》：“殄，尽也。”《诗经·大雅·瞻卬》：“邦国殄瘁。”消灭。如《文心雕龙·明诗》：“自王泽殄，风人辍采。”《史记·秦始皇本纪》：“武殄暴逆。”美好。如《诗经·邶风·新台》：“燕婉之求，籧篨不殄。”

殄 小篆 殄 楷书

殖，膏油放久而腐坏。从歺，直声。

(zhí)

(shi)

“殖”(zhí)的本义是脂膏放久变质。如《说文》：“殖，殖膏久殖也。”指生长、繁衍。如《左传·襄公三十年》：“我有田畴，子产殖之。”《吕氏春秋·孟春》：“五谷所殖。”《左传·襄公二十九年》：“松柏之下，其草不殖。”做买卖。如《新五代史》：“父宗善殖财货，富拟王侯。”种植。如《尚书·吕型》：“稷降播种，农殖嘉谷。”

殖 小篆 殖 楷书

殇

小篆

殤

楷书

殇

(shāng)

殇，没有成为成年人（而死去）。人们的年龄在十九至十六岁死去，叫长殇；十五岁到十二岁死去，叫中殇；十一岁到八岁死去，叫下殇。从歺，傷省去“亻”旁作声。

“殇”的本义是未成年就死去。如《说文》：“殇，不成人也。”《仪礼·丧服传》：“年十九至十六为长殇，十五至十二为中殇，十一至八岁为下殇，不满八岁以下为无服之殇。”殇子，未成年就死去的人。如《吕氏春秋·察今》：“病变而药不变，向之寿民，今为殇子矣。”

殡

小篆

殯

楷书

(bìn)

殡，尸体在棺材中，将要迁去埋葬，叫作柩。用宾礼对待它。由歺、由宾会意，宾也表声。夏后氏时代停棺待葬在东阶之上，殷人停棺待葬在殿堂前的两根直柱之间，周人停棺待葬在西阶之上。

“殡”的本义是停灵待葬。如《说文》：“殡，死在棺，将迁葬，柩。宾遇之。”《论语·乡党》：“于我殡。”《左传·僖公三十二年》：“晋文公卒。庚辰，将殡于曲沃。”

泛指相关的丧葬事务。如孙稚圭《北山移文》：“道秩长殡，法筵久埋。”

殆

小篆

殆

楷书

殆

(dài)

殆，危险。从歺，台声。

“殆”的本义是危险。如《说文》：“殆，危也。”《孙子兵法·谋攻》：“知己知彼，百战不殆。”

指困倦、疲乏。如《庄子·养生主》：“以有涯随无涯，殆已。”如《论语·为政下》：“学而不思则罔，思而不学则殆。”大概，几乎。如宋代文天祥《指南录后序》：“扬州城下，进退不由，殆例送死。”

（sǐ）

“死”是会意字。甲骨文从歺（即死，表示枯骨），从人，像人跪坐在枯骨旁边，会人死之意。金文的构形基本与甲骨文相同。小篆整齐化。隶变后楷书写作“死”。

《说文·死部》：“死，澌也，人所离也。从歺，从人。凡死之属皆从死。”（死，精气穷尽，是人们形体与魂魄相离的名称。由歺、由人会意。大凡死的部属都从死。）“死”的本义为生命终止。后来扩大到指所有的生物失去生命。死去的东西就不再动了，因此不灵活、固定不动、呆板的东西也称为“死”。如“死心眼儿”“死水”。死与生不可调和，故又引申为势不两立。如“死敌”“死对头”。

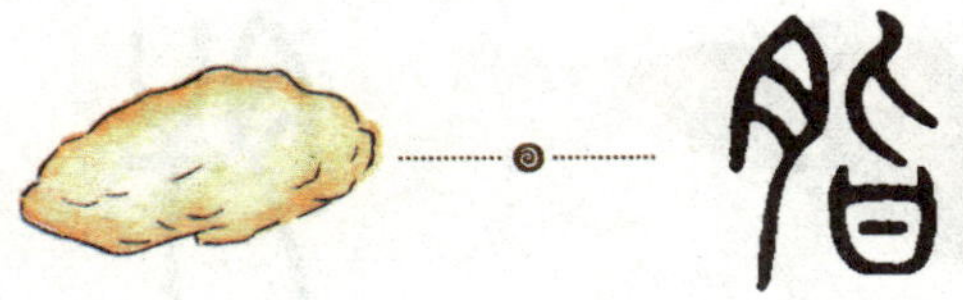

（zhī）

“脂”是形声字。小篆从肉（月），旨声。隶变后楷书写作“脂”。

“脂”的本义为有角动物（如牛羊）所含的油质。如《礼记·内则》：“脂膏以膏之。”孔颖达疏：“凝者为脂，释者为膏。”泛指人或动植物体内所含的油性物质。如《诗经·卫风·硕人》：“肤如凝脂。”

又比喻人民的血汗与财富。如“民脂民膏”。又特指胭脂。如五代李煜《乌夜啼》：“胭脂泪，相留醉，几时重。”

死

甲骨文

金文

小篆

死

楷书

脂

小篆

脂

楷书

脾

小篆

脾

楷书

脾

(pí)

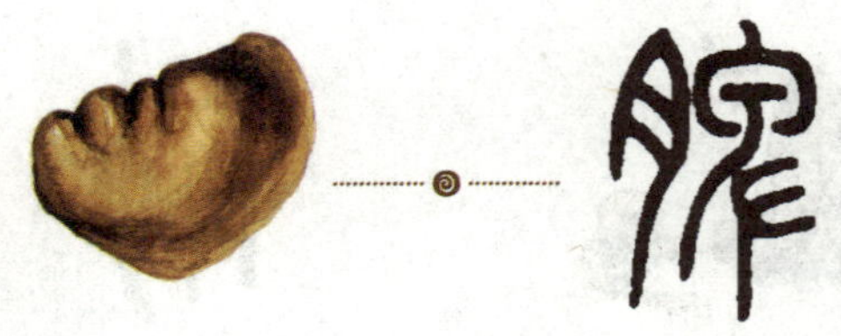

"脾"是形声字。小篆从肉(月),卑声。隶变后楷书写作"脾"。

《说文·肉部》:"脾,土藏也。从肉,卑声。"(脾,属土的脏器。从肉,卑声。)

"脾"的本义为脾脏,是贮血和产生淋巴细胞与抗体的重要器官,有调节新陈代谢的作用。引申指人的性情。如《红楼梦》第八十四回:"都像宝丫头那样心胸儿、脾气儿,真是百里挑一的。"

肝

小篆

肝

楷书

肝

(gān)

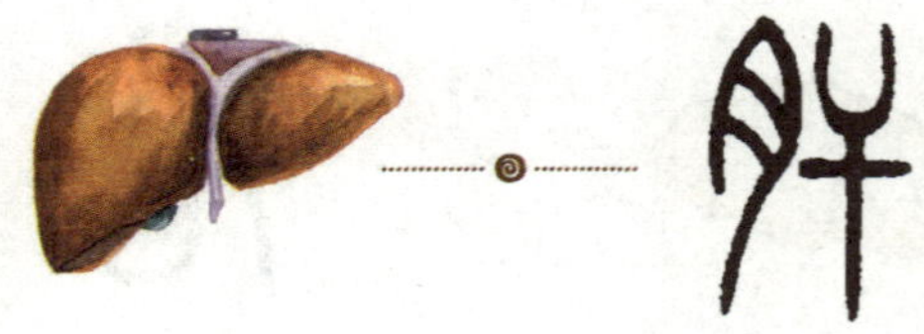

"肝"是形声字。小篆从肉(月),干声。隶变后楷书写作"肝"。

《说文·肉部》:"肝,木藏也。从肉,干声。"(肝,属木的脏器。从肉,干声。)

"肝"的本义为肝脏。如清代方苞《左忠毅公逸事》:"吾师肺肝,皆铁石所铸造也。"肝、胆连用,用以比喻真挚的心意。如《史记·淮阴侯列传》:"臣愿披腹心,输肝胆,效愚计,恐足下不能用也。"

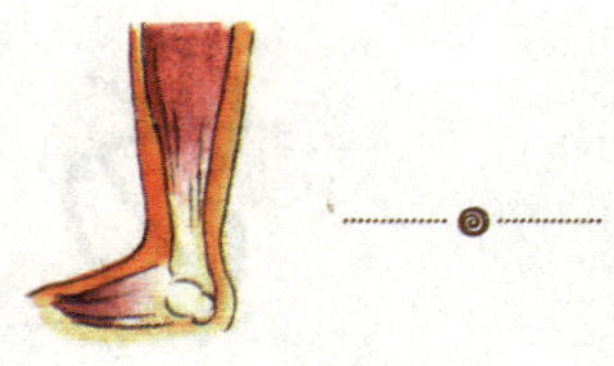

筋

(jīn)

“筋”是会意字。小篆从力，从肉（月），从竹（俗多用竹皮勒东西），会像竹一样能勒东西的有力之肉的意思。隶变后楷书写作“筋”。

筋，肉中的筋。由力、由肉、由竹会意。竹，多筋的物体。大凡筋的部属都从筋。

“筋”的本义为附在骨头或肌腱上的韧带。如“筋肉”。引申指可以看见的皮下静脉血管。如“青筋暴露”。也指肌肉。

还指像筋的东西。如“橡皮筋儿”。

植物的脉络也称“筋”。如“这菜筋多嚼不烂”。

筋

小篆

楷书

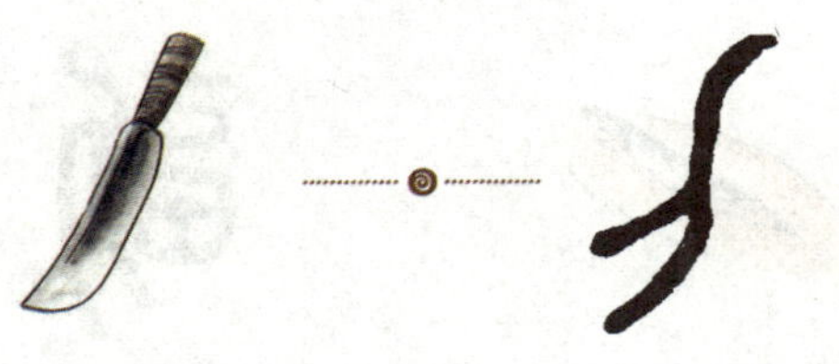

刀

(dāo)

“刀”是象形字。甲骨文像刀尖向上、刀刃向左的一把刀。小篆的刀尖弯曲得夸张。隶变后楷书写作“刀”。

《说文·刀部》：“刀，兵也。象形。凡刀之属皆从刀。”（刀，兵器。象形。大凡刀的部属都从刀。）

“刀”的本义为古代的一种兵器。如“刀枪”“大刀”。后来引申泛指用于切割砍削的有锋刃的工具。如“剪刀”“木工刀”。

也泛指所有像刀的东西。如“冰刀”。

甲骨文

小篆

楷书

切

小篆

切

楷书

切

(qiē)

(qiè)

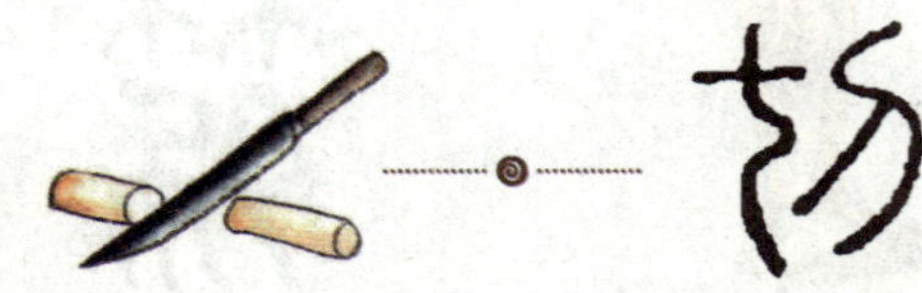

“切”是会意兼形声字。小篆从刀，从七，会用刀砍断之意，七兼表声。隶变后楷书写作“切”。

《说文·刀部》：“切，刌也。从刀，七声。”（切，切断。从刀，七声。）

“切”（qiē）的本义为用刀把东西截断、分开。引申指加工珠宝玉器。如《论衡·量知》：“切磋琢磨，乃成宝器。”

引申比喻在学问、道德上互相观摩，取长补短。如《诗经·卫风·淇奥》：“有匪君子，如切如磋，如琢如磨。”

副

小篆

副

楷书

副

(pì)

(fù)

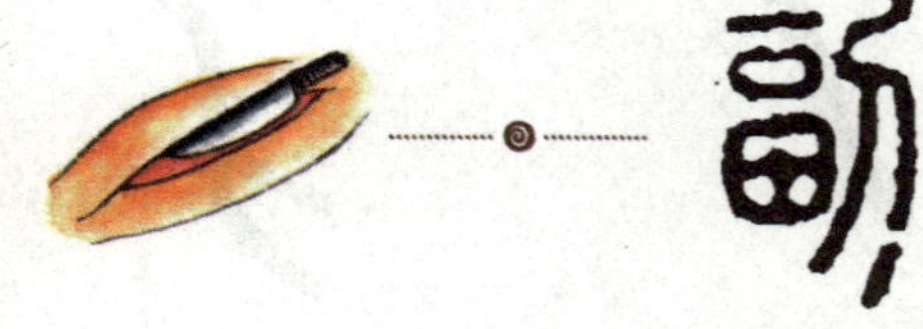

“副”是形声字。小篆从刀，畐声。隶变后楷书写作“副”。

副，剖分。从刀，畐声。《周礼》说：“剖开牲的肢体来祭祀。”

“副”的本义指剖分，破开，读作 pì。如《诗经·大雅·生民》：“不坼不副（胞衣没破裂），无灾无害。”引申表示相称、相配，读作 fù。如“名不副实”“名副其实”。又引申指居第二位的、辅助的。如“副职”“副手”。用作量词，指相配成对后成套的。如“一副耳环”。也指张。如“一副嘴脸”。

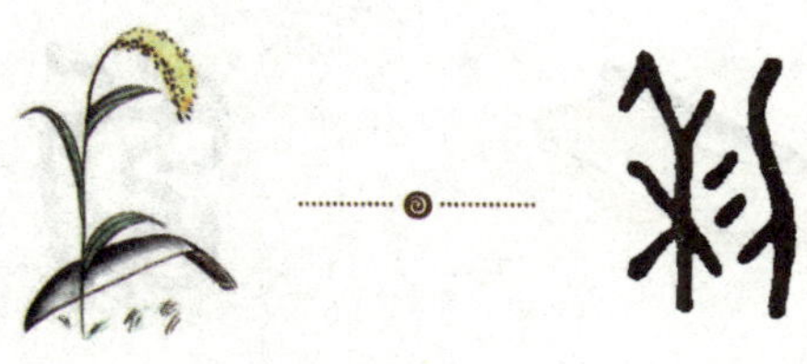

(lì)

“利”是会意字。甲骨文从刀，从禾，会用刀收割禾谷之意。金文、小篆与甲骨文形体大致相同。隶变后楷书写作“利”。

利，锋利，从刀。和顺协调然后有利，所以从和省。《易经》说：“利益，是由于义的和协。”

“利”的本义为割禾，引申泛指锋利、刀口快。如《韩非子·难一》：“矛之利，于物无不陷也。”又引申指快捷、灵便。如《荀子·劝学》：“假舆马者，非利足也，而致千里。”

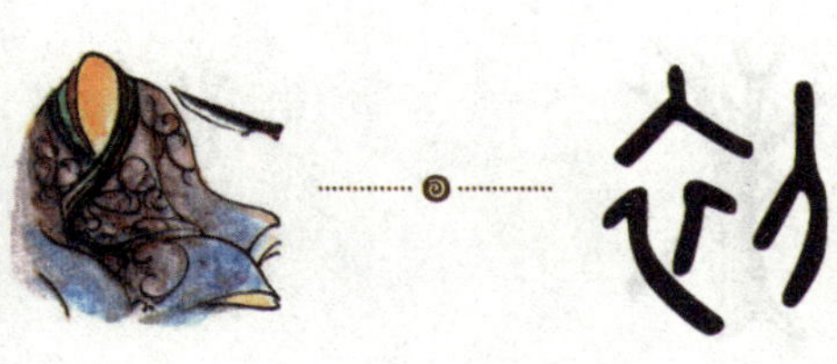

(chū)

“初”是会意字。甲骨文从刀，从衣，会裁衣开始之意。金文和小篆都是由甲骨文演变而来。隶变后楷书写作“初”。

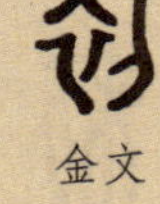

《说文·刀部》：“初，始也。从刀，从衣。裁衣之始也。”（初，开始。由刀、由衣会意。裁割衣服的开始。）

“初”的本义为裁衣之始。泛指开始、第一个。如“年初”。

又指开始的一段时间。如“初生”。又引申指最低的等级。如“初级读本”。

小篆

刮

楷书

刮

（guā）

“刮”是形声字。小篆从刀，𠯑声。隶变后楷书写作“刮”。

《说文·刀部》：“刮，掊把也。从刀，𠯑声。”（刮，刮摩。从刀，𠯑声。）

“刮”的本义为用刀子等紧贴着物体表面移动，削去物体表面上的东西。如“刮骨去毒”。引申指擦拭。如“士别三日，当刮目相待”。

又引申指用片状物等紧贴着物体表面移动，把糨糊、泥子等涂在物体表面。如“刮泥子”。风从表面吹过与刮相似，故又引申指（风）吹。如“刮风”。

制

金文

小篆

制

楷书

制

（zhì）

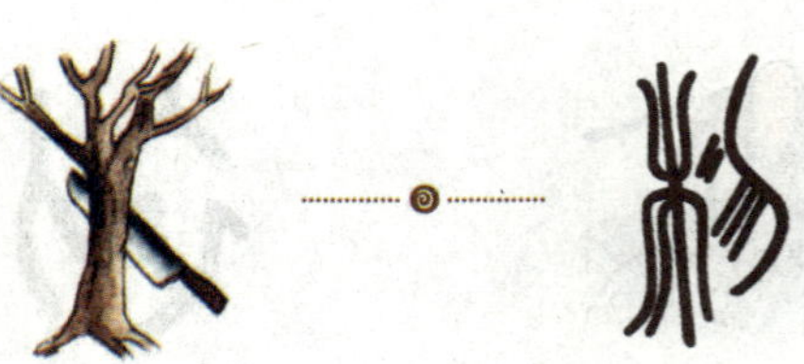

“制”是会意字。小篆从刀，从未（枝条繁茂之树），因为树木长大成材后就可以裁断、切割、制作用品，以此会用刀裁割树木之意。隶变后楷书写作“制”。

《说文·刀部》：“制，裁也。从刀，从未。未，物成有滋味，可裁断。一曰：止也。”（制，裁断。由刀、由未会意。未，树木老成，即有滋味，可以裁断。另一义说：制是禁止。）“制”的本义指用刀修剪枝条。修剪树枝可限制树疯长，故引申指限定、约束、掌控、制服。如“克敌制胜”。作为“製”的简化字，指裁制衣物、写作。如《诗经·豳风·东山》：“制彼裳衣，勿士行枚。”

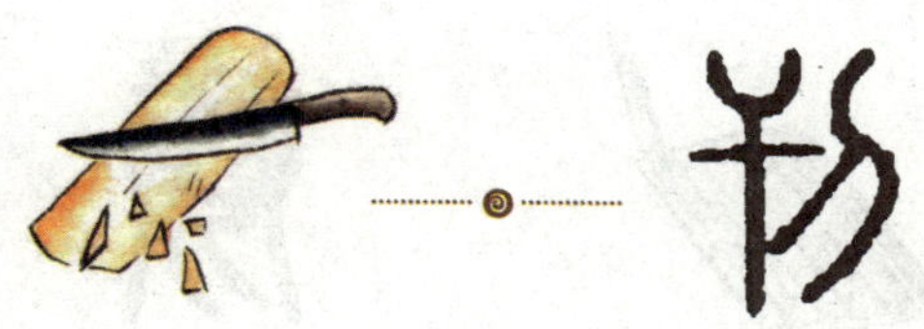

（kān）

"刊"是形声字。小篆从刀，干声。隶变后楷书写作"刊"。

《说文·刀部》："刊，剟也。从刀，干声。"（刊，削。从刀，干声。）

"刊"的本义为削砍。如《尚书·益稷》："予乘四载，随山刊木。"引申指雕刻。如班固《封燕然山铭》："乃遂封山刊石，昭铭盛德。"

古代文书刻在竹简上，刻错了就要削去，故引申指修改、删定。

如今泛指排版印刷。如"刊登""报刊"。

小篆

刊

楷书

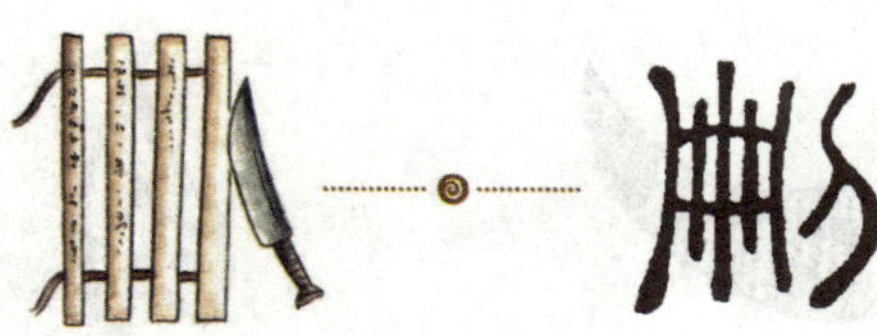

（shān）

删即刊削去不要的文字，从册（书简），从刀。隶变后楷书写作"删"。

《说文·刀部》："删，剟也。从刀册。册，书也。"（删，删削。由刀、由册会意。册，表示简牍。）

"删"的本义为刊削，也就是砍除、删除的意思。如《汉书·律历志上》："删其伪辞。"

选录，摘录。如《尚书·孔序》："删诗为三百篇。"《汉书·艺文志》："今删其要，以备篇籍。"

删

小篆

删

楷书

券

小篆

券

楷书

券

（quàn）

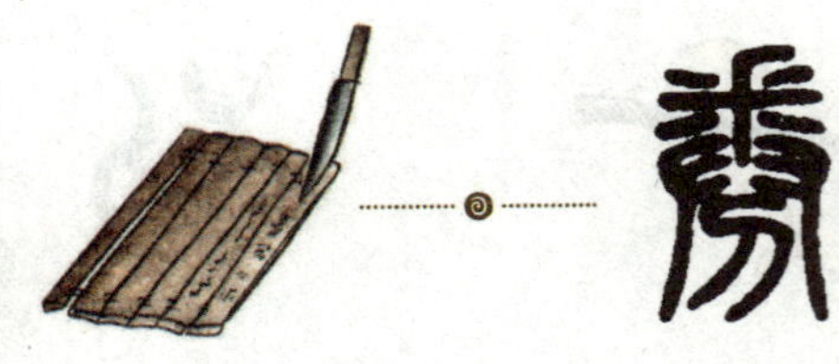

“券”是形声字。小篆从刀，𠔉（juàn）声。隶变后楷书写作“券”。

《说文·刀部》：“券，契也。从刀，𠔉声。券别之书，以刀判契其旁，故曰契券。”（券，契据。从刀，𠔉声，契券的文书。用刀分刻契券的旁边，所以叫作契券。）

“券”的本义为古代用于买卖或债务的契据。书于简牍，常分为两半，契约双方各执其一，以为凭证。如《冯谖客孟尝君》：“使吏召诸民当偿者，悉来合券。”

角

甲骨文

金文

小篆

角

楷书

角

（jiǎo）

（jué）

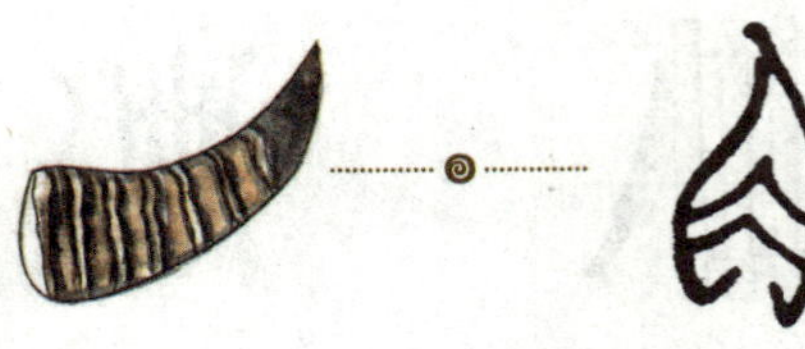

“角”是象形字。甲骨文像割下来的一只兽角。金文的形状跟甲骨文相似。小篆整齐化。隶变后楷书写作“角”。

角（jiǎo），禽兽的角。象形。小篆“角”字与“刀”“鱼”二字有相似的地方。大凡角的部属都从角。

“角”的本义为兽角，此时读作jiǎo。如“鹿角”。由此引申为形状像兽角的事物。如“皂角”。兽角之形应用到数学上，指几何学中的角。如“三角形”。由此又引申指角落、物体两个边沿相接的地方。如“屋角”“拐角”。还指岬角，伸入水域的陆地的尖端或延长部分。如“好望角”。

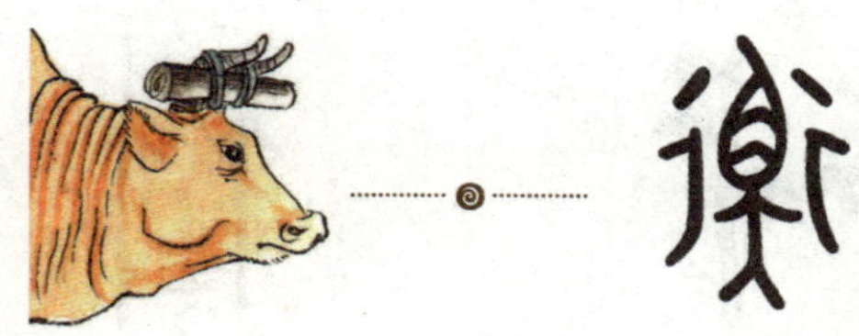

衡，牛好举角抵触，横绑大木在牛的角上，（以防抵触）。由角、由大会意，行声。《诗经》说：“设置那绑在牛角上的横木。”

（héng）

“衡”的本义是绑在牛角上以防其触人的横木。如《说文》：“衡，牛触，横大木其角。”指车辕前端的横木。如《庄子·马蹄》：“加之以衡扼。”秤杆，秤。如《韩非子·扬权》：“衡不同于轻重。”

称量。《孟子·惠王上》：“衡，加重于其一旁，必捶。”《庄子·胠箧》：“为之权衡以称之，则并与权衡而窃之。”

衡量，评定。如《淮南子·主述训》：“衡之于左右。”

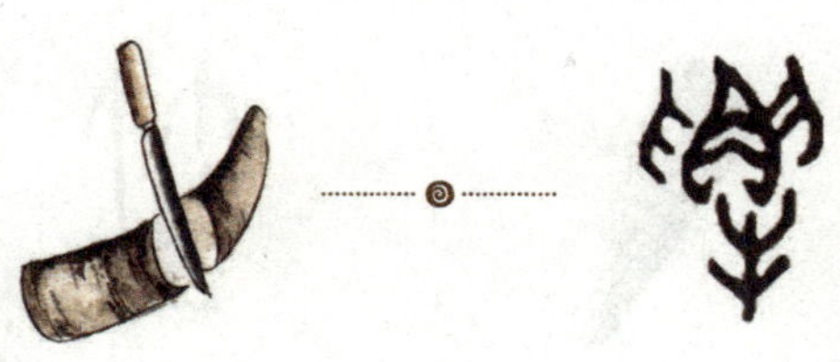

“解”是会意字。小篆从刀，从牛，从角。表示用刀把牛角剖开。本义是分解牛。

（jiè）
（jiě）
（xiè）

“解”（jiě）的本义是分解牛。如《说文》：“解，判也，从刀，判牛角。”《庄子·养生主》：“解牛之时。”引申为脱落。如《吕氏春秋·仲夏纪》：“鹿角解，蝉始鸣。”

解体，散开。如《广雅》：“解，散也。”《汉书》：“恐天下解也。”解除，解决。如《战国策·燕策》：“解燕国之围。”特指尸解。如清代全祖望《梅花岭记》：“颜太师以兵解。”解释，说明。如唐代韩愈《师说》：“师者，所以传道受业解惑也。”

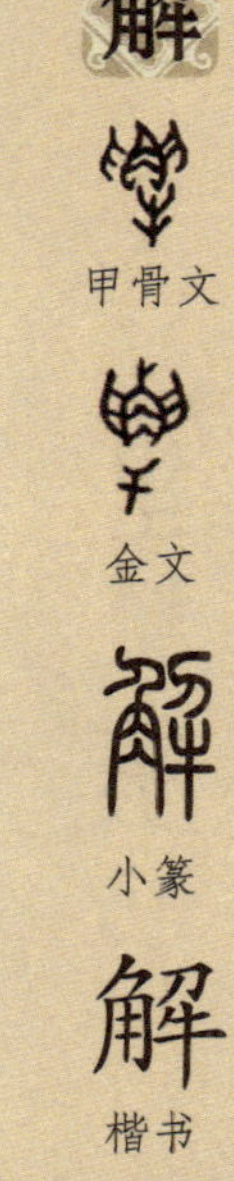

竹

金文

小篆

竹

楷书

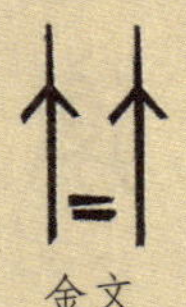

(zhú)

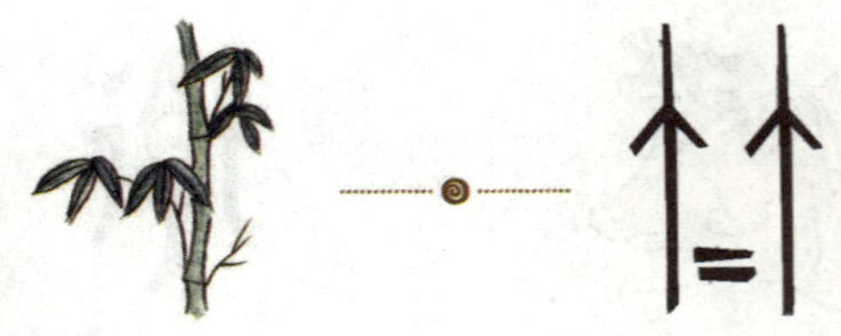

"竹"是象形字。金文像两枝下垂的竹叶。小篆承之。隶变后楷书写作"竹"。

《说文·竹部》:"竹,冬生草也。象形。下垂者,箁箬也。凡竹之属皆从竹。"(竹,经冬不死的草。象形。两边下垂的笔画,表示笋壳。大凡竹的部属都从竹。)

"竹"的本义就是竹子。竹子是古代制作乐器的重要材料,故而"竹"可指代竹制管乐器。还可指代竹简。如"罄竹难书"。

笙

小篆

笙

楷书

(shēng)

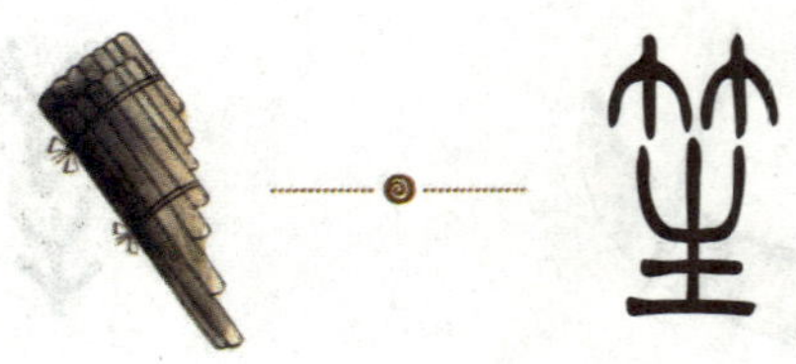

"笙"是形声字,从竹,生声。笙,十三簧。形状像凤鸟的身躯。笙,是正月之音。这时万物生长,所以叫它笙。

笙是一种乐器。大的叫作巢,小的叫作和。古时候,一个名叫随的人制作了笙。

"笙"的本义是簧管乐器,由十三根长短不同的竹管制成。如《仪礼·乡射礼记》注:"三人吹笙,一人吹和。盖小者。"又如:《诗经·小雅·鹿鸣》:"我有嘉宾,鼓瑟吹笙。"

(xiāng)

“箱”是形声字。小篆从竹，相声。隶变后楷书写作“箱”。

《说文·竹部》：“箱，大车牝服也。从竹，相声。”（箱，大车的车箱。从竹，相声。）

“箱”的本义为车箱。通“厢”，古代居室前堂两旁的房屋，其形制犹如车之箱，故又引申指厢房，正房前面两侧的房屋。

还引申指用竹木等制成收纳东西的方形器具。如“书箱”。又指形状或功用像箱子的东西。如“风箱”。

用作量词，指一个箱子所装的量。如“一箱宝石”。

箱

小篆

箱

楷书

策

(cè)

“策”是会意兼形声字。小篆从竹从朿（cì，带刺的荆棘）会意，朿兼表声。隶变后楷书写作“策”。

《说文·竹部》：“策，马箠也。从竹，朿声。”（策，马鞭。从竹，朿声。）

“策”的本义为竹制的马鞭。如贾谊《过秦论》：“振长策而御宇内。”大意是挥动马鞭，驾驭四海。引申指驾驭。如韩愈《马说》中有“策之不以其道”，意思是说不按照驱使千里马的方法驾驭它。作动词用表示鞭打。

由鞭打引申为督促、激励。如“鞭策”。

策

小篆

策

楷书

简

簡
小篆

簡
楷书

简

(jiǎn)

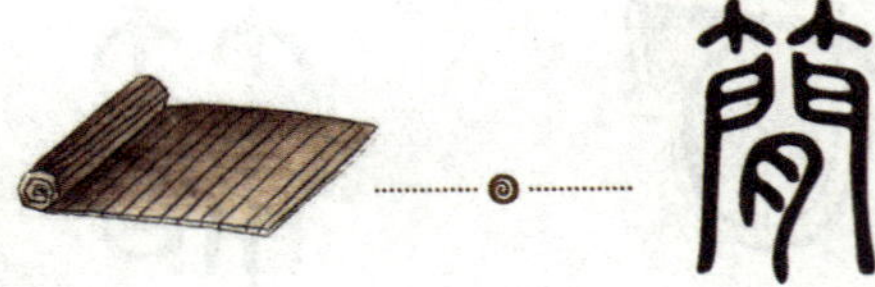

简，用于书写的狭长竹片。从竹，间声。

“简”的本义是古代用来书写文字的狭长竹片。如《诗经·小雅·出车》：“畏此简书。”《礼记·王制》：“执简记。”《左传·襄公二十五年》：“南史氏闻大史尽死，执简以往。”

书籍，信札。如《盐铁论·大论》：“呻吟槁简，诵死人之语。”简单，简易。如《礼记·乐记》：“繁文简节之音作。”宋代沈括《梦溪笔谈》：“未为简易。”宋代苏轼《石钟山记》：“郦元之简。”

简化，使简单。如“精简机构”。

箪

箪
小篆

簞
楷书

箪

(dān)

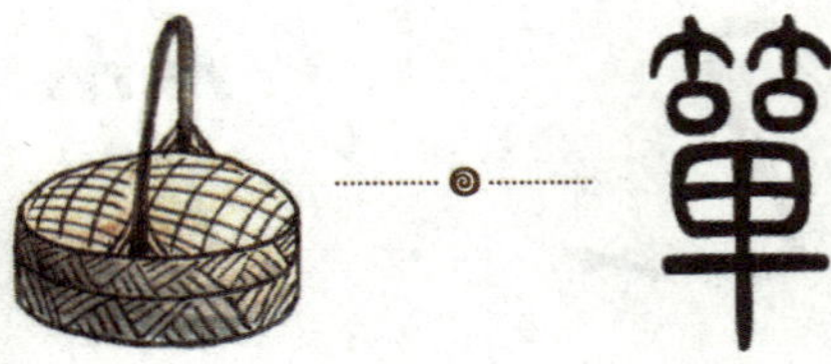

箪，圆形的盛饭和盛衣的竹器。从竹，单声。汉朝律令说，箪是小竹筐。古代文献说：“用箪盛着饭食，用壶盛着酒浆。”

“箪”的本义是盛饭的圆形竹器。如《说文》：“箪，笥也。从竹，单声。”《汉律令》：“箪，小筐也。”《礼记·曲礼》：“苞苴箪笥。”《仪礼·士冠礼》：“栉实于箪。”《左传·宣公二年》：“箪食与肉。”《孟子·告子上》：“一箪食，一豆羹，得之则生，弗得则死。”

盛东西的小筐。如《左传·哀公二十年》：“与之一箪珠，使问赵孟。”

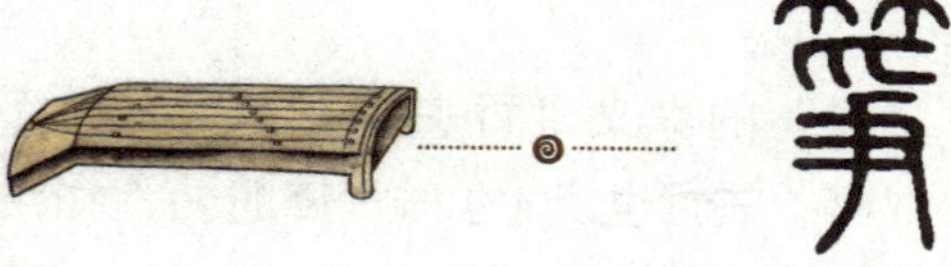

“筝”是形声字。小篆从竹，争声。隶变后楷书写作“筝”。

筝

(zhēng)

《说文·竹部》:“筝，鼓弦竹身乐也。从竹，争声。”（筝，拨弦的、像筑身的乐器。从竹，争声。）

“筝”的本义为古代弦乐器，形似瑟。战国时已流行于秦地，故又称“秦筝”。

用作“风筝”，指一种传统的娱乐玩具。风筝起源于中国，是古代哲学家墨翟制造的。

筝

小篆

筝

楷书

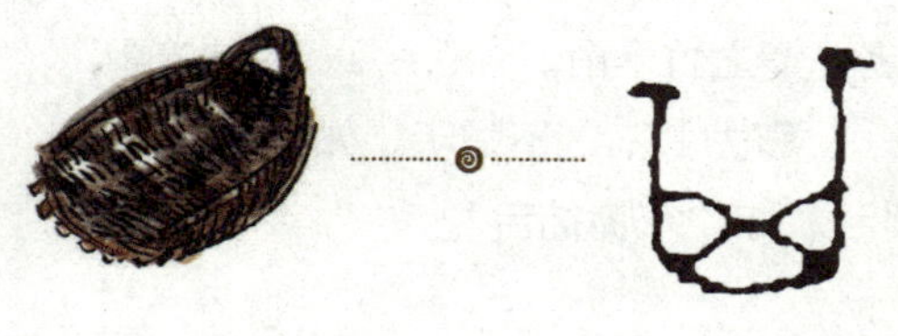

“箕”的甲骨文是象形字。“其”是“箕”的本字，其的甲骨文、金文像簸箕的形状。小篆另加义符“竹”。隶变后楷书写作“箕”。

箕

(jī)

《说文·箕部》:“箕，簸也。从竹；其，象形，下其丌也。凡箕之属皆从箕。”（箕，簸箕。从竹；其，像簸箕之形；下面的丌是它的垫座。大凡箕的部属都从箕。）

“箕”的本义为簸箕，是竹子编的扬米去糠的器具，前为敞口有舌，后有半圆之帮可持。

箕

甲骨文

金文

小篆

箕

楷书

箭
笋 金文
𥳑 小篆
箭 楷书

箭，可用来作矢的箭竹。从竹，前声。

箭

(jiàn)

“箭”的本义是竹子的一种。如《说文》：“箭，矢竹也。”《尔雅·释地》：“东南之美者，有会稽之竹箭焉。”

一种用竹子制的武器，用弓弩发射。如唐代杜甫《兵车行》：“行人弓箭各在腰。”《资治通鉴》：“船往如箭。”

古代放在计时漏壶下用来表示时间的东西。如唐代王维《冬晚对雪忆胡居士家》：“寒更传晓箭，清镜览衰颜。”

笨
小篆
笨 楷书

笨，竹子的里层。从竹，本声。

笨

(bèn)

“笨”的本义是竹子里面的内层白色薄皮。如《说文》：“笨，竹里也。从竹，本声。”《广雅·释草》：“竹其表曰筤，其里曰笨，谓中之白质者也。其白如纸，可手揭者，谓之竹孚俞。”沉，重。如“笨重”。

智力低下，不聪明。如“笨头笨脑”。

迟缓，不灵活。如“笨嘴拙舌”。

篆
小篆
篆 楷书

篆，运笔书写。从竹，彖（tuàn）声。

篆

(zhuàn)

“篆”指运笔书写。如《说文》：“篆，引书也。”引书，谓引笔而箸之于竹帛。引申指篆书，汉字的一种字体，包括大篆、小篆，一般指小篆。

指官印、官职。如唐代刘叉《饿咏》：“妻孥从饿死，敢爱黄金篆。”《徐霞客游记》：“明官多缺，以经历署篆。”

雕刻。如《红楼梦》：“爱美人之容貌兮，香培玉篆。”

铭刻，深深记住。《聊斋志异》：“深情已篆中心，今已人禽异类，姻好何可复圆？”

篇，书册。另一义说，关西一带叫榜额作篇。从竹，扁声。

“篇”的本义是简册。如《说文》：“篇，书也。”《论衡·书说》：“著文为篇。”

一部著作中的一部分。如“篇章”。

章、部。如《论衡·自纪》：“世无一卷，吾有百篇。”《史记·屈原贾生列传》：“一篇之中三致志焉。”

(piān)

小篆

楷书

等，整齐的竹简。由竹、由寺会意。寺，是官署的竹简整齐的意思。

“等”的本义是整齐的书简。如《说文》：“等，齐简也。”等级，辈分。如《吕氏春秋·召类》：“士阶三等。”

指台阶的级。如《论语·乡党》：“出，降一等。”等同，一样。如《资治通鉴》：“我行法，当等贵贱，均贫富。”等待，等候。如宋代范成大《州桥》：“父老年年等驾回。”

等

(děng)

小篆

楷书

符，取信之物。汉朝规定用竹，长六寸，分而相合以取信。从竹，付声。

“符”的本义是古代朝廷用来传达命令或调兵将用的符信。如《说文》：“符，信也。汉制以竹，长六寸，分而相合。”《史记·魏公子列传》：“晋鄙合符，疑之，举手视公子。”

征兆，预兆。如《史记·李武纪》：“以风符应合于天地。”符合，匹配。如《史记·货殖列传序》：“岂非道之所符，而自然之验邪？”

小篆

(fú)

楷书

典

(diǎn)

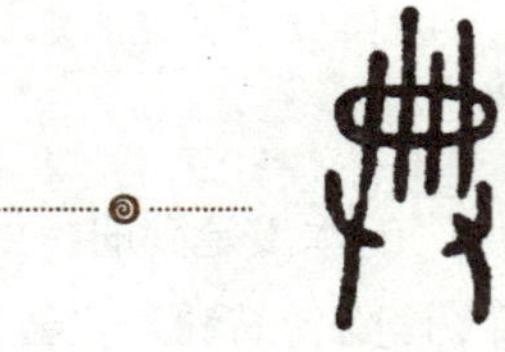

“典”是会意字。甲骨文像双手郑重地捧献典册之状。金文发生讹变，把手变为“丌”形之物。小篆承接金文而来。隶变后楷书写作“典”。

《说文·丌部》：“典，五帝之书也。从册在丌上，尊阁之也。庄都说：典，大册也。”（典，五帝的画册。由“册”在“丌”上会把典册高高地搁架在丌上之意。庄都说：典是大册。）

“典”的本义指重要的文献、书籍。如成语“数典忘祖”。引申为典礼、仪式。如“开国大典”。

左

(zuǒ)

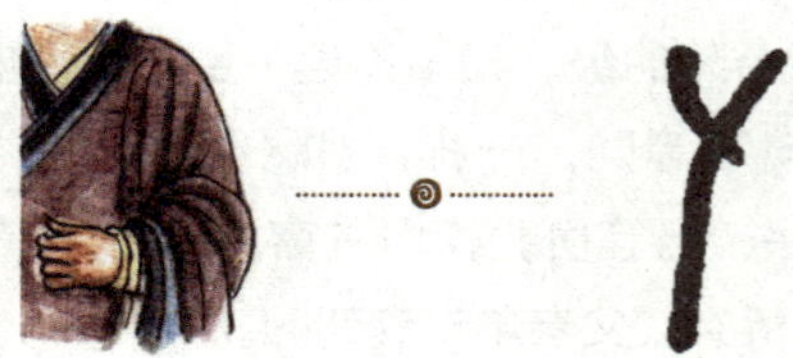

“左”的小篆是会意字。甲骨文像左手的样子。金文下部又加上了“工”，左手执工具，会辅助、帮助之意。小篆形体与金文大致相同。隶变后楷书写作“左”。

《说文·左部》：“左，手相左助也。从𠂇（zuǒ）工。凡左之属皆从左。”（左，用手相辅佐、帮助。由𠂇和工会意。大凡左的部属都从左。）

“左”的本义是辅助。此义后来写作“佐”。

“左”，方位名，与“右”相对。如宋代姜夔《扬州慢》：“淮左名都，竹西佳处，解鞍少驻初程。”又引申为不正、邪辟。如“旁门左道”。

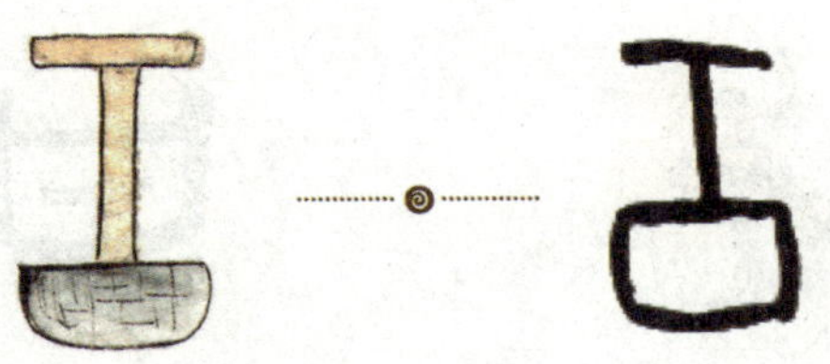

“工”是象形字。甲骨文、金文都像古人夯筑墙时用的石杵之形。小篆线条化，就看不出字的原型了。隶变后楷书写作“工”。

（gōng）

《说文·工部》：“工，巧饰也。象人有规矩也。与巫同意。凡工之属皆从工。”（工，巧于文饰。像人手中有规矩的样子。与“巫”字的构形意义相同。大凡工的部属都从工。）“工”的本义为古人夯筑墙时用的杵。引申指手持工具干活的人。如《论语·卫灵公》：“工欲善其事，必先利其器。”进而引申指精巧、精致。如“工奇”，指精巧奇特。

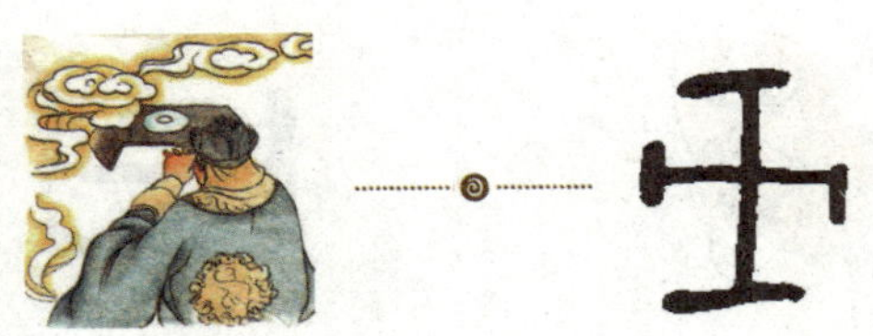

“巫”是象形字。甲骨文、金文中的“⊢⊣”和“I”形，很像古代的度量工具，也有人认为像古代巫所用的道具。隶变后楷书写作“巫”。

（wū）

《说文·巫部》：“巫，祝也。女能事无形，以舞降神者也。象人两袖舞形。”（巫，巫祝。女人中能奉侍神祇，并能凭借歌舞使神祇降临的人。像人两袖起舞的样子。）

“巫”的本义巫祝。商代时，巫的地位较高。周时分男巫、女巫，司职各异，同属司巫。后来“巫”则特指女巫。如白行简《三梦记》：“窦梦至华岳祠，见一女巫。”

甲骨文

小篆

甘

楷书

(gān)

“甘”是指事字。甲骨文从口，从一，会嘴里含着美味的食物之意。小篆承接甲骨文的形体并整齐化。隶变后楷书写作“甘”。

《说文·甘部》：“甘，美也。从口含一；一，道也。凡甘之属皆从甘。”（甘，美味。由“口”含“一”会意；一，表示味道。大凡甘的部属都从甘。）

“甘”的本义为味美。如《诗经·邶风·谷风》：“谁谓荼苦，其甘如荠。”

甜美的东西招人喜欢，喜欢就会让人乐意、情愿，故后来又引申表示心甘情愿。如“甘愿受罚”。

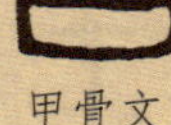

甲骨文

金文

小篆

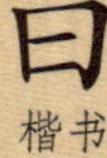

楷书

(yuē)

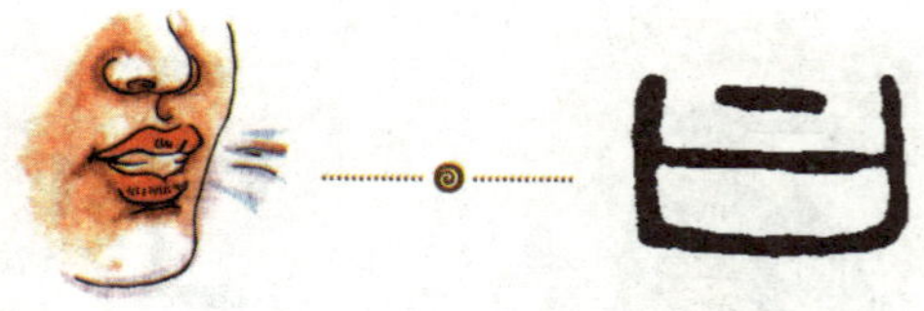

“曰”是指事字。甲骨文下部为口，上面一横表示说话时从口中出来的气。金文与甲骨文形体相似。小篆承接金文。隶变后楷书写作“曰”。

《说文·曰部》：“曰，词也。从口，乙声，亦像口气出也。凡曰之属皆从曰。”（曰，语助词。从口，乙声，也像口上有气冒出。大凡曰的部属都从曰。）

“曰”的本义就是说。如《孙子兵法·计篇》：“孙子曰：兵者，国之大事”。

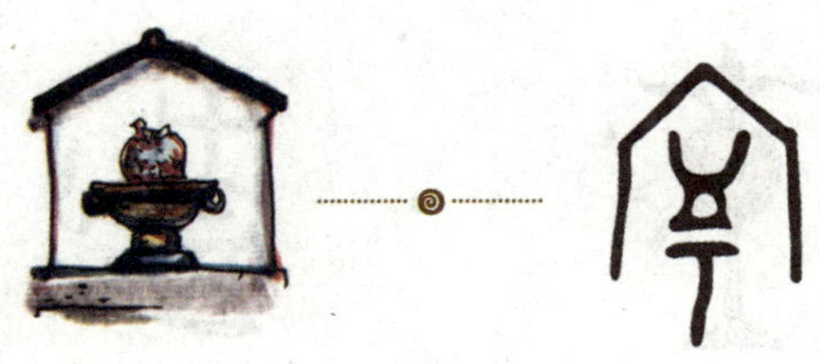

(nìng)
(níng)

宁，表示宁愿的词。小篆是形声字。从丂，寍声。

"宁"（nìng）的本义是宁可、宁愿。如《说文》："宁，愿词也。"《诗经·小雅·伐木》："宁适不来。"《史记·廉颇蔺相如列传》："均之二策，宁许以负秦曲。"宋代司马光《训俭示康》："不逊也宁固。"难道。如《诗经·郑风·子衿》："子宁不来。"又。《史记·陈涉世家》："王侯将相宁有种乎？"《史记·货殖列传》："宁有政教。"清代袁枚《祭妹文》："宁知此为归骨所。"

(xǐ)

"喜"是会意字。甲骨文从壴（鼓），从口。会击鼓欢笑之意。隶变后楷书写作"喜"。

《说文·喜部》："喜，乐也。从壴，从口。凡喜之属皆从喜。"（喜，快乐。由壴、由口会意。大凡喜的部属都从喜。）

"喜"的本义为欢悦、高兴。如成语"闻过则喜"。引申为喜好。如唐代杜甫《天末怀李白》："文章憎命达，魑魅喜人过。"

还用来表示值得庆贺的事。如报告成功或立功消息的文书就叫"喜报"。

(péng)

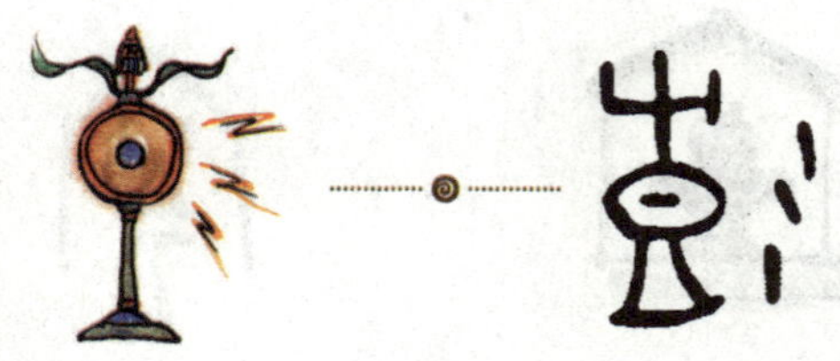

“彭”是会意字。甲骨文的壴表示一面架起的鼓，右边三点表示鼓声，会击鼓发出的声音之意。隶变后楷书写作“彭”。

《说文·壴部》：“彭，鼓声也。”“彭”的本义是鼓声。引申指像鼓声的声音。如张舜民《打麦》：“打麦打麦，彭彭魄魄。”“彭彭”指的就是打麦时的声音。行进时也会发出“彭彭”的声音，故又引申为行进的样子。如《诗经·大雅·烝民》：“四牡彭彭，八鸾（鸾铃，借指马）锵锵。”现在“彭”主要用作姓。

(gǔ)

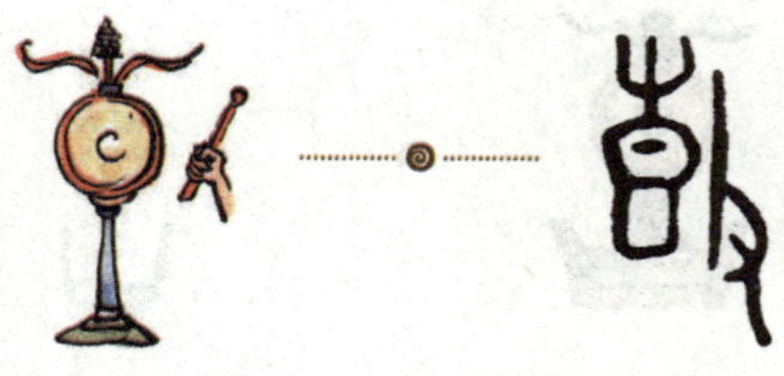

“鼓”是会意字。甲骨文像一只手拿着鼓槌敲打鼓的样子。金文是左手拿槌敲击右边的鼓。小篆承接金文而来。隶变后楷书写作“鼓”。

“鼓”指一种打击乐器。如《说文》：“鼓，郭也。春分之音。”《诗经·邶风·击鼓》：“击鼓其镗。”

指鼓声。如宋代辛弃疾《永遇乐·京口北固亭怀古》：“可堪回首，佛狸祠下，一片神鸦社鼓。”

敲击，弹奏。如唐代李白《梦游天姥吟留别》：“虎鼓瑟兮鸾回车，仙之人兮列如麻。”

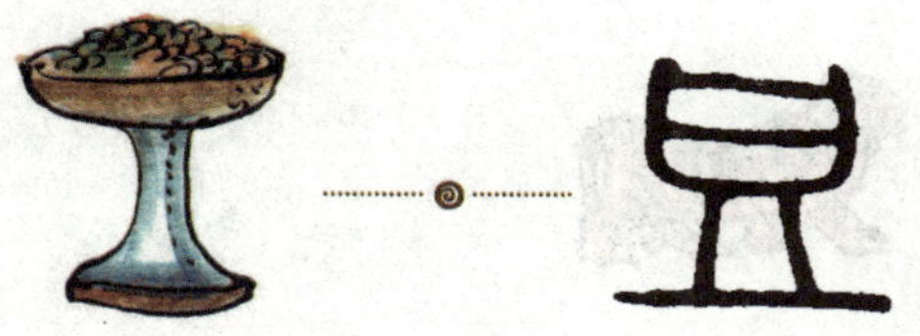

(dòu)

“豆”是象形字。甲骨文像古代高足食器。金文的形体与甲骨文相似，其上部多了一横，表示器中装有东西。小篆承接金文。隶变后楷书写作“豆”。

《说文·豆部》：“豆，古食肉器也。从口，象形。”（豆，古代吃肉盛用的器皿。从口，象形。）“豆”的本义为古代高足食器。如《孟子·告子上》：“一箪食，一豆羹，得之则生，弗得则死。”引申为一种容量单位。又转化为重量单位。战国以后，豆从盛肉的器具逐渐转变成为祭祀的器具。汉代以后，“豆”就用来表示农作物中的大豆了。

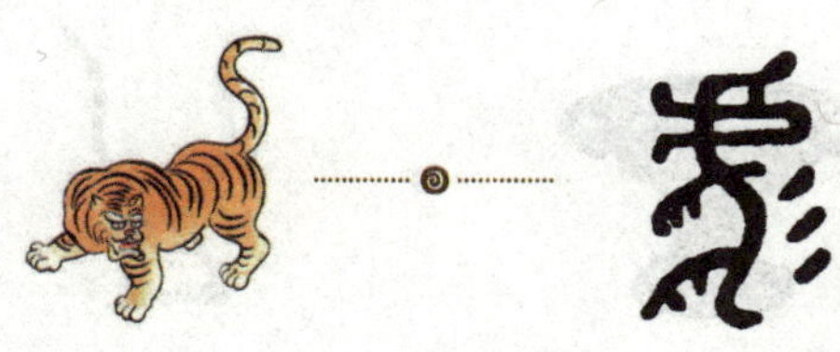

(biāo)

“彪”是会意字。金文像一只虎，其右的三道撇是虎背上的花纹。小篆已经看不出老虎的形状了。隶变楷书写作“彪”。

《说文·虎部》：“彪，虎文也。从虎，彡象其文也。”（彪，老虎的花纹。从虎，彡像虎身上的花纹。）

“彪”的本义是虎身上的斑纹。引申比喻文采。所谓“彪炳”就是文采焕发、照耀的意思。

又引申指身体魁伟、健壮。如“彪形大汉”。

虎

(hǔ)

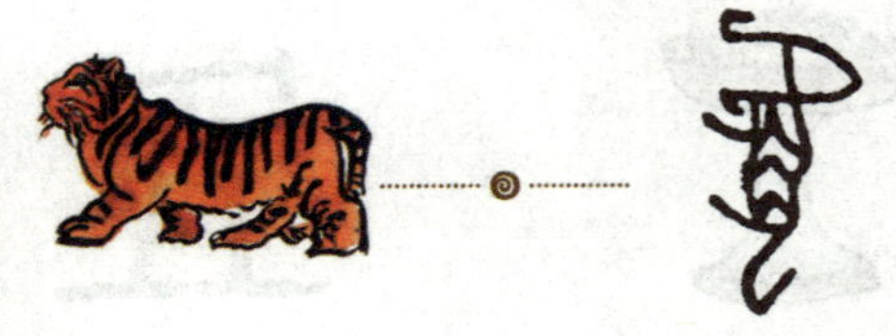

“虎”的甲骨文是象形字。甲骨文像头朝上、尾朝下、腿朝左的一只虎，身上有花纹。金文的形体更为简约。小篆整齐化，就不太像虎了。隶变后楷书写作“虎”。

《说文·虎部》：“虎，山兽之君。从虍，虎足象人足。象形。凡虎之属皆从虎。”（虎，山中野兽的君长。从虍，虎字的足像字人的足。字形像虎蹲踞之形。大凡虎的部属都从虎。）

“虎”的本义就是指老虎，进而引申为勇猛、威武。如“虎将”。古代调兵遣将的兵符被做成虎形，称为“虎符”。“虎”是个部首字。

皿

(mǐn)

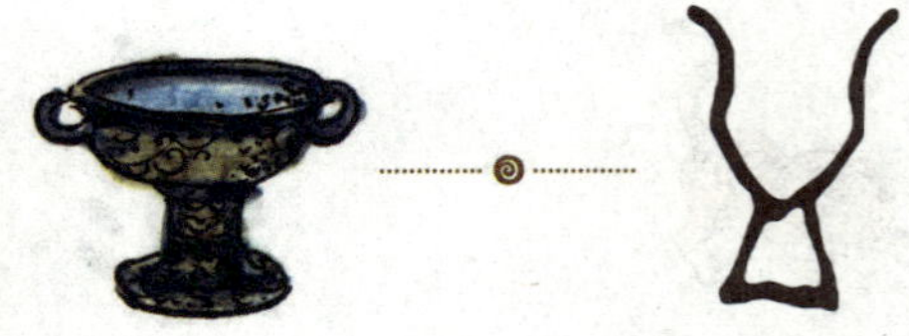

“皿”是象形字。甲骨文形似古代有底座的盘、盂等饮食用的器皿之形。金文的形体基本上与甲骨文相同。小篆承接甲骨文、金文，并整齐化。隶变后楷书写作“皿”。

《说文·皿部》：“皿，饭食之用器也。象形。与豆同意。凡皿之属皆从皿。”（皿，盛饭食的用器。象形。与“豆”字构形同意。大凡皿的部属都从皿。）

“皿”的本义为碗碟杯盘之类的饮食用具。如司马光《训俭示康》：“臣家贫，客至无器皿、肴、果，故就酒家觞之。”

（guàn）

“盥”是会意字。甲骨文的字形像一只手伸向器皿中，手上还有水点，会在水盆上冲洗手之意。金文改为双手，但意义不变。小篆直接由金文演化而来，并整齐化。隶变后楷书写作“盥”。

《说文·皿部》：“盥，澡手也。从臼水临皿。”（盥，洗手。由表示两手的“臼”承“水”临于“皿”上会意。）“盥”的本义为洗手。又特指古代洗手的器皿。如庾信《周安昌公夫人郑氏墓志铭》：“承姑奉盥，训子停机。”泛指洗、洗涤。如白居易《冷泉亭记》：“眼耳之尘，心舌之垢，不待盥涤，见辄除去。”

盥

甲骨文

金文

小篆

盥

楷书

尽

（jìn）

（jǐn）

尽，器物中空。从皿，㶳声。

“尽”（jìn）的本义是器物中空。如《说文》：“盡，器中空也。”

完，竭。如《广韵》：“尽，竭也，终也。”《礼记·哀公问》：“固民自尽。”《孟子》：“尽信书，不如无书。”唐代柳宗元《捕蛇者说》：“以尽吾齿。”

全力以赴完成。如《荀子·荣辱》：“农以力尽田，贾以察尽财，百工以巧尽械器。”

全部，都。如《资治通鉴·唐纪》：“虚实尽知。”

甲骨文

小篆

盡

楷书

甲骨文

金文

小篆

益

楷书

(yì)

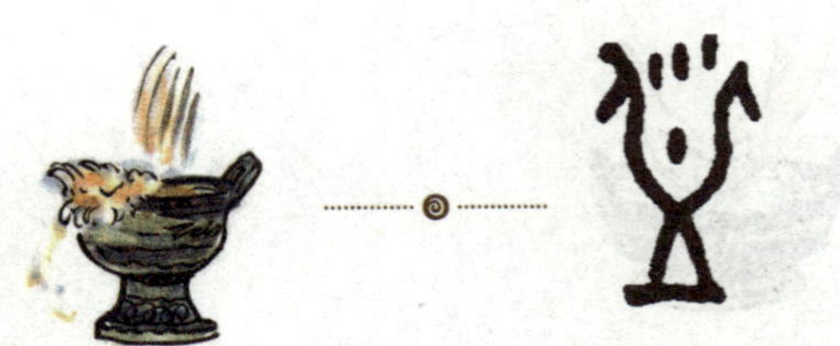

“益”是会意字。甲骨文从皿，“皿”上有很多“水”，会水太多而流出盆外之意。金文与甲骨文的形体基本相同。小篆整齐化。隶变后楷书写作“益”。

《说文·皿部》：“益，饶也。从水、皿。皿，益之意也。”（益，富饶有余。由“水”在“皿”上会意。皿，是水满溢出来的意思。）

“益”的本义为水满溢出、流出，此义后加义符“水”（氵），写作“溢”。泛指水涨，引申指增加、增长。如“益寿延年”。用作名词，指好处、利益。如“权益”。用作副词，指更加、渐渐。如“老当益壮”。

(zhǔ)

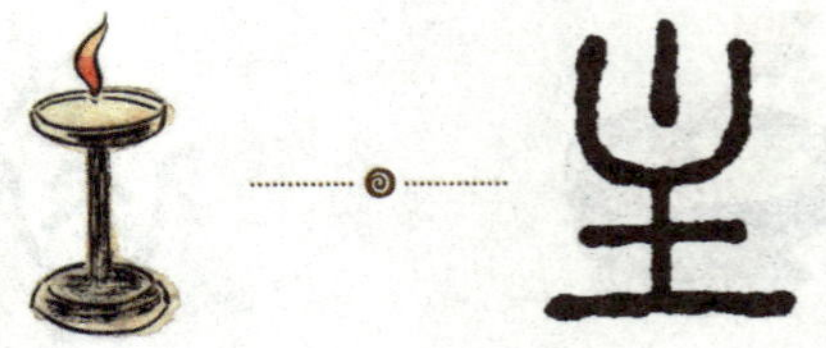

“主”是象形字。是“炷”的本字。隶变后楷书写作“主”。

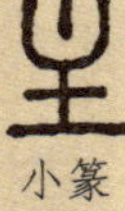

小篆

主

楷书

《说文·丶部》：“主，灯中火主也。从𡈼，象形。从丶，丶亦声。”（主，灯中的火炷。从𡈼，像灯盏、灯架之形；从丶，丶也表声。）

“主”的本义指灯头火焰。此义后来写作“炷”。灯头火焰是灯的中心主体，故引申指最主要的、最基本的。进而引申指主人、君主、首领，也用作天子或王侯的女儿的简称。又引申为对事物所持的见解。如“主意”。

即

(jí)

"即"是会意字。甲骨文左边是一件食器，盛满了食品；右边是跪坐着一个人，会正要吃饭之意。金文与甲骨文大致相同。小篆线条化。隶变后楷书写作"即"。

《说文·皀部》："即，即食也。从皀，卪声。"（即，人就食。从皀，卪声。）

"即"的本义是人就食。如《易经·鼎》"鼎有实，我仇有疾，不我能即。"就食须走近食物，故引申为走近、靠近。如"若即若离"。

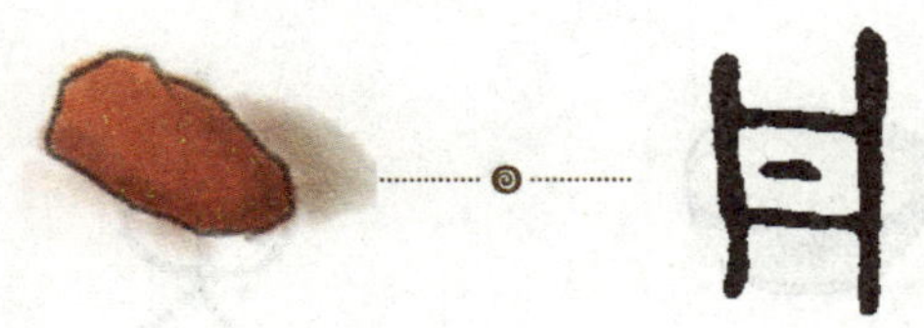

丹

(dān)

"丹"是指事字。甲骨文像一口矿井，井中的一小横像矿井中的矿石丹砂。金文中，一小横变为一点。小篆线条化。隶变后楷书写作"丹"。

《说文·丹部》："丹，巴越之赤石也。象采丹井，一象丹形。凡丹之属皆从丹。"（丹，巴郡、南越出产的朱砂。井像采掘朱砂的井，一像朱砂之形。大凡丹的部属都从丹。）

"丹"的本义为丹砂、朱砂，是一种含汞的红色矿物。如《史记·陈涉世家》："乃丹书帛曰'陈胜王'，置人所罾鱼腹中。"

即 甲骨文 金文 小篆 楷书

丹 甲骨文 金文 小篆 楷书

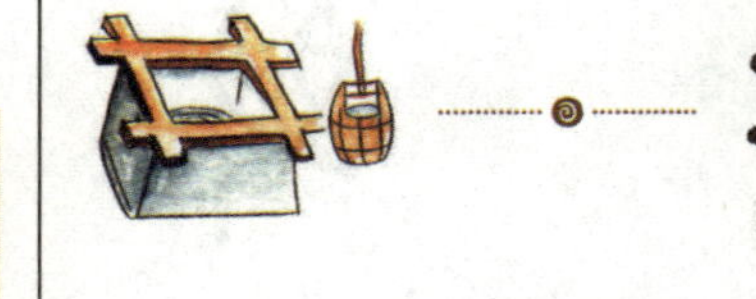

井

(jǐng)

“井”是象形字。甲骨文像一个方口的水井。金文形体的中心加了一个圆点儿。小篆的形体线条化了。隶变后楷书写作“井”。

《说文·井部》：“井，八家一井。象构韩形，·罋之象也。古者伯益初作井。凡井之属皆从井。”（井，八家共汲一井，井像四周构架的木栏形，·像汲瓶的样子。古时候，一个叫伯益的人最先造了井。大凡井的部属都从井。）“井”的本义是水井。如《击壤歌》：“凿井而饮，耕田而食。”有水井的地方必有人家。故“井”引申指乡里。如离开家乡叫“离乡背井”。

饴

(yí)

“饴”是形声字。小篆从食，台（yí）声。用米和麦芽制成的糖浆。

“饴”指饴糖。如《广雅》：“饴，畅也。”《礼记·内则》：“枣栗饴蜜。以甘之。”《论衡·本性》：“甘如饴蜜。”

一种糖果。如“高粱饴”。

古同“贻”，赠送。

甜。如“饴饵”。

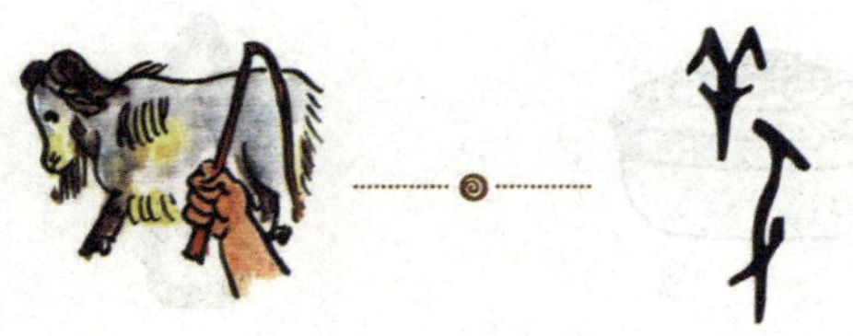

养，供给养护。小篆是形声字。从食，羊声。

养

(yǎng)

“养”指是养护、供养。如《说文》：“养，供养也。”《荀子·礼论》：“殳能生之不能养之。”《韩非子·五蠹》：“不食力而养足。”《玉台新咏·古诗为焦仲卿妻作》：“养公姥。”

饲养，喂养。如《聊斋志异·促织》：“驯养一虫。”

生育。如唐代张籍《筑城词》：“家家养男当门户。”

保养，调养。如宋代苏轼《教战守》：“养其身。”

养

甲骨文

金文

小篆

養

楷书

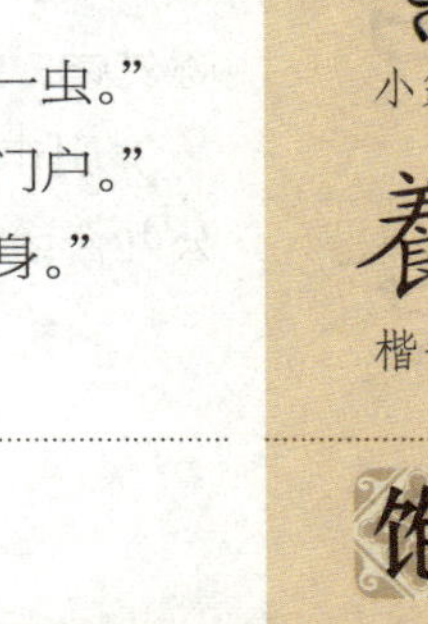

饱，吃足。与“饥”相对。形声字。从食，包声。

饱

(bǎo)

“饱”的本义是吃足。如《说文》：“饱，厌也。”《广雅》：“饱，满也。”《诗经·周颂·执竞》：“既醉既饱。”唐代韩愈《马说》：“食不饱，力不足。”

充足。如《文心雕龙·事类》：“有学饱而才馁，有才富而学贫。”

满足。如《诗经·周颂·既醉》：“既醉以酒，既饱以德。”

足足地。如“饱餐一顿”。

饱

小篆

飽

楷书

（hé）

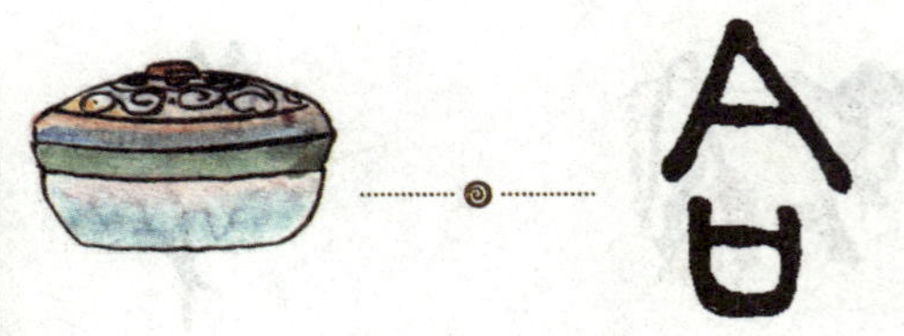

“合”是会意字。甲骨文像盛饭的食器，会器盖与器体相扣合、闭合之意。金文和小篆的形体与甲骨文的形体相似。隶变后楷书写作“合”。

《说文·亼部》：“合，合口也。从亼，从口。”（合，两口相合。由亼、由口会意。）

“合”的本义为扣合、闭合。如《战国策·燕策》：“鹬啄其肉，蚌合而钳其喙。”

引申表示聚合、会合。如《论语·宪问》：“（齐）桓公九合诸侯。”

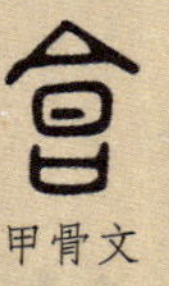

甲骨文

金文

小篆

楷书

（huì）
（kuài）

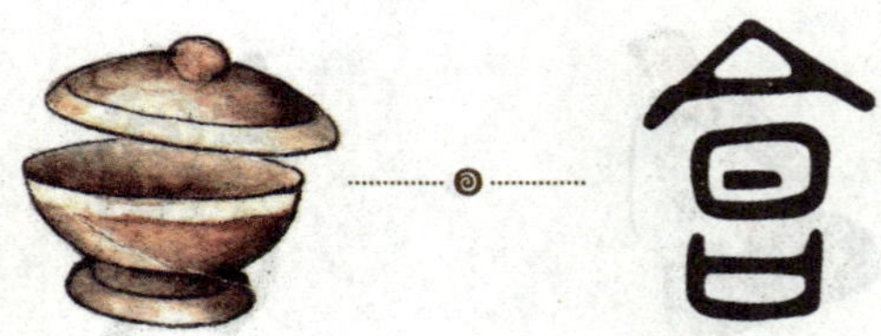

会，会合。由亼、由曾省会意。曾，表示增益。大凡会的部属都从会。

“会”指会合，聚集。如《说文》：“会，合也。”《诗经·小雅·车攻》：“会同有绎。”《仪礼·聘礼》：“会诸其币。”宋代范仲淹《岳阳楼记》：“迁客骚人，多会于此。”

见面。如《玉台新咏·古诗为焦仲卿妻作》：“留待作遗施，于今天会因。”《史记·廉颇蔺相如列传》：“与燕王会境上。”应当。如唐代杜甫《望岳》：“会当凌绝顶。”

时机。如“适逢其会”。一定。如唐代李白《行路难》：“长风破浪会有时。”

内

(nèi)

“内”是会意字。甲骨文上像房屋之形，会人进入房内之意。金文与甲骨文形体相似。小篆承接金文并整齐化。隶变后楷书写作“内”。

《说文·入部》：“内，入也。从冂，自外而入也。”（内，进入。从冂，入表示从外面进入。）

“内”的本义指进入。如《史记·项羽本纪》：“交戟之卫士欲止不内。”

引申泛指纳入、交入。如《史记·秦始皇本纪》：“准百姓纳粟千石，拜爵一级。”这里的“纳”就是交纳的意思。

缶

(fǒu)

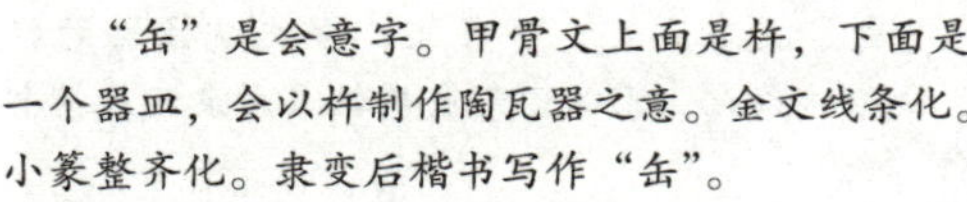

“缶”是会意字。甲骨文上面是杵，下面是一个器皿，会以杵制作陶瓦器之意。金文线条化。小篆整齐化。隶变后楷书写作“缶”。

《说文·缶部》：“缶，瓦器。所以盛酒浆。秦人鼓之以节歌。象形。凡缶之属皆从缶。”（缶，陶器。用来盛酒浆的器皿。秦地人敲击着它来为唱歌打拍子。象形。大凡缶的部属都从缶。）

“缶”的本义为盛酒浆的瓦器，小口大腹。盛行于春秋战国时期。古人制作瓦器时，常常边拍打边唱歌，“缶”遂演变为瓦质的打击乐器。

小篆

缸

楷书

缸

(gāng)

“缸”是形声字。小篆从缶，工声。隶变后楷书写作“缸”。

《说文·缶部》：“缸，瓨也。从缶，工声。”（缸，陶器，从缶，工声。）

“缸”的本义为陶器。又指盛东西的器物。如“鱼缸”。引申泛指像缸的器物。如“汽缸”“烟灰缸”。又引申指用沙子、陶土等混合而成的质料制成的器物，多涂釉子。如“缸瓦”。

甲骨文

金文

小篆

矢

楷书

矢

(shǐ)

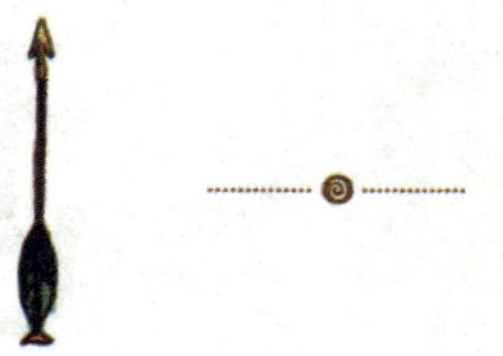

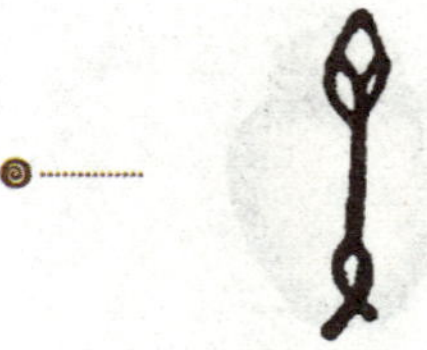

“矢”是象形字。甲骨文、金文就像箭的样子。小篆线条化，形体已经变得抽象。隶变后楷书写作“矢”

《说文·矢部》：“矢，弓弩矢也。从入，象镝栝羽之形。古者夷牟初作矢。凡矢之属皆从矢。”（矢，弓弩用的箭。从入，像箭头、箭末扣弦处、箭羽的样子。古时候，名叫夷牟的人最早制作箭。大凡矢的部属都从矢。）

“矢”的本义是箭。引申指直。

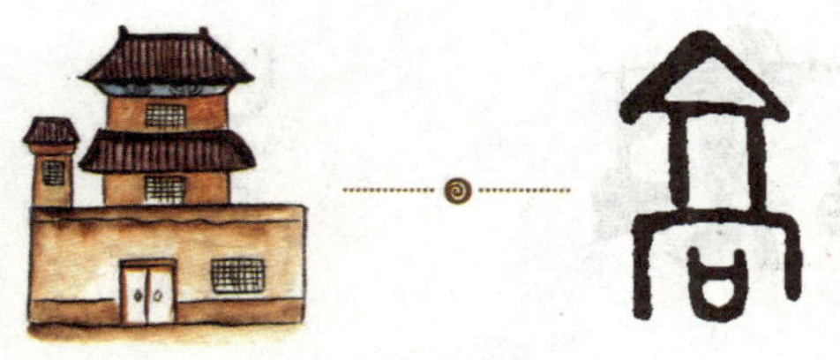

(gāo)

“高”是象形字。甲骨文像台观楼阁上下重屋之形，表示崇高。金文、小篆整齐化，变得不太像楼阁了。隶变后楷书写作“高”。

《说文·高部》：“高，崇也。象台观高之形。从冂，口（wéi）与仓、舍同意。凡高之属皆从高。”（高，崇高。像台观高耸的样子。从冂，口与“仓”字、“舍”字下部从口的构形原则相同。大凡高的部属都从高。）

“高”的本义为上下距离大，离地面远。引申指由上至下的距离、高度。又引申指在一般标准或平均程度之上的。如“曲高和寡”。

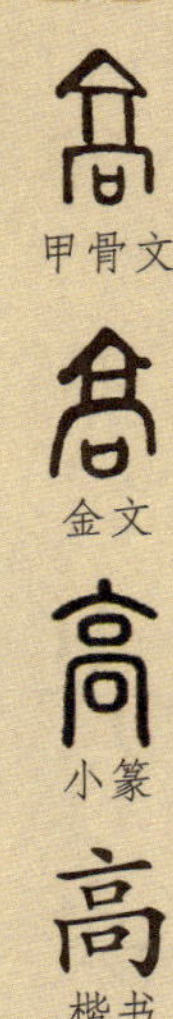

(tíng)

“亭”是形声字。小篆从高，丁声。隶变后楷书写作“亭”。

《说文·高部》：“亭，民所安定也。亭有楼，从高省，丁声。”（亭，人们安定的处所。亭上有楼，由“高”省去“冋”会意，丁表声。）

“亭”的本义为古代设在道旁供行人停留食宿的处所。引申指瞭望亭——古代设在边塞观察敌情的岗亭。如“亭候”就是用作瞭望的岗亭。进而引申泛指山林、路边等供人休息的有顶无墙的小型建筑物。如刘禹锡《陋室铭》：“南阳诸葛庐，西蜀子云亭。”

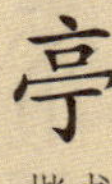

央

(yāng)

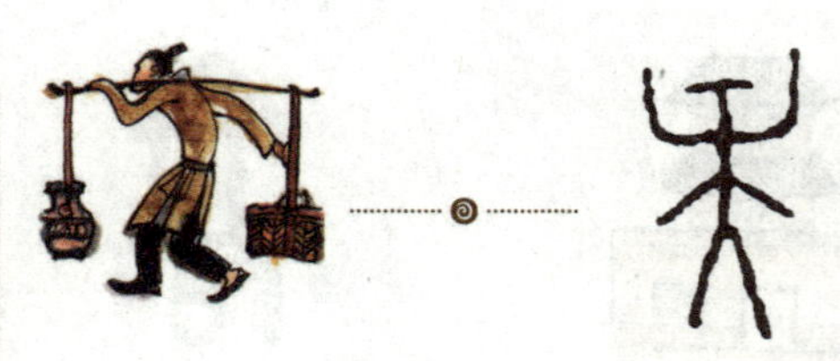

“央”是会意字。甲骨文像一个人（大）站在物体（冂）当中。金文和小篆都直接由甲骨文演变而来。隶变后楷书写作“央”。

《说文·冂部》：“央，中央也。从大在冂之内，大，人也。央旁同意。”（央，中央。“大”字在“冂”字内；大，就是正立的人。央、旁二字构形同意。）

“央”的本义为中心。如《诗经·秦风·蒹葭》：“溯游从之，宛在水中央。”引申指恳求、请求。如《水浒传》第三十回：“但是人有些公事来央浼他的，武松对都监相公说了，无有不依。”

金文

小篆

楷书

来

(lái)

来，周地所接受的优良麦子——来和麰。一根麦秆两颗麦穗，像麦芒麦刺的形状。（来是）上天赐来的，所以用作往来的来字。

“来”的本义是麦子。如《说文》：“来，周所受瑞麦來麰。”《诗经·周颂·臣工》：“于皇来牟。”

未来，将来。如清代梁启超《饮冰室合集·文集》：“来日方长。”晋代陶渊明《归去来兮辞》：“知来者之可追。”由彼至此；由远到近。与“去”“往”相对。如《尔雅》：“来，至也。”《诗经·小雅·采薇》：“我行不来。”《论语》：“有朋自远方来。”

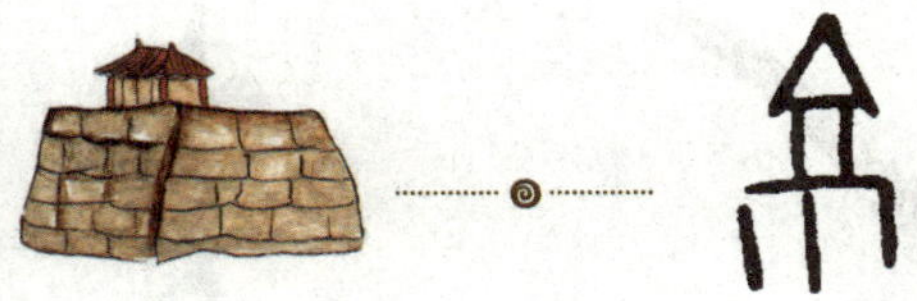

(jīng)

“京”的甲骨文是象形字。甲骨文像一个人工筑起来的土堆，在土堆上有个瞭望塔，用以观敌情、察民事。金文与甲骨文的形体大体相同，小篆线条化、整齐化。隶变后楷书写作“京”。

《说文·京部》:“京，人所为绝高丘也。从高省，丨象高形。凡京之属皆从京。”（京，人工筑起的最高的丘。从高字省，丨像高的样子。大凡京的部属都从京。）

“京”的本义为人工堆积而成的高大土丘，是古代军事工事的一种。

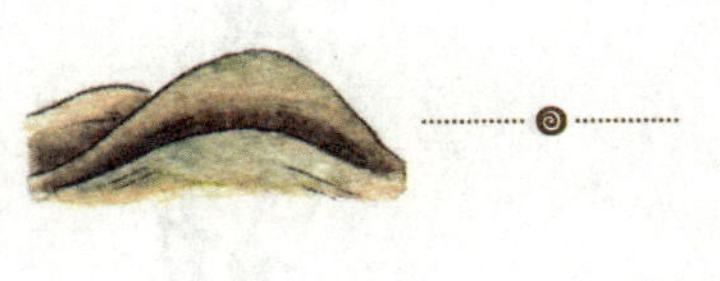

(hòu)

“厚”为形声字。甲骨文上部为“厂”，像山崖；下部为“㫗”，像一个敞口尖底的酒坛，从厂从㫗会意，㫗也兼表声。金文下部更像一个尖底的酒坛形。小篆整齐化，线条化。隶变后楷书写作“厚”。

《说文·㫗部》:“厚，山陵之厚也。从㫗，从厂。”（厚，山陵的高厚。由㫗、由厂会意。）

“厚”的本义为山陵高厚。如《荀子·劝学》:“不临深溪，不知地之厚也。”由此引申泛指扁平物体上下两面之间距离大，与“薄”相对。由厚的东西又可以引申为深、重。如成语“无可厚非”。

甲骨文

金文

小篆

楷书

甲骨文

小篆

楷书

(mài)

麦，有芒刺的谷。秋天种下，厚厚地埋着，所以叫它麦。麦，属金。金旺就生长，火旺就死亡。从来，因麦是有穗的谷物；从夂。

“麦”的本义就是麦子。如《说文》：“麦，芒谷。”《诗经·鄘风·桑中》：“爰采麦矣。”《诗经·鄘风·载驰》：“芃芃其麦。”《聊斋志异·狼三则》：“野有麦场。”《儿女英雄传》第三十三回：“及至他问我丈人多少地，应收多少高粱麦子谷子，我丈人不用打算盘，说的数目却又合那算法本子上不差上下。”老舍《骆驼祥子》：“祥子的新车刚交半岁的时候，正是麦子需要春雨的时节。”

甲骨文

金文

小篆

楷书

(xià)

“夏”是象形字。甲骨文像一个手持斧钺、高壮威武的武士。金文上为头，中间为躯干，两边是手，下为足，仍然像一个高大的人。小篆发生了讹变。隶变后楷书写作“夏”。

“夏”的本义是威武高大之人。也有人认为“夏”的初形是人手舞足蹈的样子。总之，由这种有活力、强大的意义后来引申指“中国之人”。我国古代汉族的名称，也指中原地区，与四周少数部族相对，也叫“华夏”或“诸夏”。又引申指事物壮大兴盛。房屋高大也称为“夏”，此义后来写作“厦”。

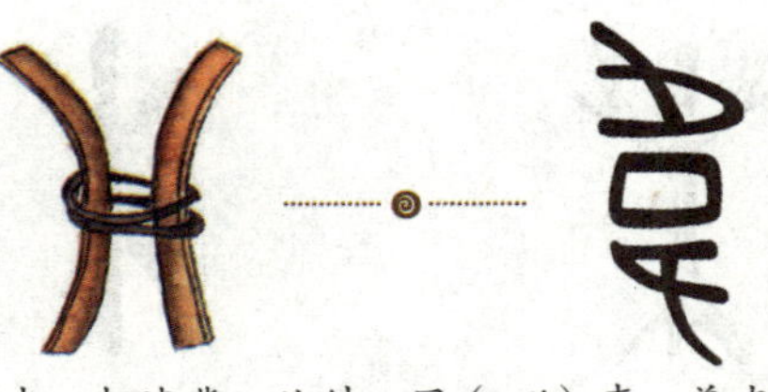

韦

(wéi)

韦，相违背。从舛，口（wéi）声。兽皮的熟皮，可用来缠束矫正弯曲相违之物，所以借用为表示“皮革”的“韦”字。大凡韦的部属都从韦。

“韦”指相违背。如《说文》：“韦，相背也。……经传多以违为之。”《汉书·礼乐志》：“五音六律，依韦飨昭。”熟皮。《周礼·春官·司服》：“凡兵事，韦弁服。”《国语·晋语》：“韦藩木楗以过于朝。”《左传·僖公三十二年》：“乘韦先牛十二。”量词，通“围”。如《汉书·成帝纪》：“是日大风，拔甘泉畤中大木十韦以上。”古国名豕韦的简称。春秋时卫地。如《诗经·商颂·长发》：“韦顾既伐，昆吾夏桀。”

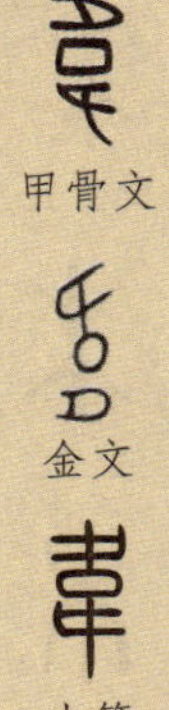

甲骨文

金文

小篆

楷书

久

(jiǔ)

久，从后面支拒着，像人的两腿后面有抵拒的东西。《周礼》说：“（把矛戟的柄）支拒在两墙之间，看它是否弯曲。”大凡久的部属都从久。

“久”是“灸”的古字，意思是灸灼。如《睡虎地秦墓竹简》：“其腹有久故瘢二所。”《仪礼·既夕礼》：“皆木桁，久之。”

支撑。如《说文》：“久，以后灸之，象人两胫后有距也。”《周礼·庐人》：“久诸墙以观其桡也。”

堵住。如《仪礼·士丧礼》：“幂用疏布久之。”

等候。如《银雀山汉墓竹简》：“轩骄之兵，则恭敬而久之。”停留。《左传》：“寡君以为盟主之故，是以久子。”

小篆

久

楷书

木

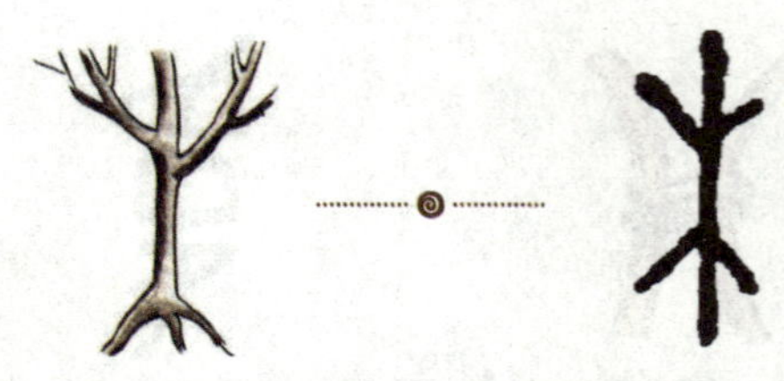

(mù)

"木"是象形字。甲骨文和金文都像一棵树的形状：上边是伸展的树枝，下面是树根。小篆整齐化。隶变后楷书写作"木"。

《说文·木部》："木，冒也。冒地而生。东方之行。从中，下象其根。凡木之属皆从木。"（木，冒覆。冒覆土地而生长。代表着东方。上从中，下面像它的根。大凡木的部属都从木。）

"木"的本义为树木。也指树叶。如杜甫《登高》："无边落木萧萧下，不尽长江滚滚来。"引申为木本植物的通称。如周敦颐《爱莲说》："水陆草木之花，可爱者甚蕃。"

松

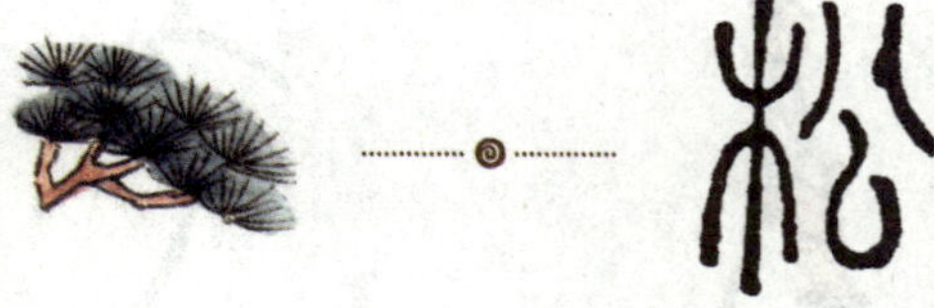

(sōng)

"松"是形声字。小篆从木，公声。隶变后楷书写作"松"。

"松"的本义为松树。古籍中，常见"松乔"一词，是指古代传说中的仙人赤松子和王乔。后世大都借"松乔"指那些隐遁或长寿之人。如《旧唐书·魏徵传》："可以养松乔之寿"。

头发乱的样子。如唐代陆龟蒙《自怜赋》："首蓬松以半散，支棘瘠而枯疎。"

不紧。如唐代王建《宫词》："蜂须蝉翅薄松松，浮动搔头似有风。"

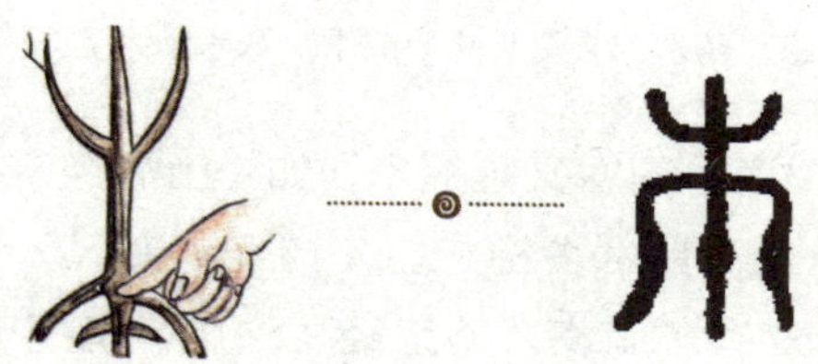

（běn）

“本”是指事字。金文上部是“木”（树）的枝干，下部是根部，圆点是指事符号，表示这里是树木的根部所在。小篆基本延续了金文的写法。隶变后楷书写作“本”。

《说文·木部》：“本，木下曰本。从木，一在其下。”（本，树木下部叫本。从木，记号“一”标志在树木的下部。）“本”的本义是树根。泛指草木的根或靠近根部的茎、干。如《国语·晋语》：“伐木不自其本，必复生。”引申指事物的根本、基础。如《论语·学而》：“君子务本，本立而道生。”

本

金文

小篆

楷书

（shì）

“柿”是形声字。小篆从木，𠂔声。隶变后楷书写作“柹”，俗作“柿”。如今规范化，以“柿”为正体。

《说文·木部》：“柹，赤实果。从木，𠂔声。”（柹，赤心果。从木，𠂔声。）

“柿”的本义是柿子。如“柿饼”。也指柿树，属落叶乔木。叶子为椭圆形或倒卵形，背面有绒毛，花黄白色。结出的浆果为扁圆形或圆形，呈橙黄色或红色，可以吃。

柿

小篆

柿

楷书

梅 (méi)

梅，楠木。又是可吃的酸果。从木，每声。

“梅”的本义是楠木。如《山海经·中山经》：“其木多梅梓。”《诗经·秦风·终南》：“有条有梅。”《诗经·陈风·墓门》：“墓门有梅。”

指梅树。如《山海经·中山经》：“灵山其木多桃李梅杏。”

梅树的果实，即梅子。如《诗经·召南·摽有梅》：“摽有梅。”姓氏的一种。

李 (lǐ)

李，果木名。从木，子声。

“李”的本义是李子树。如《说文》：“李，果也。”

指李树的花。如《诗经·召南·何彼襛矣》：“华如桃李。”

指李树的果实。如《诗经·大雅·抑》：“投我以桃，报之以李。”姓氏的一种。

桂 (guì)

桂，江南出产的树木，是百药之长。从木，圭声。

“桂”的本义是树名，即肉桂。如《说文》：“江南木，百药之长。”

指木樨，通称桂花。如毛泽东《蝶恋花·答李淑一》：“问讯吴刚何所有，吴刚捧出桂花酒。”

广西壮族自治区的简称。如桂剧。

姓氏的一种。

榛

(zhēn)

榛，树木名。从木，秦声。另一义说，榛是丛聚。

“榛”的本义是一种树的名称。如《说文》：“榛，木也。”《诗经·邶风·简兮》：“山有榛，隰有苓。”

指榛树的果实。如“榛子”。

指丛生的树木。如《广雅》：“木丛生曰榛。”《淮南子·原道训》：“隐于榛薄之中。”

指荒芜的样子。如“榛芜”。

榛 小篆 榛 楷书

栩

(xǔ)

栩，柔树。从木，羽声。它的皂斗之实，一说叫样斗。

“栩”的本义是树名，即栎树。如《诗经·唐风·鸨羽》：“集于苞栩。”

用作“栩栩”。形容生动传神的样子。如“栩栩如生”。欢喜自得的样子。如《庄子·齐物论》：“昔者庄周梦为蝴蝶，栩栩然蝴蝶也。”

栩 小篆 栩 楷书

梧

(wú)

梧，梧桐树。从木，吾声。又叫榇树。

本义是树木名，即梧桐。如“梧凤之鸣”。

指屋梁上两头支撑用的斜柱。如《营造法式》：“斜柱，其名有五：一曰斜柱，二曰梧，三曰迕，四曰枝樘，五曰叉手。”古地名，在今河南省荥阳附近。如《左传》：“晋师城梧及制。”

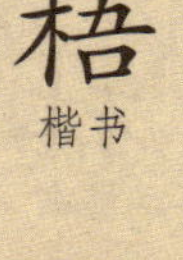

指支撑。如《后汉书》：“炳乃故升茅屋，梧鼎而爨。”

梧 小篆 梧 楷书

桃

小篆

桃

楷书

桃

(táo)

“桃”是形声字。小篆从木，兆声。隶变后楷书写作“桃”。

《说文·木部》：“桃，果也。从木，兆声。”（桃，果木名。从木，兆声。）

“桃”的本义是树名，即桃树。如《诗经》中有“桃之夭夭，灼灼其华”之句。古人在赞美、祝贺婚姻时常说“既和周公之礼，又符桃夭之诗”。又指桃树的果实桃子。传说桃子是仙家的果实，吃了可以长寿，被认为是福寿吉祥的象征，故桃又有“仙桃”“寿果”的美称。

杜

甲骨文

金文

小篆

杜

楷书

杜

(dù)

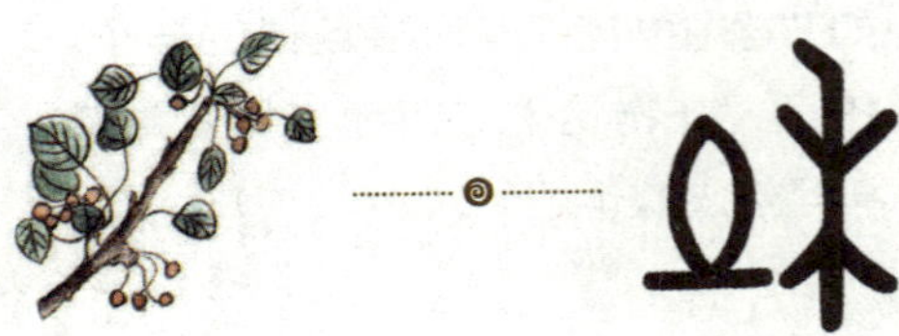

“杜”是形声字。甲骨文从木，土声。金文线条化。小篆整齐化。隶变后楷书写作“杜”。

《说文·木部》：“杜，甘棠也。从木，土声。”（杜，甘棠。从木，土声。）

“杜”的本义为杜树。是一种落叶乔木，果实圆而小，味涩，可食，俗称“杜梨”。

用作动词，指阻塞、断绝。如《史记·李斯列传》：“强公室，杜私门，蚕食诸侯，使秦成帝业。”如“防微杜渐”指在坏思想、坏事或错误刚冒头时就加以制止，不让它继续发展下去。

椅

(yī)

(yǐ)

“椅”是形声字。小篆从木，奇声。隶变后楷书写作“椅”。

《说文·木部》：“椅，梓也。从木，奇声。”（椅，梓树一类。从木，奇声。）

“椅”的本义为树木名，即山桐子，读作 yī。

大约在宋代时，“椅”（yǐ）代替“倚”表示椅子。古代人原席地而坐，没有椅子。椅源于魏晋和隋朝，初名胡床或马扎。直至唐明宗时才形成有靠背的椅子。宋代出现交椅，是至高无上的权力的象征。成语“正襟危坐”就是源于历代皇帝在交椅上的坐姿。

杨

(yáng)

杨，是一种落叶乔木的树木名。从木，昜声。

“杨”的本义是对杨柳科杨属植物的泛称。如《说文》：“杨，木也。”《尔雅》：“杨，蒲柳也。”明代李时珍《本草纲目·木二·柳》：“杨枝硬而扬起，故谓之杨。”清代朱骏声《说文通训定声》：“杨，枝劲脆而短，叶圆阔而尖；柳，叶长而狭，枝软而韧。”

姓氏的一种。

椅

小篆

椅

楷书

杨

小篆

楊

楷书

朱

(zhū)

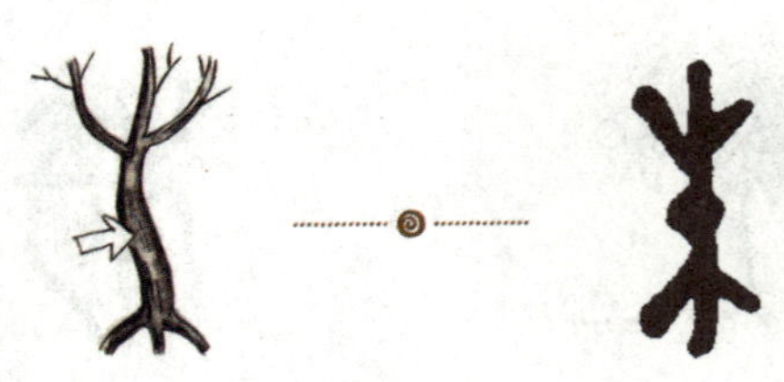

"朱"是指事字。甲骨文的字形像一棵大树，中间的一小横是指事符号，指明这棵树的树心是红色的。金文与甲骨文大致相同。隶变后楷书写作"朱"。

"朱"的本义是指松柏一类的红心树木。引申指红色。后世都用"朱"的引申义。

古代的"朱门"本指红漆大门。而这种红漆大门是古代公侯贵族住宅的大门，是尊贵和特权的象征，所以人们就以"朱门"代表豪门。如杜甫《自京赴奉先县咏怀五百字》："朱门酒肉臭，路有冻死骨。"

金文

小篆

末

楷书

(mò)

(me)

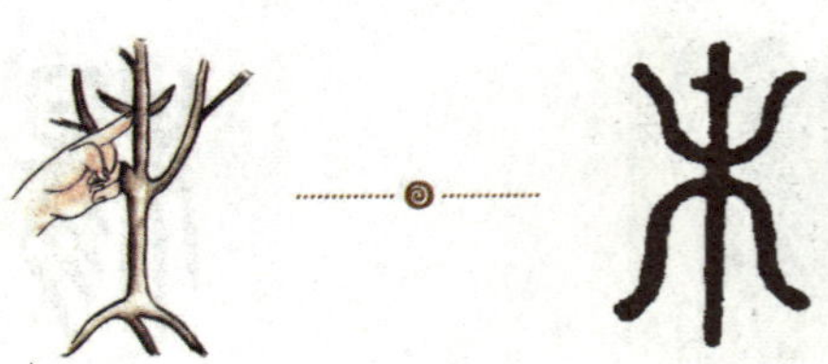

"末"是指事字。金文在"木"的上面加了一个小横作为指事符号，表示这个字指的是树梢。小篆把表示指事的符号延长了。隶变后楷书写作"末"。

"末"(mò)的本义是树梢。如《左传·昭公十一年》："末大必折。"引申指不重要的东西。如成语"舍本逐末"，就是丢掉主要的、根本的部分，而去追逐次要的细枝末节。

泛指物体的尖端。如《孟子·梁惠王》："明足以察秋毫之末，而不见舆薪。"

还引申指尽头、最后。如杜甫《天末怀李白》："凉风起天末，君子意如何。"

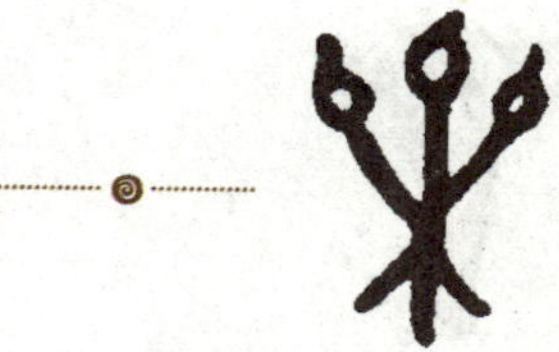

果

(guǒ)

“果”是象形字。甲骨文下部是树（木），树梢上结满了果实。金文进一步形式化。小篆直接从金文简化而来。隶变后楷书写作“果”。

《说文·木部》：“果，木实也。从木，像果形，在木之上。”（果，树木的果实。从木，⊗像果的形状，在“木”的上面。）

“果”的本义为植物的果实。如《管子·四时》：“九暑乃至，时雨乃降，五谷百果乃登。”

又表示事物的结局。如“前因后果”，其中的“果”就是指结局。

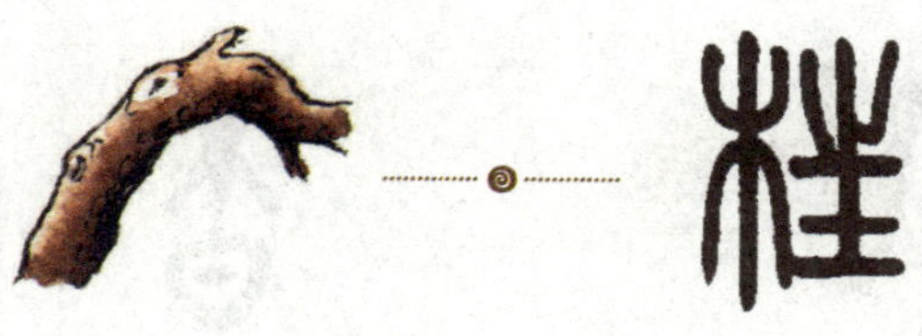

枉

(wǎng)

“枉”是形声字。小篆从木，王声。隶变后楷书写作“枉”。

《说文·木部》：“枉，邪曲也。从木，㞷声。”（枉，树木斜曲。从木，㞷声。）

“枉”的本义为弯曲、不正。如成语“矫枉过正”，是指把弯的东西扳正，结果又歪到了另一边。比喻纠正错误超过了应有的限度。

引申指邪曲、不正直。如《论语·颜渊》：“举直错诸枉，能使枉者直。”意思是，把正直的人提拔出来，使其地位在邪恶的人之上，能够使邪恶的人变得正直。

枯

枯
小篆

枯
楷书

枯

(kū)

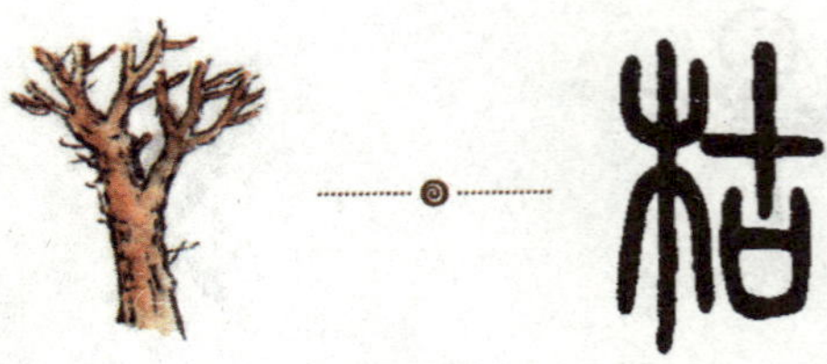

"枯"是形声兼会意字。小篆从木（表示与草木有关），古声，古兼表死去之意。隶变后楷书写作"枯"。

《说文·木部》："枯，槁也。从木，古声。《夏书》曰：'唯箘辂枯。'木名也。"（枯，枯槁。从木，古声。《夏书》说："唯有菌竹、簬竹和枯木。"枯，树木名。）

"枯"的本义为草木失去水分而萎缩变干。如唐代白居易《赋得古原草送别》："离离原上草，一岁一枯荣。"

杳

杳
甲骨文

杳
小篆

杳
楷书

杳

(yǎo)

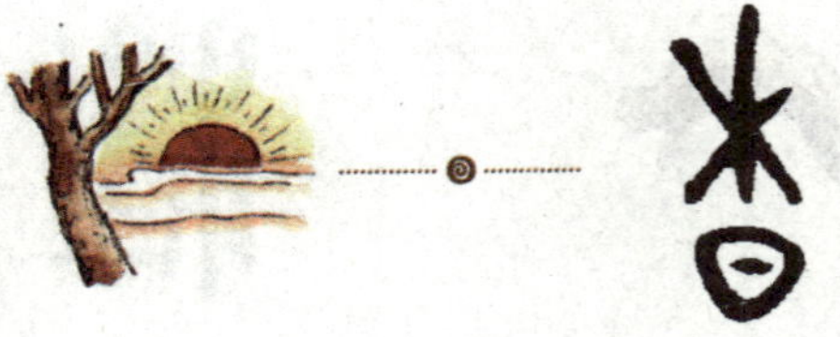

"杳"是会意字。甲骨文的上部是树木，根部是日，会太阳已经落下去，天色昏暗之意。小篆的字形与甲骨文基本一样。隶变后楷书写作"杳"。

《说文·木部》："杳，冥也。从日在木下。"（杳，幽暗。由"日"在"木"下会意。）

"杳"的本义是昏暗。如《管子·内业》："杳乎如入于渊。"引申为高远。如战国时宋玉《对楚王问》："翱翔乎杳冥之上。"

由高远又引申为寻不到踪影。如宋代林景熙《仙坛寺西林》："古坛仙鹤杳，野鹿自成群。"

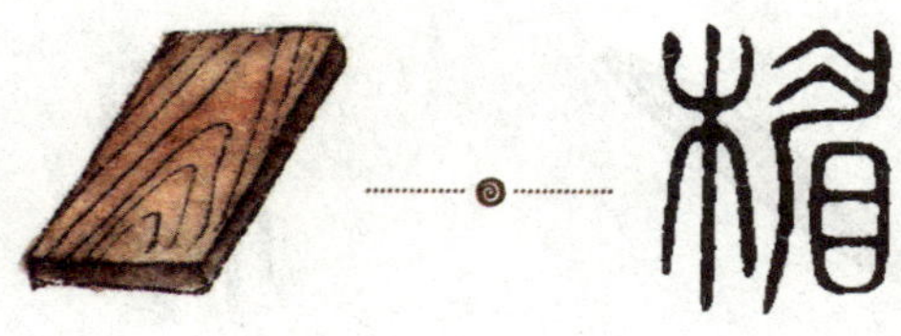

楣

(méi)

“楣”是形声兼会意字。小篆从木，眉声，眉兼表檐之意。隶变后楷书写作“楣”。

《说文·木部》:“楣，秦名屋櫋联也。齐谓之檐，楚谓之梠。从木，眉声。”（楣，秦地叫屋上的櫋联（作楣）。齐地叫作檐，楚地叫作梠。从木，眉声。）

“楣”的本义为屋檐口椽端的横板。如明代袁宏道《十景园小集》:“苍藤蔽檐楣，楚楚干云势。”

也叫门楣，即门框上的横木。如宋代陆游《夏雨叹》:“蜗舍入门楣触额，黄泥壁作龟兆坼。”

楣

小篆

楷书

枕

(zhěn)

“枕”是形声兼会意字。小篆从木，冘声，冘兼表像人担担子的情状之意。隶变后楷书写作“枕”。

《说文·木部》:“枕，卧所荐首者。从木，冘声。”（枕，睡卧时用来垫着脑袋的用具。从木，冘声。）

“枕”的本义为枕头。如成语“高枕无忧”，意思是垫高了枕头睡觉，无忧无虑。

引申为像枕头一样横垫在下面的东西。如铺铁轨用的“枕木”。还引申为靠近。如《汉书·严助传》:“会稽东接于海，南近诸越，北枕大江。”

枕

小篆

楷书

杼

(zhù)

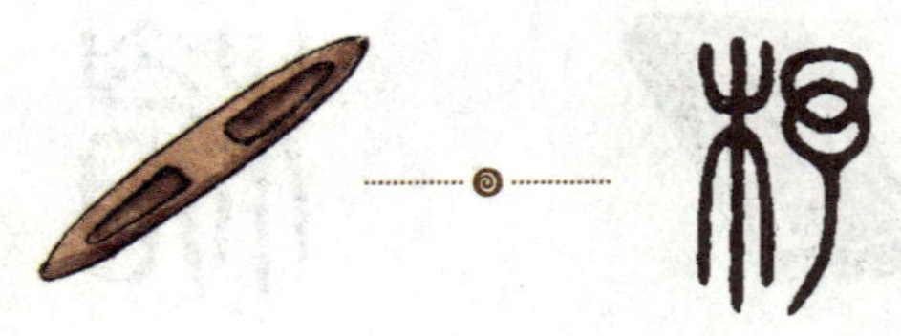

“杼”是会意兼形声字。小篆从木、从予会意，予兼表声。隶变后楷书写作“杼”。

小篆

杼

楷书

《说文·木部》：“杼，机之持纬者。从木，予声。”（杼，织布机上夹持纬纱的构件。从木，予声。）

“杼”的本义为古代织布机上持纬的梭子。如成语“断杼择邻”，出自汉代刘向的《列女传·母仪传》，“断杼”说的是孟子的母亲用剪断的丝织不成布做比喻，来告诫孟子不要荒废学业。“机杼”可以用来比喻诗文创作的构思和布局。如“独出机杼”。

棚

棚

(péng)

“棚”是形声字。小篆从木，朋声。隶变后楷书写作“棚”。

小篆

棚

楷书

《说文·木部》：“棚，栈也。从木，朋声。”（棚，即栈。从木，朋声。）

“棚”的本义为我国的一种传统的楼阁，供远眺、游憩、藏书、供佛等用。如《隋书·柳彧传》：“高棚跨路，广幕陵云。”

后来引申指用竹、木搭成的，上面覆盖有草、席等的篷架或小屋。如清代蒲松龄《聊斋志异》：“姑妄言之姑听之，豆棚瓜架雨如丝。”

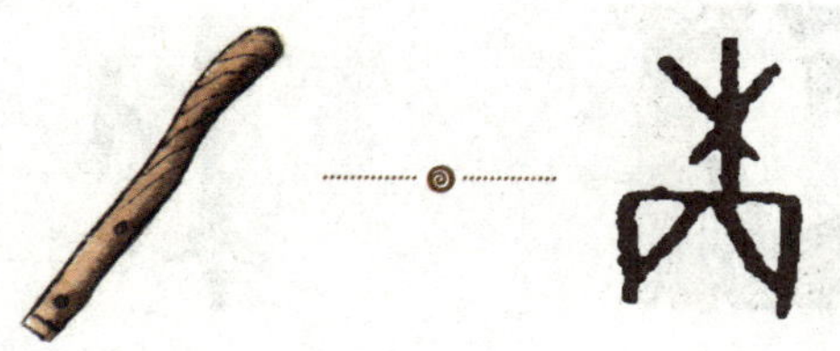

柄

(bǐng)

“柄”是形声字。甲骨文从木，丙声。小篆字形变化不大，只是将位置作了调整。隶变后楷书写作“柄”。

《说文·木部》:“柄，柯也。从木，丙声。”（柄，斧头的把儿。从木，丙声。）

“柄”的本义为斧子的把儿。如“斧柄”。泛指器物的把儿。如“刀柄”。

也指植物的花叶或果实与枝茎相连的部分。如“花柄”“叶柄”。

柄 甲骨文 小篆 楷书

楫

(jí)

“楫”是形声字。小篆从木，咠声。隶变后楷书写作“楫”。

“楫”的本义是短的船桨。如《韵会》:“棹，短曰楫，长曰棹。”后来泛指船桨。如“盐梅舟楫”，意思是盐和梅调和，舟和楫配合。比喻辅佐的贤臣。

又引申指船。

用作动词，指划。如明代费信《星槎胜览》:“一手附舟傍，一手楫水而至岸也。”意思是一只手扶在船沿上，一只手划水，这样到达岸边。

楫 小篆 楷书

休

甲骨文

金文

小篆

休

楷书

休

(xiū)

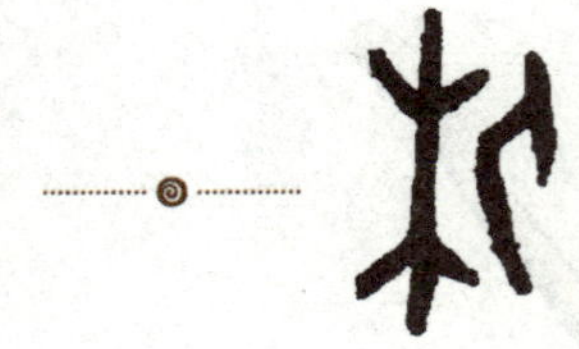

“休”是会意字。甲骨文、金文、小篆都像一个人依傍树木休息。隶变后楷书写作“休”。

《说文·木部》:“休，息止也。从人依木。庥，休或，从广。”(休，休息。由“人”依傍着“木”会意。庥，休的或体，从广。)

“休”的本义是人依靠在树下休息。人休息时会停止活动，故引申为停止、终止、结束。古代丈夫把妻子赶回娘家叫“休妻”，即停止夫妻婚姻关系。

桎

小篆

桎

楷书

(zhì)

“桎”是形声字。小篆从木，至声。隶变后楷书写作“桎”。

《说文·木部》:“桎，足械也。从木，至声。”(桎，束缚脚的刑具。从木，至声。)

“桎”的本义为脚镣。如《周礼·秋官·掌囚》:“中罪桎梏。”郑玄注:“在手曰梏，在足曰桎。”意思是，锁在手上的手铐叫作“梏”，锁在脚上的脚镣叫作“桎”。古代“桎”“梏”常常连用，泛指刑具。如《后汉书·钟离意传》:“意遂于道解徒桎梏。”意思是，钟离意于是在路上解下了囚徒的刑具。

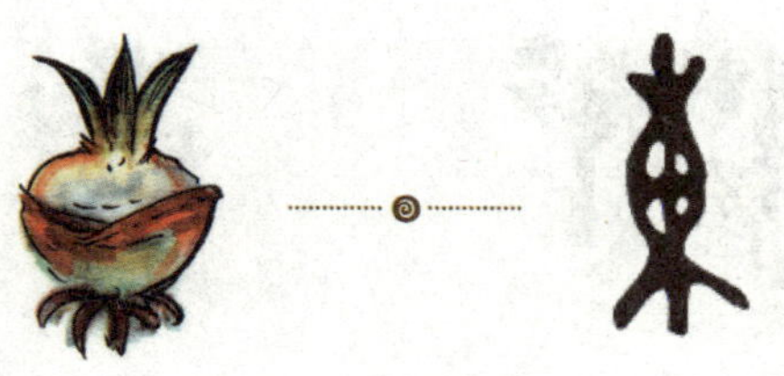

(dōng)

东，动。从木。官溥说，由“日”在“木”中会意。大凡东的部属都从东。

“东”指东方。如《说文》：“东，动也。”《淮南子·天文训》：“东方木也。”宋代辛弃疾《清平乐·村居》：“大儿锄豆溪东，中儿正织鸡笼。”

特指东西方向，与南北向相对。如“东亩”。

指请客宴会的东道主。

指春天。如“东君”。

指向东。如宋代苏轼《念奴娇·赤壁怀古》：“大江东去，浪淘尽，千古风流人物。”

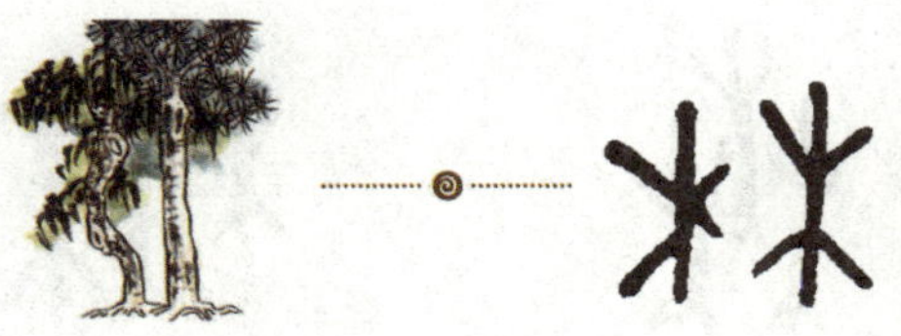

(lín)

“林”是会意字。甲骨文像两棵树。金文的形体和甲骨文基本一样。小篆整齐化。隶变后楷书写作“林”。

“林”的本义为成片的树木。如陶渊明《桃花源记》：“忽逢桃花林，夹岸数百步。”引申指林业。如常说的“农、林、牧、渔”就是这种用法。

又泛指野外或退隐的地方。如“林下人”。

后来比喻同类的人或事物聚集在一起。如成语“林林总总”形容品种繁多。

麓

甲骨文

金文

小篆

麓

楷书

麓

(lù)

“麓”是会意兼形声字。甲骨文是两个“木”字之间有一只鹿在跑。金文的字形已经看不出有鹿了。小篆将甲骨文的“林”字移到“鹿”的头上。隶变后楷书写作“麓”。

《说文·林部》:“麓,守山林吏也。从林,鹿声。一曰:林属于山为麓。《春秋传》曰:‘沙麓崩。’”(麓,守山林的小官。从林,鹿声。另一义说:树林连属于山叫麓。《春秋传》说:“沙山的山脚崩塌了。”)

“麓”的本义是山脚下的林木。引申为山脚下。如“岳麓书院”,这个“岳麓”就是指南岳衡山的山脚下。

森

甲骨文

小篆

森

楷书

森

(sēn)

“森”是会意字。甲骨文就是一排三棵树的样子,会树木丛生成为森林之意。小篆字形规范化。隶变后楷书写作“森”。

《说文·林部》:“森,木多貌。从林,从木。读若曾参之参。”(森,树木众多的样子。由林、由木会意。音读像“曾参”的“参”字。)

“森”的本义是树木丛生茂密的样子。如《清稗类钞·冯婉贞》:“去村四里有森林,阴翳蔽日,伏焉。”引申指肃穆、严整。如唐代杜甫《李潮八分小篆歌》:“况潮小篆逼秦相,快剑长戟森相向。”又引申为阴沉、幽暗。如“阴森森”。

(cái)

“才”是象形字。甲骨文上面一横表示土地，下面像草木的茎（嫩芽）正从地下向上生长的样子。金文填实。小篆线条化。隶变后楷书写作“才”。

才，草木初生的样子。由“丨（gǔn）”向上面贯穿“一”，表示草木发芽抽苗将生枝叶；一，表示地面。大凡才的部属都从才。

“才”的本义为草木初生。引申指木料或木料之质性，人或物的品质、资质，通“材”。如汉代贾谊《过秦论》：“才能不及中人，非有仲尼、墨翟之贤，陶朱、猗顿之富。”

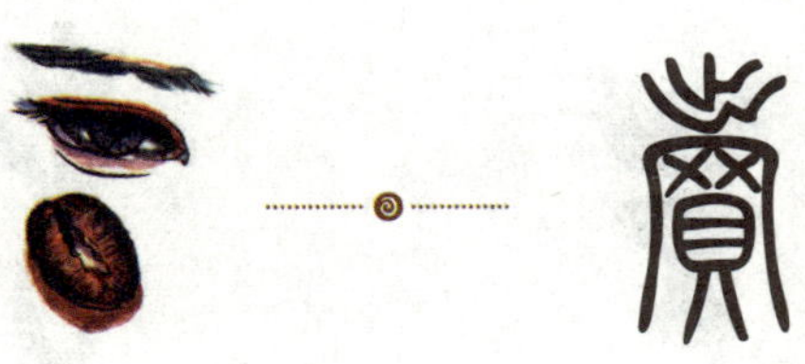

(mài)

卖，出卖物货。会意字。由出、由買会意。

“卖”的本义是把货物售出，与“买”相对。如《说文》：“卖，出物货也。”贾谊《论积贮疏》：“岁恶不入，请卖爵子。”明代刘基《卖柑者言》：“有卖果者。”唐代白居易《卖炭翁》：“卖炭翁，伐薪烧炭南山中。”

背叛。如“出卖”。

炫耀。如《红楼梦》：“我们姑娘年轻媳妇子，也难卖头卖脚的，倒还是舍看我这付老脸去碰一碰。”

尽量用出来。如“卖力气”。

才

甲骨文

金文

小篆

楷书

卖

小篆

楷书

生

(shēng)

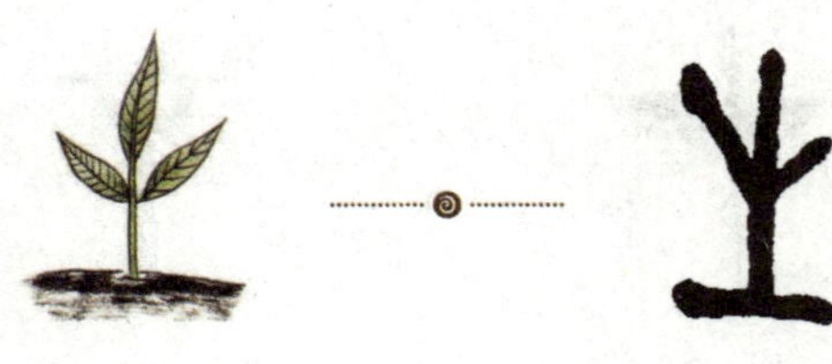

“生”是象形字。甲骨文、金文都像一棵植物从地里刚生长出来的样子。小篆整齐化。隶变后楷书写作“生”。

《说文·生部》:“生，进也。象草木生出土上。凡生之属皆从生。”(生，长进。像草木从土上生出。大凡生的部属都从生。)“生”的本义为草木生长出土。引申指生育、发生、产生。如“无事生非”“无中生有”。

又引申指生存、存活。如《史记·廉颇蔺相如传》:“今两虎共斗，其势不俱生。”进而引申为生存的期限。如“一生”“毕生”。

(fēng)

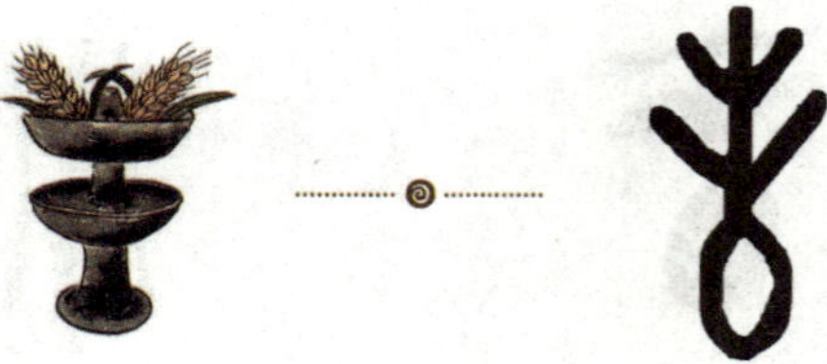

“丰”的甲骨文中是象形字。甲骨文像一颗在土堆里生长茂盛的树。金文与甲骨文形体相似。小篆整齐化。隶变后楷书写作“丰”。现又作“豐”的简体字。

《说文·生部》:“丰，草盛丰也。从生，上下达也。”(丰，草木丰盛。从生,(“生”的中竖向下延伸)表示上下通达。)

“丰”的本义是丰盛、茂盛。如三国时曹操《观沧海》:“树木丛生，百草丰茂。”引申指农作物收成好。如宋代辛弃疾《西江月》:“稻花香里说丰年。”进而引申指丰厚、富裕、富饶。

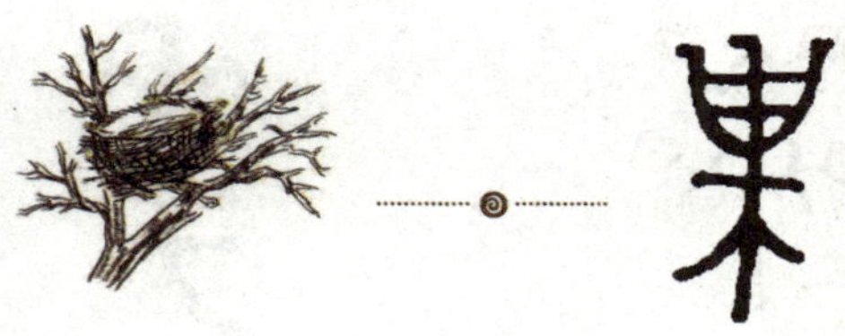

巢

（cháo）

“巢”是象形字。金文下部像一棵树，上部为鸟窝的形状。小篆上部像窝里有三只鸟的样子，表示鸟栖于树上的鸟窝里。隶变后楷书写作“巢”。

《说文·巢部》：“巢，鸟在木上曰巢，在穴曰窠。从木，象形。凡巢之属皆从巢。”（巢，鸟在树上的窝叫巢，在洞中的窝叫窠。从木，像鸟在巢中之形。大凡巢的部属都从巢。）“巢”的本义就是鸟窝。如“鸠占鹊巢”。由鸟窝又引申指其他动物的窝。上古人住的地方也被称为“巢”。又指敌人或盗贼盘踞的地方。如“老巢”。

巢

金文

小篆

楷书

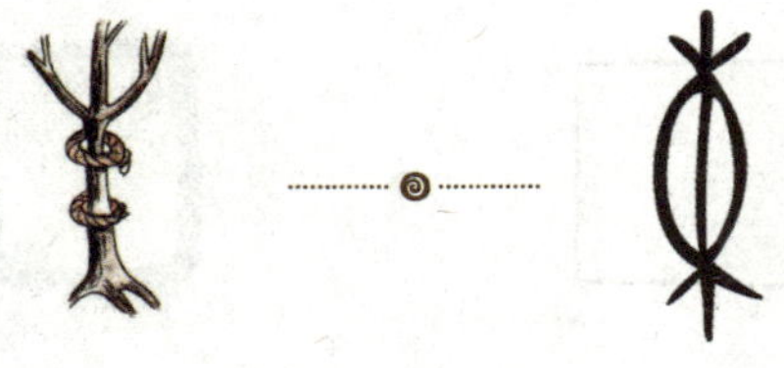

（shù）

“束”是会意字。甲骨文从木，从口（表捆缚），会捆绑木柴之意。金文、小篆变得线条化了。隶变后楷书写作“束”。

《说文·束部》：“束，缚也。从口、木。凡束之属皆从束。”（束，捆缚。由口、由木会意。大凡束的部属都从束。）

“束”的本义是捆、绑。如《易经·贲卦》：“束帛戋戋。”意思是很多捆起来的丝织物“帛”码放在那里。引申为收拾或整理。如“束囊”是收拾行装，“束担”是收拾行李。

华

(huā)
(huá)
(huà)

华，花朵。小篆是会意字。由艸、𠌶会意。大凡华的部属都从华。

“华”(huā)的本义是花朵。如《说文》:“华，荣也。”《尔雅·释草》:“木谓之华，草谓之荣。”《诗经·周南·桃夭》:“桃之夭夭，灼灼其华。”宋代王安石《游褒禅山记》:“今言华如华实之华者。”

轻浮柔弱如花的脉象。如《素问》:“脉至如华者，令人善恐。”开花。如《淮南子·时则训》:“桃李始华。”

从中间剖开。如《尔雅》:“瓜曰华之。”《礼记·曲礼》:“为国君者华之。”

囗

(wéi)

“囗”是象形字。读作wéi。小篆的形体看起来像是一圈围墙。隶变后楷书写作“囗”。

《说文·囗部》:“囗，回也。象回帀之形。凡囗之属皆从囗。”(囗，回绕。像回转一周的样子。大凡囗的部属都从囗。)

“囗”的本义为围绕，即将四周拦挡起来。

“囗”是部首字，在古代，凡是表示周围有界限或捆缚之义的字大都从“囗”。如“围”“困”“囚”。

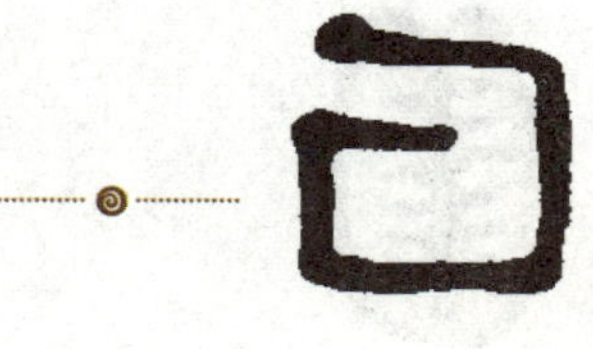

(huí)

“回”是象形字。甲骨文像流水回旋之形。金文仍然是水旋转之形。小篆的形体整齐化，变为大口套住小口。隶变后楷书写作“回”。

“回”的本义为旋转、回旋。如“迂回”。由旋转引申表示掉转。如“回头”。又引申指回来、返回。如唐代李白《将进酒》：“君不见黄河之水天上来，奔流到海不复回。”

“回”还引申指改变。如唐代柳宗元《与韩愈论史官书》：“道苟直，虽死不可回也；如回之，莫若亟去其位。”

回

甲骨文

金文

小篆

楷书

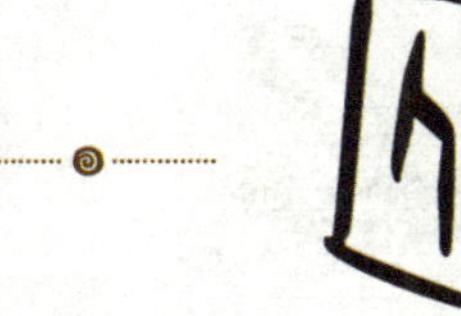

(qiú)

“囚”是会意字。甲骨文从人，从口，会把人关押起来的意思。隶变后楷书写作“囚”。

《说文·口部》：“囚，系也。从人在口中。”（囚，拘禁。由“人”在“口”中会意。）

“囚”的本义为拘禁、囚禁。如“被囚”。如《尔雅》：“囚，拘也。”引申指被拘禁、被囚禁的人。如《诗经·鲁颂·泮水》：“在泮献囚。”

用作名词，表示犯人、被俘获的敌人。如“死囚”。

囚

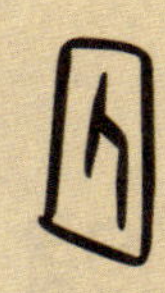

甲骨文

小篆

楷书

贝

(bèi)

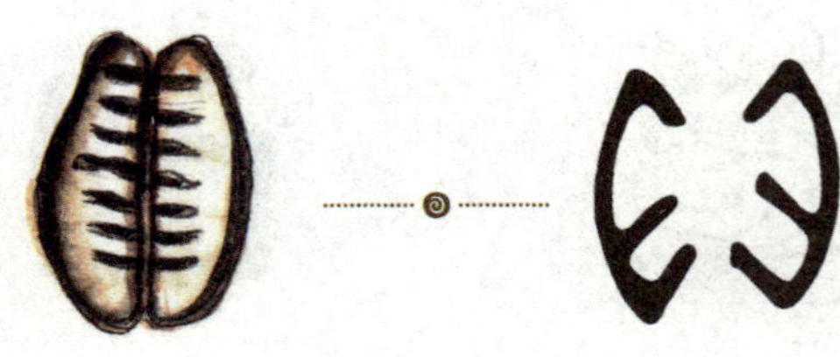

贝，海中有甲壳的软骨动物。在陆上叫猋，在水中叫蜬。像贝壳的形状。古时候，以贝壳为财富，以龟甲为珍宝。

“贝”指蛤蜊、蚌等类有壳软体动物的总称。

用贝壳制作的物品。如“贝雕”。

古代用的货币。如《汉书·食货志》：“大贝四寸八分以上。”贝形的花纹。如“贝胄”。

对印度贝多或贝多罗树的简称。如“贝多叶”。

贿

小篆

賄

楷书

贿

(huì)

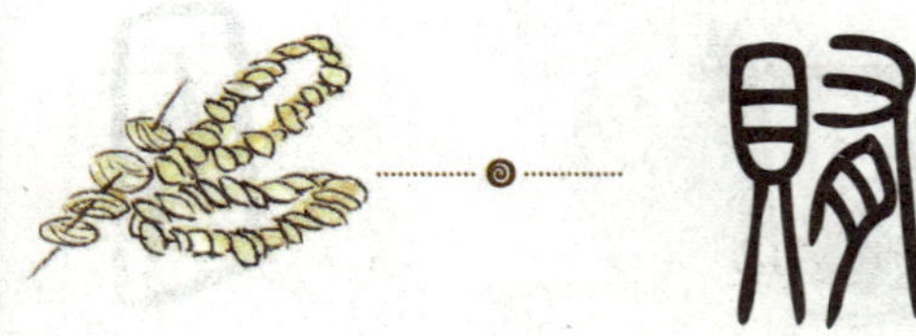

贿，财物。形声字。从贝，有声。

“贿”的本义是财物。如《尔雅·释言》：“贿，财也。”《诗经·卫风·氓》：“以尔车来，以我贿迁。”《仪礼·聘礼》：“贿用束纺。”《左传·襄公二十四年》：“先诸侯之贿，聚于公室。”

赠送财物。如《左传·宣公九年》：“孟献子聘于周，王以为有礼，厚贿之。”《左传·襄公二十年》：“宋人重贿之。”用财物买通别人。如《陈书·后主沈皇后传》：“政刑驰紊，贿货公行。”

受贿。如宋代司马光《训俭示康》：“居官必贿。”

宾，受敬重的宾客。小篆是形声字。从贝，丏（miàn）声。

（bīn）

“宾”指受人尊敬的客人，贵客。如《说文》：“宾，所敬也。”《礼记·乡饮酒义》：“宾者，接人以义者也。”《仪礼·乡饮礼》：“谋宾介。”《诗经·小雅·鹿鸣》：“我有嘉宾，鼓瑟吹笙。”通“傧”，迎客人。如《尚书·舜典》：“宾于四门。”《尚书·尧典》：“寅宾出日，平秩东作。”《列子·黄帝》：“宾者以告列子。”宋代王安石《伤仲永》：“稍稍宾客其父。”

服从，归顺。如《史记·五帝本纪》：“诸侯咸来宾从。”

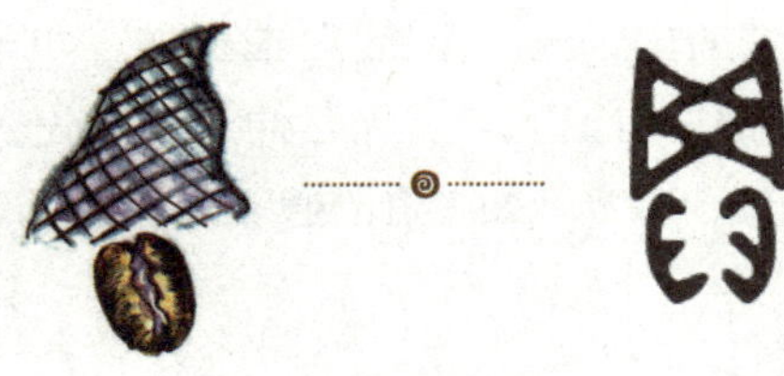

买，购进。由网、由贝会意。《孟子》说：“登上独立的高地（窥视），（企图）网罗买卖的好处。”

（mǎi）

“买”的本义是购进。如《说文》：“买，市也。”《庄子·逍遥游》：“请买其方百金。”《礼记·曲礼》：“买妾不知其姓，则卜之。”雇用，租用。如清代彭端淑《为学一首示子侄》：“买舟而下。”收买，买通。如唐代李白《梁园吟》：“沉吟此事泪满衣，黄金买醉未能归。”引起。如《战国策·韩策》：“此所谓市怨而买祸者也。”求取，追逐。如“买笑”“买名”。

小篆

楷书

(huò)

货，财物。从贝，化声。

“货”的本义是财物。如《说文》：“货，财也。”《仪礼·聘礼》：“多货则伤于德。”指钱币。如《易经·系辞》：“日中为市，致天下之民，聚天下之货，交易而退。”买卖。如明代崔铣《洹词·记王忠肃公翱三事》：“所货西洋珠。”贿赂。如《左传·僖公二十八年》：“曹伯之竖侯獳货筮史。”唐代柳宗元《段太尉逸事状》：“邠人偷嗜暴恶者，率以货窜名军伍中。”

资

小篆

楷书

资

(zī)

资，财物。从贝，次声。

“资”的本义是钱财。如《说文》：“资，货也。”《诗经·大雅·板》：“丧乱蔑资。”费用，花费。《三国志·诸葛亮传》：“军资所出，国以富饶。”指资格。如《世说新语·言语》：“昔先君仲尼与君先人伯阳有师资之尊。”倚仗，资本。如《资治通鉴》：“若据而有之，此帝王之资也。”

贤

金文

小篆

楷书

贤

(xián)

贤，多才能。从贝，臤声。

“贤”的本义是富有多财。

指有才能，有德行。如《说文》：“贤，多才也。”《庄子·徐无鬼》：“以财分人之谓贤。”《史记》：“相如既归，赵王以为贤大夫。”对人的敬称。如《新编五代史平话》：“分明是如贤所教，但是小生自小坐书斋，不谙其他生活。”品德美好。如《玉台新咏·古诗为焦仲卿妻作》：“东家有贤女。”

贺，把礼物奉献给人，向人庆祝。从貝，加声。

贺 (hè)

“贺”的本义是送礼表示庆祝。如《说文》：“贺，以礼相奉庆也。”《诗经·大雅·下武》：“受天之祜，四方来贺。”

嘉奖。如《仪礼·觐礼》：“今文余一人贺之。”

增加，有所助益。如《仪礼·士丧礼》：“贺之结于后。”

姓氏的一种。

贺 小篆 楷书

贡，进献，努力作所从事的工作。从貝，工声。

贡 (gòng)

“贡”的本义是进贡，进献给朝廷。如《说文》：“贡，献、功也。”《左传·僖公四年》：“尔贡包茅不入。”示告，告诉。如《易经·系辞》：“六爻之义易以贡。”赏赐。如《尔雅·释诂》：“贡，赐也。”《史记·仲尼弟子传》：“端木赐，字子贡。”

贡品。如《荀子·王制》：“理道之远近而致贡。”

贡 小篆 楷书

赞，进见。由貝、由兟会意。

赞 (zàn)

“赞”的本义是引导宾客进见主人。如《说文》：“赞，见也。”

导引。如《国语》：“太史赞王，王敬从之。”

辅佐，辅助。如《尚书·大禹谟》：“益赞于禹曰。”《仪礼·乡饮酒礼》：“主人之赞者西面北上。”

称赞，赞美。如《史记·平原君虞卿列传》：“自赞于平原君。”

赞 小篆 楷书

财

小篆

楷书

财

(cái)

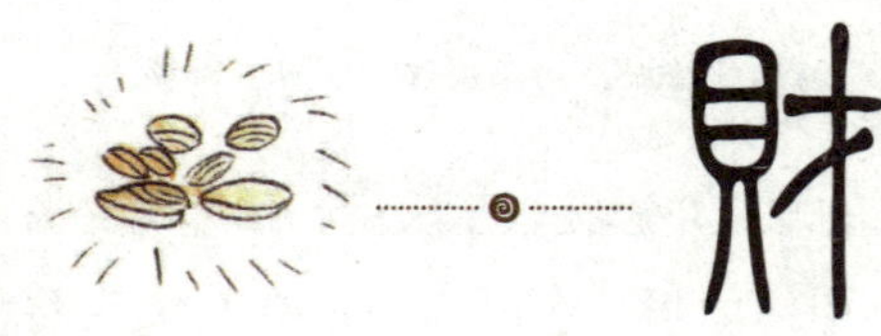

财，人们所宝贵的东西。形声字。从贝，才声。

“财”的本义是财物。如《说文》：“财，人所宝也。”《广雅》：“财，货也。”《周礼·太宰》：“以九赋敛财贿。”《礼记·坊记》：“先财而后礼。”《礼记·聘义》：“此轻财而重礼之义也。”《韩非子·说难》：“暮而果大亡其财。”财富，财产。如《史记·魏公子列传》：“终不以监门困故而受公子财。”《荀子·成相》：“务本节用财无极。”通“才”，仅仅。如《汉书·李陵传》：“财令陵为助兵。”

赏

金文

小篆

楷书

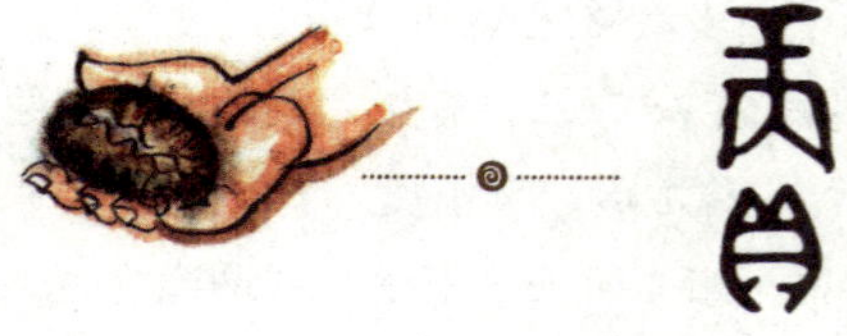

赏，奖赐有功的人。形声字。从贝，尚声。

“赏”的本义是赏赐，奖励。如《说文》：“赏，赐有功也。”《墨子经》：“赏，上报下之功也。”《左传·襄公二十八年》：“善人富谓之赏。”三国诸葛亮《出师表》：“宜付有司论其刑赏。”《史记·项羽本纪》：“未有封侯之赏。”

欣赏，玩赏。如陶渊明《移居》：“奇文共欣赏，疑义相与析。”宋代姜夔《扬州慢》：“杜郎俊赏，算而今重到须惊。”称赞，赞赏。如《左传·襄公十四年》：“善则赏之。”

赏赐的东西。如《战国策·齐策》：“群臣吏民能面刺寡人之过者，受上赏。”

（yì）

“邑”是会意字。甲骨文会人居住的地方之意。金文与甲骨文形体大致相同。小篆整齐化。隶变后楷书写作“邑”。

邑，国。从口；先王的制度，（公、侯、伯、子、男）尊卑（不同），有（不同）大小的（疆域），所以从卪。大凡邑的部属都从邑。

“邑”的本义是人口聚居地。引申为国都。如《诗经·商颂·殷武》：“商邑翼翼。”一般的城镇也可以称作“邑”。如宋代苏洵《六国论》：“秦以攻取之外，小则获邑，大则得城。”也指封地。如《晏子春秋》：“景公赐晏子邑，晏子辞。”

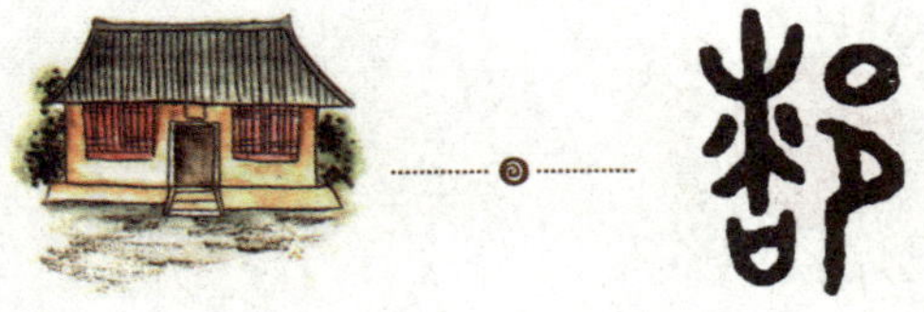

都

（dū）

（dōu）

“都”是形声字。金文从邑，者声。隶变后楷书写作“都”。

《说文·邑部》：“都，有先君之旧宗庙曰都。从邑，者声。”（都，有已故君王的旧宗庙的城邑叫都。从邑，者声。）

“都”的本义为大城市，读作dū。如“通都大邑”“都市”。特指有先王宗庙的城邑。如《左传·庄公二十八年》：“凡邑有宗庙先君之主曰都，无曰邑。”

又指京都，国都。如三国时诸葛亮《出师表》：“兴复汉室，还于旧都。”

邑

甲骨文

金文

小篆

楷书

都

金文

小篆

楷书

郡

小篆

郡

楷书

郡

(jùn)

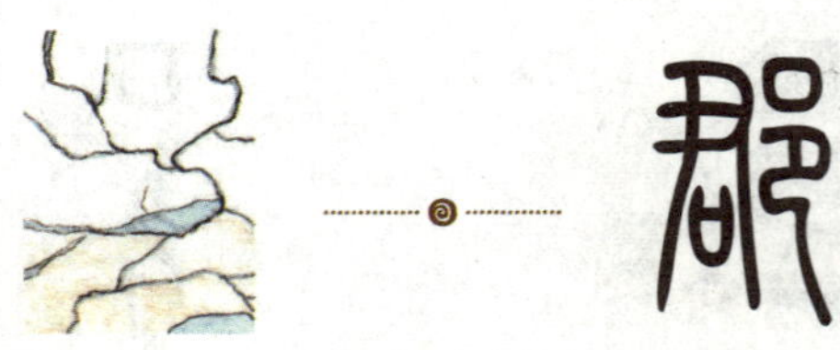

郡，周朝的制度：天子土地纵横千里，分成百县，每县有四个郡。所以《春秋左传》说："(能战胜敌人的人,）上大夫受封郡。"就是指"郡县制"。到秦朝初年全国设置三十六个郡，用来监督它下属的县。从邑，君声。

"郡"的本义是古代的行政区域。如《说文》:"郡，周制：天子地方千里，分为百县，县有四郡。故《春秋传》曰:'上大夫受郡。'是也。至秦初置三十六郡，以监其县。"晋代陶渊明《桃花源记》:"及郡下。"宋代范仲淹《岳阳楼记》:"谪守巴陵郡。"清代周容《芋老人传》:"从郡城就童子试归。"

日

甲骨文

金文

小篆

日

楷书

日

(rì)

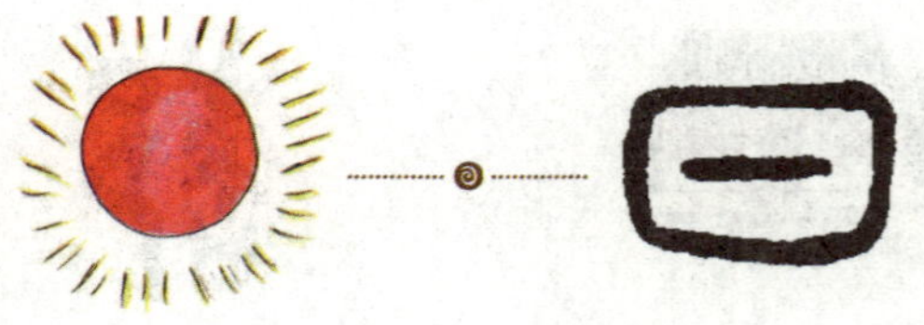

"日"是象形字。甲骨文、金文中的"日"字，形体像太阳的样子。后来为了便于书写，日的轮廓被改作方形，中间的一点改作了一横。

《说文·日部》:"日，实也。太阳之精不亏。从囗、一。象形。凡日之属皆从日。"(日，光明盛实。太阳的精华不亏损。由囗、由一会意。象形。大凡日的部属都从日。)

"日"的本义就是太阳。如《诗经·卫风·伯兮》:"其雨其雨，杲杲出日。"

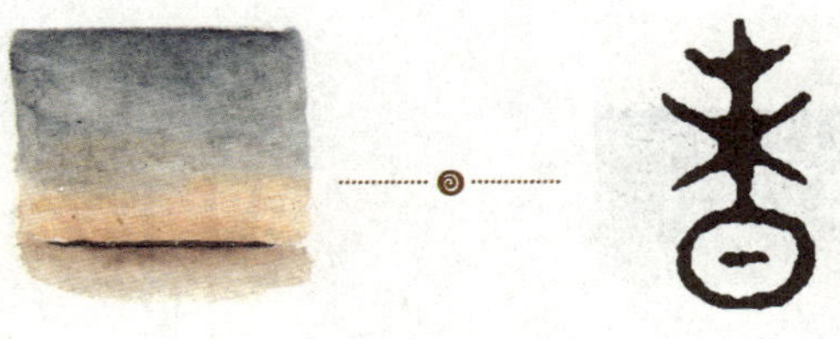

昧

(mèi)

“昧”是形声兼会意字。金文从日，未声，未兼表繁茂蔽日之意。小篆整齐化。隶变后楷书写作“昧”。

金文 小篆 楷书

昧，昧爽，将明之际。从日，未声。另一义说：昧是昏暗。“昧”的本义为天接近明而尚未明。如《尚书·牧誓》：“时甲子昧爽，王朝至于商郊牧野，乃誓。”引申指心中不明、昏惑。如“愚昧”“蒙昧”。“昧”作动词时，表示违背。如“昧心”。

还表示冒昧、冒犯。如《史记·秦始皇本纪》：“丞相臣斯昧死言。”

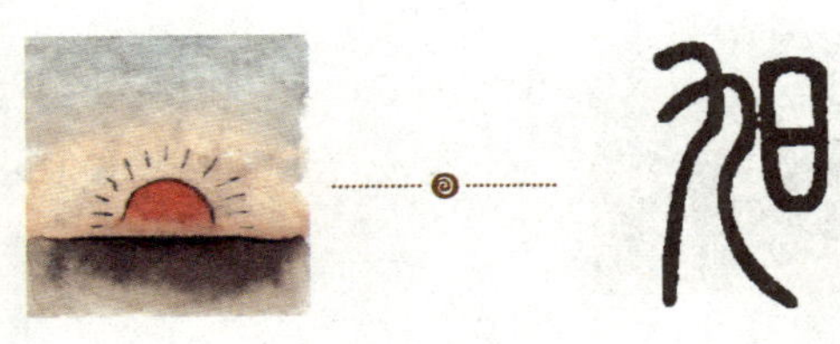

旭

(xù)

“旭”是形声字。小篆从日，九声，表示太阳初出。隶变后楷书写作“旭”。

小篆 楷书

旭，太阳刚出来的样子。从日，九声。音读像“勖”字。另一义说：旭是阳光明亮。

“旭”的本义为太阳初升的样子。如《诗经·邶风·匏有苦叶》：“雝雝鸣雁，旭日始旦。”

用作动词，指天亮。如晋代陶渊明《归园田居》：“欢来苦夕短，已复至天旭。”

用作名词，指初出的太阳、晨曦。如“旭日”。

旰

旰 小篆

旰 楷书

旰

(gàn)

旰，晚也。从日，干声。《春秋传》曰："日旰君劳。"

"旰"的本义是天晚。如《说文》："旰，晚也。"《左传·昭公十二年》："日旰君勤。"《左传·襄公十四年》："日旰不召，而射鸿于囿。"

旰食，因事忙而晚食，又用来比喻国事繁忙。如《白氏长庆集·杭州刺史谢上表》："当陛下旰食宵衣之日，是微臣输肝写胆之时。"

昃

甲骨文

金文

小篆

昃 楷书

昃

(zè)

"昃"是会意字。甲骨文从日，从（倾斜的）人，表示太阳西斜了。金文更加形象地表现了"日"在"人"的右侧。小篆外部又增加"厂"。隶变后楷书写作"昃"。

《说文·日部》："昃，日在西方时。侧也。从日，仄声。《易》曰：'日昃之离。'"（昃，太阳在西方的时候。偏侧在一边了。从日，仄声。《易经》说："太阳偏西时的山神兽。"）

"昃"的本义为太阳西斜。如《易经·丰卦》："日中则昃，月盈则食。"

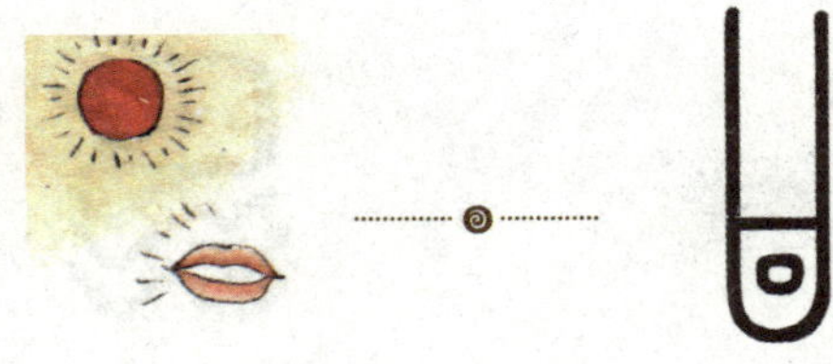

“昌”是会意字。小篆从日，从曰（开口说话），会光明正大的善言之意。隶变后楷书写作“昌”。

（chāng）

昌，美善的言辞。由日、由曰会意。另一义说：昌是太阳的光明。《诗经》说：“东方明亮了。”“昌”的本义为光明正大的美善之言。如杨炯《老人星赋》：“献仙寿兮祝尧，奏昌言兮拜禹。”意思是，祝尧帝长寿，用美善之言拜大禹。引申指美好的样子。如《诗经·齐风·猗嗟》：“猗嗟昌兮，颀而长兮。”意思是，多么俊美啊，身材高大又欣长呀！

“昌”还引申指兴盛。如“昌盛”“昌隆”。

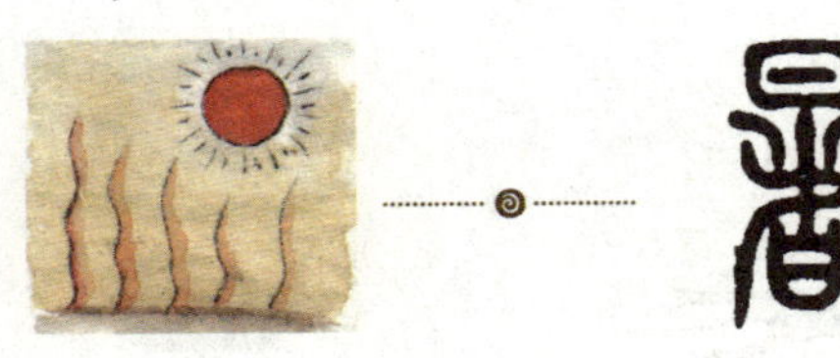

“暑”是形声兼会意字。小篆从日，者声，者（烧煮）兼表热之意。隶变后楷书写作“暑”。

（shǔ）

“暑”的本义是炎热。如“酷暑难当”就是炎热得难以忍受之意。由此引申指炎热的季节——夏季。如“寒来暑往”，其中的“寒”和“暑”指的就是冬天和夏天。

又用作节气名。如“大暑”（在7月22、23或24日）“小暑”（在7月6、7或8日）。

金文

小篆

楷书

小篆

楷书

昔

(xī)

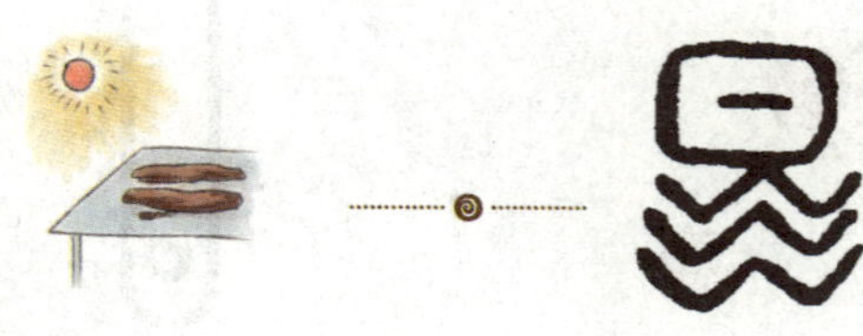

“昔”是会意字。甲骨文从日，下部像洪水泛滥的样子，表示古代洪水泛滥的日子。小篆从金文演变而来。隶变后楷书写作“昔”。

《说文·日部》：“昔，干肉也。从残肉，日以晞之。与俎同意。”（昔，干肉。㐺表示残余、零星的肉，日表示用太阳来晒干它。与“俎”字从“仌”的构形意义相同。）

“昔”本义指洪水泛滥的日子。引申为从前。如《盐铁论·非鞅》：“昔商君相秦也。”

甲骨文

金文

小篆

楷书

(dàn)

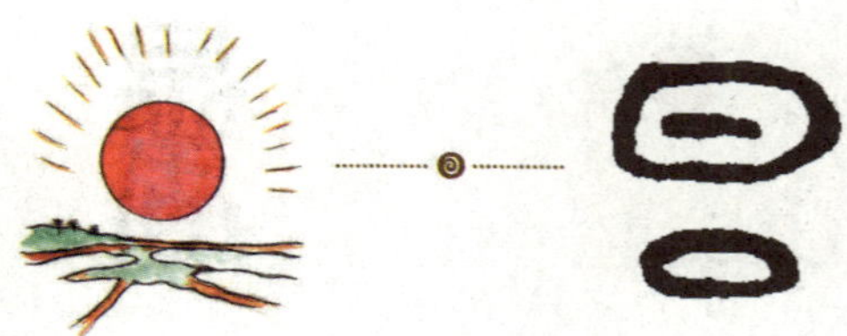

“旦”的小篆是会意字。甲骨文上为日，下为地平面。金文像太阳刚跃出海面，正与水相连的景象。小篆下部变成了地平线。隶变后楷书写作“旦”。

《说文·旦部》：“旦，明也。从日见一上。一，地也。凡旦之属皆从旦。”（旦，天明。由“日”出现在“一”之上会意。一，表示地。大凡旦的部属都从旦。）

“旦”的本义为天亮，早晨。如《孟子·离娄下》：“幸而得之，坐以待旦。”

旌，木辂车上竖建着旌旗，剪下鸟羽附着在饰有旄牛尾的旗杆上端，是用以激励士卒精锐前进的一种旗帜。从㫃（yǎn），生声。

旌
(jīng)

旌
小篆
旌
楷书

“旌”的本义是古代用鸟羽附在旄牛尾饰竿头的旗子。如《说文》：“旌，游车载旌，析羽注旄首。”

古代对旗子的总称。如《资治通鉴》：“旌麾南指，刘琮束手。”

表彰，表扬。如张溥《五人墓碑记》：“旌其所为。”

旌节，古代使者所持的节。《金瓶梅》：“王婆道：‘眼望旌节至，耳听到消息。’”

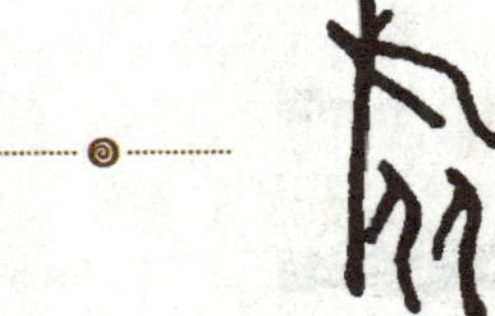

“旅”是会意字。甲骨文从㫃（旗帜），从从（众人相随），用众人聚集在旗下会军旅之意。小篆整齐化。隶变后楷书写作“旅”。

旅
(lǚ)

旅

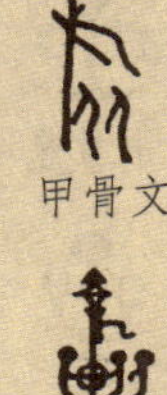

甲骨文
金文
小篆
旅
楷书

《说文·㫃部》：“旅，军之五百人为旅。从㫃，从从；从，俱也。”（旅，军队里五百人的单位叫作旅。由从、由㫃会意；从，许多人在一起的意思。）

“旅”的本义是古代一种军队编制单位。古代五百人为一旅。泛指军队。如“军旅”。由军队出征在外引申为寄居在外。如“羁旅”。

(jīng)

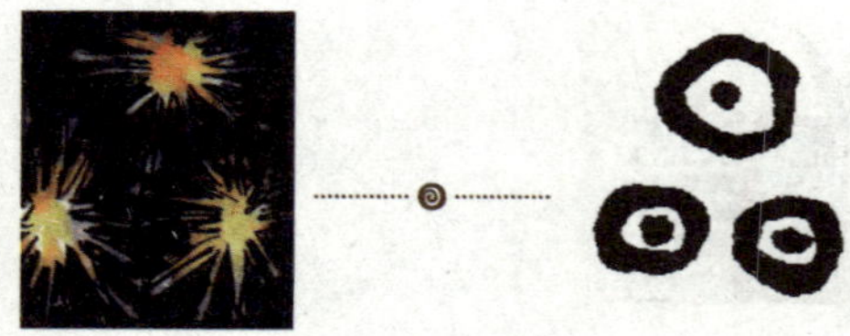

“晶”的小篆是会意字。甲骨文像三个太阳堆在一起的样子，会光亮之意。小篆与甲骨文大体相同。隶变后楷书写作“晶”。

甲骨文

小篆

楷书

《说文·晶部》：“晶，精光也。从三日。凡晶之属皆从晶。”（晶，精华的光亮。由三个“日”字会意。大凡晶的部属都从晶。）

“晶”的本义为星光。引申指清明、晴朗。如宋之问《明河篇》：“八月凉风天气晶，万里无云河汉明。”

“晶”也作为水晶的简称。如“茶晶”。

“晶轮”“晶盘”“晶蟾”等，在古文中指月亮。

(xīng)

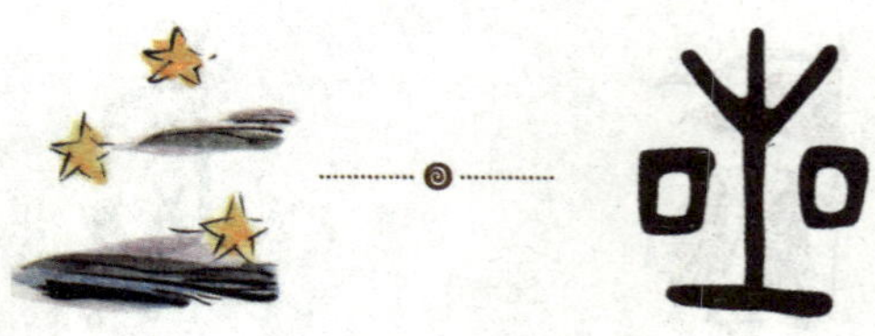

星，万物的精华，在天上就成了众多的星。从晶，生声。另一说：（晶）像（众星之）形。从口，古时候〇再加注一点在它的中间，所以与“日”字混同。

甲骨文

金文

小篆

楷书

“星”的本义是天上的星星，能发光或反射光的天体。如《尚书·尧典》：“日月星辰。”《尚书·洪范》：“四曰星辰。”《荀子》：“列星随旋，日月递炤。”泛指天文。如汉代司马迁《报任安书》：“文史星历，近乎卜祝之间。”

用以表示等级高低。如“五星级饭店”。

形容多而分布较散。如“星罗棋布”。

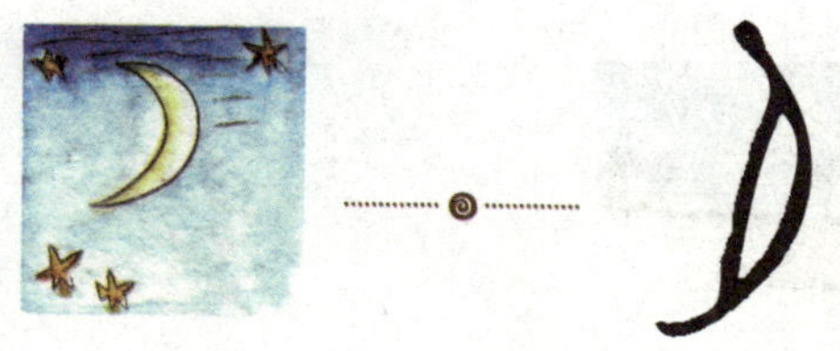

(yuè)

"月"是象形字。甲骨文、金文描摹的都是一轮缺月的形状。小篆文字化，形体变得不太像月亮的样子了。隶变后楷书写作"月"。

《说文·月部》："月，阙也。太阴之精。象形。凡月之属皆从月。"（月，亏缺。太阴的精华。象形。大凡月的部属都从月。）"月"的本义是月亮。如李白《静夜思》："举头望明月，低头思故乡。"又被用来形容颜色或形状像月亮一样的事物。如"月亮门"。每月，按月的。如《庄子·养生主》："族庖月更刀。"宋代苏洵《六国论》："日削月割。"

(míng)

明，清晰明亮。由月、由囧会意。大凡明的部属都从明。

"明"的本义是明亮，清晰。如《说文》："明，照也。"《诗经·齐风·鸡鸣》："东方明矣。"《诗经·小雅·大东》："东有启明。"唐代李白《秋浦歌》："不知明镜里，何处得秋霜。"唐代杜甫《春夜喜雨》："江船火独明。"

清楚，明白。如《战国策·赵策》："明谓左右。"宋代王安石《答司马谏议书》："名实已明。"

明显，分明。如《荀子·成相》："君法明，伦有常。"

月

甲骨文

金文

小篆

楷书

明

甲骨文

金文

小篆

楷书

(xī)

“夕”的甲骨文、金文是象形字。在甲骨文和金文中，“夕”字与“月”字几乎一模一样。小篆的“夕”比“月”字少了一笔，表示月儿尚未露出全貌。隶变后楷书写作“夕”。

《说文·夕部》：“夕，莫也。从月半见。凡夕之属皆从夕。”（夕，傍晚。由月字现出一半来表意。大凡夕的部属都从夕。）

“夕”的本义就是指日落、傍晚。如《诗经·王风·君子于役》：“日之夕矣，牛羊下来。”引申指代夜晚。如成语“朝乾夕惕”，形容终日勤奋工作，戒勉不已。

外

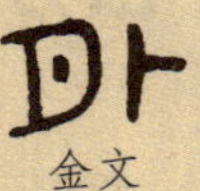

金文

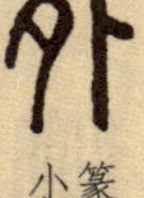

小篆

外

楷书

(wài)

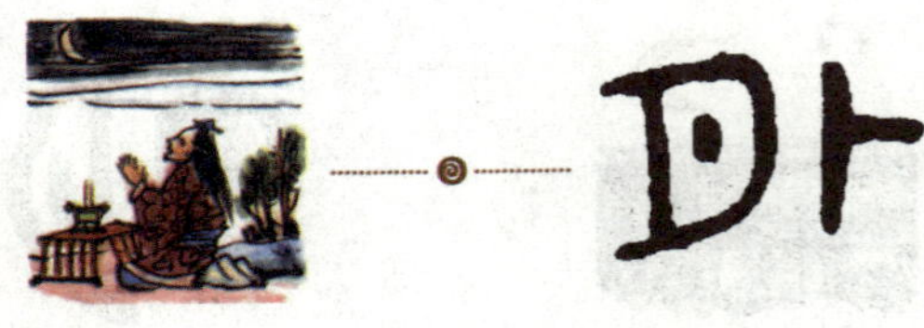

“外”是会意字。金文从夕，从卜。古人占卜一般是在早晨，如果在夜里占卜，则是例外了。小篆承接金文。隶变后楷书写作“外”。

《说文·夕部》：“外，远也。卜尚平旦，今夕卜，于事外矣。”（外，疏远。占卜崇尚平明日出之时，今在夜晚占卜，就卜筮之事而言已经是例外了。）

“外”指外面、外部。引申为自己所在地以外的地方。如“外地”“外省”。母亲、妻子、出嫁的姐妹或儿女方面的亲属也以“外”称之。如“外祖父”。又引申为关系疏远的人。如“外人”“见外”。

(duō)

“多”是会意字。甲骨文、金文、小篆都是由两个相同的字形重叠而成。隶变后楷书写作“多”。

《说文·多部》:“多，重也。从重夕。夕者，相绎也，故为多。重夕为多，重日为叠。凡多之属皆从多。”（多，重复。由重叠的“夕”字构成。夕的意思是相抽引而无穷尽，所以叫“多”。重叠夕字叫多，重叠日字叫叠。大凡多的部属都从多。）

“多”的本义为多，与“少”相对，后来又引申为余。如“二百多”。

甲骨文

金文

小篆

楷书

鼎

(dǐng)

“鼎”是象形字。甲骨文、金文像一个大腹、有足、两耳的器物之形。隶变后楷书写作“鼎”。

《说文·鼎部》:“鼎，三足两耳，和五味之宝器也。凡鼎之属皆从鼎。”（鼎，三只脚，两只耳朵，是调和各种味料的珍贵的器物。大凡鼎的部属都从鼎。）

“鼎”的本义是古代烹煮用的器物。鼎是青铜器中最重要的类别之一。

“鼎”是个部首字，凡由“鼎”组成的字都与鼎器有关。如“鼐”。

鼎

甲骨文

金文

小篆

楷书

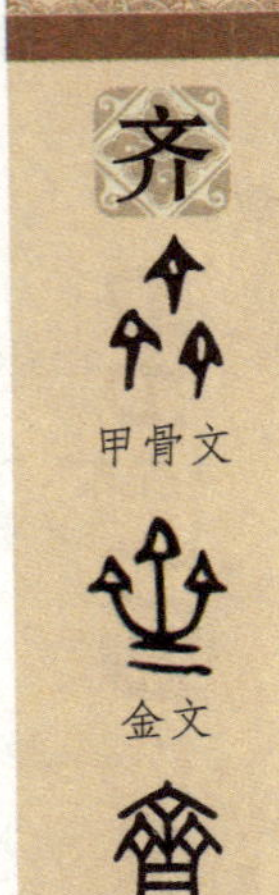

齐

(qí)
(jì)

齐，禾麦吐穗，其上平整。象形。大凡齐的部属都从齐。

“齐”（qí）的本义是禾麦吐穗上平整。如《说文》：“齐，禾麦吐穗上平也。”

整齐，相同。如《国语·周语》：“其君齐明衷正。”《国语·楚语》：“为齐敬也。”唐代杜牧《阿房宫赋》：“气候不齐。”平等。如《史记·平准书》：“齐民无藏盖。”

齐全。如《红楼梦》：“各屋子里丫头们将灯火俱已点齐。”治理。如近代梁启超《少年中国说》：“修身齐家治国平天下。”

甲骨文

小篆

楷书

片

(piàn)
(piān)

“片”是指事字。甲骨文字形像劈开的木片。隶变后楷书写作“片”。

片，已分剖的木。由小篆“木”字的右半构成。大凡片的部属都从片。

“片”指劈开树木之类，读作piàn。如“片批”，是一种切肉的刀法，刀略倾斜，切之使肉成片状。泛指平而薄的东西。如唐代杜甫《寄杨五桂州谭》：“梅花万里外，雪片一冬深。”

作为量词。可用于延伸的平面或广阔区域。如唐代王之涣《凉州词》：“一片孤城万仞山。”

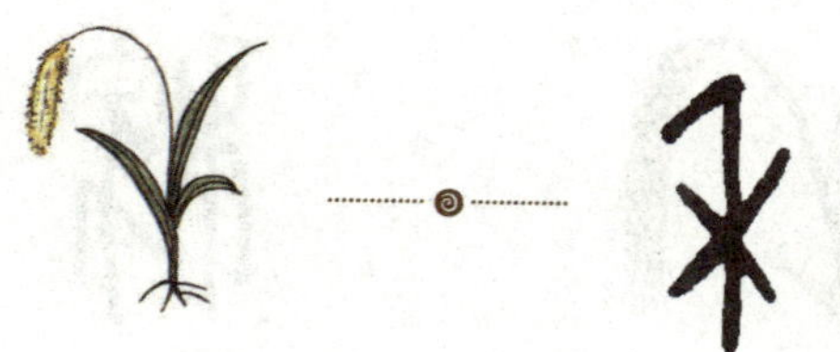

（hé）

“禾”是象形字。甲骨文、金文都像一棵成熟了的谷子，沉甸甸的谷穗弯垂着。小篆线条化，与甲骨文、金文的形体大体相同。隶变后楷书写作“禾”。

《说文·禾部》：“禾，嘉谷也。二月始生，八月而孰，得时之中，故谓之禾。禾，木也。木王而生，金王而死。从木，从𠂹省。𠂹象其穗。”（禾，美好的谷子。二月开始发芽生长，到八月成熟，得四时中和之气，所以叫它禾。禾是木属。春天木旺就生长，秋天金旺就死去。由木、由𠂹省构成。下垂的丿像它的谷穗。）

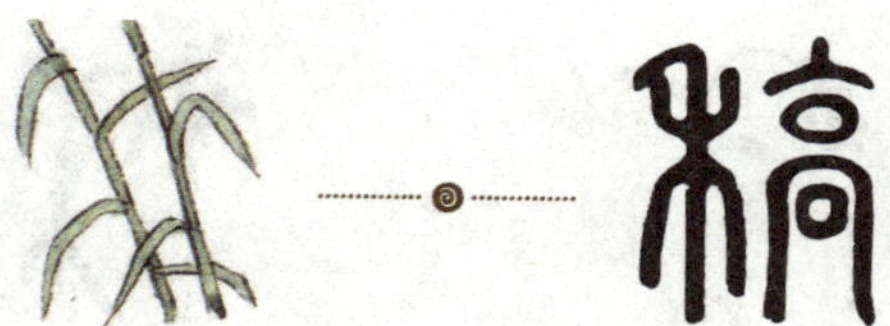

稿

（gǎo）

“稿”是会意兼形声字。小篆从禾从高会意，高兼表声。隶变后楷书写作“稾”，俗作“稿”。如今规范化，以“稿”为正体。

“稿”的本义是谷类植物未经处理的茎秆。如《资治通鉴》：“今又盛寒，马无稿草。”

引申指还需加工的诗文、图案草底。如“草稿”。如今也指写成的文章或画成的画图等。如《史记·屈原贾生列传》：“怀王使屈原造为宪令，屈原属草稿未定，上官大夫见而欲夺之，屈原不与。”

禾

甲骨文

金文

小篆

禾

楷书

稿

小篆

稿

楷书

稼

小篆

稼

楷书

稼

(jià)

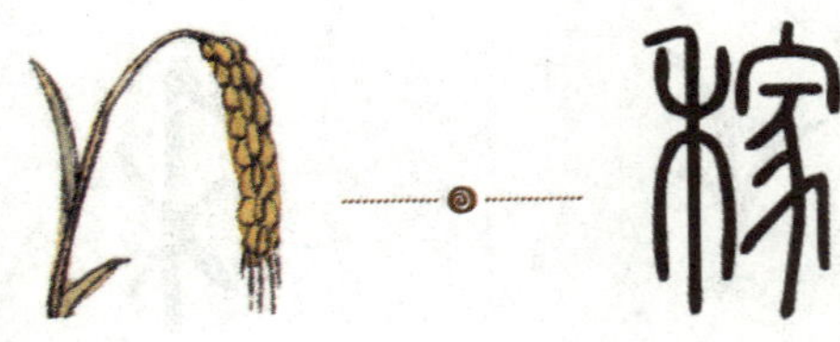

"稼"是形声字。小篆从禾，家声。隶变后楷书写作"稼"。

《说文·禾部》："稼，禾之秀实为稼，茎节为禾。从禾，家声。一曰：稼，家事也。一曰：在野曰稼。"（稼，禾的穗实叫稼，秸秆叫禾。从禾，家声。一说：（种植五谷）叫稼，就像嫁女之事。一说：在田野中的作物叫稼。）

"稼"的本义是成熟的禾穗。如《诗经·豳风·七月》："十月纳禾稼。"后泛指庄稼、田中的作物。由成熟的庄稼引申指种植，从事农业劳动。

穆

甲骨文

金文

小篆

穆

楷书

穆

(mù)

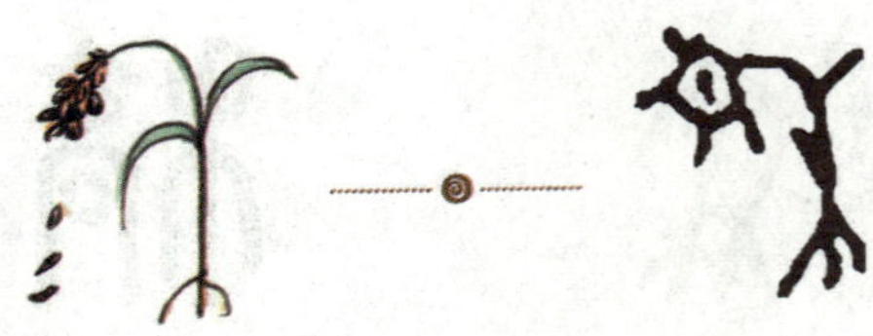

"穆"是象形字。甲骨文像一棵向下弯垂的禾，禾穗饱满，已经成熟。小篆发生了伪变。隶变后楷书写作"穆"。

《说文·禾部》："穆，禾也。从禾，𦤎声。"（穆，禾名。从禾，𦤎声。）

"穆"的本义是庄稼的穗饱满的样子。

五谷丰登是一件美好的事，"穆"由此引申指美好、和谐。如"穆如清风"。

"穆"还可以表示恭敬、严肃的意思。如《礼记·曲礼下》："天子穆穆。""穆"还是周代一种划分辈分的方法。

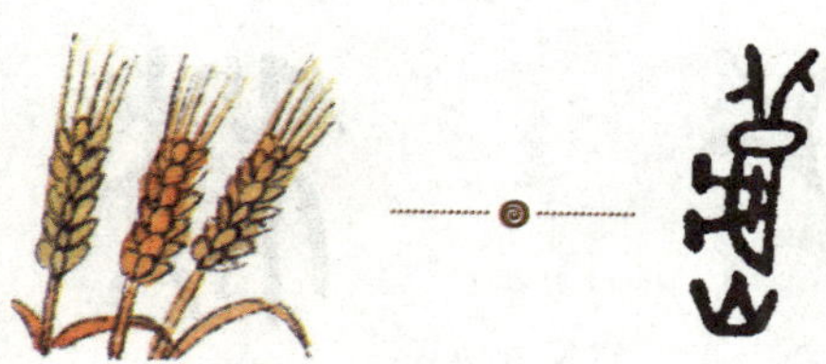

(qiū)

“秋”是象形字。甲骨文像一个蟋蟀的形状。金文加上了义符“禾”，表示庄稼。隶变后楷书写作“秋”。

《说文·禾部》：“秋，禾谷孰也。从禾，㲋省声。”（秋，百谷成熟。从禾，㲋省声。）

“秋”的本义是收成、收获。如范成大《颜桥道中》：“处处田畴尽有秋。”

收获的季节在秋天，所以“秋”又引申指秋天。如“秋收冬藏”。由秋天又可以引申指年。如“一日不见，如隔三秋”。

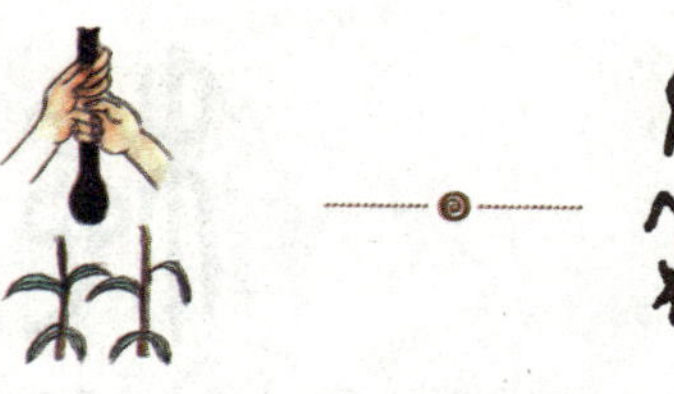

(qín)

“秦”是会意字。甲骨文从廾（双手）持午（杵）舂禾，会舂捣收打禾麦之意。金文与甲骨文大体相同。小篆承接金文，但下部只保留了一个“禾”字。隶变后楷书写作“秦”。

《说文·禾部》：“秦，伯益之后所封国。地宜禾。从禾、舂省。一曰：秦，禾名。”（秦，伯益的后裔所封的国名。此地适宜禾谷生长。由禾、由舂省去臼会意。另一义说：秦，禾名。）“秦”指禾名。后来引申为春秋时代的国名，即秦国。现在的陕西省中部平原地区在春秋战国时期为秦国的地盘，所以这片地区也称“秦”。如“秦声”，指陕、甘一带的戏曲音乐。

小篆

秧

楷书

秧

(yāng)

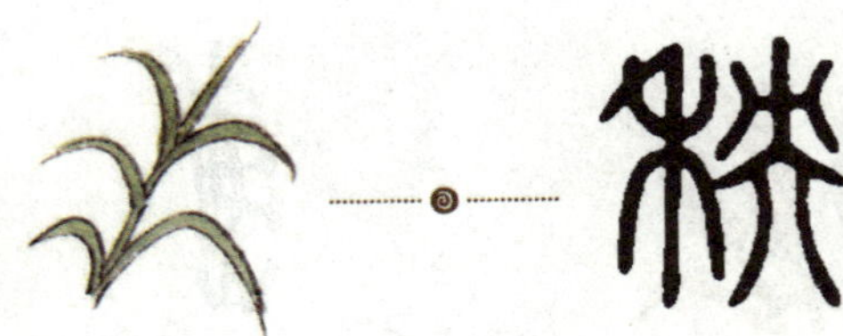

“秧”是形声字。小篆从禾，央声。隶变后楷书写作“秧”。

“秧”的本义是水稻密集的幼苗。如“稻秧”。在田间插秧时唱的劳动歌曲叫“秧歌”，也指流行于北方农村的一种用锣鼓伴奏的歌舞活动。

由水稻的幼苗引申指植物的幼苗。如“树秧”。还指某些植物的茎。如“西瓜秧”。

又指某些饲养的初生小动物。如“鱼秧”。

小篆

稔

楷书

(rěn)

“稔”是形声字。小篆从禾，念声。隶变后楷书写作“稔”。

稔，百谷成熟。从禾，念声。《春秋左氏传》说：“少不止五年。”

“稔”的本义是庄稼成熟。如“恶稔贯盈”，这里的“稔”是指成熟，“贯盈”是指穿满了绳索，指到了极点。这个成语意思是罪恶积蓄成熟，像钱串已满。形容作恶多端，末日来临。

“稔”还可以表示熟悉、知道。如“熟稔”，就是十分熟悉。

私

（sī）

私，禾名。从禾，厶声。北方叫禾主人作私主人。

“私”的本义是一种禾名。如《说文》：“私，禾也。北道名禾主人曰私主人。”

古代女人对姐夫或妹夫的称呼。如《诗经·卫风·硕人》：“谭公维私。”

古代私田。如《诗经·小雅·大田》：“雨我公田，遂及我私。”

秘密，不外传的。如《史记·项羽本纪》：“项王乃疑范增与汉有私，稍夺之权。”唐代白居易《长恨歌》：“七月七日长生殿，夜半无人私语时。”

稗
小篆
稗
楷书

（bài）

稗，似禾而别于禾。从禾，卑声。琅玡郡有稗县。

“稗”的本义是稻田里的杂草。如《说文》：“稗，禾别也。”《左传·定公十年》：“用秕稗也。”《孟子》：“不如荑稗。”

形容微小的、非正式的。如《广雅》：“稗，小也。”《汉书·艺文志》：“盖出于稗官。”清代袁枚《祭妹文》：“汝来床前，为说稗官野史可喜可愕之事，聊资一欢。”

小篆
移
楷书

（yí）

移，禾（从风）而相阿那。从禾，多声。另一义说：是禾名。

“移”的本义是禾谷柔弱摆动的样子。如《说文》：“移，禾相倚移也。”指移动。如清代方苞《狱中杂记》：“移顺天府。”转移。如《史记》：“荐人或起家至二千石，权移主上。”

改变。如《吕氏春秋·察今》“世易时移。”《玉台新咏·古诗为焦仲卿妻作》：“守节情不移。”

秀，已故汉光武帝之名。

（xiù）

“秀”的本义是谷物等抽穗扬花。如《尔雅》：“荣而实者谓之秀。”

指生长。如《后汉书·孝章皇帝八王传赞》：“振振子孙，或秀或苗。”

美好。如《楚辞·大招》：“容则秀雅，稚朱颜只。”宋代沈括《梦溪笔谈》：“天下奇秀。”茂盛。如宋代欧阳修《醉翁亭记》：“野芳发而幽香，佳木秀而繁阴。”

草木之花。如《楚辞·山鬼》：“采三秀兮于山间。”

稠
小篆
稠
楷书

稠，多密。从禾，周声。

稠

（chóu）

“稠”的本义是禾苗多而密。

形容多。如《说文》：“稠，多也。”《战国策·秦策》：“书策稠浊。”毛泽东《沁园春·长沙》：“忆往者峥嵘岁月稠。”

指繁密。如《玉篇》：“稠，密也。”浓稠，与稀相对。如“稠粥”。

稀
小篆
稀
楷书

稀，稀疏。从禾，希声。

稀

（xī）

“稀”的本义是稀疏。如《说文》：“稀，疏也。”三国时期曹操《短歌行》：“月明星稀。”晋代陶渊明《归园田居》：“种豆南山下，草盛豆苗稀。”

少，与多相对。如《玉台新咏·古诗为焦仲卿妻作》：“相见常日稀。”唐代白居易《琵琶行（并序）》：“门前冷落鞍马稀。”薄，与浓相对。如巴金《灭亡》：“我们的衙门里每天煮了十几大锅的稀饭施给穷人。”

“程”是形声字。小篆从禾（表示与谷物有关），呈声。隶变后楷书写作“程”。

程
(chéng)

《说文·禾部》：“程，品也。十发为程，十程为分，十分为寸。从禾，呈声。”（程，程品。十根毛发并排起来叫一程，十程叫一分，十分叫一寸。从禾，呈声。）

“程”的本义为一根头发直径的长度为一程，后用作度量衡的总称。

用作动词，指称量、计量。如“计日程功”。

程

小篆

程

楷书

“香”是会意字。甲骨文似小麦之形，会小麦成熟后的馨香之意。小篆从黍，从甘。隶变后楷书写作“香”。

(xiāng)

《说文·香部》：“香，芳也。从黍，从甘。《春秋传》曰：‘黍稷馨香。’凡香之属皆从香。”（香，芬芳。由黍、由甘会意。《春秋左传》说：“黍、稷气味芬芳。”大凡香的部属都从香。）

“香”的本义是指五谷之香。后来泛指一般的香味。

又比喻睡得好。如“她睡得很香”。

甲骨文

小篆

香

楷书

米

甲骨文

小篆

米

楷书

米

(mǐ)

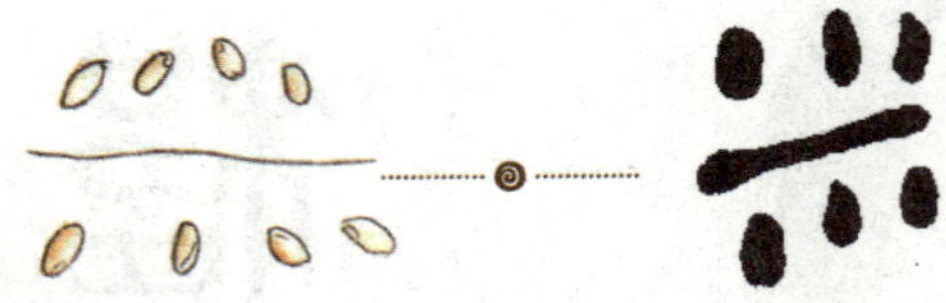

“米”是象形字。甲骨文字形像一株谷穗上结满了沉甸甸的米粒，中间一长横是穗的茎秆。小篆整齐化。隶变后楷书写作“米”。

《说文·米部》：“米，粟实也。象禾实之形。凡米之属皆从米。”（米，米粟的籽实。像禾籽实的形状。大凡米的部属都从米。）

“米”的本义是粟米，脱壳后为小米。引申泛指粮食作物籽实脱壳后的部分。如“玉米”。“不为五斗米折腰”，比喻为人清高，有骨气，不为利禄所动。

糟

小篆

糟

楷书

糟

(zāo)

“糟”是形声字。小篆从米，曹声。隶变后楷书写作“糟”。

《说文·米部》：“糟，酒滓也。从米，曹声。”（糟，带滓的酒。从米，曹声。）

“糟”的本义是没有过滤清而带滓的酒。引申指以酒或酒糟腌制的食品。如“糟豆腐”。又引申指粗恶的食物。如“糟食”。

用作形容词，指事物败坏、糟糕。

用作动词，指浪费。

（jiù）

“臼”是象形字。甲骨文、金文都像一个舂米用的石臼。小篆的形体与甲骨文、金文基本相同。隶变后楷书写作“臼”。

《说文·臼部》：“臼，舂也。古者掘地为臼，其后穿木石。象形，中米也。凡臼之属皆从臼。”（臼，舂米的臼。古时候在地上掘坎成臼，后来挖穿木头或石头（作臼）。凵像臼的形状，中间的⺍是米的形状。大凡臼的部属都从臼。）

“臼”的本义为舂米的器具。泛指舂捣的器具。如“杵臼”。又比喻形状像臼的东西。如“臼齿。”

臼

臼

小篆

臼

楷书

（yǎo）

“舀”是会意字。金文形体就像一只手到一个器皿中去舀取东西的样子。小篆承接金文。隶变后楷书写作“舀”。

《说文·臼部》：“舀，抒臼也。从爪、臼。《诗》曰：‘或簸或舀。’”（舀，从臼里舀出来。由爪、由臼会意。《诗经》说：“时而簸去糠皮，时而把米从臼里舀出来。”）

“舀”的本义为将米从臼里舀出来，就是舀取。

现在，凡是从“那里”舀到“这里”，都可称为“舀”。

小篆

楷书

金文

小篆

楷书

(guā)

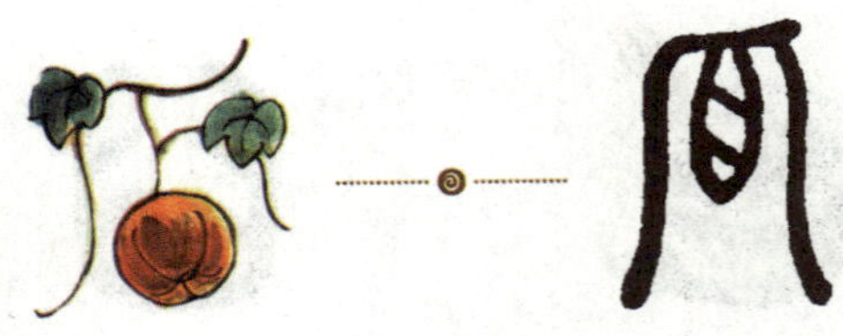

“瓜”是象形字。金文像长长的瓜蔓中间有一个已经成熟的大瓜。小篆线条化。隶变后楷书写作“瓜”。

《说文·瓜部》:“瓜，蓏也。象形。凡瓜之属皆从瓜。”(瓜，草本植物的果实。像藤蔓上结瓜的形状。大凡瓜的部属都从瓜。)

“瓜”是一类植物的总称，可以分为很多种类，有水果，也有菜蔬。如“西瓜”。引申指状如瓜的器物。如“金瓜”(一种充作仪仗的武器)“瓜皮帽”。

有一个很著名的典故“瓜代”，指的是接职继任。

金文

小篆

楷书

(má)

“麻”是会意字。金文从厂(山崖)，其内挂着剥下的麻皮纤维，会于崖下劈麻晾麻之意。小篆改为从广(敞屋)，会在屋檐下晾麻之意。隶变后楷书写作“麻”。

《说文·麻部》:“麻，与𣏟(pài)同。人所治，在屋下。从广，从𣏟。凡麻之属皆从麻。”(麻，与“𣏟”字意义相同。麻是人工加工的纤维，所以𣏟在敞屋之下。由广、由𣏟会意。大凡麻的部属都从麻。)

“麻”指可做绳索、纺织的大麻。引申为麻布丧服。如“披麻戴孝”。

（yù）

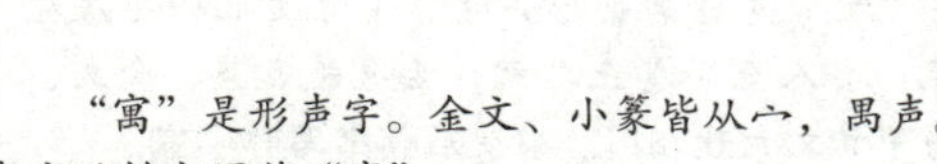

“寓”是形声字。金文、小篆皆从宀，禺声。隶变后楷书写作“寓”。

《说文·宀部》：“寓，寄也。从宀，禺声。”（寓，寄居。从宀，禺声。）

“寓”的本义为寄居、寄住。如《孟子·离娄下》：“无寓人于我室，毁伤其薪木。”

用作名词，指住所、住处。如“公寓”“客寓”等。

由寄居引申指投寄、寄递。又引申指寄托、寄存。

寓

金文

小篆

楷书

（jiā）

“家”是会意兼形声字。甲骨文表示“屋内有豕（猪）”为“家”。（古代生产力低下，人们多在屋子里养猪，所以房子里有猪就成了人家的标志。）隶变后楷书写作“家”。

《说文·宀部》：“家，居也。从宀，豭省声。”（家，居处的地方。从宀，豭省声。）

“家”指人家，引申泛指家庭。如晋代陶渊明《桃花源记》：“便要还家，设酒杀鸡作食。”

引申为住宅、房屋。如《史记·平原君虞卿列传》：“平原君家楼临民家。”

甲骨文

金文

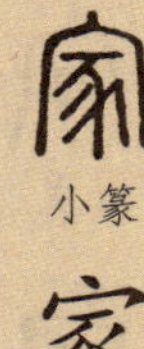

小篆

楷书

室

(shì)

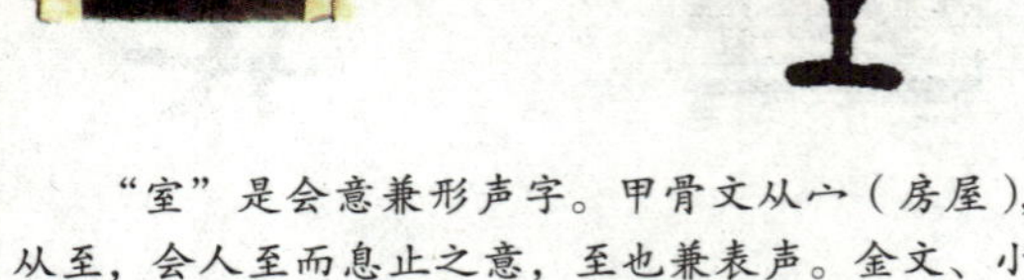

“室”是会意兼形声字。甲骨文从宀（房屋），从至，会人至而息止之意，至也兼表声。金文、小篆与甲骨文大致相同。隶变后楷书写作“室”。

《说文·宀部》：“室，实也。从宀，从至。至，所止也。”（室，内室。由宀、由至会意。至表示止息之地。）

“室”的本义指人所息止的堂内的房间，即堂后之正室。如《易·系辞》：“上古穴居而野处，后世圣人易之以宫室。”泛指房屋、住宅。如陶渊明《归园田居》：“户庭无尘杂，虚室有余闲。”

向

(xiàng)

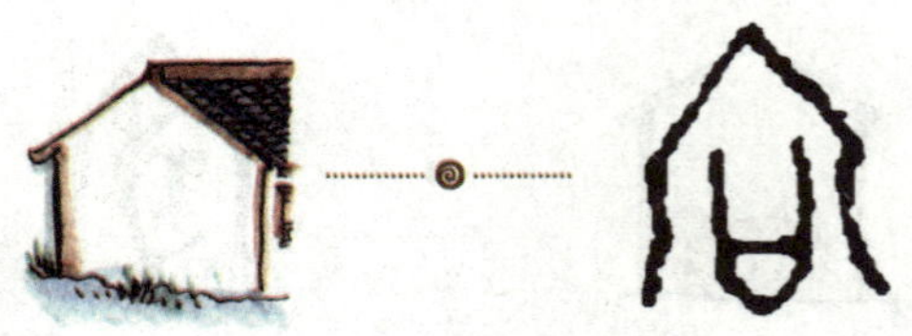

“向”是会意字。甲骨文会屋墙上有窗户之意。金文和小篆承接甲骨文，变化不大。隶变后楷书写作“向”。

《说文·宀部》：“向，北出牖也。从宀，从至。《诗》曰：‘塞向墐户。’”（向，朝北开出的窗子。由宀、由口会意。《诗经》说：“塞住朝北的窗子，用泥巴涂住门缝。”）

“向”的本义为北开的窗户。所以引申泛指窗户。如“闭户塞向”，指把门和窗户关上。

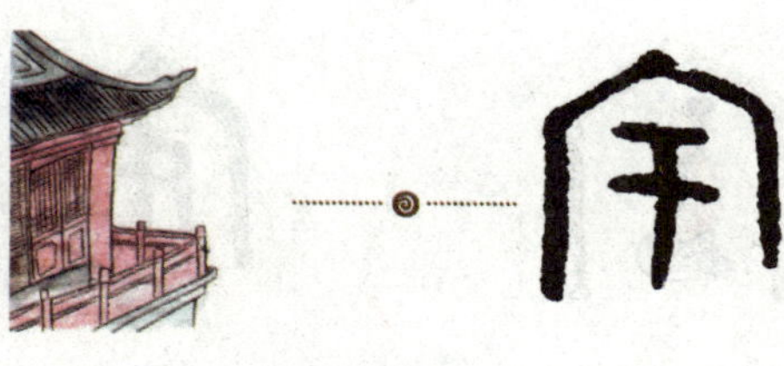

宇

金文

小篆

楷书

（yǔ）

“宇”是形声字。金文从宀（房屋），于声。小篆整齐化。隶变后楷书写作“宇”。

《说文·宀部》：“宇，屋边也。从宀，于声。如《易》曰：‘上栋下宇。’”（宇，屋的边檐。从宀，于声。《易经》说：“上有栋梁下有屋檐。”）

“宇”的本义为房檐。如《易经·系辞》：“后世圣人易之以宫室，上栋下宇，以待风雨。”

宏

金文

小篆

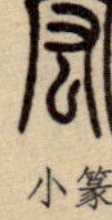

楷书

（hóng）

“宏”是形声字。小篆从宀（房屋），厷声。隶变后楷书写作“宏”。

《说文·宀部》：“宏，屋深响也。从宀，厷声。”（宏，房屋幽深而有回响。从宀，厷声。）

“宏”的本义指房屋深广，说话有回声。引申泛指广大。如“宏伟”。又引申指胸襟开阔、度量大、见识广博。如“宏论”即是见识广博的言论。

甲骨文

金文

小篆

安

楷书

安

(ān)

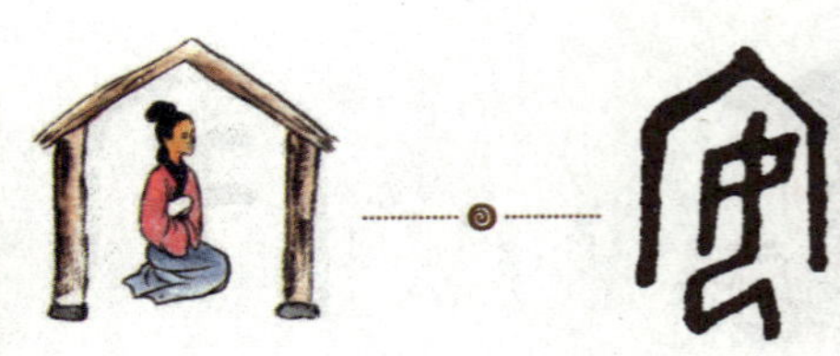

“安”是会意字。甲骨文从女，从宀（房子），由女子坐在房中，会平安、安适之意。金文、小篆与甲骨文形体大致相同。隶变后楷书写作“安”。

《说文·宀部》：“安，静也。从女在宀下。”（安，安宁。由“女”在“宀”下会意。）

“安”的本义是平静、安稳。引申指舒适、安适。如《论语·学而》：“君子居无求安，食无求饱，敏于事而慎于言。”又引申指安定、坦然。如《论语·季氏》：“不患寡而患不均，不患贫而患不安。”

实

金文

小篆

楷书

(shí)

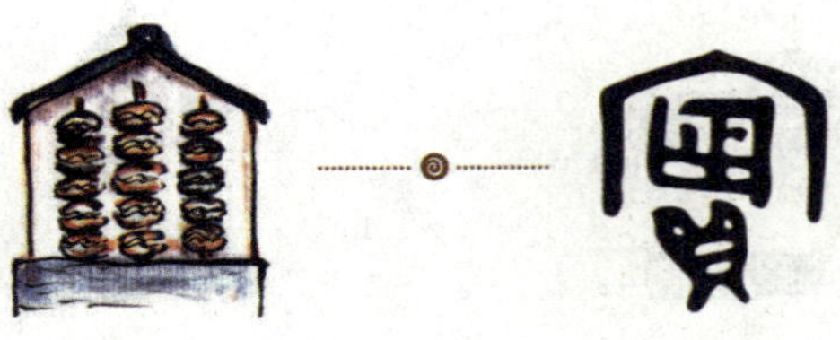

实，富裕。由宀、由貫会意。贯，表示货贝。

“实”的本义是富裕，充盈。如《说文》：“实，富也。”《小尔雅》：“实，满也，塞也。”汉代贾谊《论积贮疏》：“管子曰：‘仓廪实而知礼节。’”

诚实，真实。如《广雅》：“实，诚也。”《韩非子·主道》：“虚则知实之情。”广大。如《诗经·小雅·节南山》：“节彼南山，有实其猗。”坚实，强硬。如《孙子兵法·虚实篇》：“兵之形，避实而击虚。”

果实，种子。如《诗经·周颂·载芟》：“实函斯活。”宋代沈括《梦溪笔谈》：“用实者成实时采。”

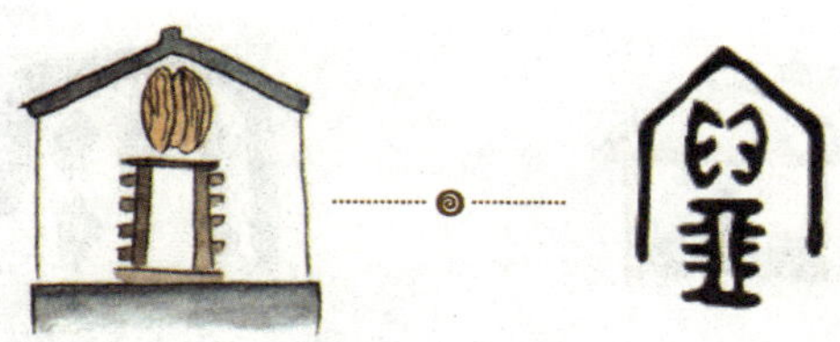

宝，表示家里藏有珍宝。由宀、由玉、由貝会意，缶声。

(bǎo)

“宝”的本义是珍宝。如《说文》:“宝，珍也。”《诗经·大雅·桑柔》:“稼穑维宝。”《诗经·大雅·崧高》:“以作尔宝。”《论语》:“怀其宝。”《史记·廉颇蔺相如列传》:“和氏璧天下人所共传宝也。”

对孩子的爱称。如“小宝贝儿”。

珍爱，重视。如《韩非子·解老》:“吾有三宝，持而宝之。”

与佛教有关的事物。如“皈依三宝”。

宝

甲骨文

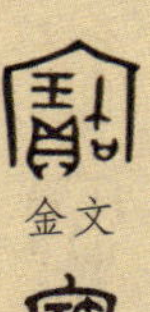

金文

小篆

寶

楷书

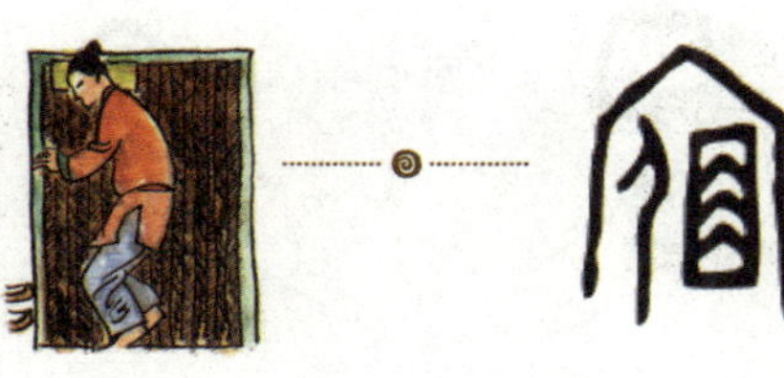

“宿”是会意字。甲骨文从宀（房屋），从人，从丙（席），会人躺在席上于屋内睡觉之意。金文与甲骨文大致相同。小篆整齐化。隶变后楷书写作“宿”。

(sù)

(xiù)

(xiǔ)

《说文·宀部》:“宿，止也。从宀，佰声。”（宿，止宿。从宀，佰声。）

“宿”的本义指夜晚睡觉、住宿，读作 sù。如《乐府诗集·木兰辞》:“旦辞爷娘去，暮宿黄河边。”

“宿”（xiǔ）引申指一夜。如《齐民要术·水稻》:“净淘种子，渍经三宿。”

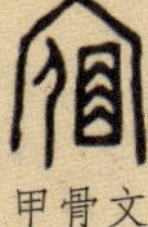

甲骨文

金文

小篆

宿

楷书

寒

金文

小篆

寒

楷书

(hán)

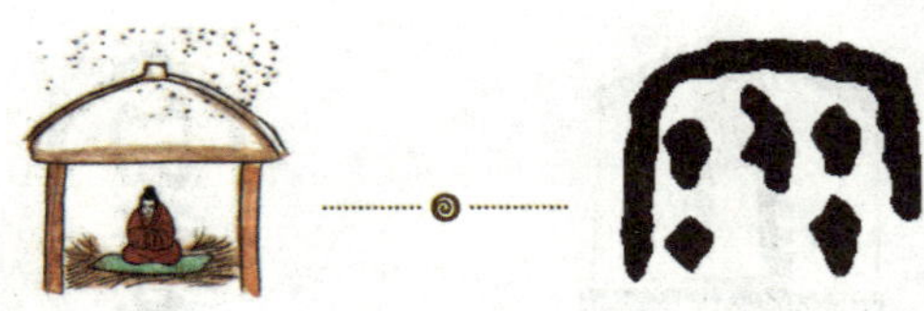

“寒”是会意字。金文形体从宀，从人、茻（众草），会天寒地冻之意。小篆继承金文。隶变后楷书写作“寒”。

《说文·宀部》：“寒，冻也。从人在宀下，以茻荐覆之，下有仌。”（寒，冷冻。由“人”在“宀”下，用草垫着盖着，下有“从仌”来会意。）

“寒”的本义指寒冷。如《史记·刺客列传》：“风萧萧兮易水寒。”引申指战栗恐惧。如“胆寒”。又引申指贫困。古时将家境贫困或门第卑微的读书人称为“寒士”“寒门”。

宫

甲骨文

金文

小篆

宫

楷书

(gōng)

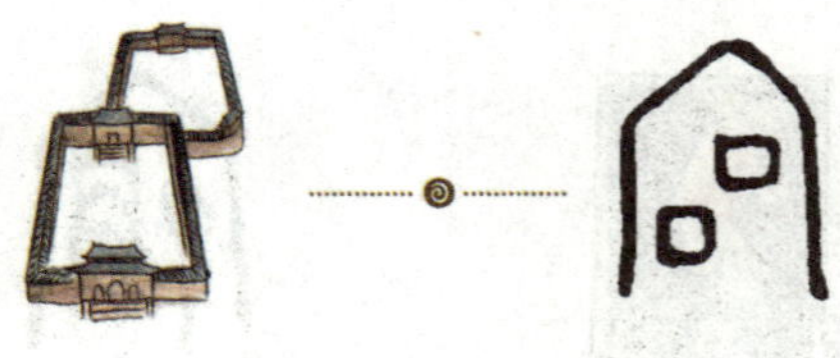

“宫”的甲骨文是象形字。甲骨文外形像围墙，内部的两个“口”像围墙内的若干房屋。金文、小篆的形体继承甲骨文。隶变后楷书写作“宫”。

《说文·宫部》：“宫，室也。从宀，躳（躬）省声。”（宫，室。从宀，躬省声。）

“宫”的本义指有围墙的房屋，后泛指房屋。秦、汉以后特指君王居住的地方。如王建《宫词》：“宫人早起笑相呼，不识阶前扫地夫。”

“宫”亦可当宗庙讲。如《诗经·召南·采蘩》：“于以用之，公侯之宫。”

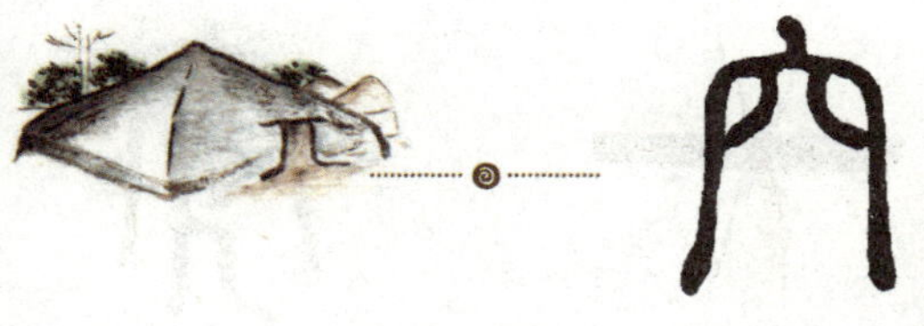

(xué)

"穴"是象形字。小篆像古人居住的半地下土窑。隶变后楷书写作"穴"。

《说文·穴部》:"穴,土室也。从宀,八声。凡穴之属皆从穴。"(穴,土室。从宀,八声。大凡穴的部属都从穴。)"穴"的本义即是古人居住的半地下土窑。引申为埋棺材的墓坑。如《诗经·王风·大车》:"谷则异室,死则同穴。"动物的窝。如汉代王粲《七哀诗》:"狐狸驰赴穴,飞鸟翔故林。"

挖洞。如《墨子·备穴》:"穴土而入。"

穴

小篆

楷书

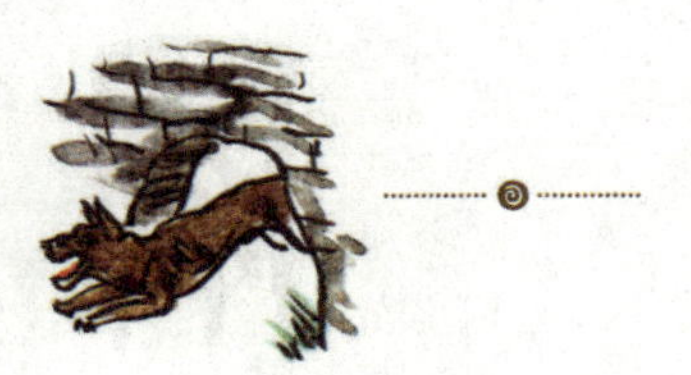

(tū)

"突"是会意字。金文从犬,从穴,会狗从洞中一下子猛地窜出之意。小篆整齐化。隶变后楷书写作"突"。

《说文·穴部》:"突,犬从穴中暂出也。从犬在穴中。一曰:滑也。"(突,狗在洞中突然而出。由"犬"在"穴"中会意。另一义说:突是"滑"的意思。)

"突"的本义是狗从穴中突然而出 。引申为急速地外冲。如古书中常常出现的"突骑"一词,即冲锋陷阵的精锐骑兵。

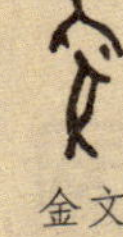

金文

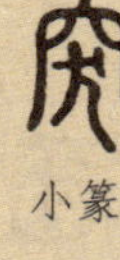

小篆

楷书

小篆

穿
楷书

穿

(chuān)

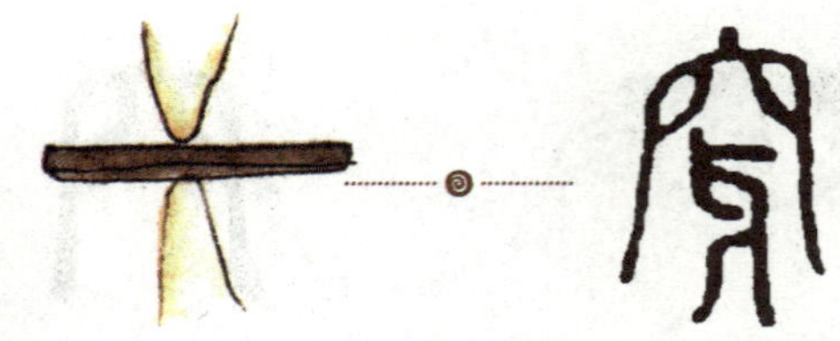

"穿"是会意字。小篆从牙在穴中，会穿通之意。隶变后楷书写作"穿"。

《说文·穴部》："穿，通也。从牙在穴中。"（穿，穿透。由"牙"在"穴"中会意。）

"穿"的本义为穿破、穿通。如"水滴石穿""百步穿杨"。又引申指挖掘、开凿。如"穿井"也就是指凿井。

还可以表示通过、插过（空隙、空间等）。如宋代苏轼在《念奴娇·赤壁怀古》中说"乱石穿空"，就是陡峭不平的石壁将要刺破天空的意思。由此引申指把衣服、鞋袜等套在身上。

冠

小篆

冠
楷书

冠

(guān)
(guàn)

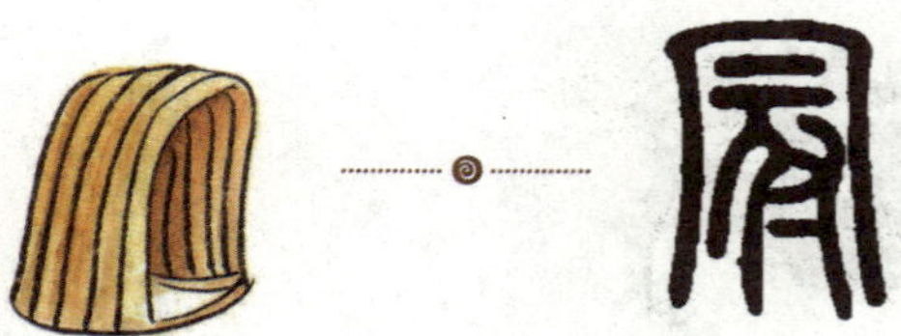

"冠"是会意兼形声字。小篆从冖（帽子），从元（人头），元也表声，会将帽子戴在头上之意。隶变后楷书写作"冠"。

《说文·冖部》："冠，絭也。所以絭发，弁冕之总名也。从冖，从元，元亦声。冠有法制，从寸。"（冠，卷束。是用来卷束头发的东西，是帽子的统名。由冖、由元会意，元也表声。戴帽子有尊卑法制，所以从寸。）

"冠"的本义为帽子，读作 guān。如成语"弹冠相庆"，这里的"弹冠"就是指弹去帽子上的灰尘。引申指像帽子的东西。如"树冠""鸡冠"。

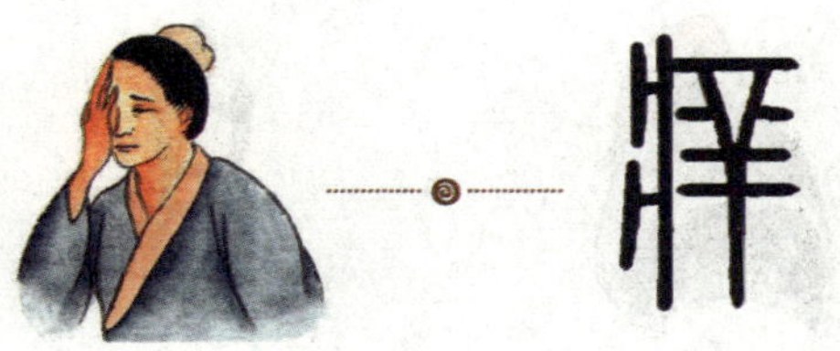

痒

(yǎng)

“痒”是形声字。小篆从疒（表示与疾病有关），羊声。隶变后楷书写作“痒”和“癢”。如今规范化，以“痒”为正体。

《说文·疒部》：“痒，疡也。从疒，羊声。”（痒，痈疮。从疒，羊声。）

“痒”指一种皮肤或黏膜不适而令人想抓挠的感觉。如成语“隔靴搔痒”，意思是隔着靴子挠痒痒。比喻说话、作文不中肯、不贴切，没有抓住要害。亦比喻做事没有抓住关键。

痒 小篆 痒 楷书

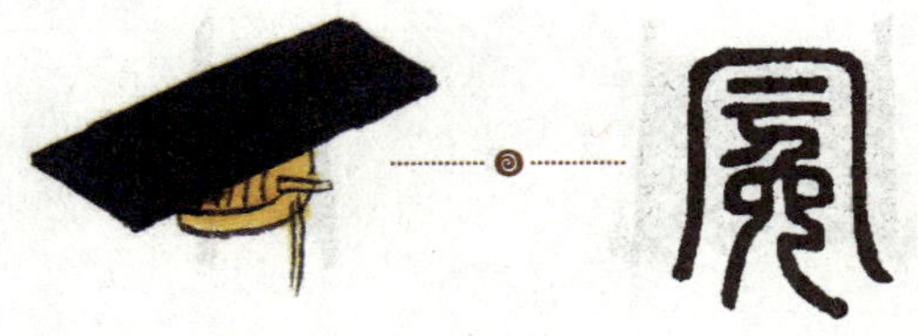

冕

(miǎn)

“冕”是形声字。小篆从冃，免声。隶变后楷书写作“冕”。

《说文·冃部》：“冕，大夫以上冠也。邃延、垂瑬、纨纩。从冃，免声。”（冕，大夫以上官员的礼帽。覆版长长，垂下玉瑬，又悬着充塞两耳的瑱玉。从冃，免声。）

“冕”本义是大夫以上的官员所戴的礼帽。如《左传·哀公十五年》：“服冕乘轩。”

后来特指帝王的皇冠。如“加冕”，意思就是把皇冠戴在君主头上，是君主即位时所举行的仪式。

冕 小篆 冕 楷书

胄

金文

小篆

楷书

(zhòu)

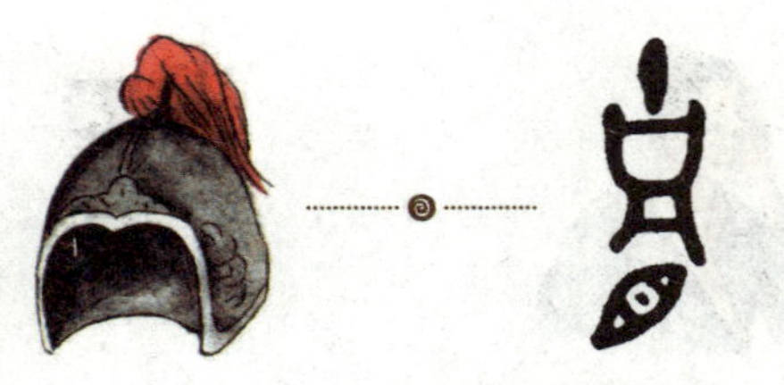

“胄”是形声字。金文下部为目，目之上是一顶帽子（古代武士所戴的头盔），上端还有装饰品。小篆则变为从冃、由声的形声字。隶变后楷书写作“胄”。

“胄”的本义是头盔。《说文·冃部》：“胄，兜鍪也。从冃，由声。”如《左传·僖公三十三年》：“三十三年春，秦师过周北门，左右免胄而下。”还指有血缘关系的帝王或贵族的后代。如《三国志·蜀书·诸葛亮传》：“将军既帝室之胄，信义著于四海，总揽英雄，思贤如渴。”其中的“帝室之胄”就是指帝王的后代。

网

甲骨文

金文

小篆

楷书

(wǎng)

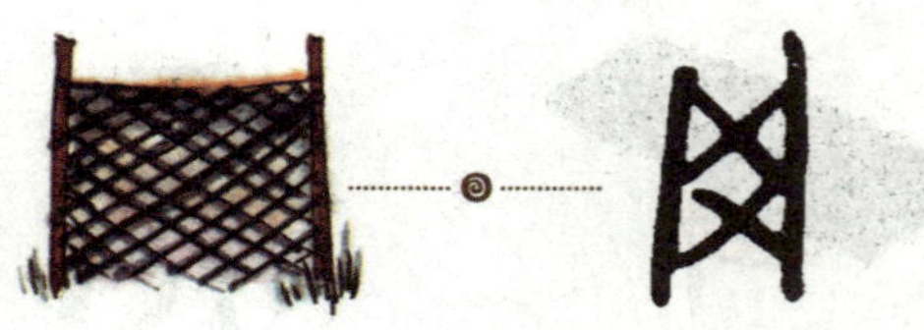

“网”的甲骨文是象形字。在甲骨文字形中，左右两边像插在地上的木棍，中央像交错的网。隶变后楷书写作“网”。

《说文·网部》：“网，庖牺所结绳，以渔。从冂，下象网交文。凡网之属皆从网。”（网，庖牺氏结绳编织的工具，用以捕鱼。从冂，表示蒙覆；下面的㐅㐅，像绳网交织的花纹。大凡网的部属都从网。）

“网”的本义为用绳线编织的渔猎工具。如“渔网”。引申泛指多孔而状如网的东西。如“蛛网”“网兜”。还引申比喻像网一样纵横交错的组织或系统。

（zhào）

“罩”是会意兼形声字。小篆从网（罒）从卓（表示网鸟）会意，卓兼表声。隶变后楷书写作“罩”。

《说文·网部》：“罩，捕鱼器也。从网，卓声。”（罩，捕鱼的竹笼。从网，卓声。）

“罩”的本义为捕鱼的竹笼。引申指捕鸟的竹笼或掩网。又指养家禽的竹笼。如“鸡罩”。

指超越。如晋代皇甫谧《三都赋序》：“其文博诞空类，大者罩天地之表，细者入毫纤之内。”

罩

小篆

楷书

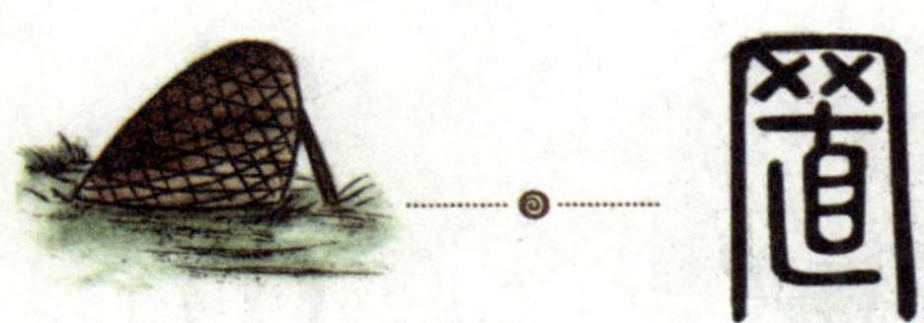

（zhì）

“置”是形声兼会意字。小篆从网（罒，法网），直声，直兼表搁放之意，用放弃刑罚会释放之意。隶变后楷书写作“置”。

《说文·网部》：“置，赦也。从网，直声。”（置，赦免。从网，直声）

“置”的本义为释放、赦免。如《三国志·吴书·吴主传》：“若罪在难除，必不见置。”

引申指放弃、废弃。如《史记·项羽本纪》：“沛公则置车骑，脱身独骑。”

小篆

楷书

巾

(jīn)

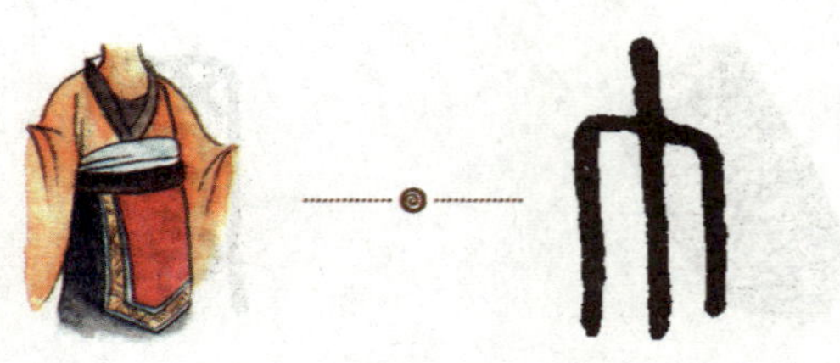

“巾”是象形字。甲骨文像古人腰间的佩巾下垂的样子。金文和小篆的形体直接从甲骨文演化而来。隶变后楷书写作“巾”。

《说文·巾部》:“巾，佩巾也。从冂，丨象糸也。凡巾之属皆从巾。”（巾，佩带的巾帛。从巾形的冂，丨像系佩的绳索。大凡巾的部属都从巾。）“巾”的本义为佩巾、擦抹用的布。如唐代王勃《送杜少府之任蜀州》:“无为在歧路，儿女共沾巾。”头巾。如宋代苏轼《赤壁怀古》:“羽扇纶巾。”宋代陆游《秋晚登城北门》:“幅巾藜杖北城头，卷地西风满眼愁。”

甲骨文

小篆

楷书

(dài)

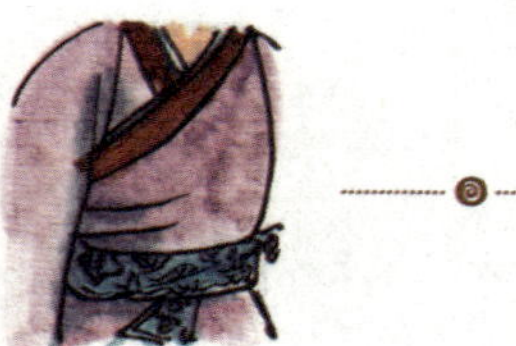

带，大的衣带。男子佩皮革的衣带，妇人以丝为衣带。（ ）像系佩的样子。佩一定有巾，所以从巾。

“带”的本义是大的衣带。如《说文》:“带，绅也。象系佩之形。佩必有巾，从巾。”《诗经·卫风·有狐》:“之子无带。”

佩带。如《楚辞·屈原·涉江》:“带长铗之陆离兮。”

携带。如《世说新语·德行》:“遗已聚敛得数斗焦饭，未展归家，遂带以从军。”

带领。如“带路”。

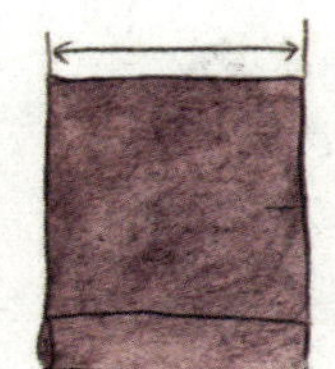

(fú)

“幅”是形声字。小篆从巾，畐声。隶变后楷书写作“幅”。

《说文·巾部》：“幅，布帛广也。从巾，畐声。”（幅，布帛的宽度。从巾，畐声。）

“幅”的本义为布帛的宽度。泛指地面或书画面的广狭。如“幅员辽阔”。《诗经·商颂·长发》：“幅陨既长。”《列女传·母仪》：“幅者，所以正曲枉也。”明代高启《书博鸡者事》：“即连楮为巨幅，广二丈，大书一‘屈’字。”

作量词，用于字画、布帛以及布帛制品等。如“两幅锦缎”。

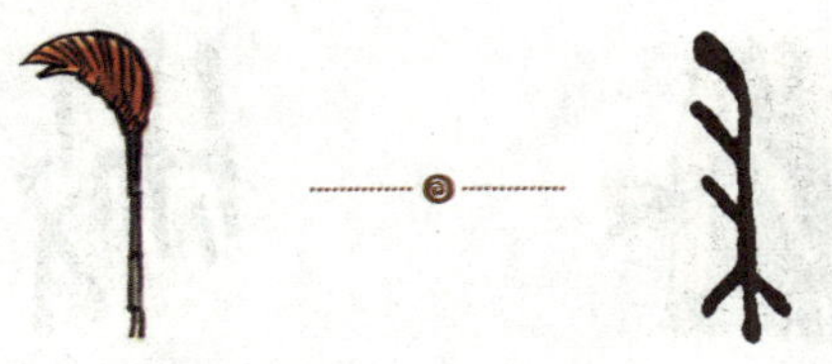

(zhǒu)

“帚”是象形字。甲骨文形体像一把扫帚。金文与甲骨文的形体大致相同，并形象化。小篆下部手可握持的部分变成了“巾”。隶变后楷书写作“帚”。

《说文·巾部》：“帚，粪也。从又持巾埽冂内。古者少康初作箕、帚、秫酒。少康，杜康也，葬长垣。”（帚，扫除。由“又”（手）持握“巾”扫除“冂”界之内会意。古时候，少康最开始制作簸箕、扫帚和秫酒。少康，就是杜康，葬在长垣。）“帚”的本义为扫除尘土、垃圾的用具。如扫帚、笤帚、炊帚。

幅 小篆 楷书

帚 甲骨文 金文 小篆 楷书

白

(bái)

“白”是象形字。关于其字形，有人解释为像火苗燃烧的样子，也有人认为像太阳初升的样子。不过，解释为像一粒白色谷米是最形象的。《周礼》中干脆称“稻谷”为“白”。

《说文·白部》：“白，西方色也。阴用事，物色白。从入合二；二，阴数。凡白之属皆从白。”（白，西方的颜色。在阴暗处用事，物体的颜色容易剥落为白色。由“入”字包合着“二”字构成；二，表示阴数。大凡白的部属都从白。）“白”的本义是白米粒。泛指白色。如“白头偕老”。还引申为清楚。如“真相大白”。进而引申为陈述。如“自白”。

甲骨文

小篆

楷书

(bì)

“敝”是会意兼形声字。甲骨文字形像用木棍将布打破的形象。小篆的形体与甲骨文基本相同。隶变后楷书写作“敝”。

敝，一幅巾。另一义说：敝是破败的衣服。由攴、由㡀会意，㡀也表声。

“敝”的本义是衣服破旧。引申为破旧。如《史记·魏公子列传》：“侯生摄敝衣冠。”可以引申为疲惫、疲困。如《资治通鉴》：“曹操之众远来疲敝。”

因为“敝”有破旧义，所以古人对自己或自己一方也常用“敝”字表示谦称。如“敝人”。

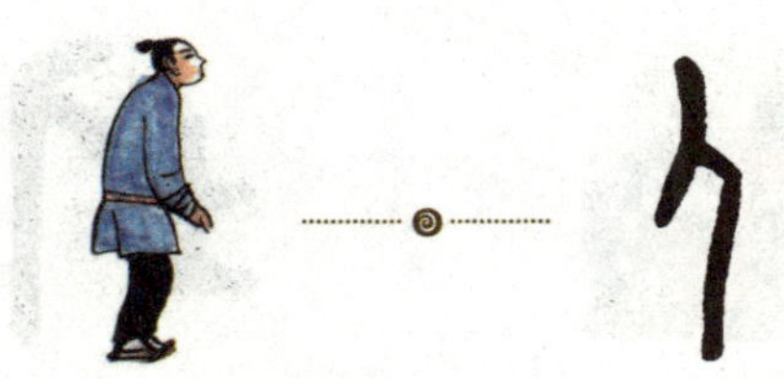

(rén)

“人”是象形字。甲骨文像侧面站立的人之形。金文、小篆字形基本上与甲骨文相同。隶变后楷书写作“人”。

《说文·人部》：“人，天地之性最贵者也。象臂胫之形。凡人之属皆从人。”（人，天地间的生物中最可宝贵的。字形像手臂腿胫的样子。）

“人”的本义为能制造并使用工具进行劳动，又能用语言进行思维和交际的生命。如《列子·黄帝》：“有七尺之骸，手足之异，戴发含齿，倚而趣者谓之人。”

人

甲骨文

金文

小篆

人

楷书

(bǎo)

“保”是会意字。甲骨文的字形像面朝左的一个大人，手臂向后背抱一小儿。金文同于甲骨文。隶变后楷书写作“保”。

《说文·人部》：“保，养也。从人，从𤓽省。𤓽，古文孚。”（保，养育。由人，由𤓽省会意。𤓽，古文“孚”字。）

“保”的本义为负子于背，即把孩子背在背上。如《尚书·召诰》：“夫知保抱携持厥妇子，以哀吁天。”引申指养育、抚育、抚养。如《尚书·康诰》有“保赤子”的话，就是“抚养好初生的婴儿”。

仕
金文
小篆
仕
楷书

仕

(shì)

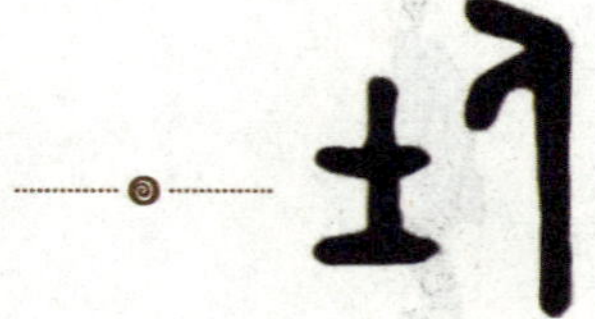

仕，学习（仕宦的事）。由人、由士会意。指代做官。

“仕”的本义是学习做事。引申为做官。如《论语·子张》：“常经典籍为业，未遑仕进之事。”《后汉书·崔骃传》：“学而优则仕。”

通“事”。从事，做事。如《诗经·小雅·四月》：“滔滔江、汉，南国之纪；尽瘁以仕，宁莫我有。”

检查。如《诗经·小雅·节南山》：“弗躬弗亲，庶民弗信；弗问弗仕，勿罔君子。”官宦，官员。如宋代孟元老《东京梦华录》：“仕女往往夜游。”

金文
小篆
佩
楷书

(pèi)

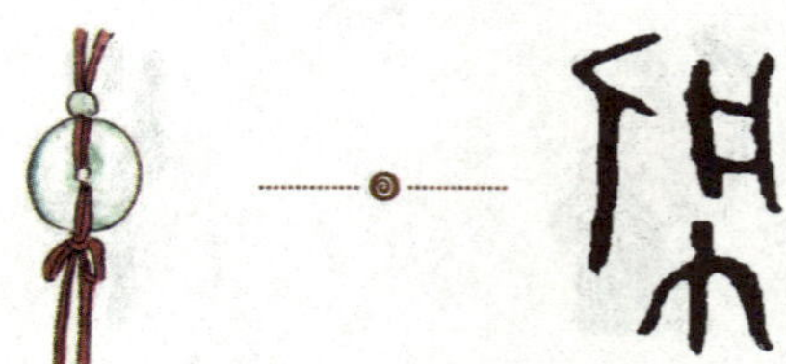

“佩”是会意字。金文从人，从凡（表示盘形玉饰），从巾（表佩带），会人所佩带的盘形玉饰之意。小篆整齐化。隶变后楷书写作“佩”。

《说文·人部》：“佩，大带佩也。从人，从凡，从巾。佩必有巾，巾谓之饰。”（佩，系在大衣带上的佩玉之类的装饰品。由人、由凡、由巾会意。佩物一定有巾，巾叫作饰。）

“佩”的本义为古人系在衣带上的装饰品。如《诗经·郑风·有女同车》：“将翱将翔，佩玉将将。”

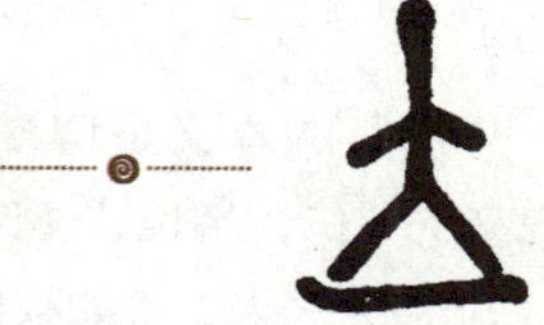

位

(wèi)

"位"的甲骨文、金文是指事字。甲骨文、金文写作"立",从大(正面人形),从一(表示地)。隶变后楷书写作"位"。

《说文·人部》:"位,列中庭之左右谓之位。从人、立。"(位,排列在朝廷中的左右位置叫作位。由人、由立会意。)

"位"的本义是朝廷中群臣排班所处的序列、地方。引申指所处的官职、级别。还特指封建君主的统治地位。"即位"就是指登上帝位,"在位"就是居于君主之位。

位

甲骨文

金文

小篆

楷书

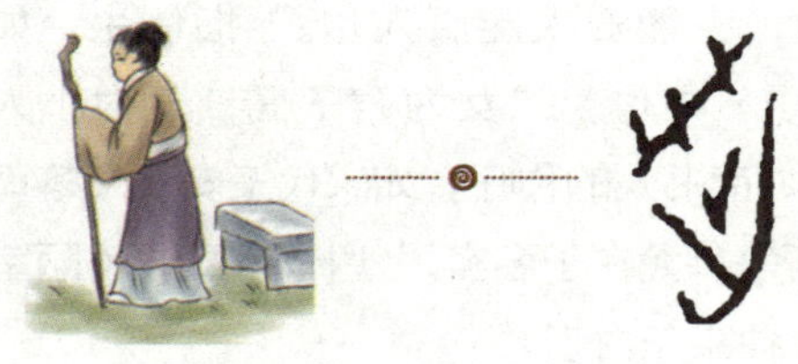

作

(zuò)
(zuō)

"作"是会意字。甲骨文和金文原作"乍"。小篆从人,从乍,会人突然起身之意。隶变后楷书写作"作"。

《说文·人部》:"作,起也。从人,从乍。"(作,起立。由人、由乍会意。)

"作"指人起身,读作 zuò。引申指起来、开始劳作。如《击壤歌》:"日出而作,日入而息。"这句话的意思是,太阳升起就起来劳动,太阳下山就休息。进而引申指产生、兴起、振作。如《易经·乾卦》:"云从龙,风从虎。圣人作而万物睹。"

作

甲骨文

金文

小篆

楷书

仁
𡈼
小篆
仁
楷书

儒
𠋥
小篆
儒
楷书

佳
佳
小篆
佳
楷书

(rén)

仁，亲爱。由“人”，由“二”会意。

“仁”的本义是博爱，相亲相爱。如《说文》：“仁，亲也。”《诗经·郑风·叔于田》：“岂无居人，不如叔也，洵美且仁。”

指有仁德的人。如宋代范仲淹《岳阳楼记》：“予尝求古仁人之心。”

古代的一种道德观念，核心是人与人之间相互友善。如《论语·雍也篇》：“夫仁者，己欲立而立人，己欲达而达人。”指仁政。如《孟子》：“以德行仁者王。”

儒

(rú)

儒，性格柔和的人。又是道术之士的名称。从人，需声。

“儒”的本义是术士。如《说文》：“儒，术士之称。”《法言·君子》：“通天地之人曰儒。”《礼记·儒行》：“儒之言优也和也，言能安人能服人也。”指儒生。如《论语·雍也》：“女为君子儒，无为小人儒。”指古代对学者或读书人的称呼。如宋代王安石《答司马谏议书》：“儒者所争，尤在于名实。”唐代刘禹锡《陋室铭》：“谈笑有鸿儒，往来无白丁。”

佳

(jiā)

佳，美好。从人，圭声。

“佳”的本义是美、好。如《说文》：“佳，善也。”《广雅》：“佳，大也，又，好也。”晋代陶渊明《饮酒》：“山气日夕佳。飞鸟相与还。”宋代欧阳修《醉翁亭记》：“佳木秀而繁阴。”指吉祥。如“佳谶”。

健，强壮有力。从人，建声。

“健”的本义是强有力的。如《说文》：“健，伉也。”《易经·乾卦》：“天行健，君子以自强不息。”

健康，健壮。如唐代杜甫《兵车行》：“纵有健妇把锄犁，禾生垄亩无东西。”

使身体强健。如“强身健体”“健脾养胃”。指擅长。如明代魏禧《大铁椎传》：“有健啖客。”

健

(jiàn)

健

小篆

楷书

傲，骄慢不逊。从人，敖声。

“傲”的本义是骄傲、傲慢。如《说文》：“傲，倨也。”《左传·文公九年》：“执币，傲。”《韩非子·内储说下》：“令尹甚傲而好兵，子必谨敬。”急躁，着急。如《荀子·劝学》：“不问而告谓之傲。”

傲慢而不重视。如《韩非子·六反》：“民慕其利而傲其罪。”《南史·萧子显传》：“恃才傲物。”

傲

(ào)

傲

小篆

楷书

伐，击杀。由“人”持握“戈”会意。另一义说，是败坏。

“伐”的本义是砍、杀。如《说文》：“伐，击也。”《广雅》：“伐，杀也。”

砍伐。如《诗经·魏风·伐檀》：“坎坎伐檀兮。”唐代白居易《卖炭翁》：“伐薪烧炭南山中。”进攻，讨伐。如《论语·季氏》：“季氏将伐颛臾。”

打败。如《孙子兵法·谋攻篇》：“故上兵伐谋，其次伐交，其次伐兵。”

伐

(fá)

伐

小篆

楷书

金文

小篆

伏

楷书

（fú）

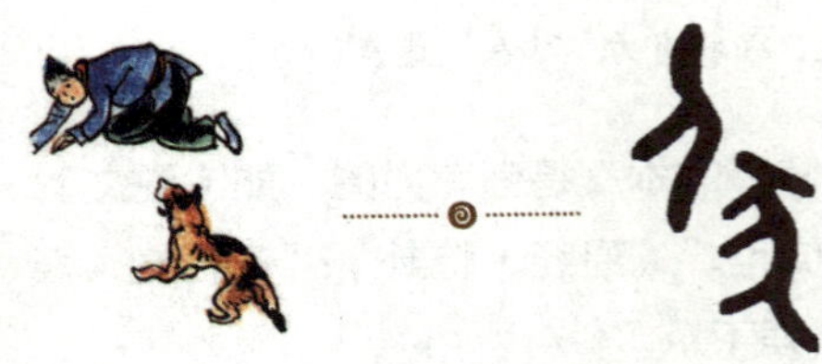

“伏”是会意字。金文左侧是一个面朝左的人，右边是一只犬（狗），会犬趴伏伺机袭击人之意。隶变后楷书写作“伏”。

《说文·人部》：“伏，司也。从人，从犬。”（伏，伺候。由人、由犬会意。）“伏”的本义是趴下。无论是人还是动物，想隐藏自己的时候，一般都会趴下不动，所以又引申指潜藏、埋伏。如“潜伏”。《广雅》：“伏，藏也。”《老子》：“福兮祸所伏。”《左传·庄公十年》：“夫大国，难测也，惧有伏焉。”《史记·屈原贾生列传》：“入武关，秦伏兵绝其后。”

甲骨文

金文

小篆

化

楷书

化

（huà）

（huā）

“化”是会意字。在甲骨文中，左边是一个面朝左侧立的人，右边是一个头朝下、脚朝上倒着的人，会颠倒变化之意。金文、小篆的写法变化不大。隶变后楷书写作“化”。

“化”（huà）的本义为变化。如《庄子·逍遥游》：“化而为鸟，其名为鹏。”

引申指教化。如王充《论衡·佚文》：“无益于国，无补于化。”《周礼·大宗伯》：“以礼乐合天地之化。”《荀子·七法篇》：“渐也，顺也，靡也，久也，服也，习也，谓之化。”汉代杨恽《报孙会宗书》：“明明求仁义，常恐不能化民者，卿大夫意也。”

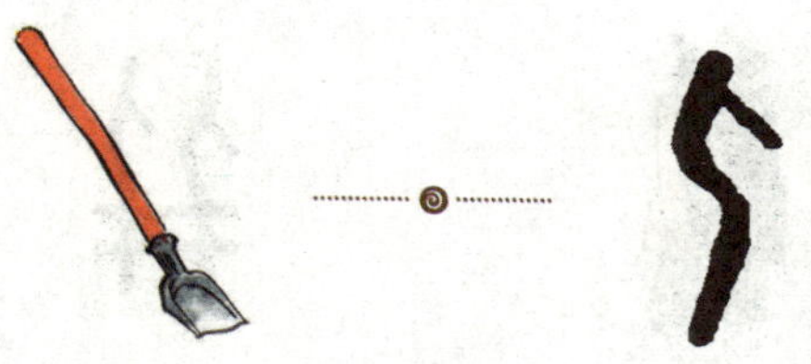

(bǐ)

"匕"是象形字。甲骨文像古代用来在煮肉的鼎内取肉的长柄汤匙。金文、小篆的写法与甲骨文大致相同。隶变后楷书写作"匕"。

《说文·匕部》:"匕,相与比叙也。从反人。匕,亦所以用比取饭,一名柶。凡匕之属皆从匕。"(匕,一起比较而排列次序。由反向的"人"字表示。匕,也是用来舀取饭食的勺匙,又叫柶。大凡匕的部属都从匕。)

"匕"是"妣"的初文。但后世本义消亡,而借指汤匙一类的取食用具。如《三国志·蜀书·先主传》:"先主方食,失匕箸。"

(cóng)

"从"是会意字。甲骨文像两个面朝左站立的人,一个跟随另一个,会前后相随之意。金文与甲骨文大体相同,小篆整齐化。隶变后楷书写作"从"。

《说文·从部》:"从,相听也。从二人。凡从之属皆从从。"(从,相听从。由两个"人"字相随会意。大凡从的部属都从从。)"从"的本义是跟随。如《聊斋志异·狼三则》:"一狼得骨止,一狼仍从。"

引申表示顺从、依从。如《荀子·子道》:"从道不从君,从义不从父。"又引申指自、由。如唐代贺知章《回乡偶书》:"笑问客从何处来。"

并

(bìng)
(bīng)

“并”的甲骨文是会意字。甲骨文从从，从二，会两人相并和之意。汉字简化后写作“并”。

《说文·从部》：“并，相从也。从从（二人），幵声。一曰：从持二为并。”（并，相跟随。从从，幵声。另一义说：“从”持握着“二”为并。）

“并”（bìng）的本义为合并。如“归并”“兼并”。还引申为并列。如“并肩作战”“并驾齐驱”。由此又引申表示一起、同时。如“并举”，指同时举办，一齐进行。

甲骨文

金文

小篆

楷书

(bǐ)

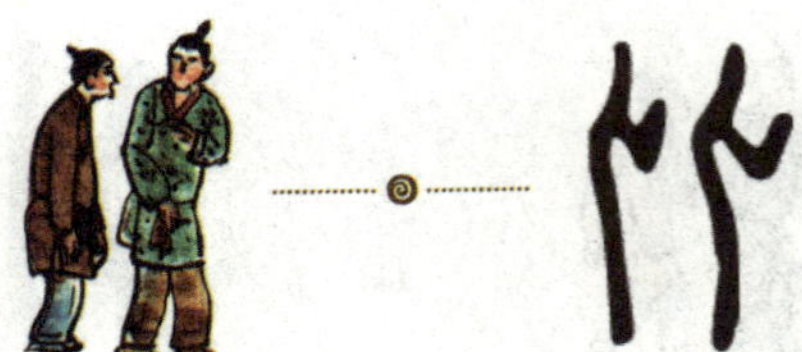

比，密也。二人为从，反从为比。凡比之属皆从比。

“比”的本义是并列，并排。如《说文》：“比，密也。二人为从，反从为比。”《诗经·小雅·六月》：“比物四骊。”《尔雅·释鸟》：“南方有比翼鸟焉，不比不飞，其名谓之鹣鹣。”

接近。如《史记·汲黯列传》：“家人失火，屋比延烧。”勾结，拉帮结派。如《论语·为政》：“君子周而不比，小人比而不周。”

及，等到。如“比及”。

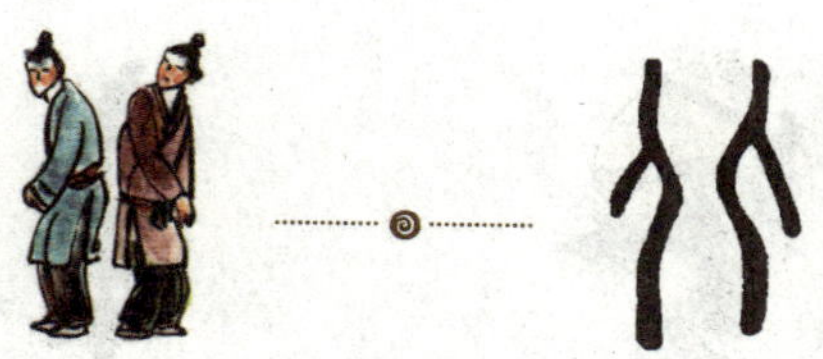

“北”是会意字。甲骨文像两个人背靠背的样子。金文和小篆的形体与甲骨文一致。隶变后楷书写作“北”。

(běi)

《说文·北部》:“北，乖也。从二人相背。凡北之属皆从北。”（北，违背。由两个“人”字背靠背表示。大凡北的部属都从北。）“北”的本义是指背或相背，是“背”的本字。引申为背离，违背。如《战国策·齐策六》:“食人炊骨，士无反北之心。”

打了败仗逃跑时总是以背对敌，“北”由此引申指败、败逃。如“败北”就是战败之意。

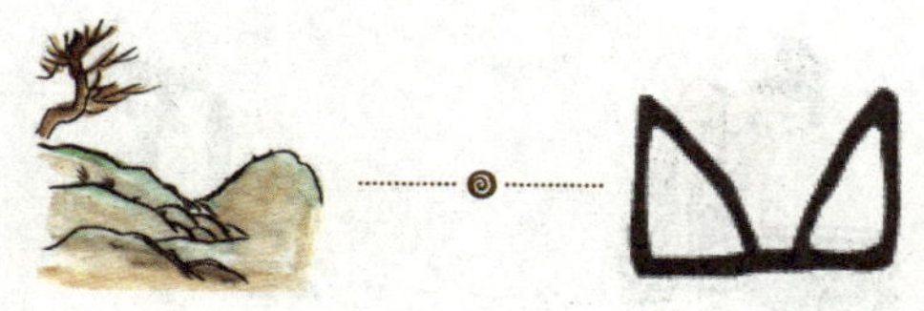

“丘”是象形字。甲骨文像有两个山峰的山丘。金文像两山之间有一条大沟的形状。小篆承接金文，并整齐化、线条化。隶变后楷书写作“丘”。

(qiū)

丘

甲骨文

金文

小篆

楷书

《说文·丘部》:“丘，土之高也，非人所为也。从北，从一。一，地也，人居在丘南，故从北。中邦之居，在昆仑东南。一曰：四方高，中央下为丘。象形。凡丘之属皆从丘。”（丘，高高的土堆，不是人力堆造的。由北、由一会意。一，表示地。人们住在丘的南面，所以由“北”字会意。中国的集居之处，在昆仑山的东南。另一义说：四方高而中央低叫丘。象形。大凡丘的部属都从丘。）

重

金文

小篆

楷书

(zhòng)

(chóng)

“重”是会意字。金文像一个人背负了一个沉重的竹笼站着。小篆的写法变得复杂了。隶变后楷书写作“重”。

《说文·重部》:“重，厚也。从壬，东声。凡重之属皆从重。”（重，厚重。从壬，东声。大凡重的部属都从重。）

“重”的本义表示东西沉，与“轻”相对，读作zhòng。引申指重要、紧要。如“重任”。还引申指庄重、沉稳。如“稳重”。还读作chóng，表示重复。如宋代陆游《游山西村》:“山重水复疑无路，柳暗花明又一村。”又引申指层层、重叠。

监

甲骨文

金文

小篆

楷书

监

(jiān)

(jiàn)

监，居上视下。小篆从卧，䘓省声。

“监”(jiān)指居上视下，监督察看。如《说文》:“监，临下也。”《诗经·小雅·节南山》:“何用不监。”

监禁，关押。如“监候”。

统领，带领。如《尚书·洛诰》:“迪将其后，监我士师工。”牢狱。如清代方苞《狱中杂记》:“监五室。”

指监督、劝告或指导的人。如《礼记·月令》:“命四监大合百县之秩刍。”

指诸侯。如《周礼·太宰》:“乃施典于邦国，而建其牧，立其监。”

临，临下监视。小篆从卧，品声。

(lín)

“临”指临下监视，从高处往低处看。如《说文》：“临，监临也。从卧，品声。”《荀子·劝学》：“不临深溪，不知地之厚也。”宋代欧阳修《醉翁亭记》：“有亭翼然临于泉上。”面对。如宋代范仲淹《岳阳楼记》：“把酒临风。”三国时诸葛亮《出师表》：“临表涕零。”到，到达。如《诗经·秦风·黄鸟》：“临其穴。”三国时曹操《观沧海》：“东临碣石，以观沧海。”靠近，接近。如三国时诸葛亮《出师表》：“临崩寄臣以大事。”

临

金文

小篆

臨

楷书

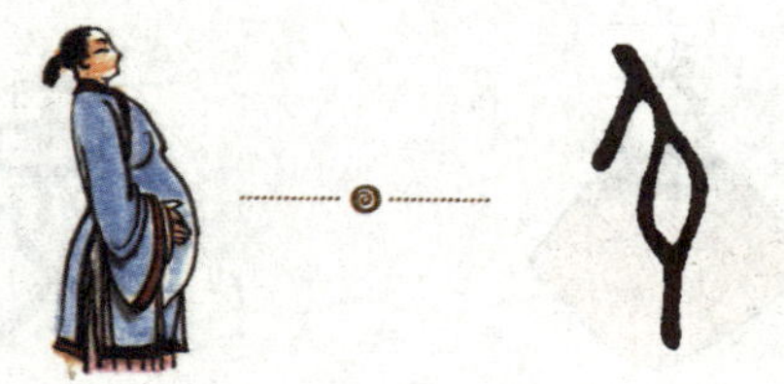

“身”是象形字。甲骨文、金文、小篆都像一个大肚子的侧面人形，是一个怀孕的女子的样子。隶变后楷书写作“身”。

(shēn)

《说文·身部》：“身，躳也。象人之身。从人，厂声。凡身之属皆从身。”（身，全身躯。像人的身躯。从人，厂声。大凡身的部属都从身。）

“身”的本义为怀孕。引申指人或动物的整个躯体。如“身高”。后引申指物体的主体或主干部分。如“船身”“车身”。又引申为自己、自身。如“身临其境”“身经百战”。

甲骨文

金文

小篆

身

楷书

袍

小篆

袍

楷书

袍

(páo)

“袍”是形声字。小篆从衣，包声。隶变后楷书写作“袍”。

《说文·衣部》：“袍，襺也。从衣，包声。《论语》曰：‘衣弊缊袍。’”（袍，有夹层、中装丝绵的长衣。从衣，包声。《论语》说：“穿着破烂的旧丝绵袍子。”）

“袍”的本义是有夹层、中间絮有丝绵的长衣。泛指衣服。又特指战袍。如《木兰诗》：“脱我战时袍，着我旧时裳。”

“黄袍”，是古代帝王的袍服，被视为帝王的象征。“黄袍”作为帝王专用衣着源于唐朝。

衷

小篆

衷

楷书

衷

(zhōng)

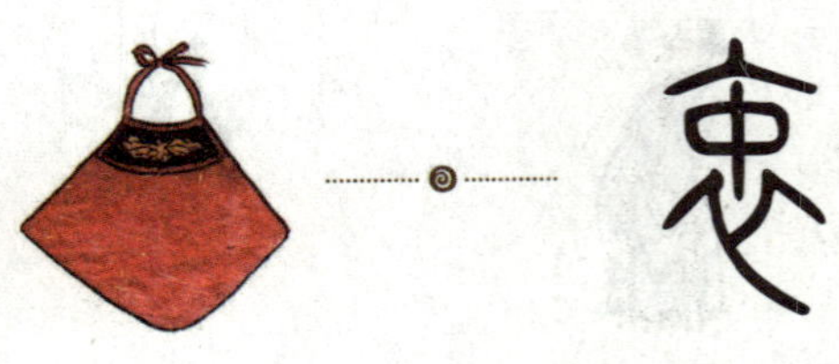

衷，里面贴身穿的私居之衣。形声字。从衣，中声。《春秋左传》说：“（陈灵公与孔宁、仪行父）都贴肉穿着夏姬天天穿的汗衣。”

“衷”的本义是贴身的内衣。如《说文》：“衷，里亵衣。”

内心。如清代林觉民《与妻书》：“汝不察吾衷。”

中心，中央。如《左传·闵公二年》：“佩，衷之旗也。”《左传·昭公十六年》：“发命之不衷。”

忠诚。如《荀子·成相》：“欲对衷言不从。”《荀子·子道》：“不从命乃衷。”

杂

(zá)

杂，各种颜色，相互配合（来制作衣服）。从衣，集声。

“杂”的本义是各种颜色相互配合。如《周礼·考工记》：“画绘之事，杂五色。”

混合，掺杂。如《国语·郑语》：“故先王以土与金木水火杂，以成百物。”清代徐珂《清稗类钞·战事类》：“彼此错杂。”聚集，汇集。如《广雅》：“杂，聚也。”《吕氏春秋》：“四方来杂，远乡皆至。”

杂乱，不纯粹。如晋代陶渊明《桃花源记》：“夹岸数百步，中无杂树。”

杂

小篆

楷书

裕

(yù)

“裕”是形声兼会意字。金文从衣，谷声，谷（山谷）兼表容纳多之意。小篆整齐化。隶变后楷书写作“裕”。

《说文·衣部》：“裕，衣物饶也。从衣，谷声。”（裕，衣物富余。从衣，谷声。）

“裕”的本义是富饶、富足。如“富裕”。又引申为宽宏。如贾谊《新书·道术》：“包众容物谓之裕。”意思是能包含很多的东西就叫作宽宏。大度之人行事从容，所以“裕”还表示从容。如成语“措置裕如”就是形容处理事情从容不迫。

金文

小篆

楷书

程

小篆

程

楷书

程

(chéng)

(chěng)

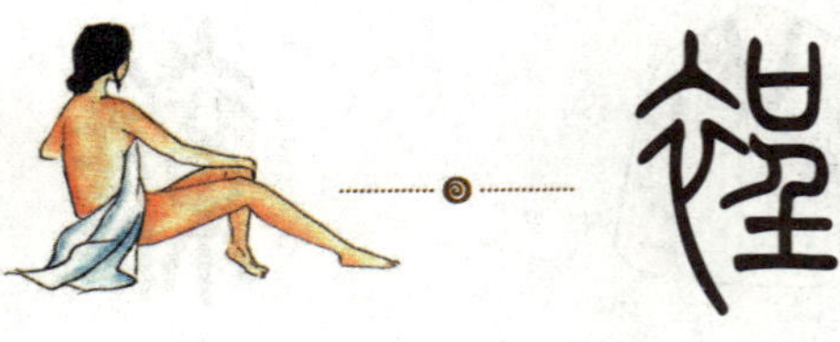

程，裸体。形声字。从衣，呈声。

“程”(chéng)的本义是裸体，没有穿衣服或脱去了衣服。如《说文》:“程，袒也。从衣，呈声。”《广雅》:“程，袒也。”《后汉书·马融传》注:“程，裸也。”《孟子》:“虽袒裼裸程于我侧。”《战国策》:“秦人捐甲徒程以趋敌，左挈人头，右挟生虏。”

指系玉佩的带子。如《方言》:“佩紟谓之程。”郭璞注：“所以系玉佩带也。”

“程”(chěng)指古代的一种对襟单衣。

褐

小篆

褐

楷书

褐

(hè)

“褐”是形声字。小篆从衣，曷声。隶变后楷书写作“褐”。

《说文·衣部》:“褐，编枲袜。一曰：粗衣。从衣，曷声。”(褐，粗麻编织而成的袜子。一说：褐是用兽毛或粗麻织成的衣服。从衣，曷声。)“褐”的本义为粗麻编的袜子。泛指粗麻或粗毛编织成的粗布或粗布衣服。如“褐衫”就是指粗布衣。古代穷人多穿褐衣，故引申指贫贱的人。如《老子》第七十章:“知我者希，则我者贵，是以圣人被褐怀玉。”“被褐怀玉”即指身穿粗布衣服而怀抱美玉。比喻虽然出身贫寒，但有真才实学。

衰

(suō)

(shuāi)

(cuī)

“衰”是象形字。小篆外面像“衣”之形，中间像编织雨衣的蓑（suō）草下垂之形。隶变后楷书写作“衰”。

“衰”的本义为用草编织的雨衣，读 suō。

引申为衰弱，读 shuāi。又引申为减少。如《战国策·赵策四》：“日食饮得无衰乎？”意思是每天的饮食没有减少吧。

读 cuī，也可以表示懈怠。还可表示枯萎、凋谢。如《长歌行》：“常恐秋节至，焜黄华叶衰。”意思是，常常担心秋天来到之后，树叶儿黄落百草也凋零了。

衰 小篆 楷书

老

(lǎo)

“老”的甲骨文是象形字。甲骨文像长发伛腰手拄拐杖的老人的形象。金文、小篆变为从人、毛、匕的会意字。隶变后楷书写作“老”。

《说文·老部》：“老，考也。七十曰老。从人、毛、匕，言须发变白也。凡老之属皆从老。”（老，老年人。七十岁叫老。由人、毛、匕会意。是说髭须毛发变白。大凡老的部属都从老。）“老”的本义为年岁大的人。引申为老练。如唐代杜甫《奉汉中王手札》：“枚乘文章老。”意思是枚乘写文章很老练。用作动词，指衰老、变老。如唐代李贺《金铜仙人辞汉歌》：“天若有情天亦老。”

老 甲骨文 金文 小篆 楷书

金文

小篆

楷书

孝

甲骨文

金文

小篆

楷书

寿

(shòu)

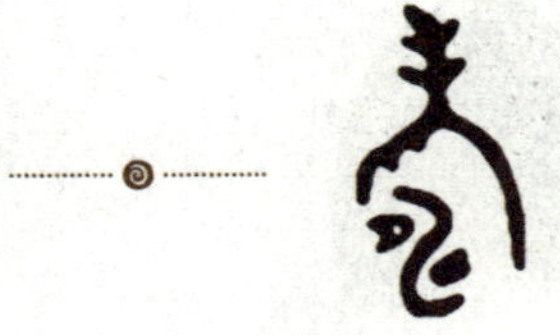

寿，长久。形声字。从老省，𠃬声。

“寿”的本义是活得长久。如《说文》：“寿，久也。”《老子》：“死而不忘者寿。”《诗经·小雅·天保》：“如南山之寿。”指年寿，寿限。《文选诗》：“上寿百二十，中寿百年，下寿八十。”《楚辞·涉江》：“登昆仑兮食玉英，与天地兮比寿，与日月兮争光。”元代关汉卿《窦娥冤》：“造恶的享富贵又寿延。”指祝寿，祝福。《史记·项羽本纪》：“若入前为寿，寿毕，请以剑舞。”《明史·海瑞传》：“昨闻海令为母寿，市肉二斤矣。”

孝

(xiào)

“孝”是会意字。甲骨文像长着长头发的老人。金文像孩子扶着老人的样子。小篆形体与金文大致相同，并整齐化。隶变后楷书写作“孝”。

《说文·老部》：“孝，善事父母者。从老省，从子；子承老也。”（孝，善于侍奉父母的人。由老省、由子会意，表示子女承奉父老。）“孝”的本义为善于侍奉父母，即尊敬和顺从父母，尽心奉养。如《论语·为政》：“孝弟者也，其为仁之本与？”引申指祭祀。如《论语·泰伯》：“菲饮食而致孝乎鬼神。”意思是（大禹自己的）饮食很简单，却把祭祀鬼神得祭品办得很丰盛。

毛

(máo)

“毛”是象形字。金文就像一撮兽毛。小篆线条化、整齐化。隶变后楷书写作“毛”。

《说文·毛部》:“毛，眉发之属及兽毛也。象形。凡毛之属皆从毛。”（毛，眉毛须发之类以及禽兽的毛。像毛之形。大凡毛的部属都从毛。）

“毛”的本义是兽毛。如《左传·僖公十四年》:“皮之不存，毛将焉附？”“毛”又通“芼”，指草木、五谷。如《列子·汤问》:“以残年余力，曾不能毁山之一毛，其如土石何？”

毛

金文

小篆

楷书

尸

(shī)

“尸”是象形字。甲骨文形体像一个面朝左、屈身弯腿而卧的人。金文与甲骨文形体大致相同，小篆整齐化。隶变后楷书写作“尸”。

《说文·尸部》:“尸，陈也。象卧之形。”（尸，陈列。像人躺卧的样子。大凡尸的部属都从尸。）

“尸”的本义为代替死者接受祭祀的人。如《仪礼·特牲馈食礼》:“主人再拜，尸答拜。”由此引申比喻不做事而坐享禄位。如成语“尸位素餐”指空占着职位而不做事，白吃饭。

“尸”代表已经死去的祖先，故又引申为尸体、死尸。

尸

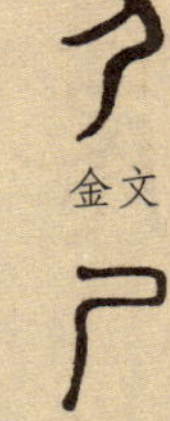

甲骨文

金文

小篆

楷书

屋

小篆

屋

楷书

屋

(wū)

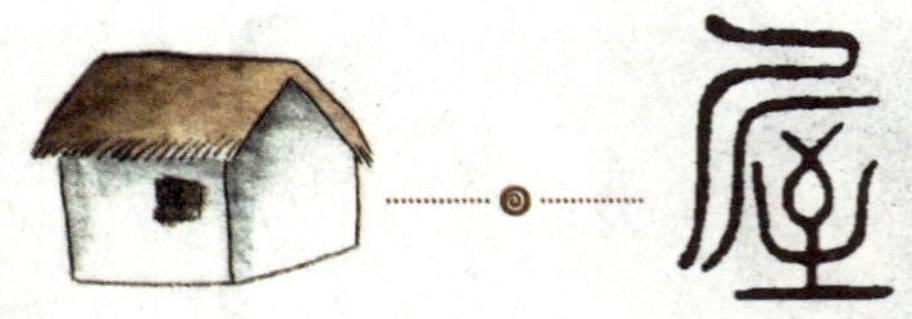

“屋”是会意字。小篆从尸，从至，会人来这居住之意。隶变后楷书写作“屋”。

屋，人们居处的地方。从尸；尸，表示人为屋主。另一说，尸像屋子的样子。从至；至，表示到了应该休止的地方。“室”“屋”都从至。

“屋”的本义为古代半地穴式住室建筑的顶部覆盖物。如《淮南子·主术训》：“是故十围之木，持千钧之屋。”泛指房顶。如成语“高屋建瓴”，意思是把瓶子里的水从高层顶上往下倾倒。比喻居高临下，不可阻遏。

尾

甲骨文

小篆

尾

楷书

尾

(wěi)
(yǐ)

“尾”是会意字。甲骨文像一个有尾巴的人面朝左而立。小篆的形体大致相同，并整齐化。隶变后楷书写作“尾”。

《说文·尾部》：“尾，微也。从到（倒）毛在尸后。古人或饰系尾，西南夷亦然。凡尾之属皆从尾。”（尾，微细的尾巴。由倒着的“毛”字在“尸”字之后会意。古人有的装饰着尾巴，西南少数民族也是这样。大凡尾的部属都从尾。）

“尾”的本义为古人在臀后装饰着的尾巴。引申泛指有些动物身体末端突出的部分。引申指末尾、末端。如《列子·汤问》：“叩石垦壤，箕畚运于渤海之尾。”

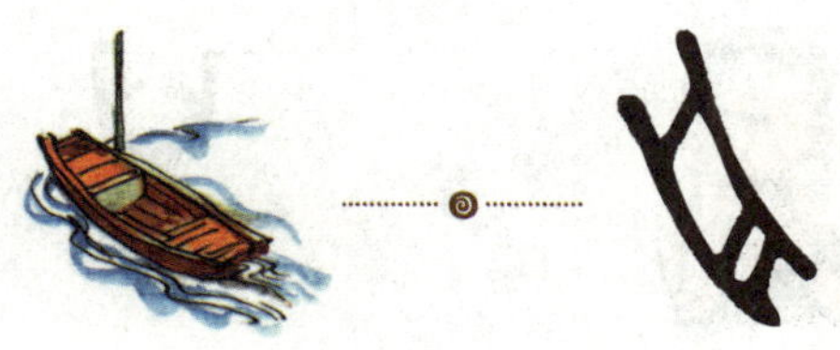

(zhōu)

“舟”是象形字。甲骨文、金文都像一只带有隔板的小船之形。小篆发生了一些变化，上端的曲线很像船尾的舵。隶变后楷书写作“舟”。

《说文·舟部》：“舟，船也。古者，共鼓、货狄刳木为舟，剡木为楫，以济不通。象形。凡舟之属皆从舟。”（舟，船。古时候，共鼓、货狄两人把木挖空来做船，把木削作桨，以渡过不能通过的水流。（舟）像船的形状。大凡舟的部属都从舟。）

“舟”的本义就是船。舟是被水托起来的，所以搁茶碗的小托盘被古人叫作“茶舟”，今天也叫“茶船”。

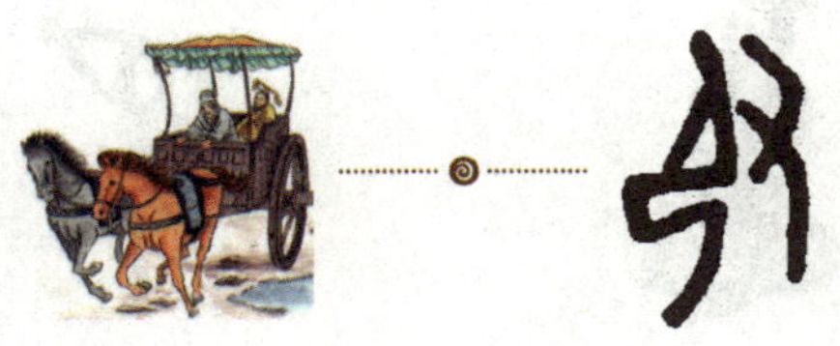

服

(fú)
(fù)

“服”是会意字。甲骨文从人，从手，从凡（盘），会人持盘操办事务之意。小篆承接金文并整齐化。隶变后楷书写作“服”，俗作“服”。如今规范化，以“服”为正体。

“服”(fú)的本义是从事。引申这做、担任。如“服务”。又指服从，顺服。如《论语·季氏》：“远人不服而不能来也。”用作名词，特指衣裳。如《楚辞·屈原·涉江》：“余幼好奇服兮，年既老而不衰。”还指饮用或吞服药物。如“口服”“服药”等。

“服”(fù)作为量词。用于中药，如“一服药”。

舟 甲骨文 金文 小篆 楷书

服 甲骨文 金文 小篆 楷书

儿

(ér)

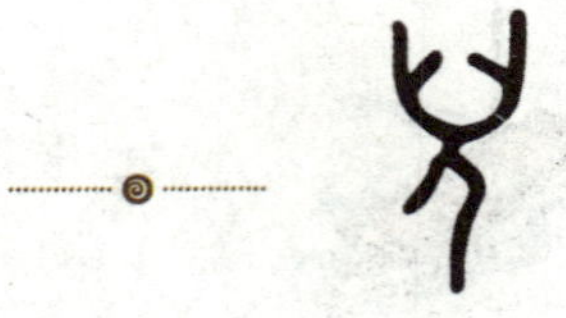

儿，婴儿。从儿，(白)像小孩脑盖顶门没有合拢来。

“儿”的本义是婴儿。如《说文》：“儿，孺子也。”《仓颉篇》：“男曰儿，女曰婴。”《列子·汤问》：“见两小儿辩日。”

父母对儿子的称呼。如《广雅·释亲》：“儿，子也。”《汉书·张汤传》：“汤为儿守舍。”宋代辛弃疾《清平乐·村居》：“大儿锄豆溪东，中儿正织鸡笼。”《乐府诗集·木兰辞》：“阿爷无大儿。”儿女对父母的自称。如《玉台新咏·古诗为焦仲卿妻作》：“兰芝惭阿母：‘儿实无罪过。’”

(jiàn)
(xiàn)

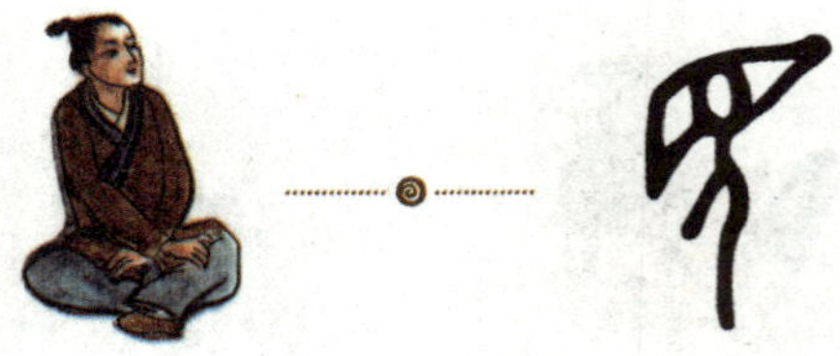

见，看见，由儿、由目会意。大凡见的部属都从见。

“见”(jiàn)的本义是看见。如《说文》：“见，视也。”《诗经·周南·汝坟》：“未见君子。”《乐府诗集·木兰辞》：“昨夜见军帖，可汗大点兵。”唐代贺知章《回乡偶书》：“儿童相见不相识。”

遇到，碰见。如《左传·桓公元年》：“宋华父督见孔父之妻于路。”

听闻。如唐代李白《梁甫吟》：“君不见高阳酒徒起草中，东揖山东隆准公。”

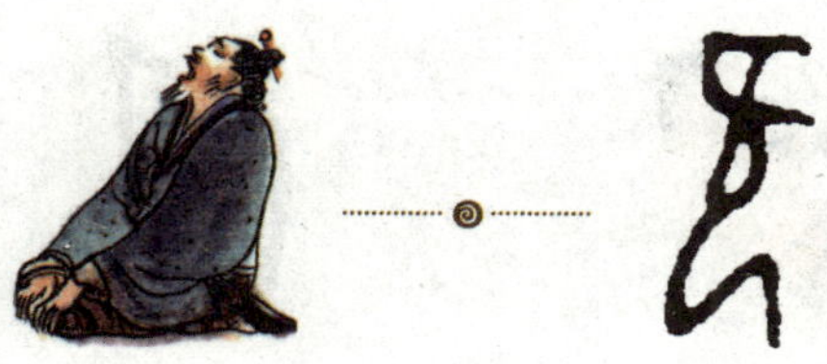

欠 (qiàn)

“欠”是象形字，甲骨文像一个人正欠着身、张着大嘴巴打呵欠。小篆将“口”讹为三缕气，表现张口呵出的气体。隶变后楷书写作“欠”。

《说文·欠部》：“欠，张口气悟也。象气从人上出之形。”（欠，张开口，壅塞、阻滞的气伸散而出。像气从人上部出去的样子。）

“欠”的本义就是张口打呵欠。如“志倦则欠，体倦则伸”。打呵欠时总会展臂伸腰，故而又引申为身体的一部分稍微上移。如“欠了欠身子”。又引申表示不足、缺乏。如“欠佳”。又引申指借别人的钱物没还。

欠

甲骨文

小篆

欠

楷书

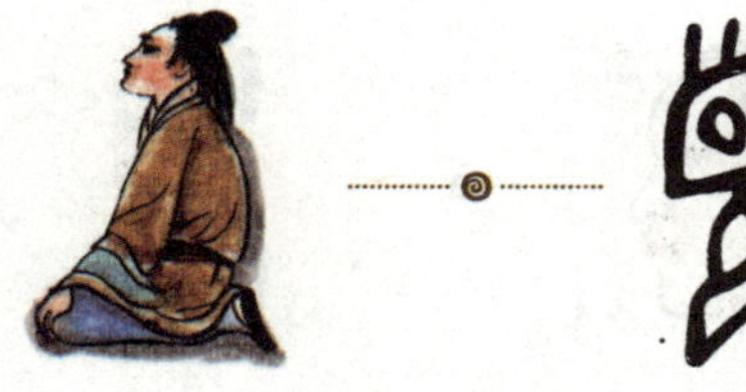

页 (yè)

页，头。由百、由儿会意。大凡页的部属都从页。

“页”的本义是头，借作“叶”。如《说文》中段玉裁注：“小儿所书写，每一页谓之一叶，今书一纸谓之一页。或作葉，其实当作枼。”

量词，印刷品的一张纸的一面。

指书籍、杂志、报纸、信件或类似物件的一张纸。如“翻过来一页”。

页

甲骨文

金文

小篆

頁

楷书

面

甲骨文

小篆

楷书

面

(miàn)

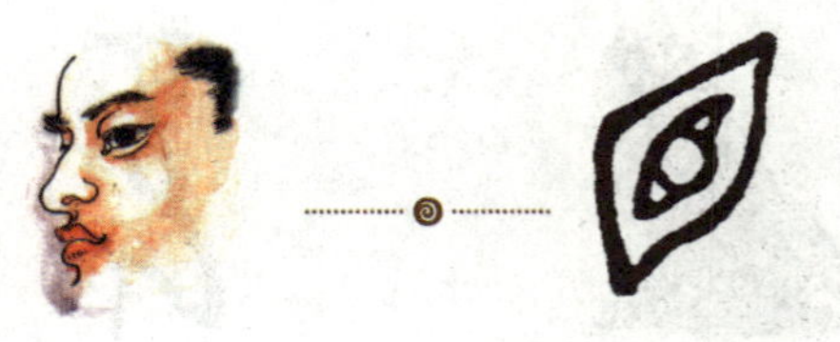

“面”是象形字。甲骨文像人脸之形，中间是一只大眼睛（目）。小篆发生了讹变。隶变后楷书写作“面”。

《说文·面部》：“面，颜前也。从𦣻，象人面形。凡面之属皆从面。”（面，颜额前的部分。从𦣻，（囗）像人的面孔与后脑分界。大凡面的部属都从面。）

“面”的本义就是指脸部。

作动词，表示朝向、面对、面向。如“面山而居”即指朝向山居住。又如“面面相觑”。又用作量词。如“一面镜子”“一面旗子”。

首

甲骨文

金文

小篆

楷书

首

(shǒu)

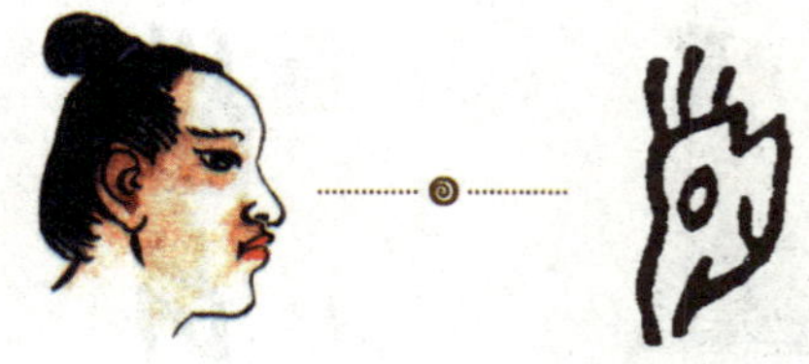

“首”是象形字。甲骨文看起来像兽头的侧面。金文用眉头和眼睛表示整个人头。小篆的形体承接金文并整齐化。隶变后楷书写作“首”。

首，与“𦣻”字同。是古文“𦣻”字。巛像头发，发又叫作“鬊”，鬊就是“巛”。大凡首的部属都从首。

“首”的本义为头。如《诗经·邶风·静女》：“搔首踟蹰。”头是全身最重要的部位，故引申为首领。进而引申为最高、最重要。如“首相”“首都”。

又引申为第一。如“首届”“首屈一指”。又表示开始、开头。如“名列榜首”“首倡”。

悬，悬挂。由“系”持挂着“𥄉”会意。

悬

(xuán)

“悬”的本义是悬挂。如《徐霞客游记·游黄山记》：“悬者植梯接之。”

公布。如“悬赏捉拿”。

关系，关联。如《管子》：“吏者，民之所悬命也。”《史记·平原君虞卿列传》：“王之命悬于遂手。”

久延不决。如“悬而未决”。

形容高耸，陡峭。如“悬崖峭壁”。差距太大。如“实力悬殊”。

悬

金文

小篆

懸

楷书

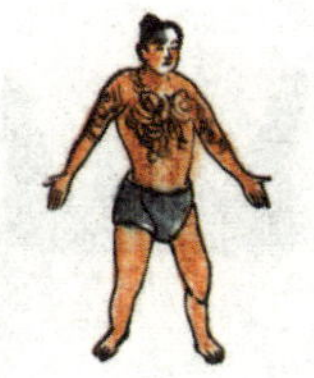

“文”是象形字。甲骨文像一个正立的人，胸前刻有美观的花纹。金文的形体基本上同于甲骨文。小篆则把胸前的花纹省略了。隶变后楷书写作“文”。

文

(wén)

文，交错刻画（以成花纹）。像交错的花纹的样子。大凡文的部属都从文。“文”的本义为文身。如《礼记·王制》：“东方曰夷，被发文身，有不火食者矣。”

文字最初是照事物的形象画出来的，是线条交错组合的图，所以又引申指文字。如《说文解字》：“仓颉之初作书，盖依类象形，故谓之文。”

甲骨文

金文

小篆

楷书

印

(yìn)

“印”是会意字。甲骨文是一只手按压着一个人，使其跪下之意。金文整齐，小篆的书写就更加规范了。隶变后楷书写作“印”。

“印”的本义是按。引申指被按的图章。后来泛指一切图章、戳记。印章印在物体上，会留下痕迹，故引申指痕迹。如“脚印儿”。

用作动词，引申指把文字或图画等印在纸或器物上。如“油印”“铅印”。

由印上印迹引申指彼此符合。如“印证”“心心相印”。

山

(shān)

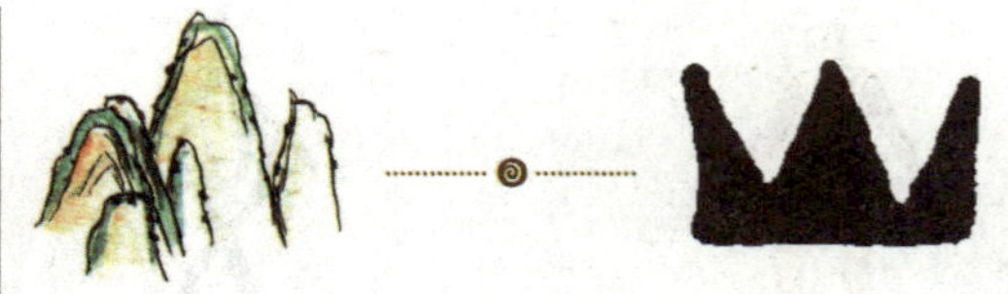

“山”是象形字。甲骨文像三座山峰的样子。金文、小篆线条化了。隶变后楷书写作“山”。

《说文·山部》:“山，宣也。宣气散，生万物，有石而高。象形。凡山之属皆从山。”(山，宣畅。使地气宣通，散布各方，产生万物，有石构成而又高峻。象形。大凡山的部属都从山。)“山”的本义指山峰。如唐代王之涣《凉州词》:“黄河远上白云间，一片孤城万仞山。”

“山”是个部首字。凡由“山”组成的字大都与山石、高大等义有关。如“嵩”“峻”“巍”等。

庶

(shù)

“庶”是会意字。甲骨文字形像在山崖避风处，用锅灶烧火蒸煮之形，应该是初民生活的写照。隶变后楷书写作“庶”。

《说文·广部》:“庶，屋下众也。从广、炗；炗，古文光字。”（庶，屋下光彩众多。由广、由炗会意，炗是古文“光”字。）“庶”的本义为烧火做饭。古代烧火做饭是奴隶干的活儿，所以引申指奴仆。后泛指百姓、平民。如“庶民”“黎庶”。还引申为宗法制度下家庭的旁支。如“庶出”，指的就是由妾室所生的孩子。

还引申为差不多、也许。如“庶几可行”。

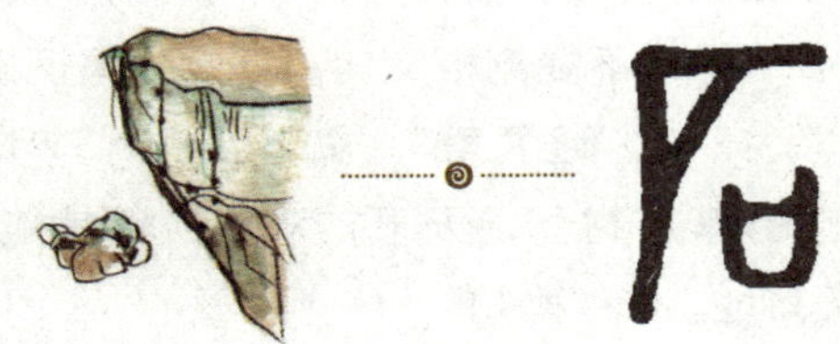

石

(shí)

(dàn)

“石”是象形字。甲骨文左边像岩角，右下角的“口”形像石块。金文中，岩角之形省为“厂”。小篆同于金文。隶变后楷书写作“石”。

《说文·石部》:“石，山石也。在厂之下；口，象形。凡石之属皆从石。”（石，山上的石头。在“厂”之下；口，像石头的形状。大凡石的部属都从石。）

“石”(shí)的本义就是岩石。比喻坚固、坚硬。如“石心”，指坚定的心志。又引申为碑石。

“石”还可以作重量单位，一百二十市斤为一石，此时应读 dàn。

庶

甲骨文

金文

小篆

楷书

石

甲骨文

金文

小篆

楷书

碑

小篆

碑

楷书

碑

(bēi)

碑，竖立的石头。从石，卑声。

“碑”的本义是宫门或庙门前用来观测日影或拴动物用的竖起的石头。如《说文》：“碑，竖石也。”《礼记·檀弓》：“公室设丰碑。”

指刻字的石碑。如宋代王安石《游褒禅山记》：“有碑仆道。”宋代陆游《过小孤山大孤山》：“有碑载其事。”指碑文，文体的一种

确

小篆

确

楷书

确

(què)

确，坚硬的石头。从石，角声。

“确”的本义是坚固。如《庄子·应帝王》：“确乎能其事者而已矣。”《易经·乾卦》：“确乎其不可拔。”

指敲打，通“搉”。如《世说新语·文学》：“乐亦不复剖析文句，直以尘尾柄确几。”竞争，通“角”。如《汉书·李广传》：“李广材气，天下亡双，自负其能，数与虏确。”确定无疑地。如“确知”。

磬

小篆

磬

楷书

(qìng)

磬，可奏打击乐的石器。由石、殸会意。（声）像悬挂石磬的架子的样子。殳，表示用器具敲击石磬。古时候毋句氏制作石磬。

“磬”的本义是古代的一种打击乐器。如《说文》：“磬，乐石也。”《诗经·商颂·那》：“依我磬声。”宋代苏轼《石钟山记》：“钟磬置于水中。”指纵马奔驰。如《诗经·郑风·大叔于田》：“抑磬控忌，抑纵送忌。”通“罄”，指空，尽。如《淮南子·览冥》：“金积折廉，璧袭无理，磬龟无腹，蓍策日施。”

碎，破碎。从石，卒声。

(suì)

“碎”的本义是破碎。如《广韵》：“碎，细破也。”《史记·廉颇蔺相如列传》：“大王必欲急臣，臣头今与璧俱碎于柱矣。”

指伤心到了极点。如“心都碎了”。

指零碎繁杂。如《汉书·黄霸传》：“米盐靡密，初若烦碎，然霸精力能推行之。”指零星，细小。如唐代白居易《南湖早春》：“乱点碎红山杏发。”

破，石头碎裂。从石，皮声。

破

(pò)

“破”的本义是石头裂开。如《说文》：“破，石碎也。”破坏，损坏。如《广雅》：“破，坏也。”《礼记·中庸》：“语小天下莫能破焉。”破灭，毁灭。如唐代杜甫《春望》：“国破山河在，城春草木深。”攻破，攻克。如《史记·项羽本纪》：“今沛公先破秦入咸阳。”破碎，不完整。如唐代杜甫《茅屋为秋风所破歌》：“吾庐独破受冻死亦足。”

磊，众多的石头（累积在一起。）由三个石字会意。

(lěi)

“磊”的本义是许多石头堆积在一起。如《说文》：“磊，众石也。”汉代司马相如《上林赋》：“水玉磊砢。”《楚辞》：“石磊磊兮葛蔓蔓。”

指内心光明，坦然。如“光明磊落”。

堆砌。如“磊起来”。高大的样子。如《西游记》：“称为混世魔，磊落凶模样。”

碎 小篆 碎 楷书

破 小篆 破 楷书

磊 小篆 磊 楷书

长

(cháng)
(zhǎng)

长，长久；长远。由兀、由匕（huà）会意。兀是高而又远的意思。（匕）表示长久就变化。亡声。长字上部的𠂆，是倒写着的亡字。

“长”（cháng）指两点间距离大。如《诗经·鲁颂·泮水》：“顺彼长道。”《诗经·秦风·蒹葭》：“溯洄从之，道阻且长。”唐代李白《秋浦歌》：“白发三千丈，缘愁似个长。”宋代苏轼《浣溪沙》：“酒困路长惟欲睡。”时间长久。如《战国策·齐策》：“未尝闻社稷之长利。”长度。如明代魏学洢《核舟记》：“舟首尾长约八分有奇。”长处，优势。如明代李渔《闲情偶寄·种植部》：“兼百花之长而各去其短。”

而

(ér)

“而”为象形字。金文向下垂的四条线，就像下垂的颊毛。小篆的形体基本上与金文相同。隶变后楷书写作“而”。

“而”的本义为颔下胡须。由于胡须的样子都差不多，所以引申指好像。如刘向《说苑》中的“白头而新”就是这个用法。

作连词用，可表示并列关系、递进关系、承接关系、转折关系、假设关系，以及修饰关系。

“豕”是象形字。甲骨文像直立的大肚子的猪。金文线条化，但猪的长嘴和大耳朵非常突出。隶变后楷书写作“豕”。

豕

(shǐ)

豕 甲骨文 金文 小篆 楷书

《说文·豕部》：“豕，彘也。竭其尾，故谓之豕。象毛足而后有尾。读与豨同。”（豕，猪。猪发怒时直竖着它的尾巴，所以叫作豕。字形像头、四只脚，而身后有尾巴的样子。音读与“豨”字相同。）“豕”的本义为人所豢养的猪。如《左传·庄公八年》：“齐侯游于姑棼，遂田于贝丘，见大豕。”在古代，猪有大小之分：“豕”和“彘”属大猪，“猪”和“豚”属小猪。

象，长鼻长牙，南越一带的大野兽，每三年产子一次，像耳朵、牙齿、四只脚的样子。大凡象的部属都从象。

象

(xiàng)

象 甲骨文 金文 小篆 楷书

“象”的本义是长鼻子象。如《说文》：“象，长鼻牙，南越大兽，三年一乳。”《山海经·南山经》：“祷过之山多象。”《诗经·鲁颂·泮水》：“元龟象齿，大赂南金。”

象牙的简称。如《诗经·魏风·葛屦》：“佩其象揥。”

人的外貌。如《尚书·尧典》：“象恭滔天。”

象征。如唐代韩愈《为宰相贺白龟状》：“白者西方之色。刑戮之象也。”

马

(mǎ)

马，是昂首怒目的动物，是勇武的动物。字形像马的头部、鬃毛、尾巴、四只脚的样子。大凡马的部属都从马。

“马”的本义是一种单蹄食草大型哺乳动物。如唐代韩愈《马说》：“千里马常有，而伯乐不常有。”

同“码”，是一种古代计算用的筹码。如《礼记·投壶》：“为胜者立马。”

骑着马。如《聊斋志异·促织》：“裘马过世家。”

大的。如“马道”“马船”。

驹

金文

小篆

駒

楷书

驹

(jū)

驹，马两岁叫作驹，三岁叫作駣。从馬，句声。

“驹”的本义是指两岁的马。如《说文》：“驹，马二岁曰驹。”《诗经·小雅·角弓》：“老马反为驹。”《汉书·刘德传》：“武帝谓之千里驹。”

泛指年轻力壮的马。如《诗经·周南·汉广》：“言秣其驹。”《诗经·陈风·株林》：“乘我乘驹。”《诗经·小雅·皇皇者华》：“我马维驹。”

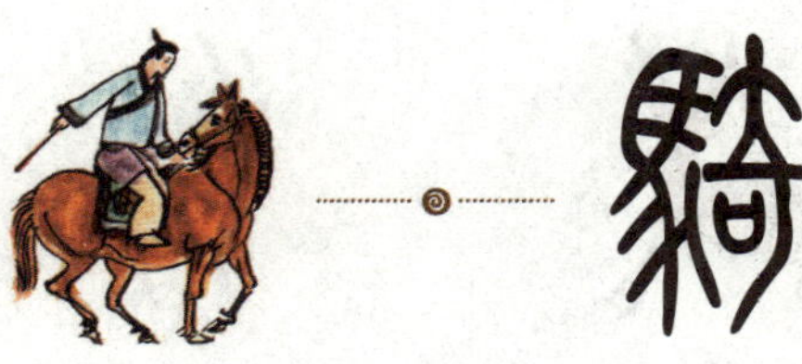

骑，（两腿分张）跨在马上。从馬，奇声。

（qí）

“骑”的本义是骑马。如《说文》：“骑，跨马也。”《楚辞·招魂》：“步骑罗些。”《史记·项羽本纪》：“脱身独骑。”

跨坐。如《史记·袁盎传》：“不骑衡。”

马。如《礼记·曲礼》：“前有车骑。”《乐府诗集·木兰辞》：“不闻爷娘唤女声，但闻燕山胡骑鸣啾啾。”

骑兵，骑马的人。如《史记·项羽本纪》：“沛公旦日从百余骑来见项王。”

骑

小篆

騎

楷书

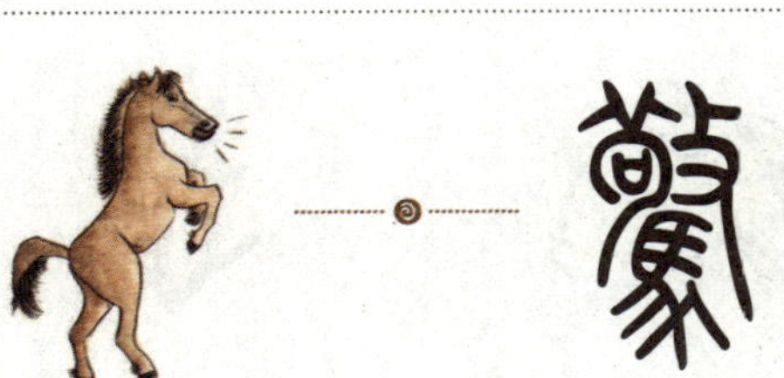

惊，马（受突然刺激而）惊骇（以致行走失常）。从馬，敬声。

（jīng）

“惊”的本义是马受惊而狂奔起来不受控制。如《说文》：“惊，马骇也。”惊动，震惊。如《战国策·赵策》：“襄子至桥而马惊。”《乐府诗集·木兰辞》：“出门看伙伴，伙伴皆惊忙。”唐代王维《鸟鸣涧》：“月出惊山鸟。”

动。如宋代范仲淹《岳阳楼记》：“波澜不惊。”

惊慌，恐惧。如《战国策·燕策》：“秦王惊，自引而起。”宋代苏轼《石钟山记》：“闻人声亦惊起。”

惊

小篆

驚

楷书

鹿

甲骨文

金文

小篆

鹿

楷书

鹿

(lù)

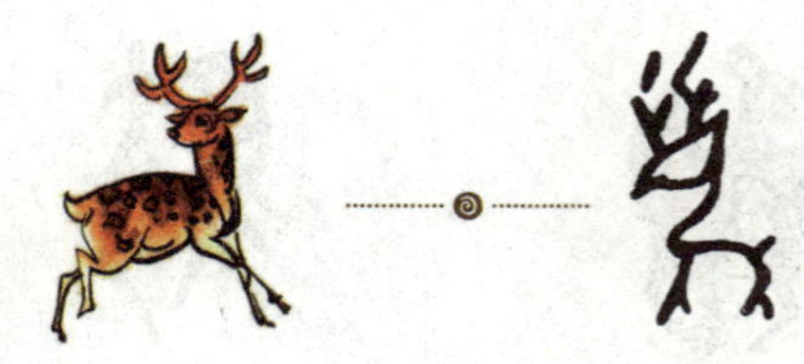

“鹿”是象形字。甲骨文像一只鹿，头上还长着很漂亮的鹿角。金文与甲骨文大致相同。小篆的形体变化较大，已经不太像鹿的形象了。隶变后楷书写作“鹿”。

《说文·鹿部》：“鹿，兽也。象头角四足之形。鸟鹿足相似，从匕。凡鹿之属皆从鹿。”（鹿，兽名。字形像头、角和四只脚的样子。鸟、鹿的脚相像，所以都从匕。大凡鹿的部属都从鹿。）“鹿”如今在中国的野外并不常见，但是在远古的时候，人类都过着“与木石居，与鹿豕游”的生活，鹿是他们重要的食物来源。人们认为鹿象征吉祥，这大概是因“鹿”与“禄”同音。

甲骨文

小篆

兔

楷书

兔

(tù)

“兔”是象形字。甲骨文像一只蹲坐着的兔子。小篆整齐化。隶变后楷书写作“兔”。

《说文·兔部》：“兔，兽名。象踞，后其尾形。兔头与兔头同。凡兔之属皆从兔。”（兔，兽名。字形像蹲坐的样子，后面是它尾巴的形状。“兔”字的头部“⺈”与㲋字的头部相同。大凡兔的部属都从兔。）

“兔”的本义为兔子。如《史记·越王勾践世家》：“狡兔死，走狗烹。”意思是兔子都没有了，猎狗就（没有用）被煮了。现在多用“兔死狗烹”来比喻为统治者效劳的人事成后被抛弃或杀掉。

(quǎn)

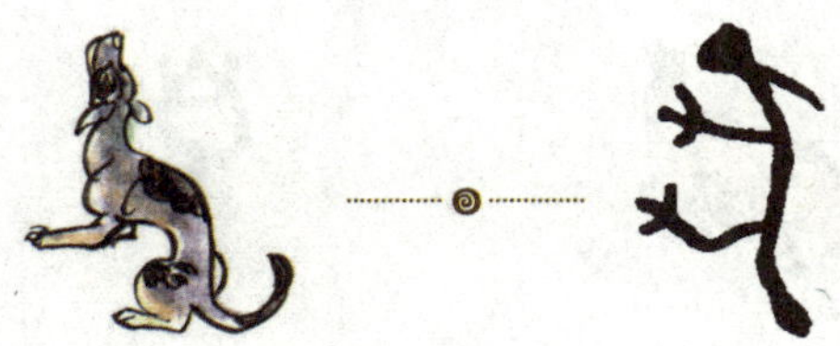

“犬”是象形字。甲骨文和金文都像一条竖立的狗的形状。小篆线条化，但已经看不出狗的样子了。隶变后楷书写作“犬”。

《说文·犬部》：“犬，狗之有县蹄者也。象形。孔子曰：‘视犬之字如画狗也。’”（犬，狗中有悬空而不着地的蹄趾的一种。象形。孔子说：“看犬字像画狗的样子。”）“犬”的本义为狗。如陶渊明《桃花源记》：“阡陌交通，鸡犬相闻。”引申为对自己儿子的谦称。如古人常对人称自己的儿子为“犬子”。又用作对人的蔑称。如《三国演义》第七十三回：“吾虎女安肯嫁犬子乎！”

(dú)

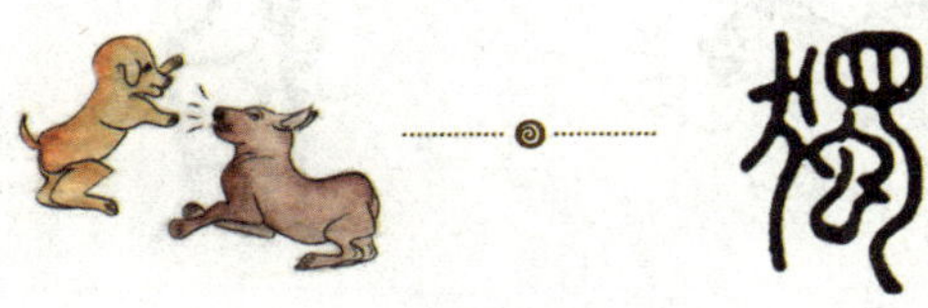

独，狗相遇就争斗。从犬，蜀声。另一义说，北嚣山上有名叫独狢的野兽，样子像虎，白色的身子，像猪一样的鬃毛，尾巴像马一样。

“独”的本义是单独。如《说文》：“独，犬相得而斗也。羊为群，犬为独也。”《诗经·邶风·击鼓》：“我独南行。”独特。如《吕氏春秋·制乐》：“圣人所独见，众人焉知其极？”唯独，只有。如《史记·老子韩非列传》：“子所言者，其人与骨皆已朽矣，独其言在耳。”

专断，独裁。如《庄子·人间世》：“回闻君，其年壮，其行独。”

独

小篆

獨

楷书

臭

甲骨文

小篆

臭

楷书

臭

（xiù）

（chòu）

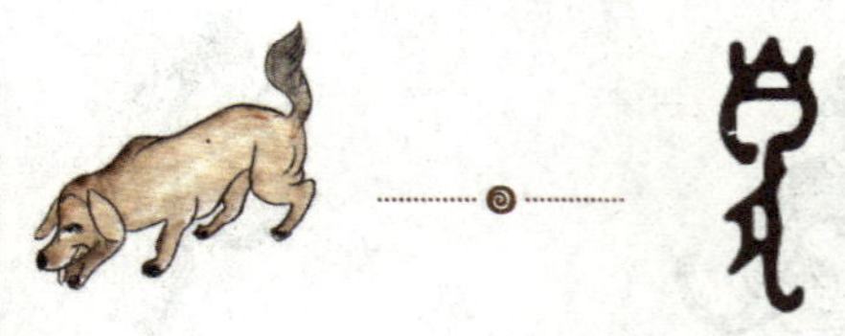

臭，禽兽跑了，嗅其气味而知道其逃跑的踪迹的，是狗。由犬、由自会意。

“臭”（xiù）指气味。如《尚书·盘庚》：“无起秽以自臭。”《红楼梦》：“薋葹妒其臭，茝艾兰竟被芟。”《诗经·大雅·文王》：“上天之载，无声无臭。”《孟子》：“口之于味也，目之于色也，耳之于声也，鼻之于臭也，四肢之于安佚也，性也。”

用鼻子辨别气味。如《荀子·荣辱》：“彼臭之而无嗛于鼻。”

狂

甲骨文

小篆

狂

楷书

狂

（kuáng）

“狂”是会意兼形声字。甲骨文从犬，从㞷（前往），会疯狗跑之意，㞷兼表声。小篆变化不大。隶变后楷书写作“狂”。

《说文·犬部》：“狂，狾犬也。从犬，㞷声。”（狂，疯狗。从犬，㞷声。）

“狂”的本义为疯狗。也指狗发疯。引申指人精神失常、疯癫。如张溥《五人墓碑记》：“而又有剪发杜门，佯狂不知所之者。”又引申指轻狂、放纵、放荡。如“猖狂”“狂妄”。

"猴"是形声字。小篆从犬，侯声。隶变后楷书写作"猴"。

猴

(hóu)

《说文·犬部》:"猴，夒也。从犬，侯声。"(猴，一种长臂猿。从犬，侯声。)

"猴"的本义为猴子，哺乳动物，与猿同类。如成语"沐猴而冠"。猴子机灵多变，也可用于比喻人机灵。如"猴精"。

用作动词，指像猴子似的蹲坐。如"猴下身去"。又指像猴子一样攀缘纠缠。如《红楼梦》第十四回:"宝玉听话，便猴向凤姐身上立刻要牌。"

猴

小篆

楷书

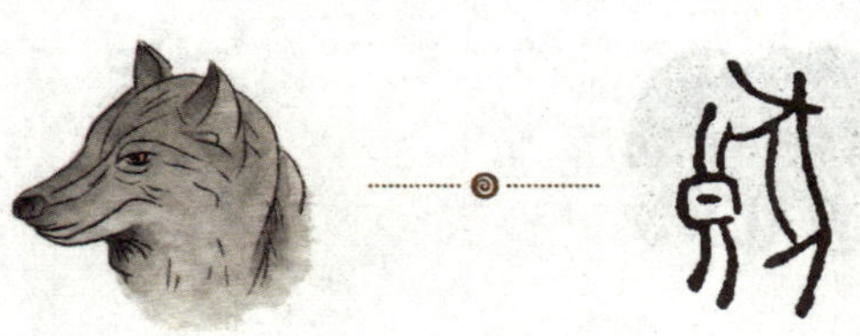

"狼"是形声字。甲骨文左边的"良"是声符，右边是一个头朝上的"狼"之形。隶变后楷书写作"狼"。

狼

(láng)

"狼"的本义为一种似狗的野兽。如《诗经·齐风·还》:"并驱从两狼兮。"

狼性残忍，故比喻凶狠。如《战国策·燕策》:"夫赵王之狼戾无亲，大王之所明见知也。"

星辰也有用"狼"来命名的。如"天狼星"，象征着凶残的敌人。宋代苏轼《江城子·密州出猎》:"会挽雕弓如满月，西北望，射天狼。"

狼

金文

小篆

楷书

甲骨文

小篆

鼠

楷书

鼠

（shǔ）

“鼠”是象形字。小篆字形像一只蹲踞的鼠。隶变后楷书写作“鼠”。

《说文·鼠部》：“鼠，穴虫之总名也。象形。”（鼠，住在洞穴里的虫兽的统名。象形。）

“鼠”的本义指老鼠。

猥琐之人的形象与老鼠相似，故而引申指小人、奸臣。如“鼠辈”。

引申用作鼠类动物的泛称。如“鼹鼠”。

还指十二生肖之一的“子鼠”。

小篆

熊

楷书

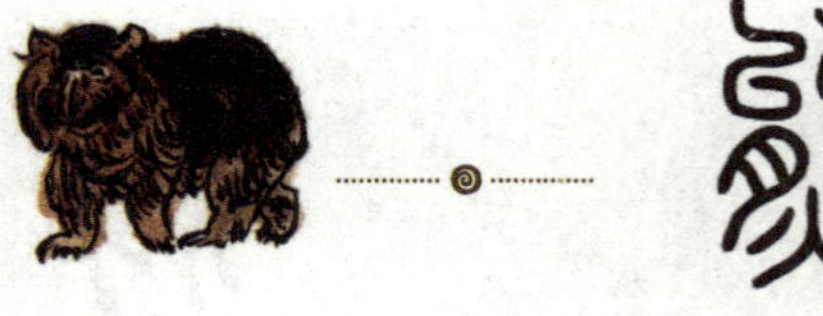

熊

（xióng）

“熊”是会意兼形声字。小篆从火，从能（狗熊，表凶猛），会火势凶猛之意，能兼表声。后因本当狗熊讲的“能”专用为能力等义，狗熊之义便借“熊”来表示。

《说文·熊部》：“熊，兽。似豕，山居，冬蛰。从能，炎省声。”（熊，兽名。像猪，生活在山中，冬天不吃不动。从能，炎省声。）

“熊”的本义为火势凶猛。如“熊熊烈火”。借用作“能”，是熊科动物的统称。熊比较笨拙，故引申指软弱、无能。如“熊包”。用作动词，指斥骂。如“我把他狠狠地熊了一顿”。

(huǒ)

“火”是象形字。甲骨文的字形像一团燃烧的火焰。小篆线条化，还保留了一点向上的火苗之形。隶变后楷书写作“火”。

《说文·火部》：“火，㷮（毁）也。南方之行，炎而上。象形。凡火之属皆从火。”（火，（齐人叫）毁。表示南方的一种物质，火光旺盛而向上。象形。大凡火的部属都从火。）

“火”的本义是物体燃烧所发的光、焰、热。火焰是红色的，故用来形容红色的事物。如“火烧云”。火热烈、冲腾，故又用来形容兴旺、热烈。如“场面非常火爆”。

甲骨文

小篆

楷书

然

(rán)

“然”是会意字。金文左上部为肉，右上部为犬，下部为火，会以火烧犬肉之意。小篆整齐化。隶变后楷书写作“然”。

《说文·火部》：“然，烧也。从火，肰声。”（然，燃烧。从火，肰声。）“然”的本义是燃烧。如《孟子·公孙丑》：“若火之始然。”后被借为指示代词，意为如此、这样、那样。如“知其然，不知其所以然”。也可表示对、不错。如《论语·阳货》：“然，有是言也。”又表示然而、但是。如：“此事虽小，然亦不可忽视。”用在形容词或副词的词尾，表示状态。如“欣然”“飘飘然”。

金文

小篆

然

楷书

炭

小篆

炭

楷书

炭

(tàn)

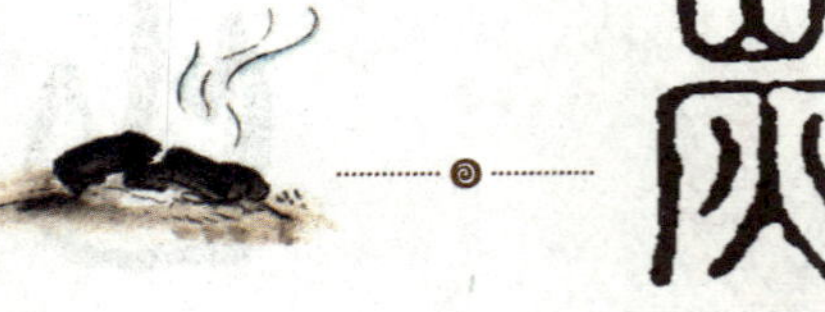

“炭”是形声字。小篆从火，屵声。隶变后楷书写作“炭”。

《说文·火部》：“炭，烧木余也。从火，岸省声。”（炭，烧木不尽之余。从火，岸省声。）

“炭”的本义为木炭。如唐代白居易《卖炭翁》：“卖炭翁，伐薪烧炭南山中。”引申为像炭的东西。如“山楂炭”“煤炭”。

指煤炭，即石炭。如《史记》：“为其主入山作炭。”

灰

小篆

灰

楷书

灰

(huī)

“灰”是会意字。小篆从火，从又（手），会火已经熄灭，可以用手去拿之意。隶变后楷书写作“灰”。

“灰”的本义为燃烧后剩下的粉末状的东西，即灰烬。如李商隐《无题》：“春蚕到死丝方尽，蜡炬成灰泪始干。”死灰不能复燃，故又引申指消沉、沮丧。如“万念俱灰”“心灰意懒”。

又引申指尘土、某些粉末状的东西。如“灰尘”。又引申指像木柴灰的颜色，介于黑白之间。如“面如死灰”。又特指石灰。如“抹灰”。

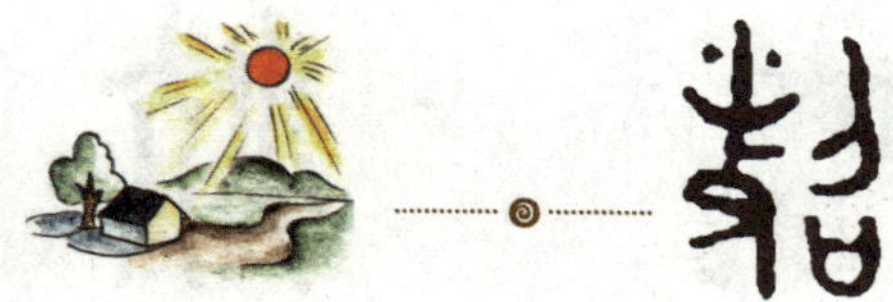

照

(zhào)

“照”是形声兼会意字。金文左边像手持火把，右边“召”表声。小篆改为从火，昭声，昭兼表明亮之意。隶变后楷书写作“照”。

“照”的本义为明亮、光明。如《诗经·陈风·月出》：“月出照兮，佼人燎兮。”引申指照射、照耀。如文天祥《过零丁洋》：“人生自古谁无死，留取丹心照汗青。”又引申指映照、反射影像。如温庭筠《菩萨蛮》：“照花前后镜，花面交相映。”特指拍摄影像。如“照相”。进而引申指拍摄后洗印出来的图像、相片。如“剧照”。

照

金文

小篆

照

楷书

光

(guāng)

“光”是会意字。甲骨文的下部是面朝右跪着的一个人，人头上有一把大火在照耀。金文的形象与甲骨文大致相同，只是人形朝左。小篆线条化，但下部的人已经不像了。隶变后楷书写作“光”。

《说文·火部》：“光，明也。从火在人上，光明意也。”（光，光明。由“火”字在“人”字上，会光明之意。）

“光”的本义就是光明、光亮。如《孟子·尽心上》：“日月有明，春光必照焉。”引申指光彩、色泽。如“容光焕发”。《玉台新咏·古诗为焦仲卿妻作》：“妾有绣腰襦，葳蕤自生光。”唐代李朝威《柳毅传》：“蛾脸不舒，巾袖无光。”

光

甲骨文

金文

小篆

光

楷书

炕

小篆

炕

楷书

炕

(kàng)

“炕”是形声字。小篆从火，亢声。隶变后楷书写作“炕”。

《说文·火部》：“炕，干也。从火，亢声。”（炕，用火烘烤干。从火，亢声。）

“炕”的本义为烘干、干。如“炕麦子”“炕豆子”。如《汉书·五行志》：“君炕阳而暴虐。”其中“炕阳”指干涸，颜师古曰：“凡言炕阳者，枯涸之意，谓无惠泽于下也。”又可指火炕。如明代魏禧《大铁椎传》：“子灿寐而醒，客则鼾睡炕上矣。”

炎

甲骨文

金文

小篆

炎

楷书

炎

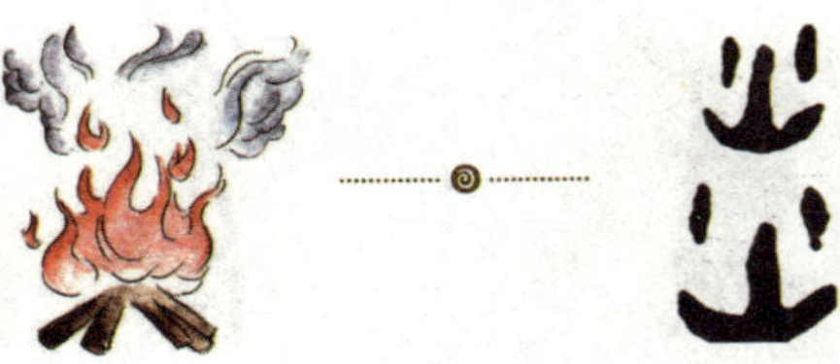

(yán)

“炎”是会意字。甲骨文上下是两把大火，表示火光冲天，会火焰冲腾之意。金文、小篆的形体与甲骨文基本相同。隶变后楷书写作“炎”。

《说文·炎部》：“炎，火光上也。从重火。凡炎之属皆从炎。”（炎，火光向上升腾。由重叠的两个“火”字构成。大凡炎的部属都从炎。）“炎”的本义是指火苗升腾。如《尚书·洪范》：“水曰润下，火曰炎上。”后引申为烧。如《尚书·胤征》：“火炎昆冈，玉石俱焚。”进而引申表示灼热。如“烈日炎炎。”还可引申比喻权势。如“趋炎附势”。

中华民族自称“炎黄子孙”，其中的“炎”指炎帝。

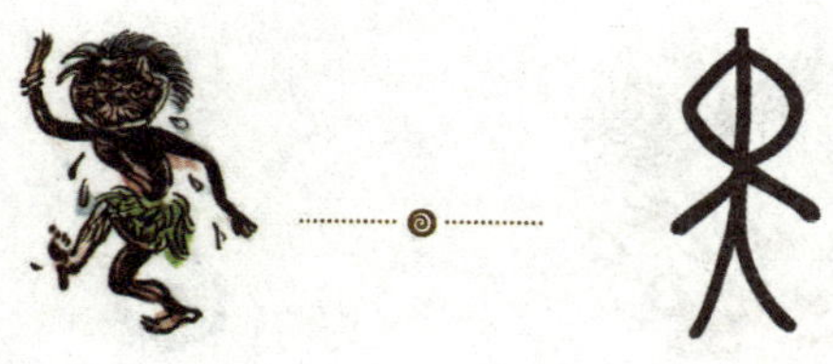

（hēi）

“黑”的小篆是会意字。甲骨文像人头上有饰物的样子。金文从囪，从炎，会烟火熏黑之意。小篆与金文的形体相似。隶变后楷书写作“黑”。

《说文·黑部》：“黑，火所熏之色也。从炎上出囪；囪，古窗字。”（黑，被火熏成的颜色。由“炎”向上从“囪”中冒出会意；囪，是古“窗”字。大凡黑的部属都从黑。）

“黑”的本义为熏黑之色，引申指昏暗无光。如“黑夜”。后来比喻恶势力一时嚣张造成的紧张局面，所以引申指狠毒，象征反动、坏。如“黑店”“黑道”。黑恶势力的行为是违法的，所以引申指秘密的、非法的。如“黑话”。

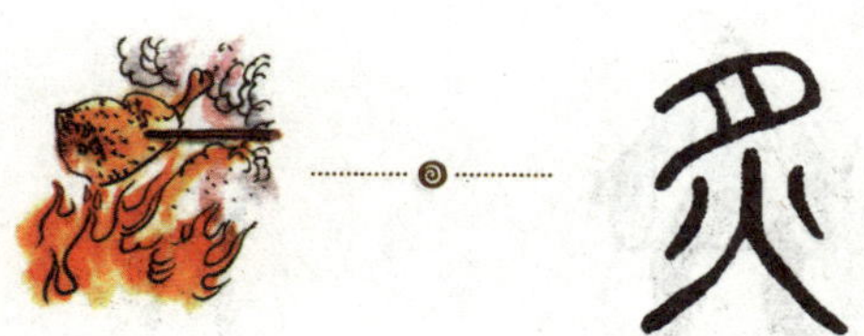

（zhì）

“炙”是会意字。小篆从肉，从火，会肉在火上烤之意。隶变后楷书写作“炙”。

《说文·炙部》：“炙，炮肉也。从肉在火上。”（炙，把肉放在火上烧烤。由“肉”在“火”上会意。）

“炙”的本义为把肉串起来在火上熏烤、烧烤。如《诗经·小雅·瓠叶》：“有兔斯首，燔之炙之。”引申指烧灼热。如唐代杜甫《丽人行》：“炙手可热势绝伦，慎莫近前丞相嗔！”由烧灼还引申为曝晒。如魏晋时嵇康《与山巨源绝交书》：“野人有快炙背而美芹子者，欲献之至尊。”

黑 甲骨文 金文 小篆 楷书 炙 小篆 楷书

（chì）

“赤”是会意字。甲骨文从大，从火，会火映红了人之意。金文、小篆与甲骨文形体相似。隶变后楷书写作“赤”。

“赤”的本义为比朱红稍浅的颜色。如《辞源》中说：“朱深而赤浅。”泛指红色。如“赤红脸”。

婴儿刚生下来身体呈赤色，所以称之为“赤子”。赤子纯正无邪，故而引申指空，一无所有。如“赤手”。又引申指裸露、光着。如“赤膊”。进而引申表示纯净不杂、专诚不二。如“赤诚”“赤胆”。

（dà）
（dài）

“大”是象形字。甲骨文、金文、小篆的形体都像一个正面站立、张开双手双脚的人的形象。隶变后楷书写作“大”。

《说文·大部》：“大，天大，地大，人亦大。故大象人形。古文大也。凡大之属皆从大。”（大，天大，地大，人也大。所以“大”字像人的形状。（大）是古文“大”字。大凡大的部属都从大。）“大”（dà）的本义是大人。人为“万物之灵”，上古以人为大，故引申为“大小”之“大”。由大又引申表示重要、重大。如“天下大事”。进而引申表示尊敬。如“大王”“大作”。

夹

(jiā)
(jiá)
(gā)

夹，(左右)相扶持。由"大"字被左右两个"人"字挟持着会意。

"夹"(jiā)的本义是左右两方相挟持。如《说文》："夹，持也。从大，侠二人。"《尚书·多方》："尔曷不夹介又我周王。"

掺杂，混杂。如《虞初新志·秋声诗自序》："又夹百千求救声。"

位于两旁的。如晋代陶渊明《桃花源记》："夹岸数百步。"

从两面同时过来。如"夹击"。

夹

甲骨文

金文

小篆

楷书

亦

(yì)

"亦"是指事字。甲骨文像一个正面站立的人，两臂之下的两个点儿是指事符号，表示这里是腋下。金文与甲骨文大体相同。小篆与甲骨文、金文字一脉相承。隶变后楷书写作"亦"。

《说文·亦部》："亦，人之臂亦也。从大，象两亦之形。凡亦之属皆从亦。"(亦，人的腋窝。从大，像两个腋窝位于臂下的形状。大凡亦的部属都从亦。)

"亦"的本义为人的腋窝。后世常被假借为虚词，表示类同或相似关系，相当于"也""也是"。还相当于"又"。如唐代杜牧《阿房宫赋》："后人哀之而不鉴之，亦使后人复哀后人也。"

亦

甲骨文

金文

小篆

亦

楷书

吴

(wú)

吴，姓，也是郡名。另一义说，吴是大声喧哗。由矢、由口会意。

“吴”的本义是大声喧哗。如《诗经·周颂·丝衣》：“不吴不敖，胡考之休。”

东汉时孙权建立的吴国。如“东吴”。

中国古代诸侯国名。如“吴越同舟”。

姓氏的一种。

交

(jiāo)

“交”是象形字。甲骨文像一个正面站立的人，两腿交叉着。金文和小篆的形体大致相同。隶变后楷书写作“交”。

《说文·交部》：“交，交胫也。从大，象交形。凡交之属皆从交。”（交，交叉着小腿。从大，又像两腿相交的样子。大凡交的部属都从交。）“交”的本义为两腿交叉。引申为交叉、交错。如战国时屈原《九歌·国殇》：“矢交坠兮士争先。”意思是箭交错坠落，战士们都争先恐后地冲锋陷阵。引申指互相来往联系。如《盐铁论·本议》：“交庶物而便百姓。”

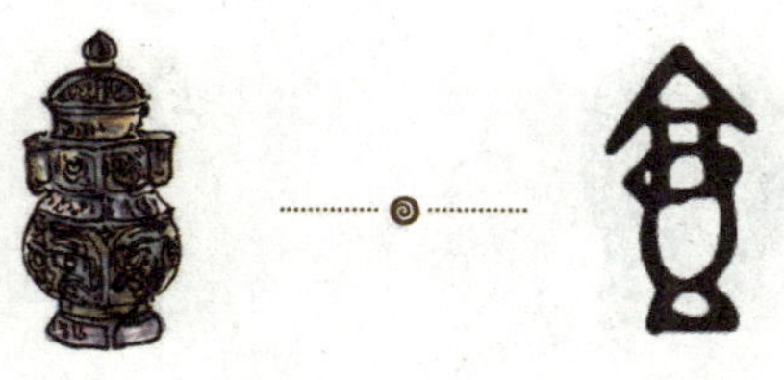

壶，又叫昆吾，一种圆形器皿。像壶的形状。上部从大，像壶的盖。大凡壶的部属都从壶。

（hú）

“壶”的本义是一种装盛液体的圆形器皿。如《说文》：“壶，昆吾，圆器也。”《公羊传·昭公二十五年》：“国子执壶浆。”《仪礼·聘礼》：“八壶设于西序。”唐代王昌龄《芙蓉楼送辛渐二首》：“一片冰心在玉壶。”明代魏学洢《核舟记》：“炉上有壶。”

古代宴饮时用来投壶的器具。如《大戴礼记》：“投壶。壶脰脩七寸，口径二寸半，壶高尺二寸，受豆斗五升，壶腹脩五寸。”

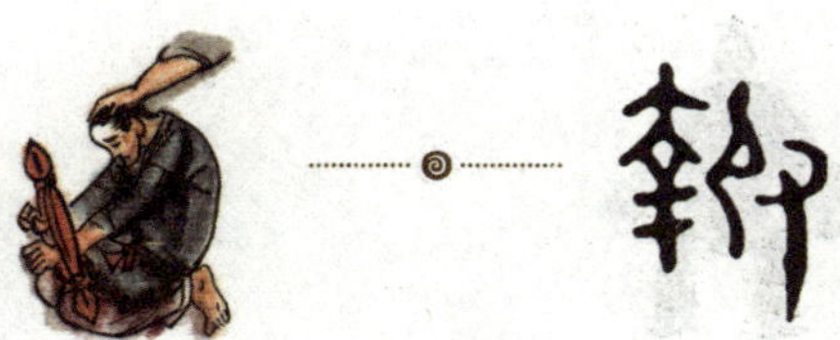

报，判决罪人。由㚔、由𠬝会意。𠬝，适合其罪来定刑。

（bào）

“报”的本义是判决罪人。如《汉书·胡建传》：“辟报故不穷审。”《韩非子·五蠹》：“报而罪之。”

报答。如三国时诸葛亮《出师表》：“欲报之于陛下也。”报告，答复。如《淮南子·精神》：“列子行泣报壶子。”《战国策·秦策》：“请为张唐先报赵。”《史记·廉颇蔺相如列传》：“求人可使报秦者。”《史记·项羽本纪》：“具以沛公言报项王。”

报复。如《史记·范雎蔡泽列传》：“睚眦之怨必报。”

壶

甲骨文

金文

小篆

楷书

报

金文

小篆

楷书

奚

(xī)

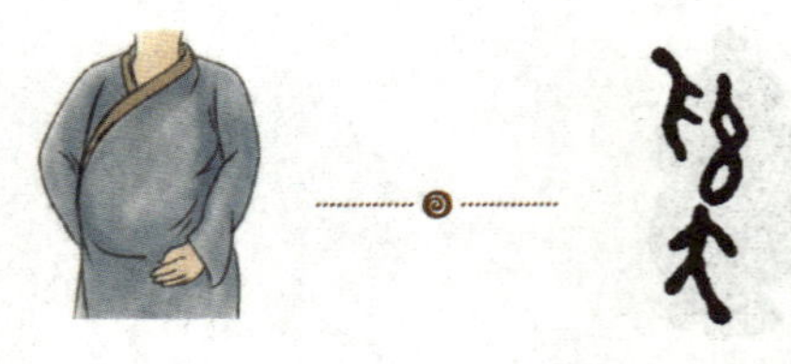

“奚”是会意字。甲骨文左上方是手，抓着绳索，绳索下系着一个人，会捉来一个奴隶之意。金文与甲骨文大致相同。小篆已经不太像捉住一个人的样子了。隶变后楷书写作“奚”。

《说文·亣部》：“奚，大腹也。从大，𦃃省声。”（奚，大肚子。从大，𦃃省声。）

“奚”的本义为奴隶，又专指女奴。如《周礼·天官·冢宰》中的“奚三百人”，就是有奴隶三百人的意思。如《新唐书·李贺传》中提到的“奚奴”就是指女奴，现泛指奴仆。

甲骨文

金文

小篆

夫

楷书

夫

(fū)

(fú)

“夫”是象形字。甲骨文形体的下部像“大”，即一个正面站立的人；“大”的上部有一小横，表示头簪之形。金文与甲骨文类似。隶变后楷书写作“夫”。

《说文·夫部》：“夫，丈夫也。从大，一以象簪也。周制以八寸为尺，十尺为丈。人长八尺，故曰丈夫。凡夫之属皆从夫。”（夫，成年男子。从大，一用以像成年男子头发上的簪子之形。周朝的制度用八寸作一尺，十尺作一丈。今成人身长八尺，（合周制为一丈，）所以叫丈夫。大凡夫的部属都从夫。）

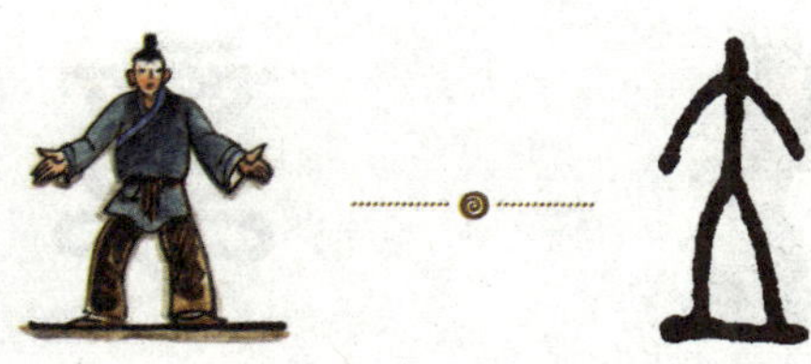

立

（lì）

“立”是指事字。甲骨文是一个人站在地面上。金文与甲骨文大致相同。小篆线条化。隶变后楷书写作“立”。

《说文·立部》：“立，住也。从大立一之上。凡立之属皆从立。”（立，站住。由“大”站立在“一”的上面会意。大凡立的部属都从立。）

“立”的本义为站立不动。如宋代欧阳修《归田录》：“卖油翁释担而立。”由站立引申为建立、竖立。如《商君书·更法》：“各当时而立法。”

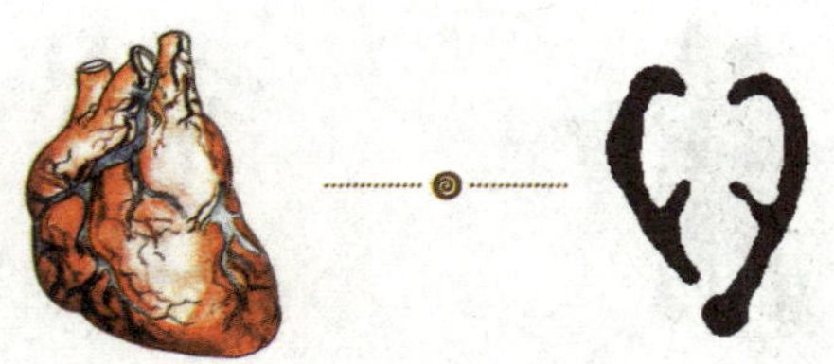

心

（xīn）

“心”是象形字。甲骨文像人或动物的心脏。金文多了中央一点，可看作是血液。小篆多了一条向右撇的曲线，可看作是连着心脏的血管。隶变后楷书写作“心”。

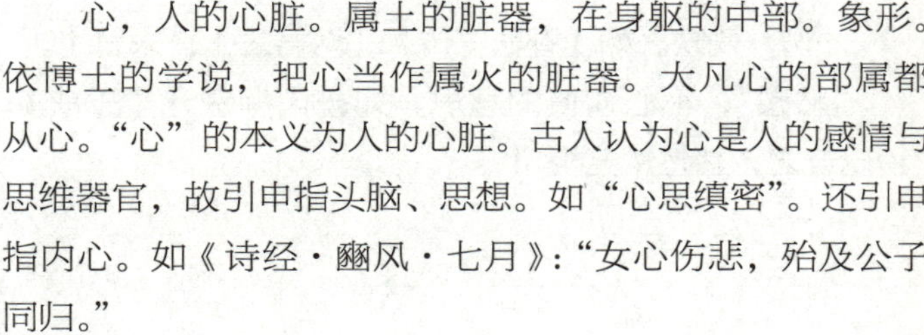

心，人的心脏。属土的脏器，在身躯的中部。象形。依博士的学说，把心当作属火的脏器。大凡心的部属都从心。“心”的本义为人的心脏。古人认为心是人的感情与思维器官，故引申指头脑、思想。如“心思缜密”。还引申指内心。如《诗经·豳风·七月》：“女心伤悲，殆及公子同归。”

立

甲骨文

金文

小篆

立

楷书

心

甲骨文

金文

小篆

心

楷书

小篆

意

楷书

(yì)

"意"是会意兼形声字。小篆从心，从音，用心音会心思之意，音兼表声。隶变后楷书写作"意"。

《说文·心部》:"意，志也。从心察言而知意也。从心，从音。"(意，意向。用心去考察别人的言语就知道他的意向。由心、由音会意。)

"意"的本义为心思。如成语"项庄舞剑，意在沛公"，比喻说话和行动的真实意图别有所指。引申指愿望、心愿。如"满意""中意"。又引申指料想、猜疑。如"出其不意""意外"。又引申指感情、情意。如刘禹锡《竹枝词》:"花红易衰似郎意，水流无限似侬愁。"

小篆

憖

楷书

(yìn)

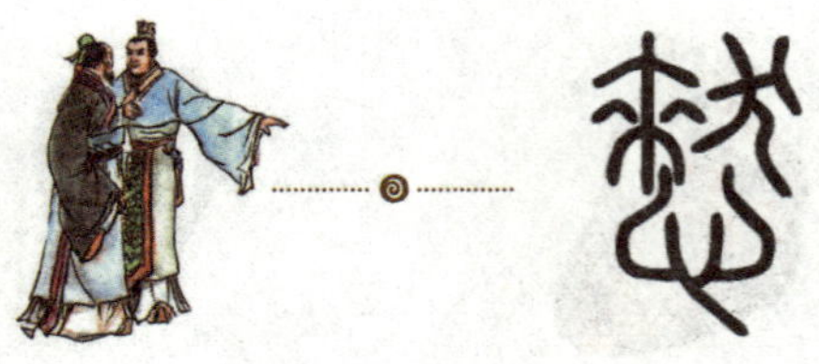

憖，甘愿。《春秋左传》说:"广大的天不愿意。"又说:"两个国君的将士都不愿。"

"憖"指愿意，情愿。如《国语·楚语》:"吾憖寘之于耳。"南朝时沈约《齐故安陆昭王碑文》:"曾憖不留。"

损伤，残缺。如《春秋左传》:"两君之士皆未憖也。"

"憖憖"，小心谨慎的意思。如唐代柳宗元《三戒》:"稍出近之，憖憖然莫相知。"

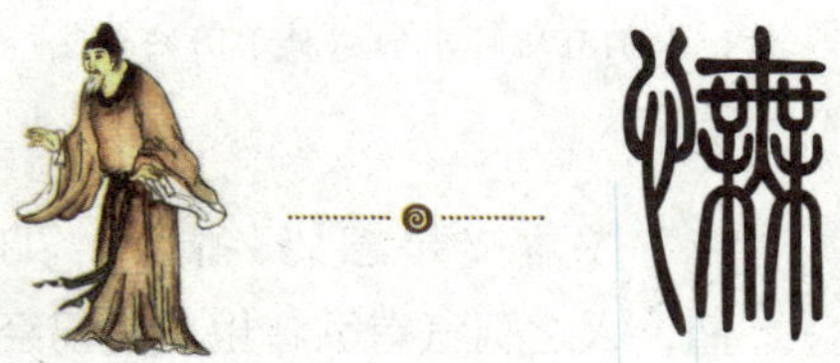

怃

(wǔ)

怃，爱抚。韩地、郑地叫爱抚作怃。另一义说，怅然失意的样子。从心，无声。

“怃”的本义是爱抚。如《说文》：“怃，爱也。”《尔雅》：“怃，抚也。”

失意的样子。如唐代柳宗元《柳河东集》：“应之者咸怃然。”唐代李朝威《柳毅传》：“君怃然曰。”

惊愕的样子。如《后汉书》：“表怃然为骇。”

通“妩”。妩媚。如《汉书·张敞传》：“又为妇画眉，长安中传张京兆眉怃。”

慢

(màn)

慢，怠惰。从心，曼声。另一义说，慢，（骄而）不惧。

“慢”的本义是怠惰，懒惰。如《说文》：“慢，惰也。”

又指轻慢，不礼貌。如《说文》：“慢，一曰不畏也。”《礼记·缁衣》：“可敬不可慢。”

怠慢。如三国时诸葛亮《出师表》：“责攸之、祎、允等之慢。”

缓慢。如《诗经·郑风·大叔于田》：“叔马慢忌，叔发罕异。”唐代白居易《琵琶行》：“轻拢慢捻抹复挑。”

怃 小篆 楷书

慢 小篆 楷书

情

（qíng）

情，人们有所欲求的从属于阴的心气。从心，青声。

“情”的本义是感情、情绪。如《说文》：“情，人之阴气有欲者也。”《易经·系辞》：“情伪相感。”宋代范仲淹《岳阳楼记》：“览物之情。”指本性。如《孟子·滕文公上》：“夫物之不齐，物之情也。”指爱情，男女相爱的心意。如唐代白居易《长恨歌》：“唯将旧物表深情。”

志

（zhì）

志，意念。从心，之声。

“志”的本义是意念，意向。如《说文》：“志，意也。”志向。《孟子》：“夫志，气之帅也。”《尚书·舜典》：“诗言志，歌咏言。”《论语·学而》：“父在观其志。”《史记·陈涉世家》：“燕雀安知鸿鹄之志哉！”

一种文体。如“墓志铭”。指心情。如《礼记·曲礼上》：“志不可满，乐不可极。”指立志。如《论语·为政》：“吾十有五而志于学。”

慎

（shèn）

慎，谨慎。从心，真声。

“慎”的本义是小心谨慎。如《说文》：“慎，谨也。”《诗经·小雅·白驹》：“慎尔优游。”宋代王安石《游褒禅山记》：“此所以学者不可以不深思而慎取之也。”

警惕，戒备。如唐代魏徵《谏太宗十思疏》：“载舟覆舟，所宜深慎。”

千万。如《玉台新咏·古诗为焦仲卿妻作》：“多谢后世人，戒之慎勿忘！”顺应，遵循。如《墨子·天志中》：“本察仁义之本，天之意，不可不慎也。”

情 小篆 楷书

志 小篆 楷书

慎 小篆 金文 楷书

忠，肃敬（而尽心尽意）。从心，中声。

（zhōng）

“忠”的本义是尽心，忠诚。如诸葛亮《出师表》：“为忠善者。”宋代司马光《训俭示康》：“君子以为忠。”

指忠厚。如《楚辞·九歌·湘君》：“交不忠兮怨长。”指尽忠。如三国时诸葛亮《出师表》：“忠陛下之职分。”

指忠臣。如《史记·屈原列传》：“莫不欲求忠以自为。”

忠 小篆 忠 楷书

快，喜悦。从心，夬声。

（kuài）

“快”的本义是高兴，心情愉悦。如《说文》：“快，喜也。”《史记·魏公子列传》：“心不快。”又。如唐代白居易《琵琶行（并序）》：“使快弹数曲。”爽利。战国时宋玉《风赋》：“快哉此风。”动作迅速，与“慢”相对。如古乐府《折杨柳歌辞》：“健儿须快马，快马须健儿。”直爽。如《颜氏家训·勉学》：“人见邻里有佳快者，使子弟慕而学之。”

快 小篆 快 楷书

想，因希望得到而思念。从心，相声。

（xiǎng）

“想”的本义是想念、想到。如《说文》：“想，冀思也。”宋代苏轼《念奴娇·赤壁怀古》：“遥想公瑾当年，小乔初嫁了，雄姿英发。”指思考。如《楚辞·九章·悲回风》：“入景响之无应兮，闻省想而不可得。”猜测，预想。如《史记·孔子世家论》：“余读孔氏书，想见其本人。”好像。如唐代李白《清平调》：“云想衣裳花想容，春风拂槛露华浓。”

想 小篆 想 楷书

忘

金文

小篆

忘

楷书

悴

小篆

悴

楷书

忘

(wàng)

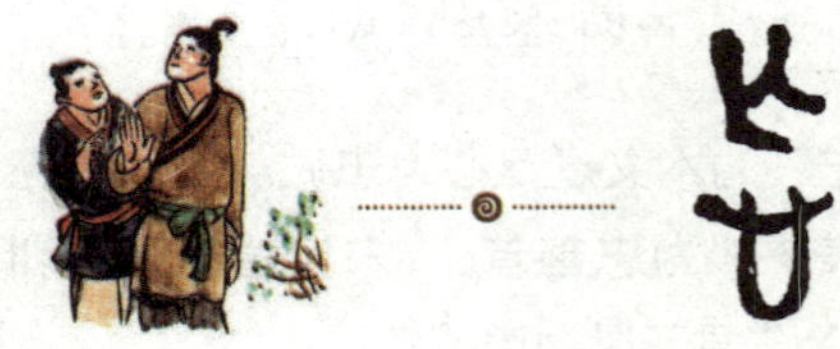

“忘”是会意兼形声字。金文从亡（失去），从心，会心有所失而不记得之意，亡兼表声。小篆与金文相似。隶变后楷书写作“忘”。

《说文·心部》：“忘，不识也。从心，从亡，亡亦声。”（忘，不记得。由心、亡会意，亡也表声。）

“忘”的本义为忘记、不记得。如《论语·述而》：“发愤忘食，乐以忘忧。”如《汉书·贾谊传》：“则为人臣者主而忘身，国而忘家，公而忘私。”泛指遗漏、遗失。如《汉书·武五子传》：“臣闻子胥尽忠而忘其号。”又引申指舍弃。

悴

(cuì)

悴，忧愁。从心，卒声。音读与《易经》的萃卦的“萃”字相同。

“悴”的本义是忧愁，悲伤。如《晋书·凉武昭王李玄盛传》：“人力雕残，百姓愁悴。”《文子·上德》：“有荣华者，必有愁悴。”

憔悴，枯萎。如《史记·屈原贾生列传》：“颜色憔悴，形容枯槁。”宋代李清照《声声慢》：“满地黄花堆积，憔悴损，如今有谁堪摘！”

患 (huàn)

“患”是会意兼形声字。小篆从心，从串（贯穿），会忧心如穿之意，串兼表声。隶变后楷书写作“患”。

《说文·心部》：“患，忧也。从心贯吅，吅亦声。”（患，忧虑。由“心”字向上贯穿“吅（xuān）”字会意，吅也表声。）

“患”的本义为担忧、忧虑。如《论语·阳货》：“既得之，患失之。”引申指灾祸，忧虑的事情。如“内忧外患”“有备无患”。又引申指生病，害病。如“患病”“患者”。进而引申指生病的人。如“医患纠纷”。

患 小篆 楷书

水 (shuǐ)

“水”是象形字。甲骨文、金文和小篆都像弯弯曲曲的流水之形，其中几点表示激流中溅起的水花。隶变后楷书写作“水”。

《说文·水部》：“水，准也。北方之行。像众水并流，中有微阳之气也。凡水之属皆从水。”（水，平。代表北方的一种物质。像许多水一同流去；中间的⺀，表示有深隐在内的阳气。大凡水的部属都从水。）“水”的本义是河流。后泛指江、河、湖、海、洋等一切水域。

又泛指汁、液。如“汗水”。也可作形容词。如“水酒”，即淡酒。

水 甲骨文 金文 小篆 水 楷书

海

金文

小篆

海

楷书

海

(hǎi)

“海”是形声字。金文从水，每声。小篆整齐化。隶变后楷书写作“海”。

《说文·水部》：“海，天池也。以纳百川者。从水，每声。”（海，天然的大池泽。用以接纳百川的水流。从水，每声。）“海”的本义为大海。如秦代李斯《谏逐客书》：“河海不择细流。”也指大的湖泊、水池。如《汉书·苏武传》：“乃徙武北海上无人处。”又指大的器皿。如《红楼梦》第四十一回：“你吃这一海便成什么？”由海的面积大、水多引申比喻某些聚得数量多而范围广的人或事物。如“宦海”。

洪

小篆

洪

楷书

洪

(hóng)

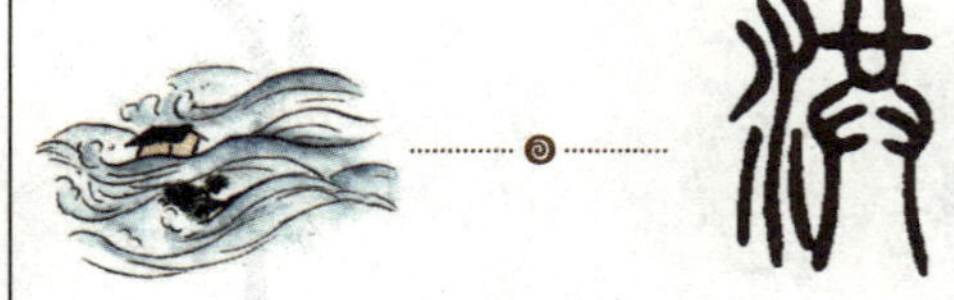

“洪”是会意兼形声字。小篆从水，从共，会共聚的大水之意，共兼表声。隶变后楷书写作“洪”。

《说文·水部》：“洪，洚水也。从水，共声。”（洪，大水。从水，共声。）

“洪”的本义为大水。泛指大。如“洪福齐天”是称颂福气跟天一样大。又引申指湍急的水。如“洪水”。

指河道陡窄水流急的地方。如宋代苏轼《百步洪》：“定国既去逾月，复与参寥师放舟洪下，追怀曩游，已为陈迹，喟然而叹。”

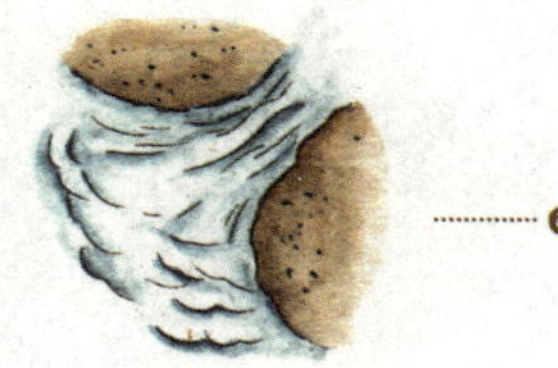

衍

(yǎn)

“衍”是会意字。甲骨文从水，从行，会百川漫流之意。金文承之，稍有简化。小篆整齐化。隶变后楷书写作“衍”。

《说文·水部》：“衍，水朝宗于海也。从水，从行。”（衍，水流像诸侯朝见天子一样奔向大海。由水、由行会意。）

“衍”的本义为百川归海。引申指水漫而出、溢出。又引申指延展、漫延。如金代王若虚《滹南诗话》：“东坡酷爱《归去来辞》，既次其韵，又衍为长短句。”

还引申指动植物滋生繁殖。如“繁衍”。

衍

甲骨文

金文

小篆

衍

楷书

滔

(tāo)

“滔”是形声兼会意字。小篆从水，舀声，舀兼表上出之意，用水漫出会水大之意。隶变后楷书写作“滔”。

《说文·水部》：“滔，水漫漫大貌。从水，舀声。”（滔，水弥漫盛大的样子。从水，舀声。）

“滔”的本义为水势盛大的样子。如《论语·微子》：“滔滔者天下皆是也，而谁以易之？”

“滔滔”形容连续不断（一般指话多）。如唐代王仁裕《开元天宝遗事·走丸之辩》：“张九龄善谈论，每与宾客议论经旨，滔滔不竭，如下阪走丸也。”

滔

小篆

楷书

滥

小篆

濫

楷书

滥

(làn)

滥，大水延漫。从水，監声。另一义说，沾湿上面一直湿到下面。《诗经》说：“那喷涌而上出、从上湿到下的泉水翻腾着。”另一义说，滥是清的意思。

“滥”的本义是大水延漫，涌出。如《说文》：“滥，泛也。”《尔雅·释水》：“滥泉正出。”《水经注·湿水》：“其水阳焊不耗，阴霖不滥。”

波及。如唐代魏徵《谏太宗十思疏》：“因怒而滥刑。”

过度，无限制。如《周书·程典》：“生穑省用，不滥其度。”《论语·卫灵公》：“小人究斯滥矣。”

任意地，肆意地。如《资治通鉴》：“不许滥诛骨肉。”

激

小篆

激

楷书

激

(jī)

“激”是形声字。小篆从水，敫声。隶变后楷书写作“激”。

《说文·水部》：“激，水碍邪疾波也。从水，敫声。一曰：半遮也。”（激，水受阻碍而斜行，扬起迅疾的波涛。从水，敫声。另一义说：激是半遮拦的意思。）

“激”的本义为水流受阻后腾涌或飞溅。如宋代苏轼《中隐堂诗》：“凿石清泉激，开门野鹤飞。”引申指冲刷、冲击。如《尸子·君治》：“扬清激浊，荡去滓秽，义也。”又引申指鼓动人心，使有所感发。如明代张溥《五人墓碑记》：“五人者，盖当蓼洲周公之被逮，激于义而死焉者也。”

渊，回旋的水。从水，（𣶒）象形。左右的丿丨，表示水岸。中间的卉，像水的样子。

渊

(yuān)

“渊”的本义是回旋的水。如《说文》：“渊，回水也。”《庄子·应帝王》：“鲵桓之审为渊，止水之审为渊，流水之审为渊。”《易经·乾卦》：“或跃在渊。”

深潭。如《论语》：“如临深渊。”《诗经·小雅·鹤鸣》：“鱼潜在渊。”

深，渊博。如《诗经·邶风·燕燕》：“其心塞渊。”

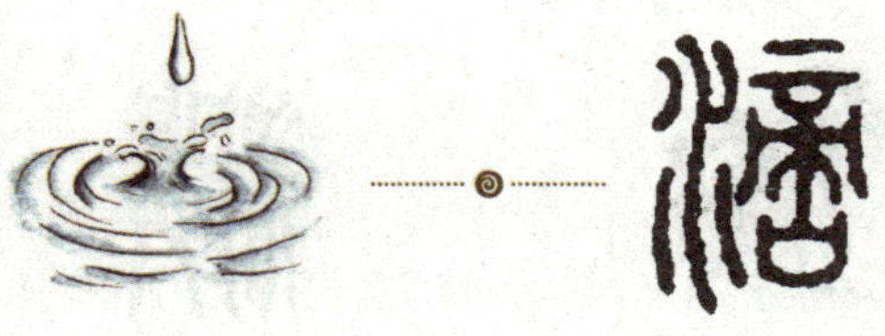

“滴”是形声字。小篆从水，商声。隶变后楷书写作“滴”。

(dī)

《说文·水部》：“滴，水注也。从水，商声。”（滴，水往下滴注。从水，商声。）“滴”的本义为液体一点一点地落下来。如成语“滴水成冰”。引申形容晶莹润美的样子。如唐代张志和《渔父》：“秋山入帘翠滴滴，野艇倚栏云依依。”

作象声词，形容雨水下落和钟摆走动等的声音。如“时钟在滴答地走着”。作量词，多用于颗粒状滴下的液体。如“几滴水珠”。

渊

甲骨文

金文

小篆

楷书

滴

小篆

楷书

溃

(kuì)

(huì)

溃，漏水。形声字。从水，貴声。

“溃”（kuì）的本义是漏水。如《说文》：“溃，漏也。”引申为大水冲破堤岸。如战国时宋玉《高唐赋》：“溃淡淡而并入。”《文选·长笛赋》：“渟涔障溃。”《韩非子·喻老》：“千丈之堤，以蝼蚁之穴溃。”

引申为冲破。如《史记·项羽本纪》：“直夜溃围南出，驰走。”大败。如《荀子·议兵》：“兑则若莫邪之利锋，当之者溃。”宋代苏轼《教战守》：“而民不至于惊溃。”

腐烂。如明代刘基《卖柑者言》：“涉寒暑不溃。”

潰 楷书

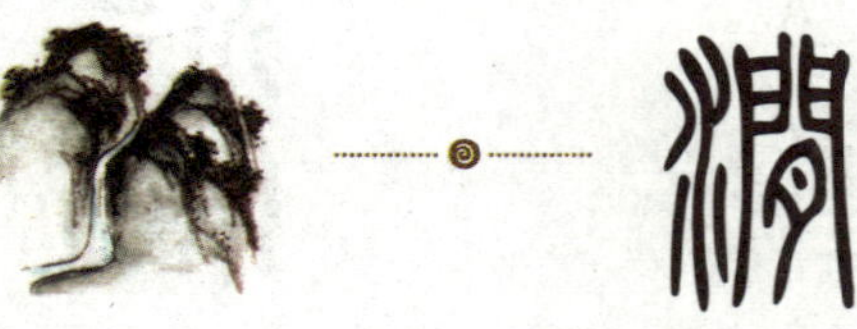

(jiàn)

涧，两山夹着水流。从水，間声。另一义说，涧水，从弘农郡新安县流出，向东南注入洛水。

“涧”的本义是夹在两山间的水流。如《说文》：“涧，山夹水也。”《诗经·召南·采蘩》：“于涧之中。”唐代王维《鸟鸣涧》：“时鸣春涧中。”宋代沈括《梦溪笔谈》：“陕西大涧。”

指山谷。如“涧水”。

古时候指数词。如“万万沟为涧”。

水的名称。如《说文》：“一曰：涧水，出弘农新安，东南入洛。”

澗 楷书

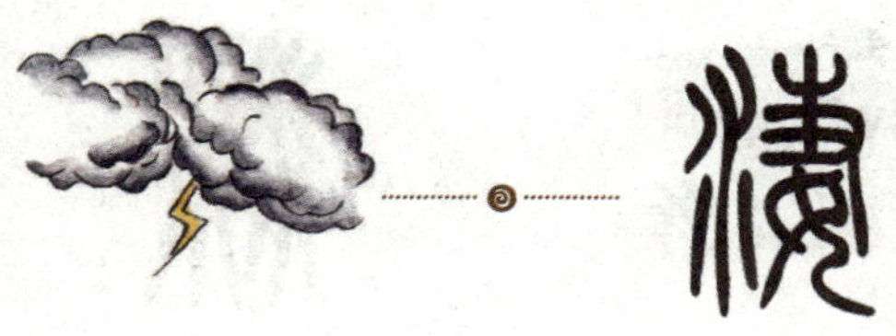

(qī)

凄，将要下雨的云彩正在兴起。从水，妻声。《诗经》说："(将要下雨的云彩)渰渰凄凄地兴起。"

"凄"的本义是要下雨的云正在兴起。如《说文》："凄，雨云起也。"《诗经·小雅·大田》："有渰凄凄。"

寒冷。如《诗经·邶风·绿衣》："凄其以风。"《吕氏春秋·有始》："西南曰凄风。"唐代柳宗元《小石潭记》："凄神寒骨。"

凄凉。如南朝时钟嵘《诗品》："善为凄戾之词。"

凄

小篆

凄

楷书

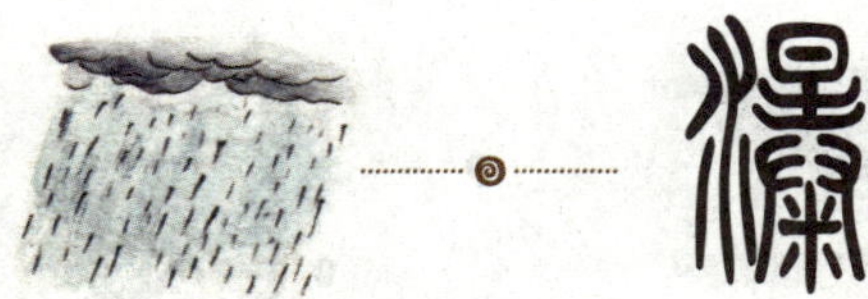

(bào)
(pù)

瀑，急雨。另一义说，瀑是水沫飞溅的意思。另一义说，瀑是雷。从水，暴声。《诗经》说："既已刮起了风，又下起了暴雨。"

"瀑"(bào)的本义是急雨。如《说文》："瀑，疾雨也。《诗》曰：'终风且瀑'。"

水名，指瀑河。在今河北省东北部，发源于平泉市，南流经宽城入滦河。

水向外四溅。如"瀑泉"。

同"爆"。如《水浒传》："煮瀑得熟，也得充饥。"

小篆

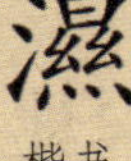

楷书

泳

小篆

泳

楷书

湛

金文

小篆

湛

楷书

泳

(yǒng)

“泳”是会意兼形声字。小篆从水，从永，会人在水中游泳之意，永兼表声。隶变后楷书写作“泳”。

《说文·水部》：“泳，潜行水中也。从水，永声。”（泳，潜没在水中而前行。从水，永声。）

“泳”的本义为潜行水中。如《诗经·周南·汉广》：“汉之广矣，不可泳思。”《诗经·邶风·谷风》：“泳之游之。”《列子·黄帝》：“复从而泳之。”

泛指在水里游。如“游泳”“蛙泳”。

湛

(zhàn)

“湛”是形声字。金文从水，甚声。小篆整齐化、文字化。隶变后楷书写作“湛”。

《说文·水部》：“湛，没也。从水，甚声。一曰：湛水，豫章浸。”（湛，沉没。从水，甚声。另一义说：湛是湛水，是豫州地方的川泽。）

“湛”的本义为沉没。又特指清澈透明。如晋代陶渊明《辛丑岁七月赴假还江陵夜行途口》：“凉风起将夕，夜景湛虚明。”还特指露厚重。如“湛露”。又泛指学识、技术等深、精。如“精湛”。

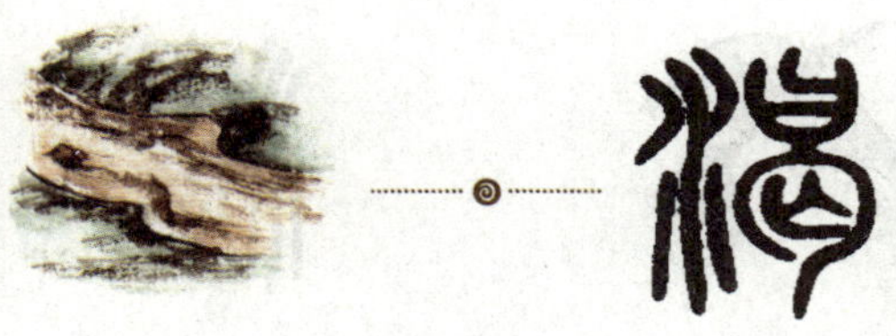

渴

(kě)

“渴”是形声字。小篆从水，曷声。隶变后楷书写作“渴”。

《说文·水部》：“渴，尽也。从水，曷声。”（渴，水干涸。从水，曷声。）

“渴”的本义口渴想喝水。如唐代白居易《对镜偶吟，赠张道士抱元》：“眼昏久被书料理，肺渴多因酒损伤”。引申指迫切。如“求贤若渴”，形容罗织人才的迫切。

渴

小篆

渴

楷书

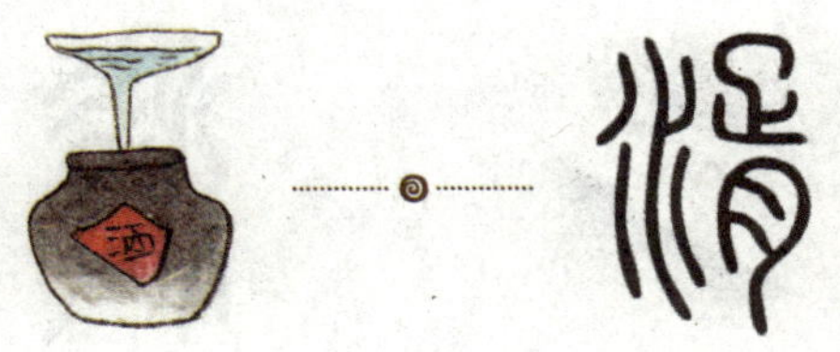

湑

(xǔ)

(xù)

湑，滤酒去渣。另一义说，湑是舀取的意思。又另一义说，湑是露珠（清明）的样子。从水，胥声。《诗经》说：“有酒，就滤酒去渣给我。”

“湑”（xǔ）的本义是将酒去渣。如《说文》：“湑，莤酒也。从水，胥声。字亦作醑。”《诗经·大雅·凫鹥》：“尔酒既湑。”清澈。如《仪礼·士冠礼》：“旨酒既湑。”

茂盛。如《诗经·小雅·裳裳者华》：“裳裳者华，其叶湑兮。”

快乐。如晋代左思《吴都赋》：“酣湑半，八音并。”

湑

小篆

湑

楷书

浓

濃
小篆

濃
楷书

浓

(nóng)

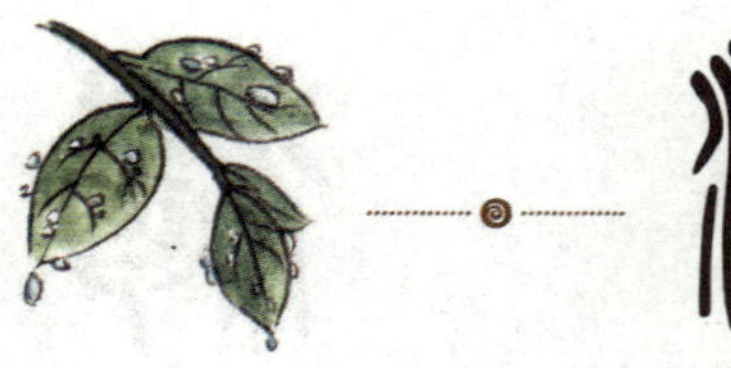

浓，露水多。从水，農声。《诗经》说："落下的露水真多啊。"

"浓"的本义是露水多。如《说文》："浓，露多也。"《诗经·小雅·蓼萧》："零露浓浓。"

稠，多。与"淡""薄"相对。如唐代李贺《昌谷读书示巴童》："宵寒药气浓。"

颜色深。如晋代左思《娇女诗》："浓朱衍凡唇。"

程度深。如宋代李清照《如梦令》："浓睡不消残酒。"

汔

汔
小篆

汔
楷书

汔

(qì)

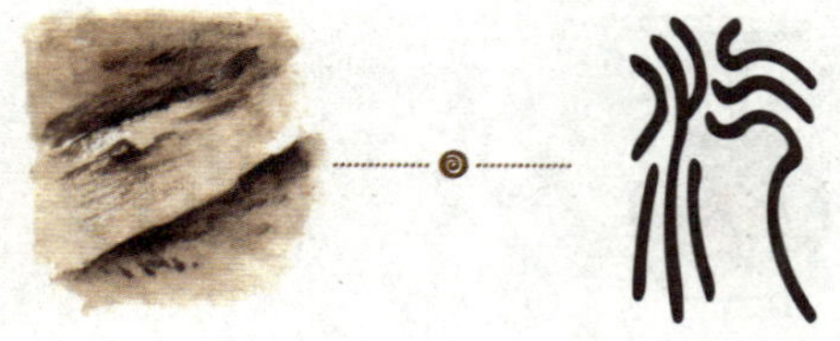

汔，水干涸。另一义说，汔是眼泪流下的意思。从水，气声。《诗经》说："差不多可以过上小康生活了。"

"汔"的本义是水干涸。如《说文》："汔，水涸也。"晋代葛洪《抱朴子》："汔渊剖珠，倾岩刊玉。"

完成。如《广雅》："汔，尽也。"《吕氏春秋·听言》："壮狡汔尽穷屈。"

差不多。如《诗经·大雅·民劳》："民亦劳止，汔可小康。"

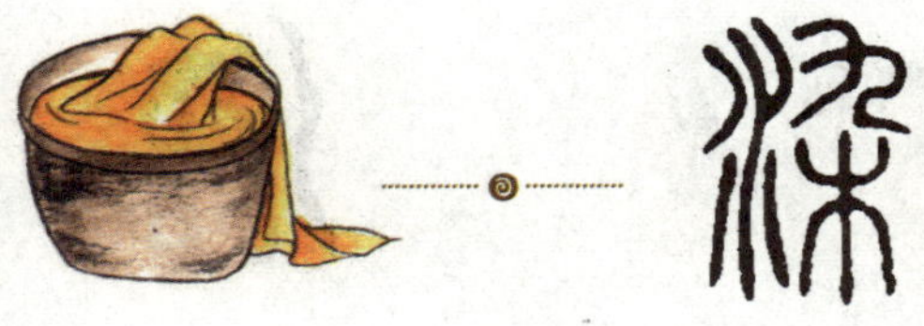

“染”是会意字。从九，从木，从水，会反复染几次使布帛着色之意。隶变后楷书写作“染”。

染

（rǎn）

《说文·水部》：“染，以缯染为色。从水，杂声。”（染，把布帛浸染着色。从水，杂声。）

“染”的本义为使布帛等物着色。如“染坊”“印染”。引申为沾上。如宋代周敦颐《爱莲说》：“出淤泥而不染。”又引申指传染、感染。如“染恙”“染疾”。人容易受到环境气氛的影响，故又引申为熏染、影响。如“耳濡目染”。

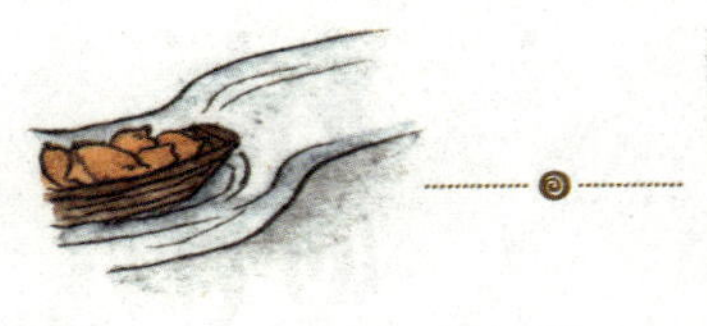

漕，水道转运粮谷。另一义说，漕是人们乘坐的船。从水，曹声。

漕

（cáo）

漕的本义是用水道转运粮食。如《说文》：“漕，水转谷也。一曰：人之所乘及船也。”《史记·萧相国世家》：“转漕给军。”《汉书·武帝纪》：“穿漕渠通渭。”《汉书·食货志》：“岁漕关东谷。”《史记·河渠书》：“关东漕粟。”

运输用的河道。《红楼梦》：“今日听了这些话，心里方才水落归漕。”

染 小篆 染 楷书

漕 小篆 漕 楷书

湿

甲骨文

金文

小篆

楷书

湿

(shī)

湿，因郁幽而潮湿。从水；一，表示用来覆盖的物体，覆盖着而（下面）有土（不见风日），所以潮湿。㬎省声。

“湿”的本义是潮湿。如《说文》：“湿，幽湿也。从水；一说以覆也。覆土而有土，故湿也。”唐代白居易《琵琶行（并序）》：“住近湓江地低湿，黄芦苦竹绕宅生。”唐代杜甫《兵车行》：“新鬼烦冤旧鬼哭，天阴雨湿声啾啾。”

沾湿，淋湿。如唐代岑参《白雪歌送武判官归京》：“散入珠帘湿罗幕，孤裘不暖锦衾薄。”

滓

小篆

楷书

滓

(zǐ)

“滓”是形声字。小篆从水，宰声。隶变后楷书写作“滓”。

“滓”的本义为沉淀的杂质、渣子。如南朝时刘峻《送橘启》：“皮薄而味珍，脉不粘肤，食不留滓。”引申指污浊、污秽。如《史记·屈原贾生列传》：“不获世之滋垢，皭然泥而不滓者也。”

用作动词，指（受）污染、玷污。如《世说新语·言语》：“卿居心不净，乃复强欲滓秽太清耶？”意思是你自己心地不干净，才硬要让老天也不干净吗？

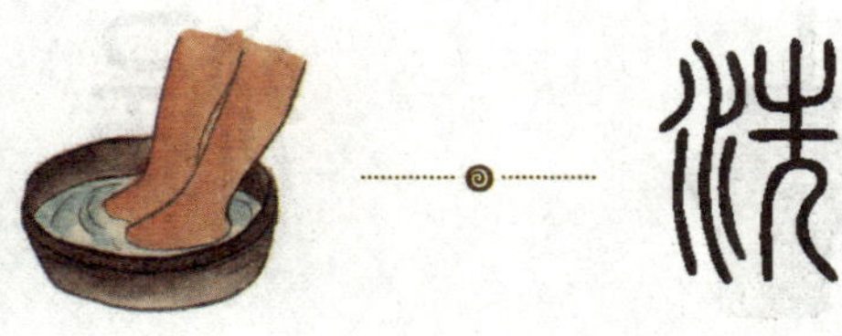

洗

(xǐ)
(xiǎn)

“洗”是形声字。从水，先声。

洗 小篆 洗 楷书

“洗”（xiǎn）的本义是用水洗脚。如《说文》：“洗，洒足也。”《史记·高祖本纪》：“沛公方踞床，使两女子洗足。”

“洗”（xǐ）指用水去除脏污。如《仪礼·乡饮酒礼》：“水在洗东。”

除去，洗脱。如《易经·系辞》：“圣人以此洗心。”又如《洗冤录》。

古代的一种官名。如“太子洗马”。

淋

(lín)
(lìn)

“淋”是形声兼会意字。小篆从水，林声。林兼表雨线密如林之意。隶变后楷书写作“淋”。

淋 小篆 淋 楷书

《说文·水部》：“淋，以水渶也。从水，林声。一曰：淋淋，山下水貌。”（淋，用水浇淋。从水，林声。另一义说：淋淋，山水奔下的样子。）

“淋”（lín）的本义为水或其他液体从上落下。如“日晒雨淋”“淋浴”。泛指使水或其他液体落在别的物体上。如“在凉拌菜上淋几滴香油”。

漏

“漏”是形声字。小篆从水，屚声。隶变后楷书写作“漏”。

（lòu）

“漏”指漏壶，是古代滴水计时的仪器。如“沙漏”“滴漏”。引申指物体由孔缝透过、滴落。如“屋漏偏逢连夜雨”。进而引申指泄露、泄密。如“说漏了嘴”。又引申指破绽、疏漏。如“出了漏子”。又引申指逃脱、遗忘。如“漏网之鱼”就是逃脱渔网的鱼，常比喻侥幸逃脱的罪犯或敌人。

小篆

漏 楷书

萍

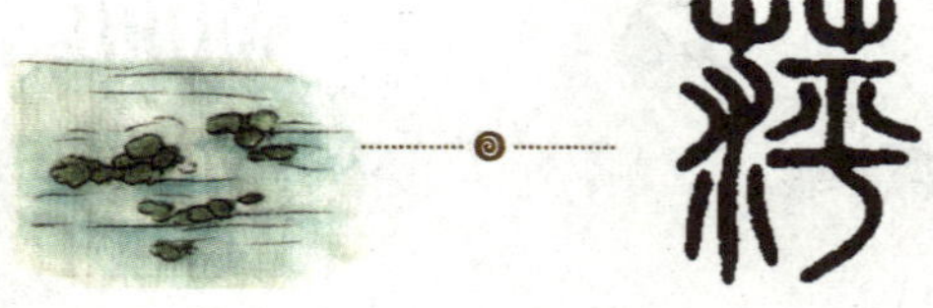

“萍”是会意兼形声字。小篆从水、从苹会意，苹兼表声。隶变后楷书写作“萍”。

（píng）

《说文·水部》：“萍，苹也。水草也。从水、苹，苹亦声。”（萍，浮萍。浮生水面的草。由水、由苹会意，苹也表声。）

“萍”的本义为浮萍，一年生草本植物，浮生水面，叶子扁平，开白花，亦称“青萍”“紫萍”。如《礼记·月令》：“季春之月，桐始华，萍始生。”多用以喻不定的生活或行踪。如成语“萍水相逢”，即比喻向来不认识的人偶然相遇。

小篆

萍 楷书

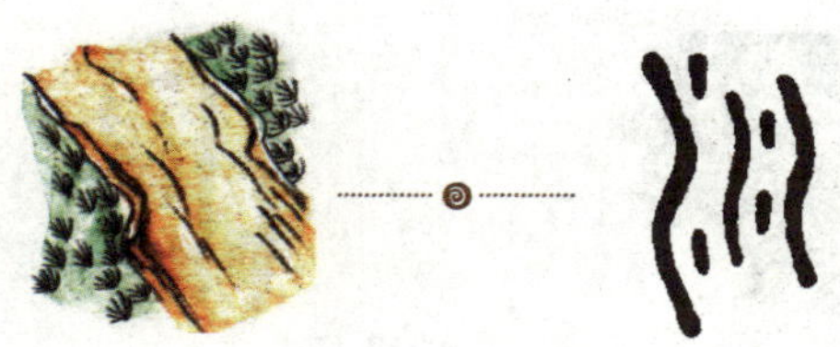

(chuān)

“川”是象形字。甲骨文像一条河流，中间的点表示河流中的漩涡。金文有所简化，但与甲骨文大体相同。小篆的形体和金文相似。隶变后楷书写作“川”。

《说文·川部》：“川，贯穿通流水也。《虞书》曰：‘濬く巜，距川。’言深く巜之水会为川也。”（川，使水贯穿通流。《虞书》说：“濬く巜距川。”是说深深地疏通畎浍之类的田间水沟，使它们会合成为大川。）“川”的本义为河流。如《诗经·小雅·天保》：“如川之方至。”意思是像河流奔涌而来。

川

甲骨文

金文

小篆

川

楷书

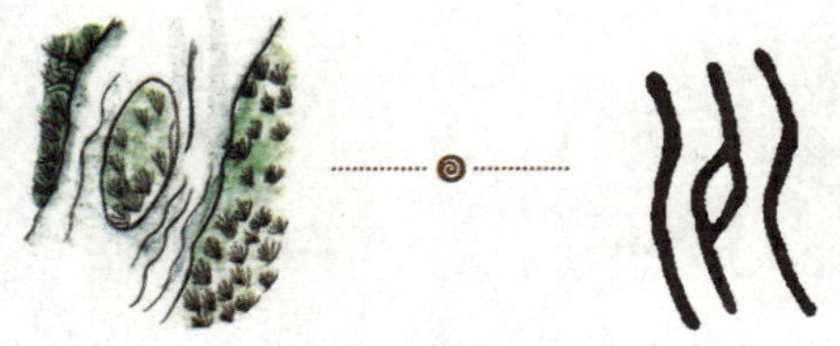

(zhōu)

“州”是象形字。甲骨文自上而下的三条曲线像河流，中间的小圆圈像水中的一块陆地。金文、小篆与甲骨文大致相同。隶变后楷书写作“州”。

《说文·川部》：“州，水中可居曰州，周绕其旁，从重川。昔尧遭洪水，民居水中高土，或曰九州。”（州，水中可以居住的地方叫州，四周的水围绕在它的旁边，由两个“川”字叠起来会意。过去尧那个时代遇上洪水，百姓居住在水中高土上，有人叫这些高土作九州。）

“州”的本义为水中陆地，即“洲”。如《诗经·周南·关雎》：“关关雎鸠，在河之洲。”

州

甲骨文

金文

小篆

州

楷书

甲骨文

小篆

泉

楷书

(quán)

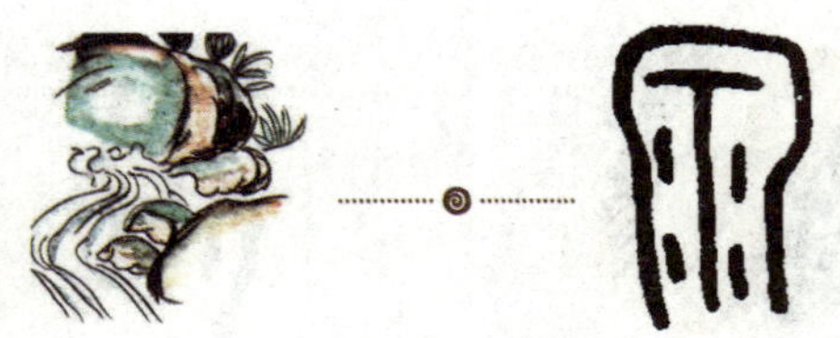

“泉”是象形字。甲骨文像水从泉眼里流出的样子。小篆承接甲骨文，其外为泉眼之形，其内的“丁”字表示“一线如注”的细流。隶变后楷书写作“泉”。

《说文·泉部》:“泉，水原也。象水流出成川形。凡泉之属皆从泉。”(泉，水的源头。像水流出成为川流的样子。大凡泉的部属都从泉。)“泉”的本义为泉水。泉水在地下，人死后也埋于地下，故又指人死后所埋的地方，即阴间。如唐代白居易《思旧》:“零落归下泉。”

上古钱币称为“泉”，取其流通不竭之义。在古代，泉与布并为货币，所以货币统称为“泉布”。

永

甲骨文

金文

小篆

永

楷书

永

(yǒng)

“永”是会意字。甲骨文字形会人在水流中游泳之意。金文字形更像水流。小篆与甲骨文、金文的写法大致相同。隶变后楷书写作“永”。

《说文·永部》:“永，长也。像水巠(水脉)理(水纹)之长。”(永，水流长。字形像水的直流和波纹的漫长。)

“永”的本义是在水流中游泳。由水流长又可以引申指长(不短)。如阮籍《咏怀》十七:“独坐空堂上，谁可与欢者。出门临永路，不见行车马。”“永路”指的就是遥远的路途。又引申指时间长。如晋代陶渊明《杂诗》八首其二:“风来入房户，夜中枕席冷。气变悟时易，不眠知夕永。”

雷，阴气阳气追击运动而产生雷雨，雷雨是使万物滋生的东西。从雨，晶像雷回旋转动的形状。

雷
(léi)

雷

甲骨文

金文

小篆

靁

楷书

“雷”的本义是云层放电时发出的声响。如《说文》：“雷，阴阳薄动，雷雨生物者也。”《春秋·玄命苞》：“阴阳合为雷。”《礼记·月令》：“仲春，雷乃发声，仲秋，雷始收声。”《易经·说卦》：“雷以动之，风以散之，雨以润之。”《诗经·大雅·常武》：“如雷如霆，徐方震惊。”

打雷。如《吕氏春秋·贵生》：“故雷则掩耳。”《管子·七臣七主》：“无冬雷，地冬霆。”

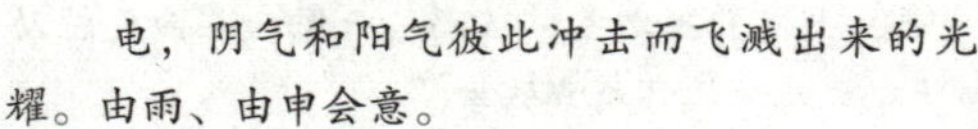

电，阴气和阳气彼此冲击而飞溅出来的光耀。由雨、由申会意。

电
(diàn)

电

小篆

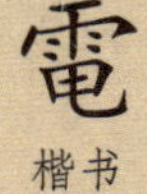

楷书

“电”的本义是闪电。如《说文》：“电，阴阳激耀也。”《五经通义》：“电，电光也。”《谷梁传·隐公九年》：“三月癸酉，大雨震电。震，雷也，电，霆也。”

电报。如清代梁启超《谭嗣同传》：“请致电上海领事而救先生焉。”

比喻迅速。如“风驰电掣”。

电击。如“被电了一下”。

小篆

楷书

露

(lù)
(lòu)

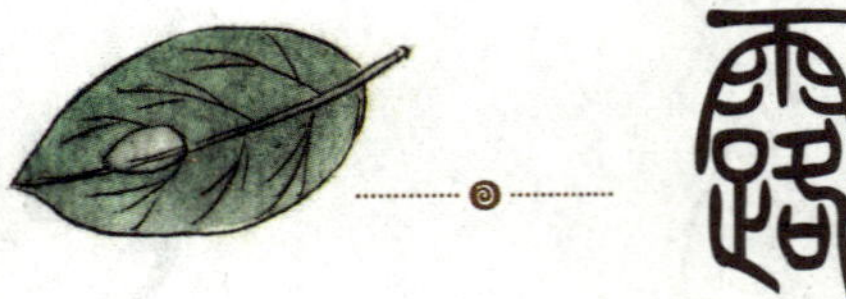

露，（用来）滋润（万物的东西）。从雨，路声。

“露”（lù）的本义是露水。如《说文》：“露，润泽也。”《诗经·秦风·蒹葭》：“白露为霜。”《乐府诗集·长歌行》：“朝露待日晞。”

显露。如《文选·扬雄·长杨赋》：“今乐远出以露威灵。”《荀子·富国》：“都邑露。”《后汉书·李云传》：“乃露布上书。”明代魏学洢《核舟记》：“袒胸露乳。”滋润。如《诗经·小雅·白华》：“英英白云，露彼菅茅。”

云

甲骨文

金文

小篆

雲

楷书

(yún)

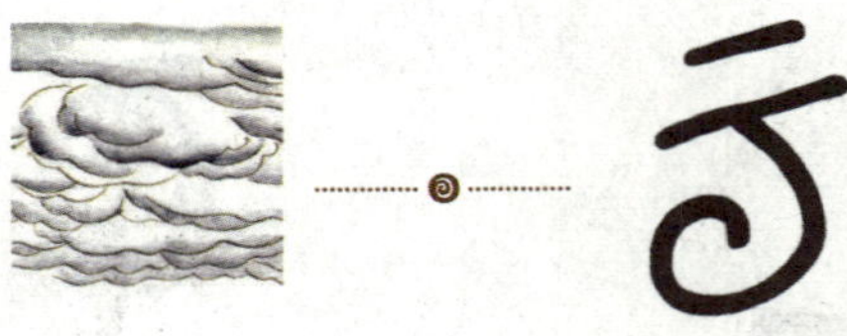

云，山河升腾之气。从雨，云像云彩回旋转动的形状。大凡云的部属都从云。

“云”的本义是山河升腾之气。如《说文》：“雲，山川气也。”汉代贾谊《过秦论》：“云集响应。”宋代欧阳修《醉翁亭记》：“云归而岩穴瞑。”

指云南省的简称。

比喻多。如《诗经·齐风·敝笱》：“齐子归止，其从如云。”《汉书·司马相如传》：“威武纷云。”

比喻高。如《庄子·大宗师》：“黄帝得之，以登云天。”说。如《诗经·小雅·何人斯》：“伊谁云从？”

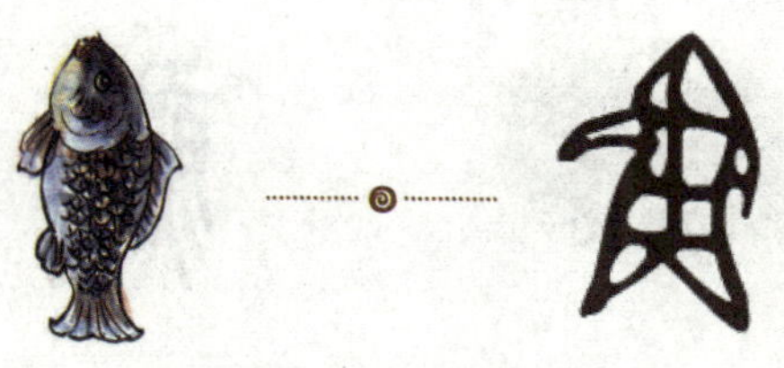

鱼，水中的动物。字形像鱼的形状。篆文鱼字的尾形与燕字的尾形相像。大凡鱼的部属都从鱼。

（yú）

“鱼”的本义是一种水生的脊椎动物。如《说文》：“鱼，水虫也。象形。鱼尾与燕尾相似。”《论衡·指瑞》：“鱼木精。”《诗经·邶风·新台》：“鱼网之设。”

唐代作为符信用的铜鱼符。如“鱼契”“鱼符”。

古代鱼形的装信函的盒子，代指书信。如“鱼素”“鱼肠尺素”。

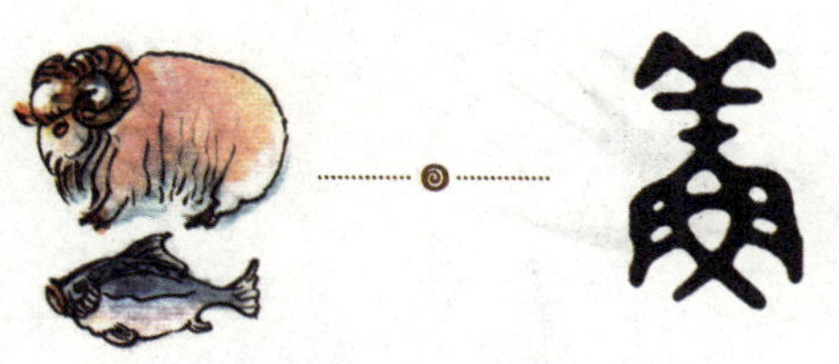

鲜，鱼名。出产在貉国。从魚，羴省声。

（xiān）
（xiǎn）

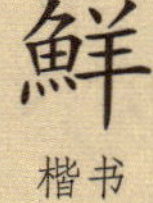

“鲜”（xiān）的本义是鱼名。指活鱼，鲜鱼。如《礼记·内则》：“冬宜鲜羽。”《老子》：“治大国若烹小鲜。”宋代张元幹《水调歌头》：“调鼎他年事，妙手看烹鲜。”

鲜美的食物。如《左传·襄公三十年》：“惟君用鲜。”

新鲜。如《诗经·大雅·韩奕》：“炰鳖鲜鱼。”晋代陶渊明《桃花源记》：“芳草鲜美。”宋代沈括《梦溪笔谈》：“根色鲜泽。”

鳞

小篆

鳞

楷书

鳞

(lín)

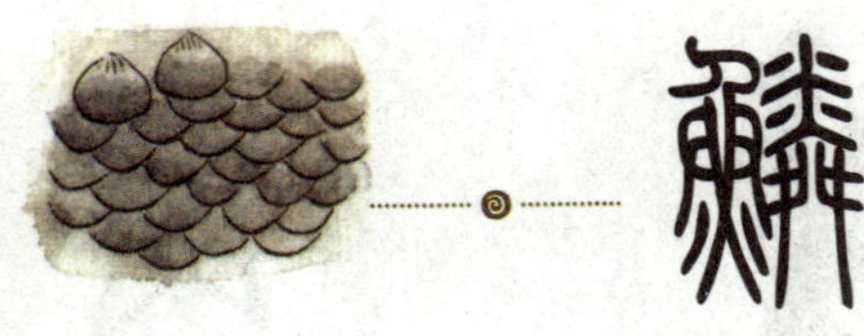

鳞，鱼身上像铠甲的表层薄片。从魚，粦声。

“鳞”的本义是鱼身上的甲片。如《说文》：“鳞，鱼甲也。”清代梁启超《饮冰室合集·文集》：“鳞爪飞扬。”唐代李朝威《柳毅传》：“朱鳞大鬣。”

鳞状的东西。如《周礼·大司徒》：“其动物宜鳞物。”

指代鱼。如宋代范仲淹《岳阳楼记》：“锦鳞游泳。”

对有鳞动物的称呼。如《孔子家语·执辔》：“鳞虫三百六十而龙为之长。”

燕

甲骨文

小篆

燕

楷书

燕

(yàn)
(yān)

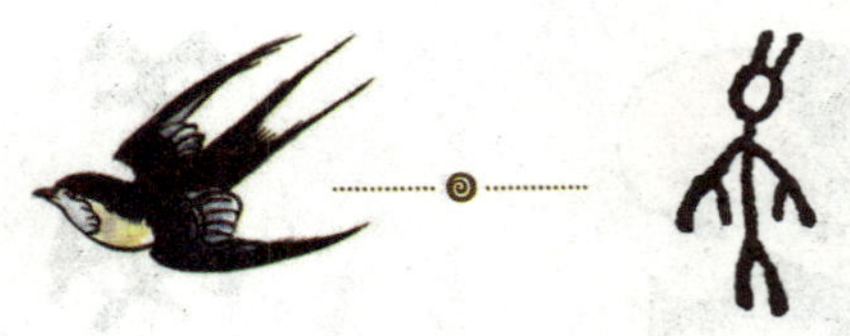

“燕”是象形字。甲骨文像一只头朝上展翅奋飞的燕子。小篆的形体与甲骨文相似，下部的燕尾讹变为“火”字。隶变后楷书写作“燕”。

《说文·燕部》：“燕，玄鸟也。籋口，布翅，枝尾。象形。凡燕之属皆从燕。”（燕，赤黑色的鸟。长着小钳子似的嘴，布帛一样的翅膀，枝丫一样的尾巴。象形。大凡燕的部属都从燕。）“燕”的本义为燕子，读作 yàn。如唐代刘禹锡《乌衣巷》：“旧时王谢堂前燕，飞入寻常百姓家。”

读作 yān 时，为古国名。旧时河北省别称为“燕”，或称“幽燕之地”。

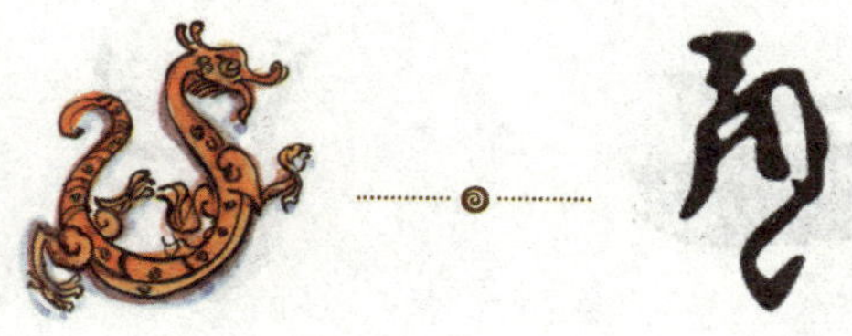

龙

(lóng)

龙，有鳞甲的动物的首领。( ) 表示肉，( ) 像飞的形状；( ) 是童省去里为声。大凡龙的部属都从龙。

“龙”的本义：古代传说中一种有鳞的动物之首。如《易经·乾卦》：“飞龙在天。”《礼记·礼运》：“麟、凤、龟、龙，谓之四灵。”《孔子家语·执辔》：“甲虫三百有六十，而龙为之长。”

杰出的人。如唐代李白《化城寺大钟铭序》：“丞尉等并衣冠之龟龙，人物之标准。”

指骏马。如《周礼·夏官》：“马八尺以上为龙。”

飞

(fēi)

飞，鸟飞举。象形字，像鸟飞之形。大凡飞的部属都从飞。

“飞”的本义是鸟飞。如《说文》：“飞，鸟翥也。象张翼之形。”唐代张志和《渔歌子》：“西塞山前白鹭飞，桃花流水鳜鱼肥。”晋代陶渊明《归园田居》：“鸟倦飞而知还。”

泛指飞翔。如《易经·乾卦》：“飞龙在天。”

指物体在空中随风飘游。如唐代岑参《白雪歌送武判官归京》：“胡天八月即飞雪。”唐代杜甫《茅屋为秋风所破歌》：“茅飞渡江洒江郊。”宋代苏轼《念奴娇·赤壁怀古》：“樯橹灰飞烟灭。”

龙

甲骨文

金文

小篆

龍

楷书

小篆

飛

楷书

西

甲骨文

金文

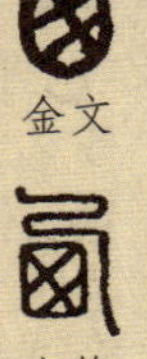

小篆

西

楷书

(xī)

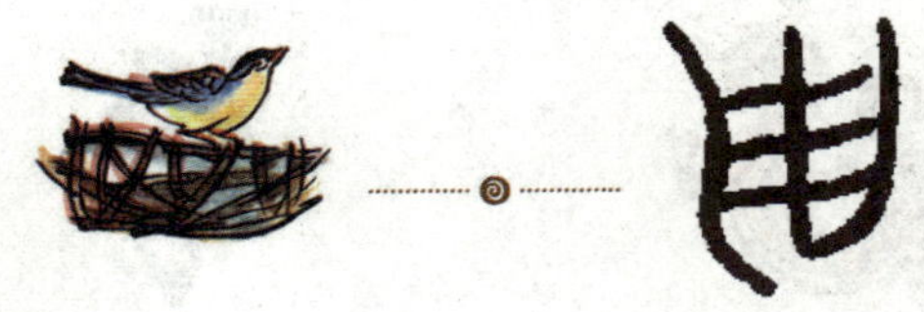

"西"是象形字。甲骨文像鸟巢的形状。金文与甲骨文相似。小篆上方增加了一条像鸟的曲线，表示鸟在巢里栖息。隶变后楷书写作"西"。

《说文·西部》:"西，鸟在巢上。象形。凡西之属皆从西。"(西，鸟儿歇宿在巢上。象形。大凡西的部属都从西。)"西"的本义就是鸟栖。"西"又假借代表方向。如"西风"。

在古代人们以面朝东为尊，主人将宾客都安排在西面的座位上，面向东坐，故对宾客的尊称也可以为"西席""西宾"。古时"西宾"也是对家塾教师的敬称。

甲骨文

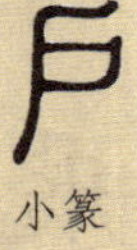

小篆

户

楷书

(hù)

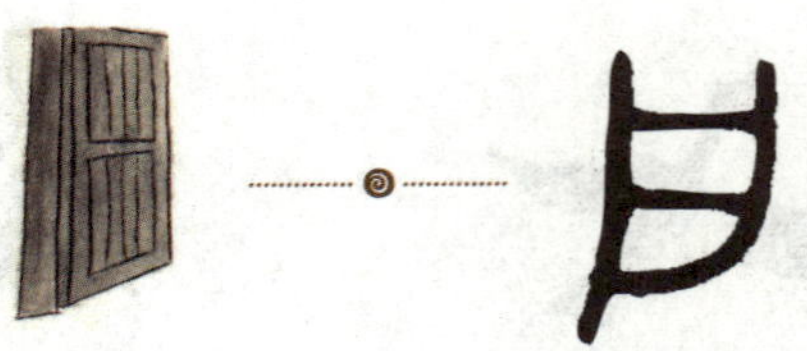

"户"是象形字。甲骨文像一个单扇门的样子。小篆的形体与甲骨文非常相似。隶变后楷书写作"户"。

《说文·户部》:"户，护也。半门曰户。象形。凡户之属皆从户。"(户，保护室内的门户。门的一半叫户。象形。大凡户的部属都从户。)

"户"的本义为单扇门。如《木兰诗》:"唧唧复唧唧，木兰当户织。"引申指人家、住户。如"户籍""千家万户"。"户"又指从事某种职业的人或人家。如"农户""工商户"。

(mén)

门，内外相互闻听得到。由两个户字会意。象形。大凡门的部属都从门。

“门”的本义是双扉门。如晋代陶渊明《归去来兮辞》：“门虽设而常关。”

房屋等的出入口。如《玉篇》：“门，人所出入也。”《诗经·邶风·北门》：“出自北门。”《左传·昭公二十七年》：“王使甲坐于道及其门。”

诀窍，方法。如《楚辞·九章》：“事君而不二兮，迷不知宠之门。”守门。如《左传·僖公二十二年》：“宋师败绩，公伤股，门官歼焉。”

(lǘ)

闾，里巷的门。从門，吕声。《周礼》说：“五家成为一比，五比成为一闾。”闾，伴侣，二十五家相互群居成为伴侣。

“闾”的本义是里巷的大门。如《说文》：“闾，里门也。”《公羊传》：“二大夫出，相与踦闾而语。”汉代张衡《西京赋》：“便旋闾阎。”

里巷。如《广雅·释宫》：“闾，里也。”《楚辞·刘向·九叹·思古》：“违郢都之旧闾兮。”

古代以二十五家为一闾。如《周礼·大司徒》：“令五家为比，使之相保，五比为闾，使之相爱。”

门

甲骨文

金文

小篆

楷书

闾

小篆

楷书

小篆

楷书

（què）
（quē）

阙，宫门外两边的楼台。从門，欮声。

“阙”（què）的本义是古代宫殿、祠庙或陵墓前的高台，可用来远眺。如《说文》：“阙，门观也。”《诗经·郑风·子衿》：“挑兮达兮，在城阙兮。”

代指宫门、皇帝的住处。如宋代岳飞《满江红》：“待从头收拾旧山河，朝天阙。”指京城。如“城阙辅三秦，风烟望五津。”神庙或陵墓前边的石牌。如唐代李白《忆秦娥》：“音尘绝，西风残照，汉家陵阙。”

阁

小篆

楷书

（gé）

阁，用来固定门扇的东西。从門，各声。

“阁”的本义是旧时放在门上避免让门关闭的长木条。如《说文》：“阁楼，所止扉也。门开则旁有两长橛杆辂之，止其自阖也。”《尔雅》：“所以止扉谓之阁。”

指一种架空的建筑物。如唐代杜牧《阿房宫赋》：“五步一楼，十步一阁。”《聊斋志异·促织》：“细瞻景状，与村东大佛阁逼似。”指女子的闺房。如《乐府诗集·木兰辞》：“开我东阁门，坐我西阁床。”

闭

金文

小篆

楷书

闭

（bì）

闭，关门。从門，才，是用来支撑门的木棒之类。

“闭”的本义是关门。如《说文》：“闭，阖门也。”《易经·象传》：“先王以至，日闭关。”《庄子·天运》：“坚闭门而不出。”

指拥堵，不通畅。如《国语·晋语》：“闭而不通。”泛指合拢、闭合。如《史记·张仪列传》：“愿陈子闭口，毋复言。”

闪

闪，把头伸在门中偷看。由“人”在“門”中会意。

(shǎn)

“闪”的本义是从门或缝中看。如《说文》：“闪，窥头在门中也。”

引申为偷看。如“窥闪”。指突然出现。如《三国演义》：“为首闪出一将。”指犹豫不决、摇摆不定。如唐代柳宗元《招海贾文》：“垂涎闪吞兮，挥霍旁午。”

指天空的闪电。如李季《王贵与李香香》：“千里的雷声万里的闪。”

小篆

閃

楷书

阚，盼望。从門，敢声。

(kàn)

(hǎn)

“阚”(kàn)本义为看，望。如《说文》：“阚，望也。”《广雅》：“阚，视也。”三国时嵇康《琴赋》：“俯阚海湄。”

指探望、看望。如《尸子·君治》：“禹于是疏河决江，十年未阚其家。”

古地名，在今山东省汶上县。

姓氏的一种。

小篆

闞

楷书

阔，疏远。从門，活声。

(kuò)

“阔”的本义是疏远、开阔。如《说文》：“阔，疏也。”《尔雅》：“阔，远也。”宋代柳永《雨霖铃》：“暮霭沉沉楚天阔。”

指长时间分开。如晋代王羲之《问慰诸帖》：“阔别稍久，眷与时长。”

指宽横距离远。如唐代白居易《寄微之》：“有江千里阔。”

指放宽。如《汉书·王莽传下》：“阔其租赋。”

小篆

闊

楷书

小篆

闉

楷书

闉

(yīn)

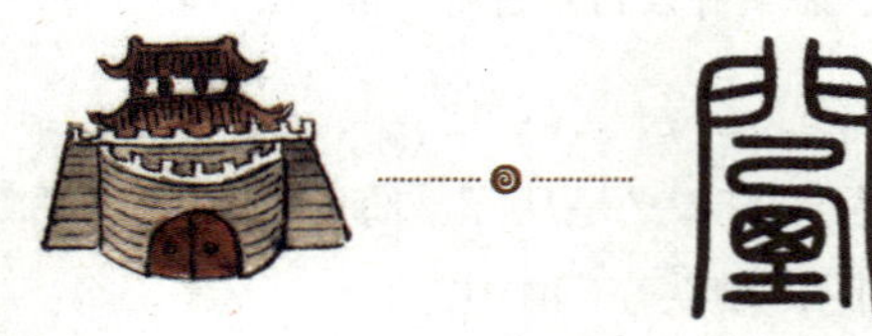

闉，保护城门的月城的门。从門，垔声。《诗经》说："走出那月城的门。"

"闉"指保护城门的月城的门。如《说文》："闉，城曲重门也。"又指门外的护门小城。如《诗经·郑风·出其东门》："出其闉阇。"

特指瓮城或瓮城一带。如南朝时颜延之《登巴陵城楼》："经途延旧轨，登闉访川陆。"

弯曲。如《庄子·德充符》："闉跂支离无脤。"

堵塞。如《墨子》："求闉池者，以火与争鼓闉。"

小篆

開

楷书

(kāi)

开，开门。由門、由开会意。

"开"的本义是开门。如《说文》："开，张也。"《老子》："天门开阖。"《老子》："善闭，无关楗而不可开。"《乐府诗集·木兰辞》："开我东阁门，坐我西阁床。"唐代孟浩然《过故人庄》："开轩面场圃。"

打开。如唐代杜牧《阿房宫赋》："明星荧荧，开妆镜也。"

开放。如唐代岑参《白雪歌送武判官归京》："千树万树梨花开。"

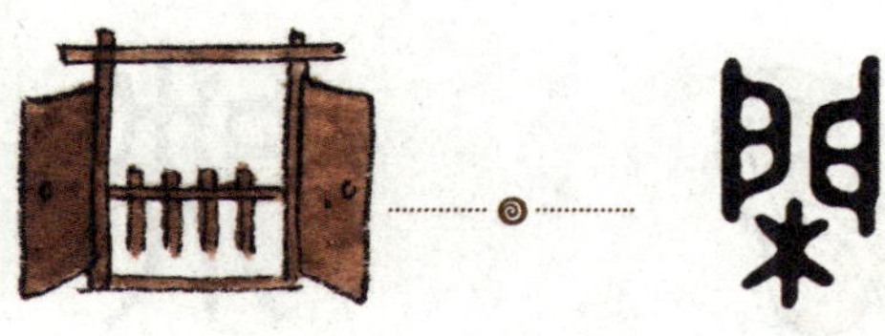

闲，木栏。由“門”中有“木”会意。

(xián)

“闲”的本义是木栅栏。如《说文》：“闲，阑也。”《周礼·虎贲氏》：“舍则守王闲。”

关养马的地方。如《周礼·夏官》：“天子十有二闲，马六种。”《汉书·百官表》：“龙与闲驹。”

道德的界限。如《周礼·瘦人》：“掌十有二闲之政教。”《论语·子张》：“大德不逾闲，小德出入可也。”

闲

金文

小篆

閑

楷书

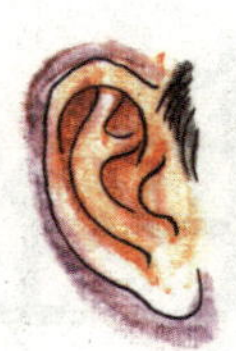

“耳”是象形字。甲骨文和金文都像人的耳朵的形状。小篆线条化。隶变后楷书写作“耳”。

(ěr)

《说文·耳部》：“耳，主听也。象形。凡耳之属皆从耳。”（耳，主管听觉（的器官）。象形。大凡耳的部属都从耳。）

“耳”的本义是指耳朵。如“耳闻目睹”。也引申指形状像耳朵的事物。如“木耳”。

因为耳朵是长在头部的左右两侧，所以“耳”又指位置在两旁的。如“耳房”就是指正房两边的小房间。

甲骨文

金文

小篆

耳

楷书

耽

小篆

耽

楷书

耽

(dān)

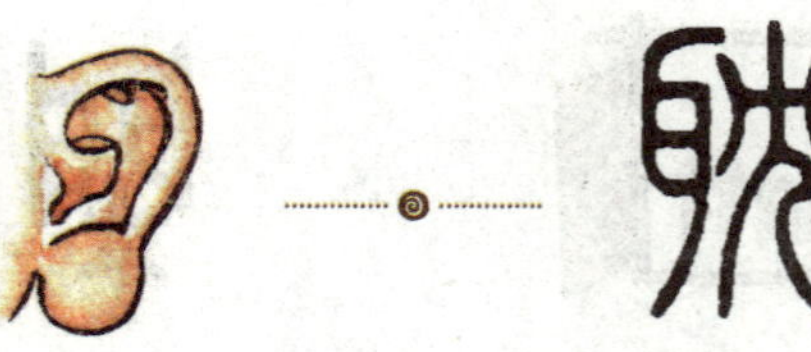

“耽”是会意兼形声字。小篆，从耳，从冘（表示像担子一样下垂），会意耳大而下垂之意，冘兼表声。隶变后楷书写作“耽”。

《说文·耳部》:“耽，耳大垂也。从耳，冘声。《诗》曰:‘士之耽兮。’”（耽，耳朵大而下垂（至肩）。从耳，冘声。《诗经》说:“男人们多快乐啊。”）

“耽”的本义为耳朵大而下垂到肩膀。如《淮南子·地形》:“夸父耽耳，在其北方。”由耳朵下垂引申指拖延、延迟。如“耽搁”“耽误”。通“酖”，指沉溺、迷恋。

耿

金文

小篆

耿

楷书

耿

(gěng)

耿，耳朵贴在脸颊上。从耳，烓省声。

“耿”的本义是耳贴于脸颊。

通“炯”。有明亮、光明的意思。如《楚辞·屈原·离骚》:“跪敷衽（铺开衣襟）以陈辞兮，耿吾既得此中正（指正道）。”“耿耿”形容不安，悲伤。如《诗经·邶风·柏舟》:“耿耿不寐，如有隐忧。”又如“耿耿于怀”。

刚直、正直，不同于流俗。如唐代韩愈《南山诗》:“参差相叠重重，刚耿陵宇宙。”

指因为生气而使得血管膨胀的样子。如《儒林外史》:“余大先生气得两脸紫胀，颈子里的筋都耿出来。”

声

(shēng)

声，乐音。从耳，殸声。“殸”是古乐器“磬”的本字，“耳”表示听。

“声”的本义是乐音。如《说文》：“声，音也。”声音，声响。《诗经·齐风·鸡鸣》：“苍蝇之声。”《诗经·小雅·车攻》：“有闻无声。”唐代白居易《琵琶行（并序）》：“寻声暗问弹者谁？琵琶声停欲语迟。”

音乐。如《诗经·大雅·皇矣》：“不大声以色。”《史记·廉颇蔺相如列传》：“赵王窃闻秦王善为秦声。”

名望。如《诗经·大雅·文王有声》：“文王有声。”

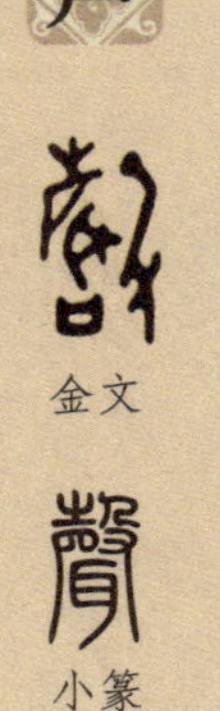

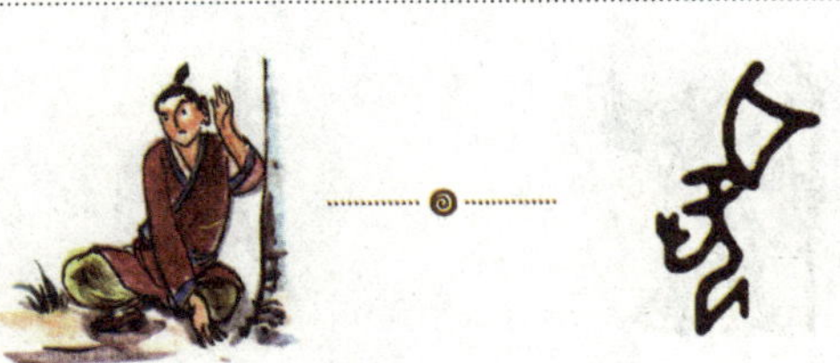

闻

(wén)

闻，知晓其声。从耳，門声。

“闻”的本义是听到。如《说文》：“闻，知声也。”《礼记·大学》：“心不在焉，视而不见，听而不闻。”《史记·项羽本纪》：“夜闻汉军四面皆楚歌。”《后汉书·列女传》：“妾闻志士不饮盗泉之水。”

听说，知道。如《孟子·滕文公上》：“闻君行仁政。”唐代韩愈《师说》：“其闻道也。”清代黄宗羲《柳敬亭传》：“不可得闻。”

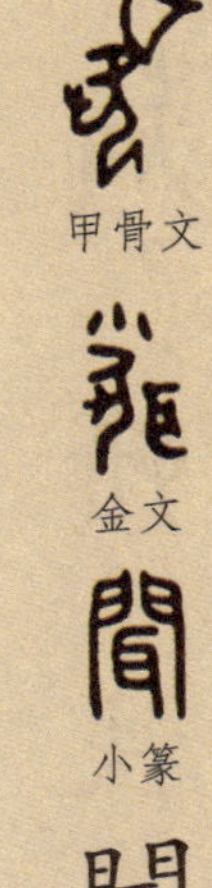

(shǒu)

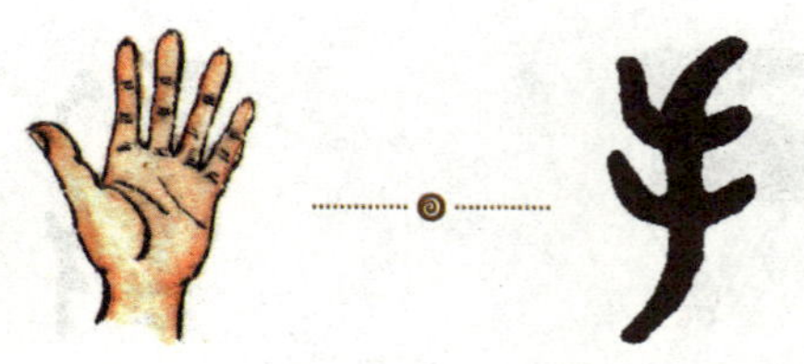

"手"是象形字。金文像五指伸开的手掌的样子。小篆整齐化。隶变后楷书写作"手"。做偏旁在字左时写作"扌"。

《说文·手部》:"手，拳也。象形。凡手之属皆从手。"（手，握拳的部分。象形。大凡手的部属都从手。）

"手"的本义是手掌，即人体上肢腕以下能拿东西的部分。如《诗经·邶风·击鼓》:"执子之手，与子偕老。"人做事用手，所以"手"也指擅长某种技能或做某种事的人。如"多面手""神枪手""高手"。又引申为技艺、本领、手段。如"眼高手低""心狠手辣"。

金文 小篆 楷书

扶

(fú)

"扶"是会意兼形声字。金文从手，从夫（人），会用手搀扶人之意，夫兼表声。篆左右调换，并整齐化。隶变后楷书写作"扶"。

《说文·手部》:"扶，左也。从手，夫声。"（扶，佐助。从手，夫声。）

"扶"的本义是扶持、搀扶。如《论语·季氏》:"危而不持，颠而不扶，则将焉用彼相矣？"引申为扶植、扶持。如《荀子·劝学》:"蓬生麻中，不扶而直。"人被搀扶或救助，就有了依靠，故又引申为靠着、手按着。如"扶着椅子"。

金文 小篆 楷书

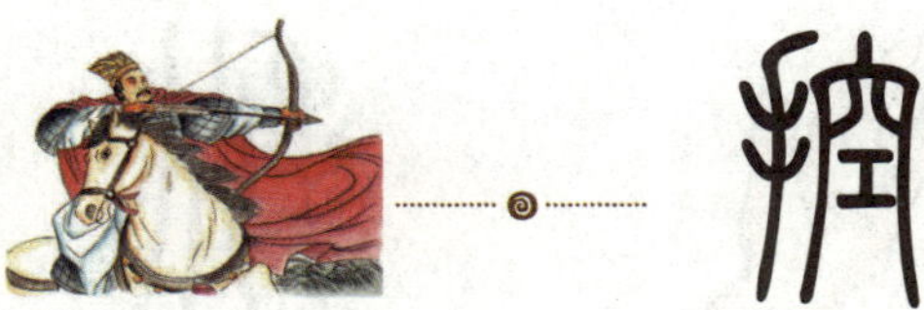

控

(kòng)

控，拉开（弓弦）。从手，空声。《诗经》说："像拉开弓弦一样向大国申明心曲。"匈奴人叫拉开弓弦作控弦。

"控"的本义是拉开弓弦。如《说文》："控，引也。"三国时曹植《白马篇》："控弦破左的。"唐代岑参《白雪歌送武判官归京》："将军角弓不得控。"

掌控，驾驭。如金代董解元《西厢记》："控骄马，鞭袅芦花。"投。如《庄子·逍遥游》："时则不至，而控于地而已矣。"悬挂。如《西游记》："只见是三间大厅，帘拢高控，静悄悄全无人迹。"

承

(chéng)

"承"是会意字。甲骨文像一个屈膝的人作授物之形，下有一双手做出接受的样子。金文和甲骨文大体相同。小篆下边又加了一只手。隶变后楷书写作"承"。

《说文·手部》："承，奉也，受也。从手，从卩，从収。"（承，捧授；收受。由手、由卩、由収会意。）

"承"的本义是捧着。又引申为继承、接续。如《后汉书·班彪列传》："汉承秦制。"是说汉代继承了秦朝的典章制度。"承"还可以表示顺从、侍奉。如"承欢膝下""承颜"。用作敬辞，表示客气。如"承蒙夸奖"。

控

小篆

楷书

招

小篆

招

楷书

招

(zhāo)

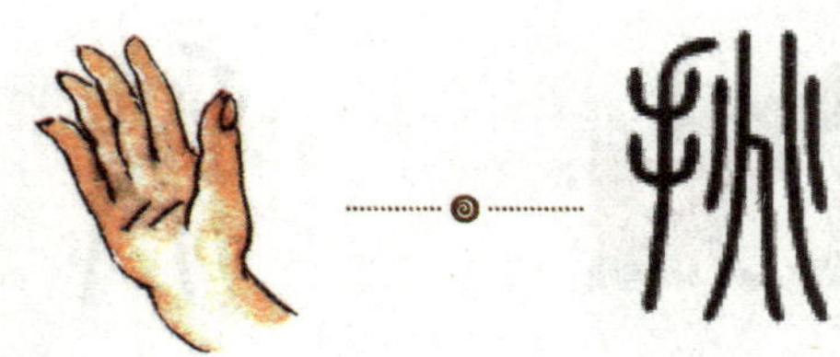

“招”是会意兼形声字。小篆从手，从召，会打手势叫人来之意，召兼表声。

《说文·手部》：“招，手呼也。从手、召。”（招，用手呼叫人。由手、由召会意。）“招”的本义为打手势叫人来。如《荀子·劝学》：“登高而招，臂非加长也，而见者远。”引申为求，寻求。如“招贤纳士”。又引申为招致、引来。如《尚书·大禹谟》：“满招损，谦受益。”又特指引起人的爱憎反应，逗引。如“这人真招人嫌！”又引申为使归附。如“招安”。又引申为供认罪行。如“屈打成招”“招供”。又引申为策略。如“绝招”“妙招”“花招”。

挑

小篆

挑

楷书

挑

(tiǎo)

(tiāo)

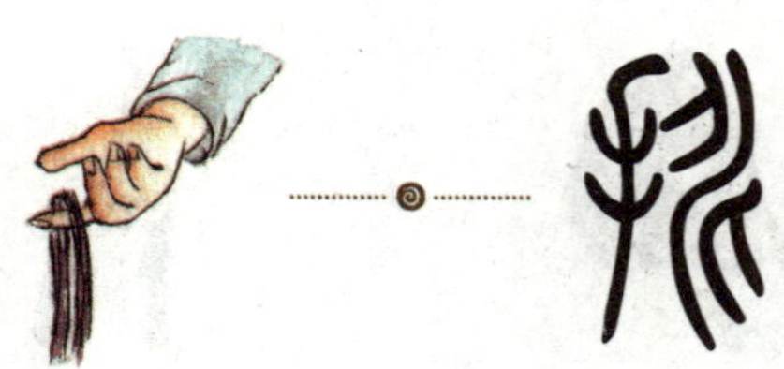

“挑”是形声字。小篆从手，兆声。隶变后楷书写作“挑”。

《说文·手部》：“挑，挠也。从手，兆声。一曰：摷也。《国语》曰：‘却至挑天。’”（挑，挑拨。从手，兆声。另一义说：挑是拘留而打击的意思。《国语》说：“却至偷天之功（来作为自己的力量）。”）

“挑”的本义是拨动、跳动、挑拨，读作 tiǎo。如“挑衅”“挑拨是非”。引申为用尖细的东西拨或刺。又引申为用杆子将东西支起。如“挑起帘子”。

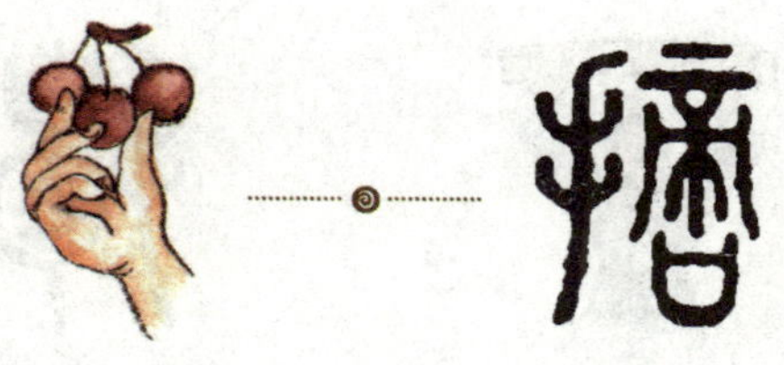

“摘”是形声字。小篆从手，啇声。隶变后楷书写作“摘”。

摘

(zhāi)

《说文·手部》：“摘，拓果树实也。从手，啻声。一曰：指近之也。”（摘，采摘果树的果实。从手，啇声。另一义说：摘是指摘的意思。）

“摘”的本义为摘取果树的果实。如《新唐书·承天皇帝传》：“一摘使瓜好，再摘使瓜稀，三摘犹尚可，四摘抱蔓归。”泛指摘取、摘下。如唐代李白《夜宿山寺》：“危楼高百尺，手可摘星辰。”又引申指选取、摘录。如唐代李贺《南国》：“寻章摘句老雕虫，晓月当帘挂玉弓。”

摘

小篆

楷书

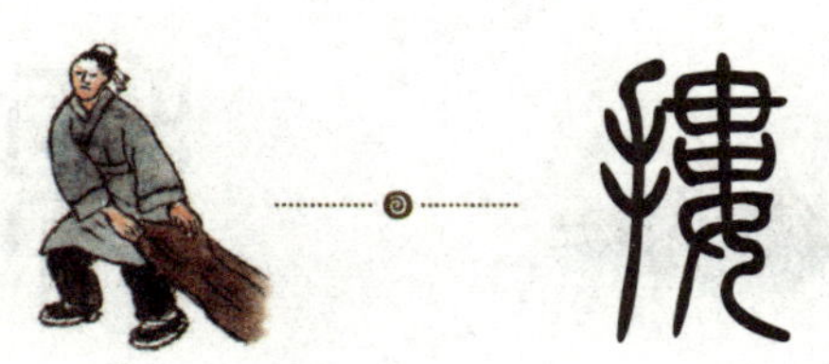

摟，拖引，聚集。从手，婁声。

搂

(lōu)

(lǒu)

“搂”(lōu)的本义是拖引，聚集。如《说文》：“搂，曳聚也。”《孟子·告子下》：“五霸者，搂诸侯以伐诸侯者也。”

搂抱，用手或工具往自己方向归拢。如《孟子·告子下》：“逾东家墙而搂其处子，则得妻。”

搜刮。如“搂钱”。

拨。如《西游记》：“拽开步，双手使钯，将荆棘左右搂开。”

搂

小篆

楷书

揭

小篆

揭

楷书

揭

(jiē)

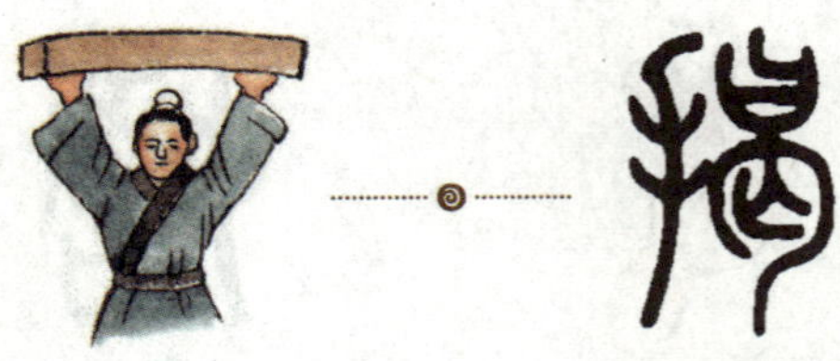

“揭”是形声字。小篆从手，曷声。隶变楷书后写作“揭”。

《说文·手部》：“揭，高举也。从手，曷声。”（揭，高举。从手，曷声。）

“揭”的本义为高举。如汉代贾谊《过秦论》：“斩木为兵，揭竿为旗。”引申指掀开、撩开、分开。如“揭开帘子”。

揭开则会显露，故又引申指使显露，公布。如“揭老底”“揭晓”。

擩

小篆

擩

楷书

擩

(rǔ)

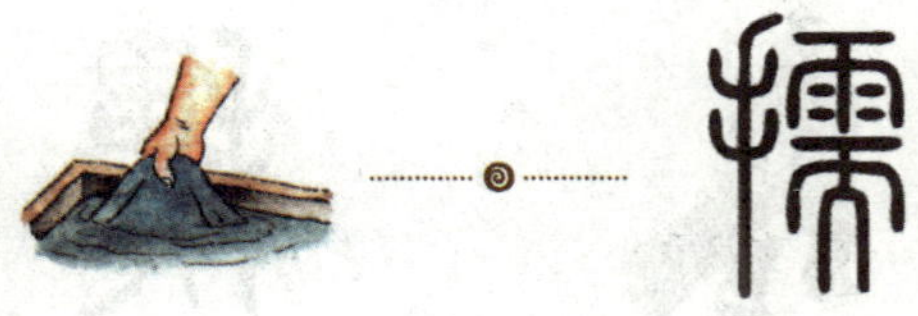

擩，染渍。从手，需声。《周礼》说：“第六叫作染渍的祭祀。”

“擩”的本义是沾染。如《仪礼·公食大夫礼》：“擩于醢上豆之间祭。”唐代韩愈《清河郡公房公墓揭铭》：“目擩耳染。”

抓。如《隋书》：“欲食之时，先取杂肉羹与饼相和，手擩而食。”

方言中塞、给的意思。如郭澄清《大刀记》：“永生又擩给尤大哥几颗手榴弹。”

按。如《集韵》：“擩，揾也。”

(shū)

小篆

楷书

"抒"是形声字。小篆从手，予声。隶变后楷书写作"抒"。

《说文·手部》："抒，挹也。从手，予声。"（抒，舀。从手，予声。）

"抒"的本义为舀出、汲出。如《管子·禁藏》："钻燧易火，抒井易水，所以去兹毒也。"

引申指表达、倾吐、发泄。如成语"各抒己见"，就是每个人充分抒发自己的意见。

(shí)
(shè)

拾

小篆

楷书

"拾"是形声字。小篆从手，合声。隶变后楷书写作"拾"。

《说文·手部》："拾，掇也。从手，合声。"（拾，捡取。从手，合声。）"拾"的本义为捡起来，读作 shí。如《后汉书·列女传》："廉者不受嗟来之食，况拾遗求利以污其行乎！"引申为收敛、收集。如《论衡·别通》："萧何入秦，收拾文书。"又引申为整顿、整理。如宋代岳飞《满江红》："再回头，收拾旧山河，朝天阙。"用作汉字数目"十"的大写。读作 shè，作动词，蹑足而上。如"拾级"，指沿着台阶一级一级地登上。

拔

甲骨文

小篆

拔

楷书

拔

(bá)

“拔”是形声字。甲骨文像两只手拔出植物的样子。小篆字形变化较大。隶变后楷书写作“拔”。

《说文·手部》：“拔，擢也。从手，犮声。”（拔，抽引。从手，犮声。）

“拔”的本义是拽、连根拉出。如“拔苗助长”。由拔起引申为高出、超出。如“出类拔萃”“拔尖儿”。又引申为选取、提拔。如《汉书·李寻传》：“闭绝私路，拔进英隽。”又引申为攻克、夺取。如成语“攻城拔寨”。物体拔出有移动，所以又引申为动摇、移动。如“坚忍不拔”。

播

金文

小篆

播

楷书

播

(bō)

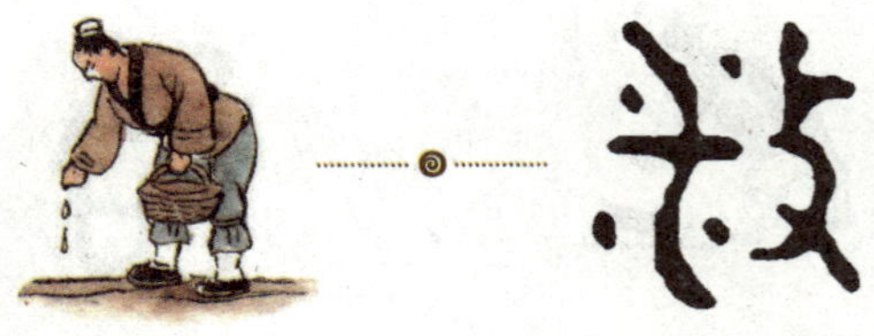

“播”是形声兼会意字。金文从攴，从釆（野兽足迹），会散乱之意。小篆改为从手，番声，番兼表散乱之意。隶变后楷书写作“播”。

《说文·手部》：“播，种也。一曰：布也。从手，番声。”（播，下种。另一义说：播是传布的意思。从手，番声。）

“播”的本义是撒种。如“播种”。引申为传扬、传布。如“传播”“播放”。还引申为表现。如《国语·晋语》：“夫人美于中，必播于外。”意思是人内在美好，就一定会通过外在表现出来。

姜 (jiāng)

“姜”是会意兼形声字。甲骨文像一个面朝左跪坐的女人。金文的形体与甲骨文相似。小篆整齐化。隶变后楷书写作“美”。

《说文·女部》:“姜，神农居姜水，以为姓。从女，羊声。”(姜，神农氏居住在姜水边，用姜作为姓氏。从女，羊声。)

“姜”的本义为美，但此义现已消失。后来“姜”多用作姓氏。如“姜太公”，即姜子牙。

古书中的“姜桂”本指生姜肉桂。因其味道越老越辣，所以常用来比喻人越到老年性格越刚强。

妻 (qī) (qì)

“妻”是会意字。甲骨文从女，从又(手)，以妇女梳理长发会结发为妻之意。金文上改为结发插笄之形，下部改为从母。小篆整齐化。隶变后楷书写作“妻”。

《说文·女部》:“妻，妇，与夫齐者也。”(妻，又叫妇人。与丈夫一致的人。)

“妻”(qī)的本义为男子的配偶。如《诗经·齐风·南山》:“取妻如之何，匪媒不得。”

“妻”(qì)指以女嫁人为妻。如《论语·公冶长》:“子谓公冶长:‘可妻也。虽在缧绁之中，非其罪也。’”

甲骨文 金文 小篆 楷书

(fù)

妇，服侍（家事）的人。由“女”持握着扫“帚”，表示洒扫庭除的意思。

“妇”的本义是已婚的女子。如《说文》：“婦，服也。从女，持帚，洒埽也。”《礼记·曲礼》：“士曰妇人，庶人曰妻。”唐代杜甫《石壕吏》：“听妇前致词，三男邺城戍。”

泛指妇女，成年女子。如唐代杜甫《兵车行》：“纵有健妇把锄犁，禾生陇亩无东西。”

妻子。如唐代白居易《琵琶行（并序）》：“门前冷落鞍马稀，老大嫁作商人妇。”

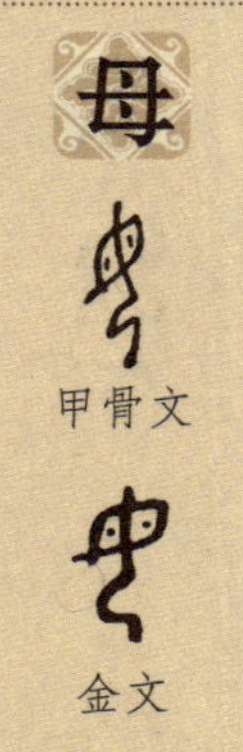

甲骨文 金文 小篆 楷书

(mǔ)

“母”是象形字。甲骨文像面部朝左曲身跪坐的女子。金文的形体与甲骨文基本上一样。小篆由金文演变而来。隶变后楷书写作“母”。

《说文·女部》：“母，牧也。从女，像怀子形。一曰：像乳子也。”（母，像养牛一样哺育子女。从女，像怀抱子女的样子。另一义说：母像给子女喂奶的样子。）

“母”的本义为哺育、抚养孩子长大的母亲。引申指女性中的长辈。如“伯母”。

泛指雌性的。如“母牛”“母鸡”。

媾

(gòu)

媾，重叠互结为婚亲、姻亲。从女，冓声。《易经》说：“不是来抢劫，而是来结成婚亲和姻亲。”

“媾”的本义是互为婚姻，就是亲上加亲。如《说文》：“媾，重婚也。”《国语·晋语》：“今将婚媾以从秦。”

恢复友好的关系，讲和，交好。如《正字通》：“媾，和好也。”《史记·平原君虞卿列传》：“无益也，不如发重使为媾。”《战国策·赵策》：“楼缓言不媾，来年秦复攻，王得无更割其内而媾！”厚爱，宠爱。如《诗经·曹风·侯人》：“彼其之子，不遂其媾。”

媾

金文

小篆

媾

楷书

奴

(nú)

“奴”是会意字。金文字形左为“女”，右下为“又”（手）向她抓去，会抓住了人之意。小篆的写法与金文很相似，并整齐化。隶变后楷书写作“奴”。

奴，奴和婢，都是古代的罪人。《周礼》说：“那些（因犯有盗贼罪而没收其家属和财产而）成为奴隶的人，男子交给掌管为官府提供差役的官员，女子交给掌管供应米粮的官员和主管闲散人员饮食的官员。”“奴”的本义为奴隶。如唐代韩愈《马说》：“故虽有名马，只辱于奴隶人之手。”

引申指奴仆。古有“卖身为奴”的说法。“奴”常用作古代男女自称的谦辞。如“老奴”“奴家”。

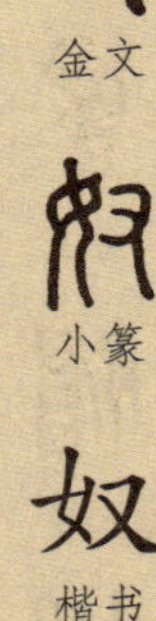

金文

小篆

奴

楷书

娥

甲骨文

小篆

娥

楷书

娥

(é)

娥，帝尧的女儿，舜的妻子娥皇的表字。秦地晋地一带叫美好作娙娥。从女，我声。

“娥”指尧的女儿，舜的妻子娥皇的表字。如《说文》：“娥，帝尧之女，舜妻娥皇字也。秦晋谓好曰娙娥。”

指女子容貌美好。如《列子·周穆王》：“娥媌靡曼者。”

指美女。如“娥妆”。

借指眉毛。如“娥翠”。

嫦娥的简称。

媚

甲骨文

金文

小篆

媚

楷书

媚

(mèi)

“媚”的小篆是会意兼形声字。甲骨文像一个跪坐的女子，大眼睛、长眉毛，很漂亮。金文与甲骨文形体大致相同，但更为形象。小篆改为从女从眉会意，眉兼表声。隶变后楷书写作“媚”。

“媚”的本义为喜爱。美好的事物招人喜爱，故又引申指婀娜多姿、姿态美好。“明媚”“娇媚”都取此义。只为让对方喜爱而不问是非，就是在讨好对方，故又引申指逢迎、取悦、讨好。如“奴颜媚骨”“谄媚”。宋代辛弃疾《清平乐·村居》：“醉里吴音相媚好。”

好

(hǎo)

(hào)

“好”是会意字。甲骨文像一个半跪着的女子，抱着一个婴儿。金文和小篆都是由甲骨文演化而来。隶变后楷书写作“好”。

《说文·女部》:“好，美也。从女、子。”（好，美。由女、由子会意。）“好”的本义为女子貌美，读作hǎo。如“面容姣好”。由貌美引申泛指美、善。如成语“花好月圆”。又引申为交好、友好。如《史记·廉颇蔺相如列传》:“秦王使使者告赵王，欲与王为好。”

读作hào，表示喜欢、爱好、爱护。如“上天有好生之德”中的“好”就取此义。

姽

(guǐ)

姽，娴雅的体态，行步安闲。从女，危声。形容女子娴雅，美好。

“姽”的本义是女子体态娴雅美好。如《说文》:“姽，闲体，行姽姽也。从女，危声。”战国时宋玉《神女赋》:“既姽婳于幽静兮，又婆娑乎人间。”

美好的容貌。如《广雅》:“姽，好也。”

好

甲骨文

金文

小篆

好

楷书

姽

小篆

姽

楷书

如

甲骨文

金文

小篆

如

楷书

如

(rú)

"如"是会意字。甲骨文左边为"口",右边是一个朝左跪着的女人,会从命之意。金文和小篆都直接由甲骨文演变而来。隶变后楷书写作"如"。

《说文·女部》:"如,从随也。从女,从口。"(如,依从。由女、由口会意。)

"如"的本义为随从、遵从。人们常说"不尽如人意",就是不随人愿的意思。又引申指去、往。如"如厕"就是指去厕所。又引申为好像、如同。如《史记·留侯世家》:"(张良)状貌如妇人女子。"

婴

金文

小篆

婴

楷书

婴

(yīng)

婴,(妇人)颈脖上的装饰品。由女、由賏会意。賏,表示用貝相连。

"婴"的本义是妇女的颈饰。如《说文》:"婴,颈饰也。"《释名》:"喉下称婴。"

刚刚出生的女孩。如《吕氏春秋·察今》:"见人方引婴儿欲投之江中。"

泛指初生的小孩。如《释名》:"人始生曰婴。"《老子》:"我独泊兮,其未兆,如婴儿之未孩。"唐代杜甫《山寺》:"自哂同婴孩。"

(bì)

嬖，地位低下而获得宠幸的人；宠爱别人。从女，辟声。

“嬖”的本义是宠爱。如《说文》：“嬖，便嬖，爱也。”《礼记·缁衣》：“毋以嬖御人疾庄后。”《左传·隐公三年》：“嬖人之子也。”《国语·郑语》：“而嬖是女也。”

受宠爱。如《左传·庄公二十八年》：“骊姬嬖，欲立其子。”

受宠爱的人。如《左传·僖公十七年》：“齐侯好内，多内宠，内嬖如夫人者六人。”

嬖

小篆

嬖

楷书

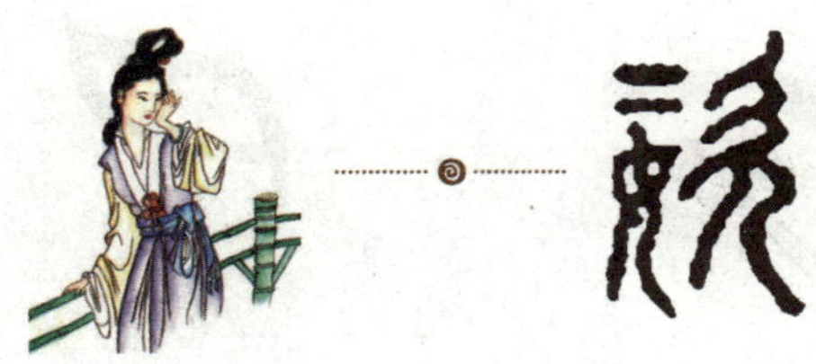

(zī)

“姿”是形声字。小篆从女，次声。隶变后楷书写作“姿”。

《说文·女部》：“姿，态也。从女，次声。”（姿，姿态。从女，次声。）

“姿”的本义是姿态。如宋代苏轼《念奴娇·赤壁怀古》中有“雄姿英发”之句，取的就是此义。用作形容词，指美好妩媚。如“姿色”，指女子美好的姿态和容貌。引申指资质、气质。如成语“蒲柳之姿”，就是用于形容就气质而言较柔弱的一类女子。

姿

小篆

姿

楷书

娃

小篆

楷书

娃

(wá)

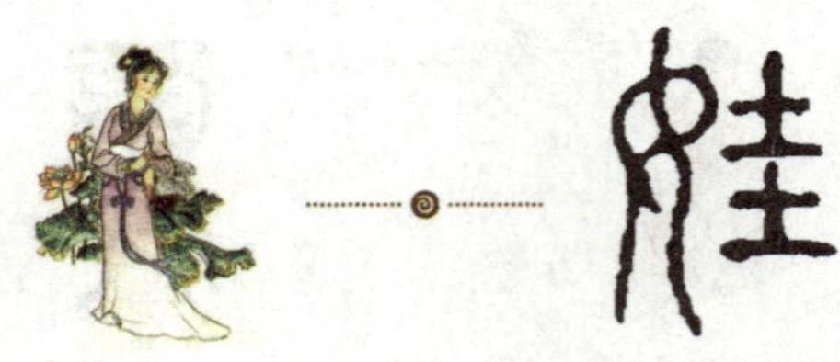

“娃”是形声兼会意字。小篆从女，圭声，圭兼表如圭玉之意。隶变后楷书写作“娃”。

《说文·女部》：“娃，吴楚之间谓好曰娃。从女，圭声。”（娃，吴地楚地之间把容貌美好的女子叫作娃。从女，圭声。）

“娃”的本义为女子容貌美好。引申泛指美女。古人称美丽的女子为“娇娃”。少女多美好，故又引申指少女、姑娘。如唐代白居易《城上夜宴》：“诗听越客吟何苦，酒被吴娃劝不休。”还引申指小孩子。如“娃娃”。后词义扩大，在方言中指某些动物的幼崽。如“猪娃”。

民

金文

小篆

楷书

民

(mín)

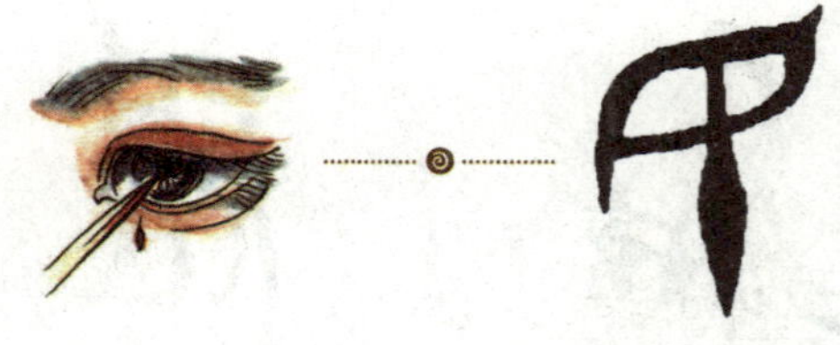

“民”是象形字。金文像以锐物刺左目之形。小篆整齐化、线条化。隶变后楷书写作“民”。

《说文·民部》：“民，众萌也。凡民之属皆从民。”（民，众人懵懵无知的样子。大凡民的部属都从民。）

古时候，俘获敌人则刺瞎其左眼用为奴。所以“民”的本义是奴隶。奴与主相对，百姓与君王、官员相对，因此“民”引申指百姓。如“人民”。

百姓不生活在宫廷中，身份低微、财富微薄，故而“民”用作形容词，指民间的。

戈

甲骨文

金文

小篆

楷书

(gē)

“戈”是象形字。甲骨文和金文都像兵器之形。小篆字形发生了变化，不大看得出戈的样子了。隶变后楷书写作“戈”。

戈，没有向上尖刃部分的戟类兵器。由弋、由“一”横贯在“弋”上会意。像戈的形状。大凡戈的部属都从戈。

“戈”的本义为古代一种长柄横刃的兵器。如明代戚继光《马上作》：“一年三百六十日，多是横戈马上行。”

泛指兵器。如《三国演义》第四十五回：“左右军士，皆全装贯带，持戈执戟而立。”

(róng)

“戎”是会意字。甲骨文中间左边为十，表示盾牌；右边为戈。金文与甲骨文形体大体相同。小篆将“十”讹变为“甲”。隶变后楷书写作“戎”。

“戎”的本义是兵器。如《诗经·大雅·抑》：“修尔车马，弓矢戎兵。”

由兵器引申为军事、军队。如“投笔从戎”“戎马”。

战争。如《诗经·小雅·雨无正》：“戎成不退。”

兵士。如《国语·晋语》：“必有女戎。”

征伐。如《礼记·檀弓》：“毋为戎首，不亦善乎？又何反服之礼之有？”

戍

（shù）

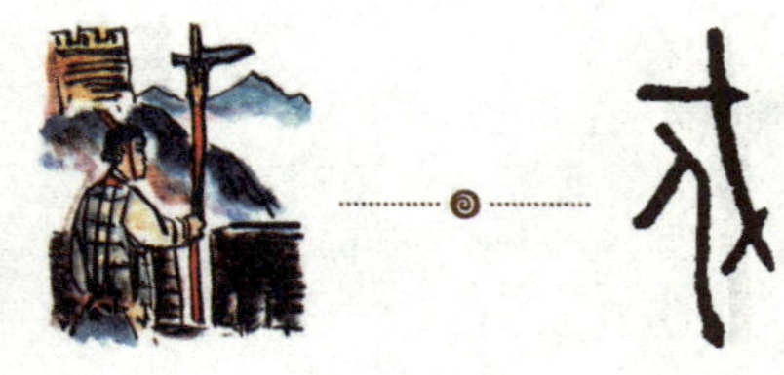

“戍”是会意字。甲骨文左下部是个人，右上方是戈，用人在戈旁会守卫之意。金文、小篆整齐化、线条化。隶变后楷书写作“戍”。

《说文·戈部》：“戍，守边也。从人持戈。”（戍，防守边疆。由“人”持握着“戈”会意。）

“戍”的本义是军队防守边疆。如宋代陆游《十一月四日风雨大作》：“僵卧孤村不自哀，尚思为国戍轮台。”

守边的士兵。如《左传·定公元年》：“乃归诸侯之戍。”

金文

小篆

我

楷书

我

（wǒ）

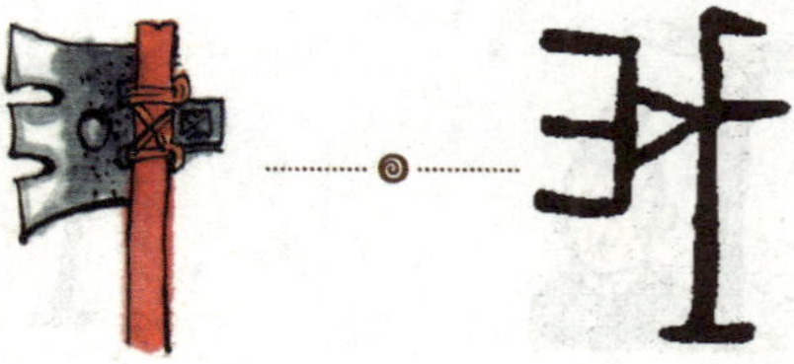

“我”是象形字。甲骨文像有齿的一种斧钺形兵器的样子。金文线条化了，但仍与甲骨文相似。小篆已经看不出兵器的形象了。隶变后楷书写作“我”。

我，用在自己身上，自己称自己。另一义说：我，倾斜。由戈、由𠬪会意。𠬪，有人说是古“垂”字。另一义说：𠬪是古“杀”字。大凡我的部属都从我。

“我”的本义为兵器。

在先秦时期的古代汉语中，“我”已经假借为第一人称代词，有时也指我方、我国。如《左传·庄公十年》：“十年春，齐师伐我。”

（zhí）

“直”是会意字。甲骨文下部是一只横着的眼睛，上部有一竖线，会视线直之意。

《说文·乚部》：“直，正见也。从乚，从十，从目。”（直，正视。由乚、由十、由目会意。）

“直”的本义为直视。引申为不弯曲，与“曲”相对。

由不弯曲，又可以引申为正直、公正合理。如“理直气壮”。又引申表示一直到底、不经周转。如“直拨电话”“直辖市”。

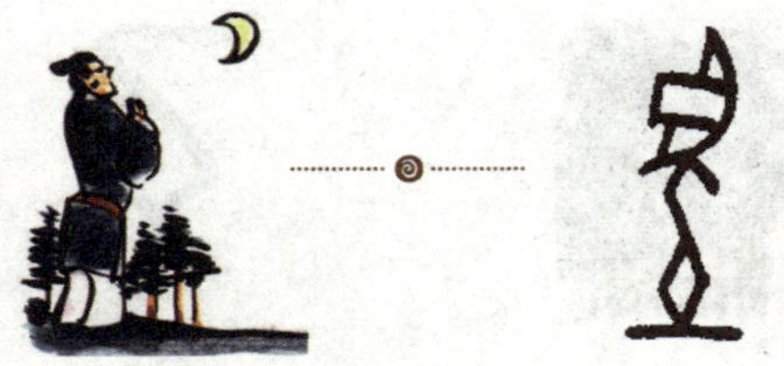

（wàng）

“望”是会意字，甲骨文从臣，从壬，会人站在土堆上举目远看之意。

《说文·亡部》：“望，出亡在外，望其还也。从亡，朢省声。”（望，出门流亡在外，家里盼望他回来。从亡，朢省声。）

“望”的本义是远看。如《诗经·卫风·河广》：“谁谓宋远，跂予望之。”引申为盼望、希望。如《史记·项羽本纪》：“日夜望将军至，岂敢反乎？”

直

甲骨文

金文

小篆

直

楷书

望

甲骨文

金文

小篆

望

楷书

曲

(qū)
(qǔ)

"曲"是象形字。甲骨文像一个弯曲的东西，中间有纹饰。金文与甲骨文形体类似。小篆像能装东西的器物。隶变后楷书写作"曲"。

曲，像器物中间圆曲能够盛受物体的样子。有的说：曲，是像筛子一样的蚕箔。大凡曲的部属都从曲。

"曲"指弯，与"直"相对，读作qū。由弯引申为偏邪、不正直。如《韩非子·有度》："故当今之时，能去私曲就公法者，民安而国治。"意思是，所以当今之时，一个国家能革除偏私不公而行公正之法，就能使人民安定，使国家得到治理。

瓦

(wǎ)
(wà)

"瓦"是象形字。小篆像屋上屋瓦相扣之形，表示瓦片。隶变后楷书写作"瓦"。

小篆

瓦

楷书

《说文·瓦部》："瓦，土器已烧之总名。象形。凡瓦之属皆从瓦。"（瓦，用泥土制作的、已通过烧制的器皿的总称。象形。大凡瓦的部属都从瓦。）

"瓦"（wǎ）的本义为房顶上的"瓦"。如唐代杜牧《阿房宫赋》："瓦缝参差，多于周身之帛缕。"泛指用土烧制而成的陶器或瓦质的器物。如战国时屈原《楚辞·卜居》："黄钟毁弃，瓦釜雷鸣。"

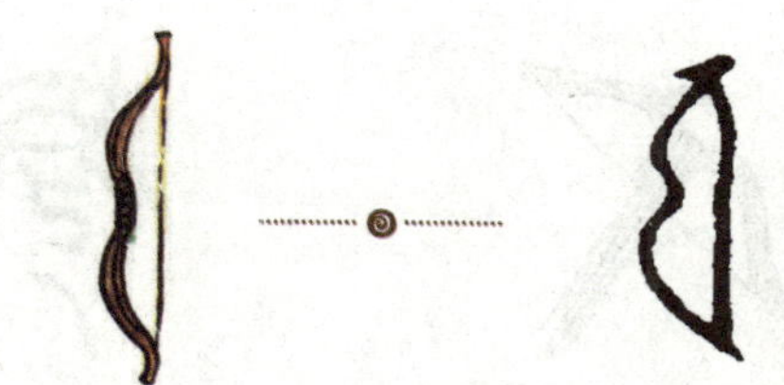

“弓”是象形字。甲骨文像弓形，左边是弓背，右边是弓弦。金文像一张松了弓弦的弓。小篆的写法由金文而来，并整齐化。隶变后楷书写作“弓”。

(gōng)

弓，从近处射及远方的武器。古时候，名叫挥的人制作了弓。大凡弓的部属都从弓。

“弓”的本义为射箭或发射弹丸的工具。如《诗经·小雅·吉日》:“既张我弓，既挟我矢。”引申指形状或作用像弓的东西。

用作动词，引申指弯曲。如唐代段成式《酉阳杂俎·诺皋记》:“舞袖弓腰浑忘却，蛾眉空带九秋霜。”

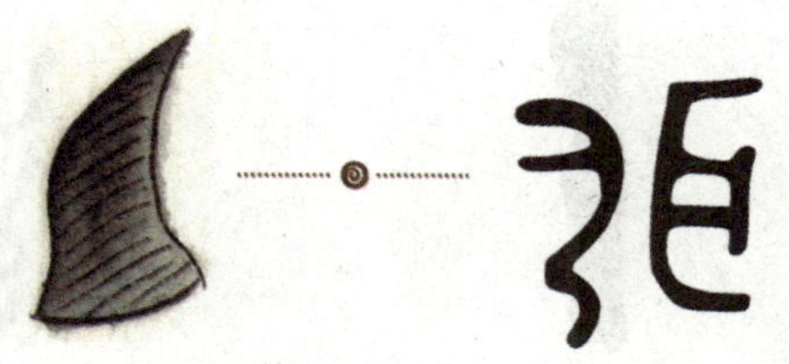

弭，弓的末端不缠丝线而用骨角镶嵌。是可用来解开马缰绳纷乱的结巴的东西。从弓，耳声。

(mǐ)

“弭”的本义是末端用骨做装饰的弓。如《说文》:“弭，弓无缘。可以解辔纷者。”《左传·僖公二十三年》:“若不获命，其左执鞭弭，右属櫜鞬，以与君周旋。”

弓梢弯曲的地方。如《诗经·小雅·采薇》:“象弭鱼服。”

顺从，听从。如《后汉书》:“城邑莫不望风弭从。”

消除。如《周礼·春官·男巫》:“春招弭，以除疾病。”

弓 甲骨文 金文 小篆 楷书

弭 金文 小篆 楷书

小篆

弩

楷书

弩

(nǔ)

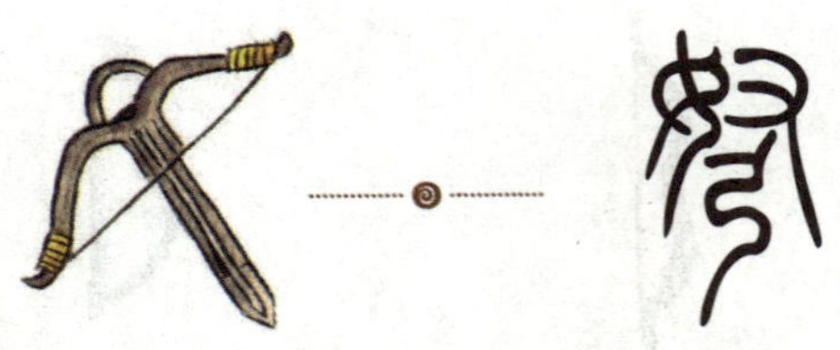

弩，弓上有像人的手臂一样的柄。《周礼》四弩：是夹弩、庾弩、唐弩、大弩。从弓，奴声。

“弩”的本义是有像人的手臂一样柄的弓，是一种用机械力量射箭的弓。如《说文》：“弩，弓有臂者。”《韩非子·难势》：“夫弩弱而矢高者，激于风也。”《荀子·议兵》：“魏氏之武卒……操十二石之弩。”汉代贾谊《过秦论》：“良将劲弩。”

能射弩的弓箭手。如“弩团”。

甲骨文

金文

小篆

系

楷书

系

(xì)
(jì)

“系”是象形字。甲骨文像一只手抓着两束丝，会用手把丝线拴绑、系结之意。金文复杂化，但其意未变。小篆承接金文并有所简化。隶变后楷书写作“系”。

《说文·系部》：“系，繫也。从糸，丿声。”（系，相联系。从糸，丿声。）“系”（xì）的本义是系结、拴绑。引申为连接。如《晋书·郤诜传》：“圣明系踵。”意思是圣明的人才，接踵而来。后来又引申为系统、世系。又引申指牵涉、关联。如唐代白居易《谕友》：“穷通各问命，不系才不才。”用作动词，表示打结，读作 jì。如“把鞋带系上”。

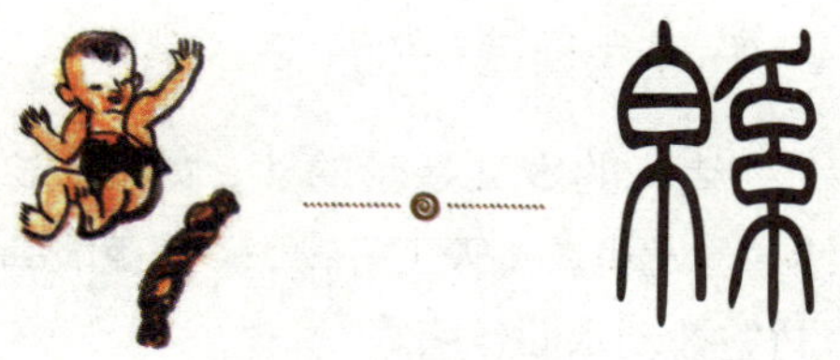

绵

(mián)

绵，将微小的丝连续起来，（绵绵不绝。）由系、由帛会意。

“绵”的本义是将微小的丝相连的绵，即丝绵。如《急就篇》：“绛缇絓紬丝絮绵。”《资治通鉴》：“身衣布衣，木绵皂帐。”

丝絮状的东西。如宋代陆游《醉中怀眉山旧游》：“想见东郊携手日，海棠如雪柳飞绵。”

连续不断。如《诗经·大雅·绵》：“绵绵瓜瓞，民之初生。”薄弱，单薄。如《汉书·严助传》：“越人绵力薄材，不能陆战。”

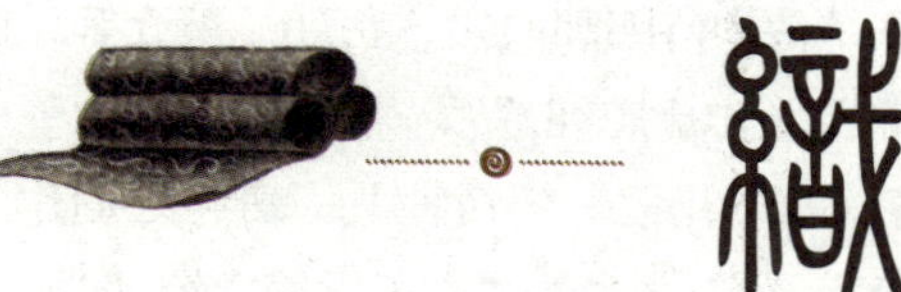

织

(zhī)

织，制作麻织品和丝织品的总名称。从系，戠声。

“织”的本义是制作麻织品和丝织品的总称。如《说文》：“织，作布帛之总名也。”《尔雅》：“治丝曰织。织，绘也。”《韩非子·五蠹》：“妇人不织。”《乐府诗集·木兰辞》：“木兰当户织。”

组成。如《孔子家语》：“下展禽，置六关，妾织蒲，三不仁。”搜罗，收集。如《红楼梦》：“要什么东西？顺便织来孝敬。”布帛，织布机上的丝。如《后汉书·列女传》：“织生自蚕茧。”

绵

小篆

緜

楷书

织

小篆

織

楷书

绪
緒
小篆
緒
楷书

绪，丝头。从糸，者声。

（xù）

“绪”的本义是丝的头。如《说文》：“绪，丝端也。”《天工开物》：“凡茧滚沸时，以竹签拨动水面丝绪。”

指头绪、开端。如《淮南子·精神训》：“反覆终始，不知其端绪。”

指情绪。如宋代柳永《雨霖铃》：“都门帐饮无绪。”

纯
純
小篆
純
楷书

纯，蚕丝。从糸，屯声。《论语》说：“如今呀用丝料（作礼帽），是省俭的。”

纯

（chún）

“纯”的本义是蚕丝。如《说文》：“纯，丝也。”《仪礼·士冠礼》：“纯衣。”

指纯正、纯粹。如三国时诸葛亮《出师表》：“侍中侍郎郭攸之、费玮、董允等，此皆忠臣，志虑忠纯。”

指美好、良善。如《礼记·郊特牲》：“贵纯之道也。”大。如《诗经·周颂·维天之命》：“文王之德之纯。”

经
經
金文
經
小篆
經
楷书

经，编织品的纵线。从糸，巠声。

经

（jīng）
（jìng）

“经”（jīng）的本义是织物的纵线，与“纬”相对。如《说文》：“经，织也。”南朝时刘勰《文心雕龙》：“经正而后纬成。”

指道路或土地等南北纵贯。如《大戴礼记》：“凡地东西为纬，南北为经。”

指经常实行的义理、准则等。如《广雅》：“经，常也。”唐代柳宗元《断刑论》：“经也者，常也；权也者，达经也。”中医中的名词经脉、经络。如《庄子·养生主》：“技经肯綮。”

统，丝的头绪。从糸，充声。

（tǒng）

“统”的本义是丝的头绪。如《说文》：“统，纪也。”《淮南子·泰族训》：“茧之性为丝，然非得工女煮以热汤而抽其统纪。”

指纲纪、准则。

统领，率领。如《战国策·齐策四》：“反国统万人。”《资治通鉴》：“统兵数万。”

合而为一，统一。如《公羊传·隐公元年》：“大一统也。”

统

小篆

楷书

纳，丝湿润润的样子。从糸，内声。

（nà）

“纳”的本义是丝被水弄湿的样子。如《说文》：“纳，丝湿纳纳也。”汉代刘向《九叹·逢纷》：“衣纳纳而掩露。”收藏，收入。三国时诸葛亮《出师表》：“察纳雅言。”接纳，接受。如宋代文天祥《指南录后序》：“几以不纳死。”缴纳。如《尚书·禹贡》：“九江纳锡大龟。”《周礼·地官·泉府》：“岁终则会其出入，而纳其余。”《诗经·豳风·七月》：“十月纳禾稼。”

纳

小篆

楷书

绍，继承。从糸，召声。另一义说，绍是紧紧地缠绕的意思。

（shào）

“绍”的本义是继承，接续。如《说文》：“绍，继也。”《诗经·大雅·抑》：“弗念厥绍。”《尚书·盘庚》：“绍复先王之大业。”

介绍，为人引见。如《孟子》：“绍我周王见休。”《仪礼·聘礼》：“士为绍摈。”《史记·鲁仲连传》：“胜请为绍介。”对中国浙江省绍兴市的简称。如“绍剧”。

绍

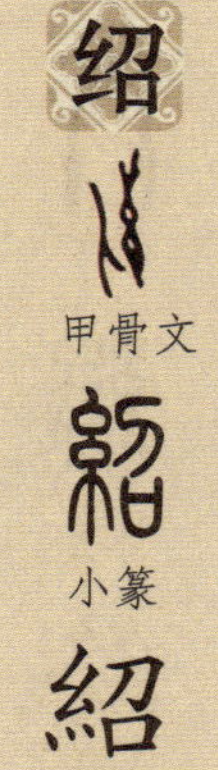

小篆

楷书

绝

(jué)

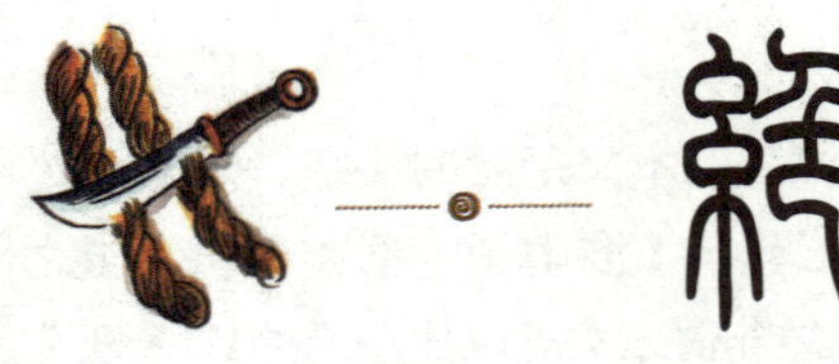

绝，(用刀)断丝(为二)。由糸、由刀、由卩会意。

“绝”的本义是断丝。如《说文》：“绝，断丝也。”《史记》：“冠缨索绝。”

引申为断绝。如《广雅》：“绝，断也。”《史记·廉颇蔺相如列传》：“绝秦赵之欢。”

切断。如《战国策·楚策》：“今楚国虽小，绝长缩短，犹以数千里。”

超过。如“空前绝后”。

甲骨文

金文

小篆

楷书

终

(zhōng)

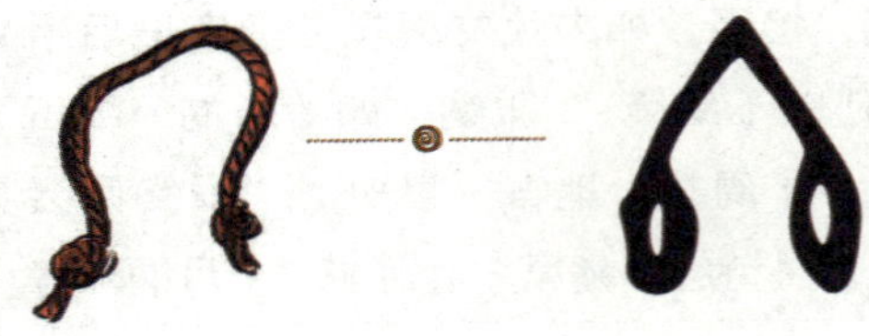

终，缠紧丝。形声字。从糸，冬声。

“终”的本义是把丝缠紧。如《说文》：“终，绒丝也。”

结束，与“始”相对。如《广雅》：“终，极也；终，穷也。”《论语》：“天禄永终。”唐代白居易《琵琶行(并序)》：“曲终收拨当心画，四弦一声如裂帛。”晋代陶渊明《桃花源记》：“未果，寻病终。”

完成。如《后汉书·列女传》：“羊子感其言，复还终业。”

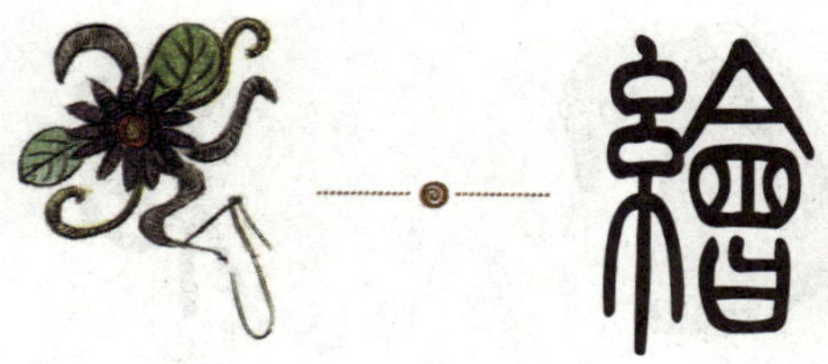

(huì)

绘，会合五彩的刺绣。《虞书》说："用山、龙、五色的虫类描画。"《论语》说："绘画的事在白色底子之后。"从糸，會声。

"绘"的本义是五彩的刺绣。如《说文》："绘，会五采绣也。"《小尔雅·广训》："杂彩曰绘。"《虞书》："山龙华虫作绘。"

绘画。如清代薛福成《观巴黎油画记》："自绘败状。"《聊斋志异·促织》："中绘殿阁。"

用言辞形容，表达。如"描绘"。

绘

繪 小篆

繪 楷书

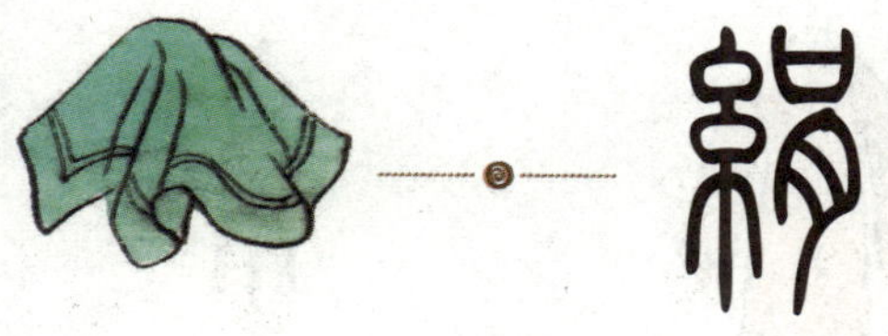

(juàn)

绢，丝织品像麦茎的青色。从糸，肙声。

"绢"的本义是麦青色的丝织物。如《说文》："绢，缯如麦稍者。从糸，肙声。谓粗厚之丝为之。"《墨子·辞过》："治丝麻，捆布绢，以为民衣。"

对丝织品的通称。如"绢布"。

手绢。如"天香绢"。

指书画等装饰物。如宋代王安石《阴山画虎图》："堂上绢素开欲裂，一见犹能动毛发。"

绢

絹 小篆

絹 楷书

金文

小篆

紫

楷书

(zǐ)

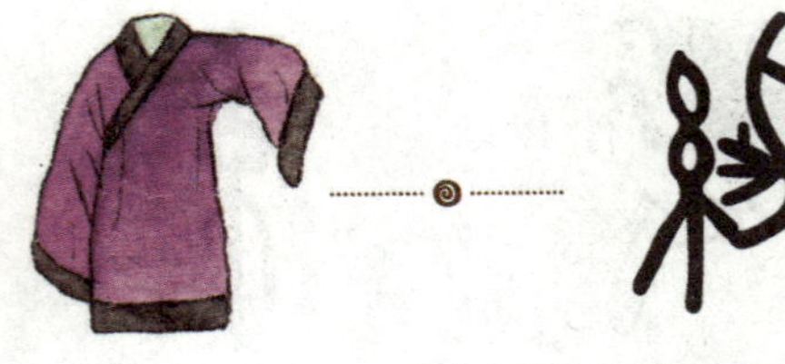

“紫”是形声字，小篆从糸，此声。隶变后楷书写作“紫”。

“紫”的本义为紫色，由蓝色和红色组成。

在中国古代服饰文化中，贵族和高官的服色多用朱色、紫色，因此“朱紫”一词，多借指高官。如宋代汪洙《神童诗》：“满朝朱紫贵，尽是读书人。”

“紫气”即紫色的云气。古人以紫气为祥瑞之气，附会为帝王、圣贤等出现的预兆。

小篆

紅

楷书

(hóng)
(gōng)

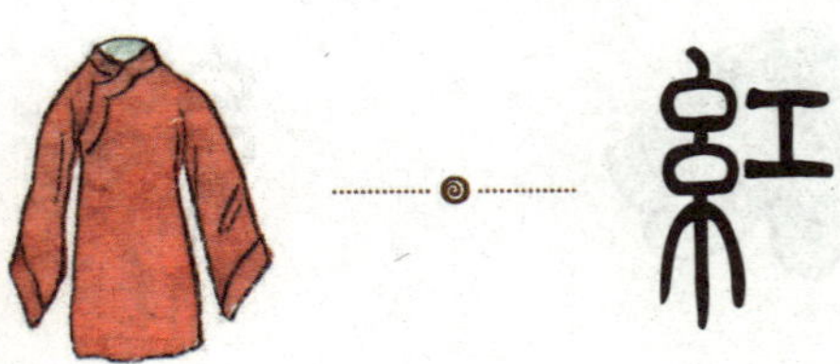

红，丝织品呈浅赤色。从糸，工声。

“红”(hóng)的本义是浅红色的丝织品。如《说文》：“红，帛赤白色也。”《论语 · 乡党》：“红紫不以为亵服。”

指红色。如唐代白居易《忆江南》：“日出江花红胜火，春来江水绿如蓝。”

指出名、走运等。如“红人”“红角儿”。

花的代称。如唐代杜甫《春夜喜雨》：“晓看红湿处，花重锦官城。”

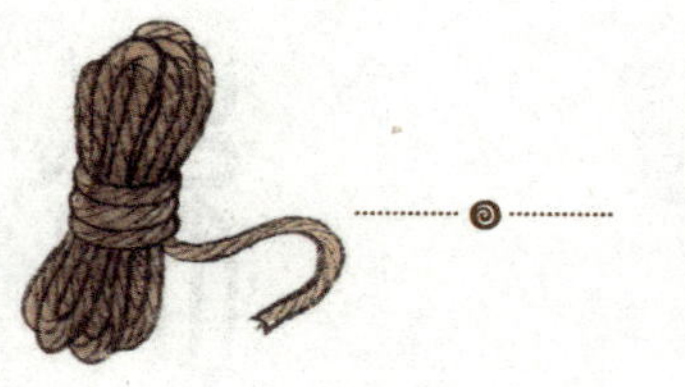

纲，（网的）大绳。从糸，冈声。

纲

（gāng）

纲

小篆

綱

楷书

“纲”的本义是网的大绳。如《说文》：“纲，维纮绳也。”《尚书·盘庚》：“若网在纲，有条而不紊。”《诗经·大雅·棫朴》：“纲纪四方。”《诗经·大雅·卷阿》：“四方之纲。”

关键部分，要领。如《北史·源贺传》：“为政贵当举纲。”《文心雕龙·诸子》：“然洽闻之士，宜撮纲要，揽华而食实，弃邪而采正。”

缒，用绳悬挂着东西。《春秋左传》说：“趁夜晚用绳悬着垂下城而使齐军进城。”从糸，追声。

缒

（zhuì）

缒

小篆

縋

楷书

“缒”的本义是用绳子挂着东西往下放。如《说文》：“缒，以绳有所悬也。”《左传·襄公十九年》：“夜缒纳师。”《左传·昭公十九年》：“子占使师夜缒而登。”《宋史》：“敌兵攻城，纲身督战，募壮士缒城而下。”

拽，拉。如“缒手”。

纷

纷

(fēn)

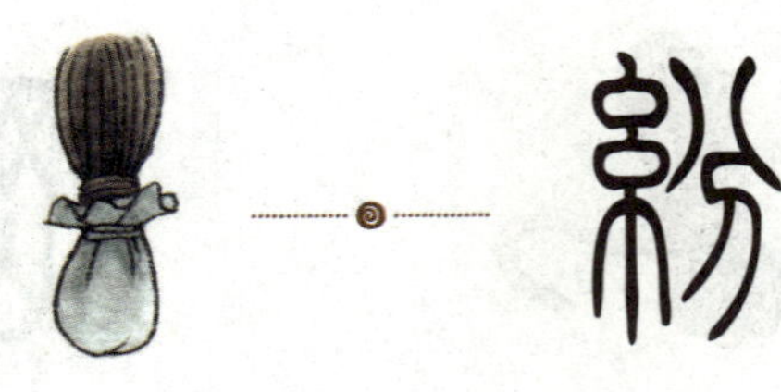

纷，包藏马尾的套子。从糸，分声。

小篆

紛

楷书

“纷”的本义是包藏马尾的套子。如《说文》：“纷，马尾韬也。”

祸乱，灾难。如《汉书》：“唯天轨之不辟兮，何纯絜而离纷！”纠纷。如《史记·滑稽列传》：“谈言微中，亦可以解纷。”各种各样，多样的。如明代张溥《五人墓碑记》：“且矫诏纷出，钩党之捕遍于天下。”

杂乱。如《楚辞·屈原·涉江》：“霰雪纷其无垠兮，云霏霏其承宇。”

绁

绁

(xiè)

绁，绳索。从糸，世声。《春秋左传》说：“臣（像随行的马）背负着马笼头、马缰绳，（跟着您在天下巡行。）”

小篆

紲

楷书

“绁”指绳索。如《说文》：“绁，系也。从系，世声。”《广雅》：“绁，索也。”《论语》：“虽在缧绁之中。”晋代陈寿《三国志》：“以栟榈大绁系石以为矴（碇）。”

牵牲畜的绳索。如《左传·僖公二十四年》：“臣负羁绁，从君巡于天下。”

系、拴、绑。如汉代张衡《东京赋》：“绁子婴于轵涂。”

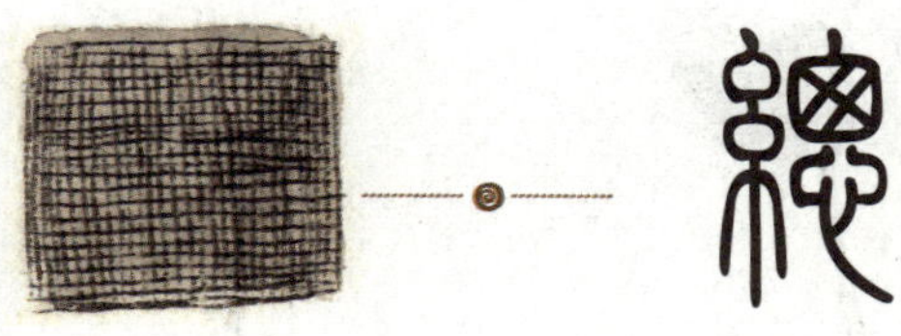

（sī）

缌，六百纵线织成的（二尺二寸宽的）麻布。另一义说，两根麻线夹一根丝线织成的布。从糸，思声。

"缌"的本义是制作丧服的细麻布。如"缌麻""缌服"。凡疏远的亲属、亲戚都服缌麻。

古代丧服名。五种丧服之最轻者，以细麻布为孝服，服丧三个月。如"缌麻丧""缌衰"。

比较远的亲属关系。如"缌亲"。

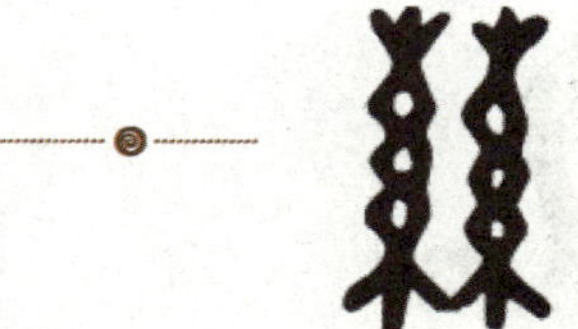

（sī）

丝，蚕吐的丝。由两个糸字会意。大凡丝的部属都从丝。

"丝"的本义是蚕丝。如《说文》："丝，蚕所吐也。"《诗经·召南·羔羊》："素丝五总。"唐代李商隐《无题》："春蚕到死丝方尽，蜡炬成灰泪始干。"

指丝织品。如《玉台新咏·古诗为焦仲卿妻作》："足下蹑丝履，头上玳瑁光。"

八音之一。如唐代白居易《琵琶行（并序）》："浔阳地僻无音乐，终岁不闻丝竹声。"

指头发。如"鬓丝"。

缌

小篆

楷书

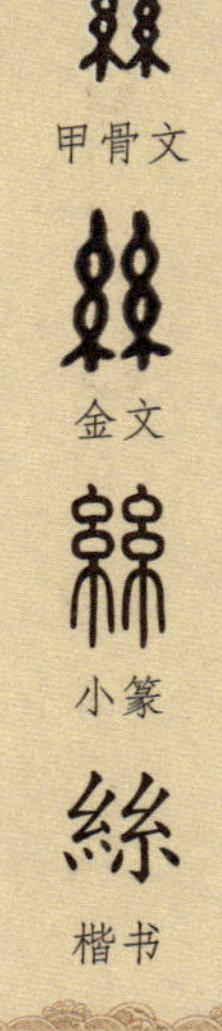

率

(shuài)
(lǜ)

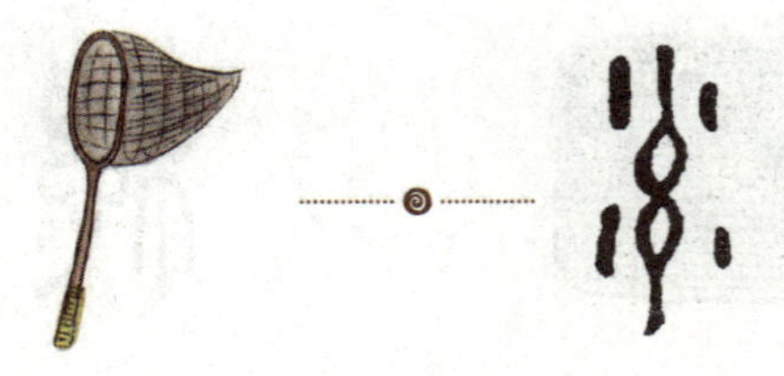

“率”是象形字。甲骨文、金文像一段绳子。小篆字形整齐化。隶变后楷书写作“率”。

《说文·率部》:“率，捕鸟毕也。象丝网，上下其竿柄也。凡率之属皆从率。”（率，捕鸟的网。像丝织的网，上部的亠和下部的十，是网的竿和把。大凡率的部属都从率。）“率”（shuài）指网。引申为捕捉。捕捉到猎物就要把它带回家，由此又引申出带领之意。如常用的“率先”“率领”。“率直”，意思是不含蓄、坦率爽直。由此引申指轻率、草率。

(huǐ)
(chóng)

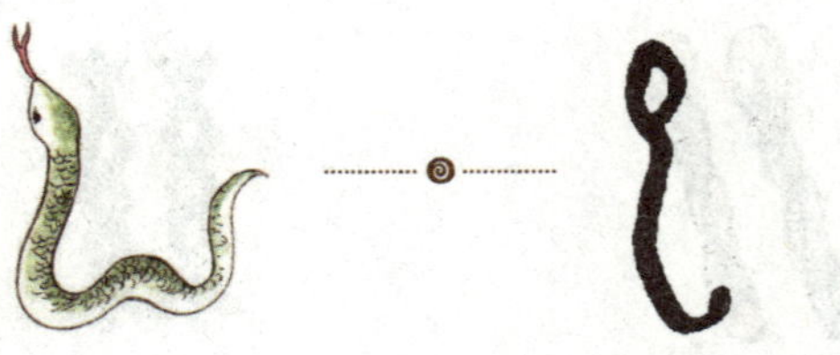

“虫”是象形字。甲骨文和金文都像一条三角形头的蛇的形象。小篆整齐化。隶变后楷书写作“虫”。如今又作“蟲”的简化字。

“虫”(huǐ)的本义为毒蛇。

作为“蟲”的简化字，读作 chóng。“虫”泛指一切昆虫或动物。如“吊睛白额大虫”。“大虫”即指老虎。

昆虫在动物世界中是较为低级的动物，行为活动相对简单。人们就根据昆虫的某些习性，称糊涂人为“糊涂虫”，把懒人叫“懒虫”，把喜欢看书的人叫“书虫”等。

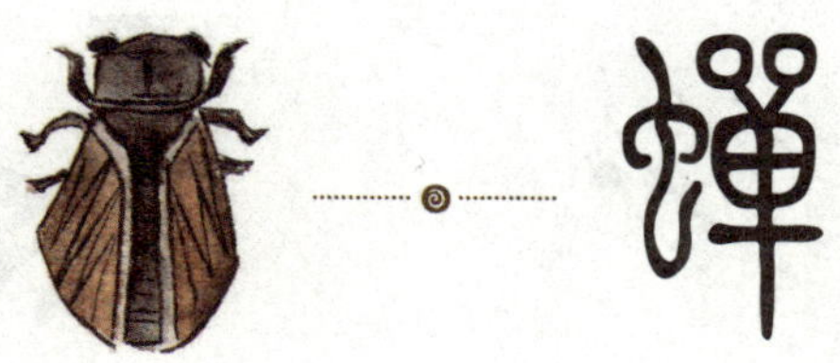

蝉

(chán)

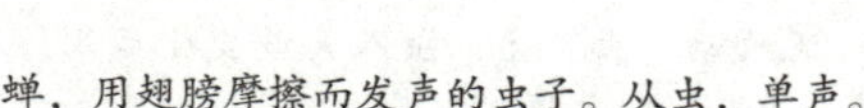

蝉，用翅膀摩擦而发声的虫子。从虫，单声。

“蝉”的本义是一种昆虫，即知了。如《说文》：“蝉，以旁鸣者。”《礼记·夏小正》：“寒蝉鸣。”宋代辛弃疾《西江月》：“清风半夜鸣蝉。”

指古代一种薄如蝉翼的丝织品。如“蝉翼扇”。

连续不断。如晋代左思《吴都赋》：“蝉联陵丘。”

蝉

小篆

蝉

楷书

虹

(hóng)

“虹”为象形字。甲骨文像雨后天上出现的长虹之形。小篆改为从虫、工声的形声字。隶变后楷书写作“虹”。

《说文·虫部》：“虹，螮蝀也。状似虫。从虫、工声。《明堂月令》曰：‘虹始见。’”（虹，螮蝀。样子弯曲像虫。从虫，工声。《明堂月令》说：“虹才出现。”）

“虹”的本义为雨后天空中出现的彩色圆弧。颜色鲜艳的叫虹，颜色较淡的叫霓，即副虹。如“虹霓”。因虹的形状像桥，故古人也常把“虹”当作桥的代称。如唐代杜牧《阿房宫赋》：“长虹卧波”。

虹

甲骨文

小篆

虹

楷书

甲骨文

小篆

風

楷书

(fēng)
(fěng)

风吹动，虫产生，虫八天就变化成形。从虫，凡声。大凡风的部属都从风。

“风”（fēng）的本义是空气流动的自然现象。如《说文》：“风，八方的风。东方来的，叫明庶风；东南来的，叫清明风；南方来的，叫景风；西南来的，叫凉风；西方来的，叫阊阖风；西北来的，叫不周风；北方来的，叫广莫风；东北来的，叫融风。”汉代刘邦《大风歌》：“大风起兮云飞扬。”

“诗经”六义之一，即《国风》。

甲骨文

金文

小篆

它

楷书

(tā)

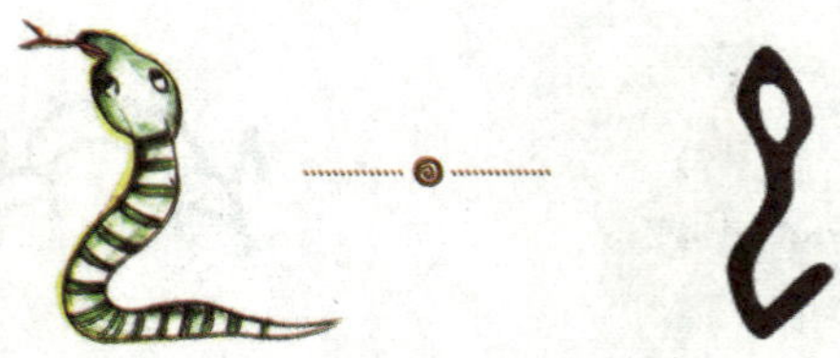

它，蛇虺。由虫字延长它的尾巴构成，像冤曲身体垂下尾巴的样子。上古，人们居住在草野之中，忧虑蛇虺，所以互相询问：没遇着蛇虺吧。

它的本义是蛇。如《说文》：“它，虫也。从虫而长，象冤曲垂尾形，上古草居患它，故相问‘无它乎？’”

指除了人以外的事物。

指“别的”“其他的”。如《后汉书·列女传》：“无它异。”《墨子·公输》：“与它石迥异。”

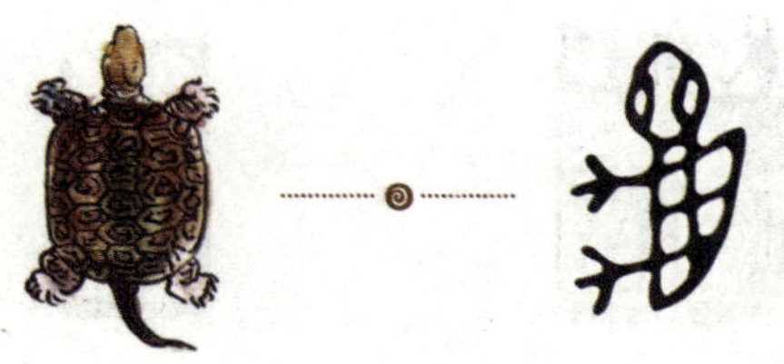

龟，年岁长久。外面是骨头、里面是肉的动物。从它，龟字的头与蛇字的头相同。

龟

(guī)

(jūn)

(qiū)

“龟”(guī)的本义是一种动物名，乌龟。如汉代蔡邕《篆势》：“文体有六篆，巧妙入神，或象龟文，或比龙鳞。”

指龟甲。如《论语·季氏》：“虎兕出于柙，龟玉毁于椟中，是谁之过与？”

骂人的话。如清代徐珂《清稗类钞·娼妓类·天津之妓》：“北帮女闾自称曰店，其龟、鸨曰掌柜。”

土

甲骨文

金文

小篆

楷书

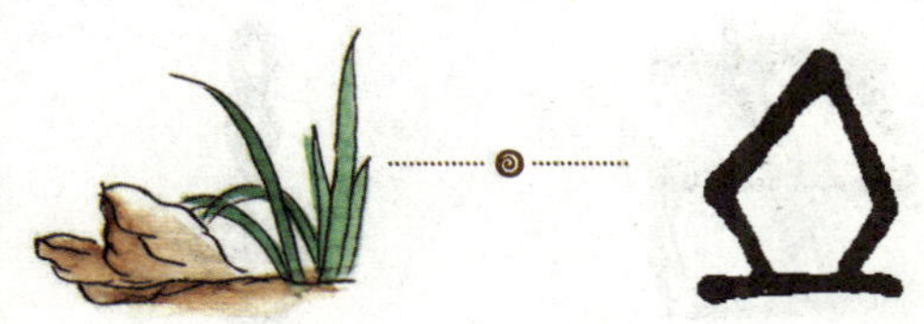

“土”是象形字。甲骨文、金文都像地上凸起来的土堆。小篆两横表示地下、地中，一竖表示植物从土中长出，意为能生长万物的就是“土”。隶变后楷书写作“土”。

土

(tǔ)

土，吐生万物的土地。二像地的下面、地的中间，“丨”像万物从土地里长出的形状。大凡土的部属都从土。

“土”的本义为土壤。引申指土地、耕种的田地。如唐代柳宗元《捕蛇者说》：“退而甘食其土之有，以尽吾齿。”又引申指疆域、领土。如《诗经·小雅·北山》：“溥天之下，莫非王土。”

田

（tián）

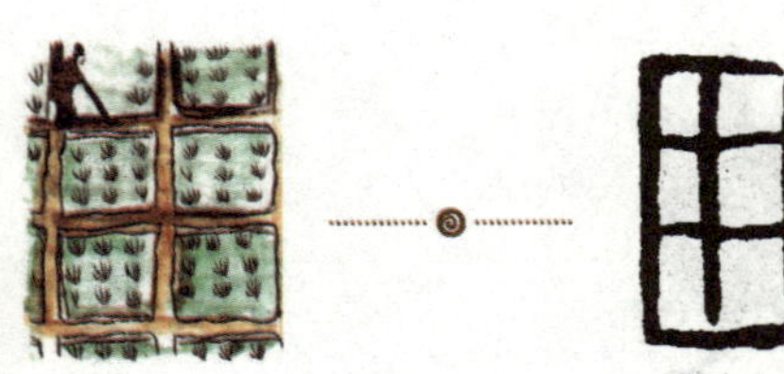

“田”是象形字。甲骨文、金文、小篆、楷书都像一块方形的大田被纵横的田埂（或者田间小路）分成几块小田。隶变后楷书写作“田”。

《说文·田部》：“田，陈也。树谷曰田。象四口；十，阡陌之制也。”（田，陈列得（整整齐齐）。种植稻谷的地方叫田。（口）像田四周的界限；十，表示纵横的沟涂。）

“田”的本义是农田，就是种庄稼的土地。进而引申指耕种。还可以指狩猎。如“焚林而田，竭泽而渔”，意思是把森林烧了去猎捕野兽，把湖水排干了去捕鱼。比喻做事情不留余地，只顾眼前利益，不做长远打算。

畜

（xù）
（chù）

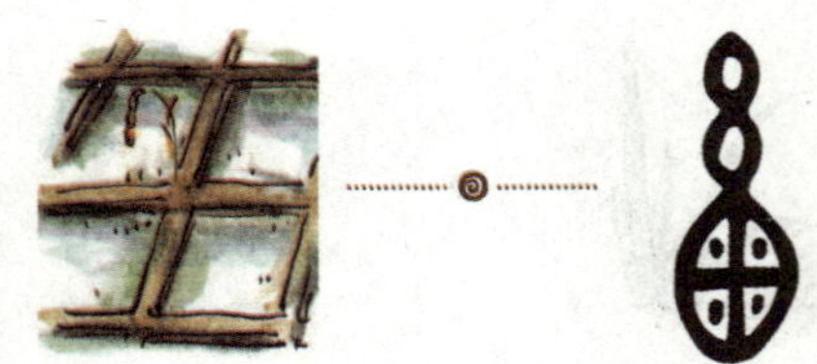

“畜”是会意字。甲骨文从田，从糸，表示田里蓄有粮食，家里存有丝织。金文和小篆继承了甲骨文，并整齐化。隶变后楷书写作“畜”。

《说文·田部》：“畜，田畜也。”《淮南子》曰：‘玄田为畜。’”（畜，尽力种田所得的积蓄。《淮南子》说：由“‘玄’‘田’组成了‘畜’字。”）“畜”的本义为家中积存有衣食，读作xù。泛指积储。如汉代班固《汉书·食货志》：“薄赋敛，广畜积，以实仓廪。”饲养禽兽也是一种积蓄，故又引申指饲养。读作chù，指饲养的禽兽。如《左传·昭公二十三年》：“家养谓之畜，野生谓之兽。”

黄

(huáng)

“黄”是象形字。甲骨文像佩璜之形：上为系带，下为垂穗，中为双璜并联状。金文复杂化，小篆整齐化。隶变后楷书写作“黄”。

《说文·黄部》：“黄，地之色也。从田，从炗，炗亦声。炗，古文光。凡黄之属皆从黄。”（黄，土地的颜色。由田、由炗会意，炗也表声。炗，古文“光”字。大凡黄的部属都从黄。）“黄”的本义为佩璜。引申指黄色。如“天玄地黄”“黄袍”。上古时，轩辕氏曾战胜蚩尤、炎帝等部落，被诸侯尊为天子，并且被认为具备土德的祥瑞，故号为“黄帝”。所以中华民族习惯上自称“炎黄子孙”。

黄

甲骨文

金文

小篆

黄

楷书

男

(nán)

“男”是会意字。甲骨文从田，从耒（犁）。古时农耕主要是男子的事，因此用以耒耕田会男子之意。金文、小篆承接甲骨文。隶变后楷书写作“男”。

《说文·男部》：“男，丈夫也。从田，从力，言男用力于田也。凡男之属皆从男。”（男，成年男子。由田、由力会意，是说男子在田地里尽力。大凡男的部属都从男。）

“男”的本义指男人。引申指儿子。如唐代杜甫《石壕吏》：“听妇前致词，三男邺城戍。一男附书至，二男新战死。”也用作儿子对父母的自称。如鲁迅先生给母亲写信：“男病已愈，胃口亦渐开。”

男

甲骨文

金文

小篆

男

楷书

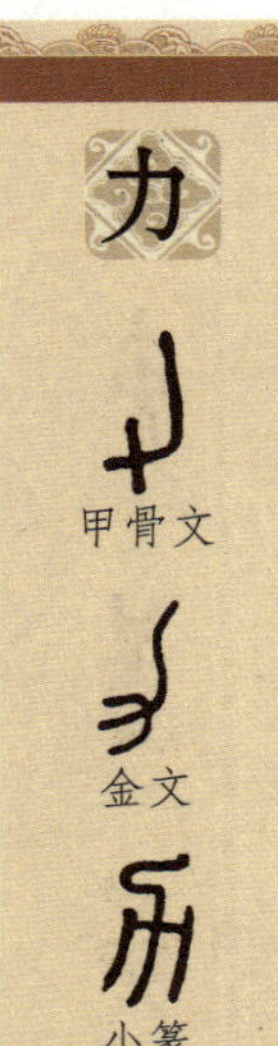

(lì)

"力"是象形字。甲骨文、金文都像古人犁地用的工具"耒"的形状。小篆整齐化。隶变后楷书写作"力"。

力，筋肉张缩的功用。像人的筋肉纵横鼓起的形状。能使天下大治的功劳叫力，力能抵御大的灾难。大凡力的部属都从力。

"力"的本义是耒。执耒耕作需要花费力气，所以引申为力量。如"身强力壮"。

也指能力。如"力不从心"。还可以引申为武力、权力。如《孟子·公孙丑上》："以力服人者，非心服也。"

劲

(jìng)

(jìn)

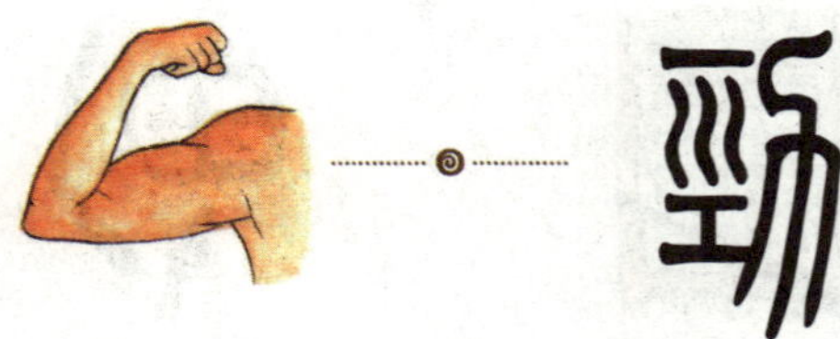

劲，强健有力。从力，坙声。

"劲"(jìng)的本义是强健有力。如《说文》："劲，彊也。"《礼记·乐记》："廉直劲正庄诚之音作。"《战国策·宋策》："夫梁兵劲而权重。"汉代贾谊《新书·过秦论上》："良将劲弩守要塞。"《战国策》："天下之强弓劲弩，皆自韩出。"清代徐珂《清稗类钞·战事类》："此劲敌也。"

笔法遒劲。如"劲利"。

猛烈，风势强劲。如唐代王维《观猎》："风劲角弓鸣。"

劳

(láo)

劳，十分勤苦。由力、由荧省去下面的火会意。荧，表示火灾烧屋；用力救火的人十分辛苦。

“劳”指十分勤苦，劳苦。如《庄子》：“是犹推舟于陆地，劳而无功。”麻烦。如巴金《家》：“劳各位等了许久，兄弟非常抱歉。”

忧愁。如《诗经·邶风·燕燕》：“实劳我心。”

劳累，疲劳。如《左传·僖公三十二年》：“师劳力竭，远主备之，无乃不可乎？”唐代刘禹锡《陋室铭》：“无案牍之劳形。”清代黄宗羲《原君》：“好逸恶劳。”

劫

(jié)

“劫”是会意字。小篆从力，从去，会强力阻止人去之意。隶变后楷书写作“劫”。

《说文·力部》：“劫，人欲去，以力胁止曰劫。”（劫，人想离开，用力量胁迫其留止叫作劫。）

“劫”的本义是威逼、胁迫。如绑匪常用的伎俩是“劫持人质”。由此引申为抢夺、强取。如成语“劫富济贫”“打家劫舍”。又引申为盗贼。如“劫匪”。

引申为佛教名词。又引申为灾难。如“劫数”“劫后余生”。

劳 金文 小篆 楷书

劫 小篆 楷书

小篆

鐵

楷书

铁

(tiě)

铁，黑色的金属。从金，𢧜声。

“铁”的本义是一种金属。如《说文》：“铁，黑金也。”《墨子·备穴》：“铁锁长三丈。”《史记·货殖列传》：“邯郸郭纵以冶铁成业。”

铁制物。如明代魏禧《大铁椎传》：“柄铁折叠环复。”

指兵器。

形容坚定不移。如“铁了心了”。

形容表情严肃。如“铁着脸”。

铸

甲骨文

金文

小篆

鑄

楷书

铸

(zhù)

铸，销熔金属。从金，寿声。

“铸”的本义是销熔金属。引申为锤炼、雕琢金属。如汉代贾谊《过秦论》：“铸以为金人。”《后汉书·张衡传》：“以精铜铸成。”

培养人才。如《法言·学行》：“或曰：‘人可铸与？’曰：‘孔子铸颜渊矣。’”

锤炼、雕琢词句。如南朝时刘勰《文心雕龙》：“虽取熔经意，亦自铸伟辞。”

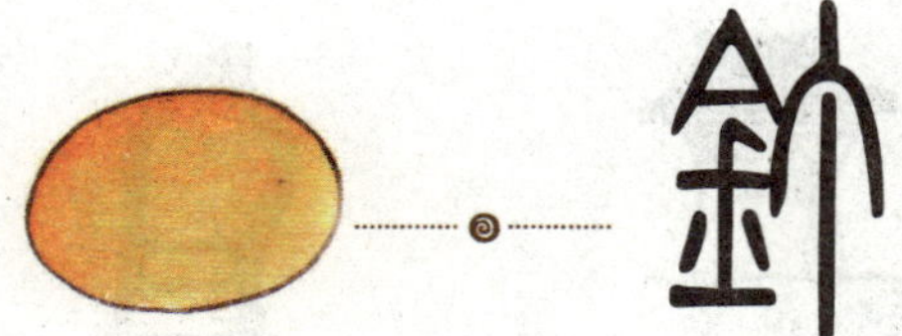

钉，冶炼而成的饼块黄金。从金，丁声。

(dīng)
(dìng)

“钉”(dīng)的本义是冶炼而成的饼块黄金。

钉子。如《说文通训定声》：“假借为丁，今俗用为铁钉字。”

刺儿。如“眼中钉”。

跟着不放，跟踪。如“钉了一下梢”。

催促，监督。如张天翼《宝葫芦的秘密》：“小珍儿还是尽钉着问，这叫什么，那叫什么。”

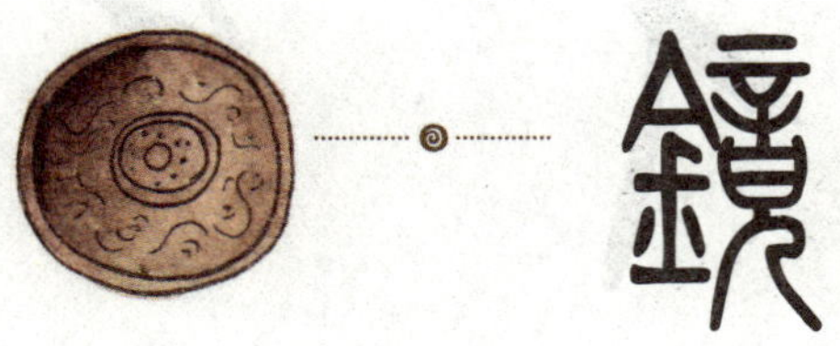

镜，(可照见)形影。从金，竟声。

(jìng)

“镜”的本义是可照见形影的器具。如《说文》：“镜，景也。”《战国策·齐策》：“窥镜而自视。”《乐府诗集·木兰辞》：“对镜贴花黄。”唐代李白《秋浦歌》：“不知明镜里。”

利用光学原理制成的帮助视力或做光学实验用的器具，镜片一般用玻璃制成。如“墨镜”“太阳镜”。

照。如《墨子》：“镜于水，见面之容。”《汉书·杜邺传》：“不自镜见。”

且

（qiě）
（jū）

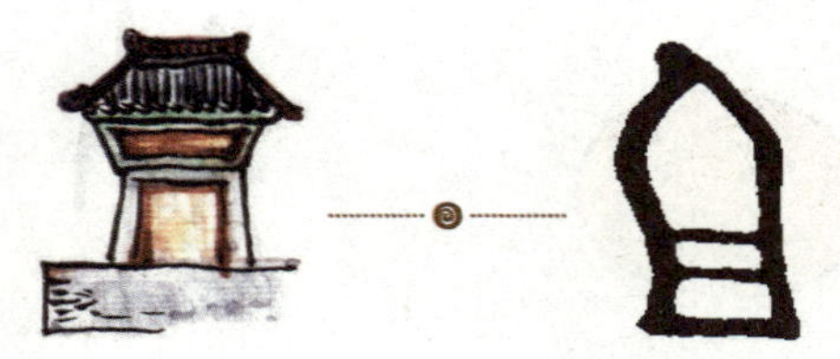

“且”是象形字。甲骨文像雄性生殖器，是初民生殖崇拜的体现。金文和小篆变化不大。隶变后楷书写作“且”。

《说文·且部》：“且，荐也。从几，足有二横，一其下地也。凡且之属皆从且。”（且，垫放物体的器具。从几；几足间有两横，（表示连足的枨；）一，表示器具下的地。凡且的部属都从且。）

“且”的本义为雄性生殖器。引申为古代祭祖时放祭品的礼器，此义后作“俎”。也可表示祖先，此义后作“祖”。

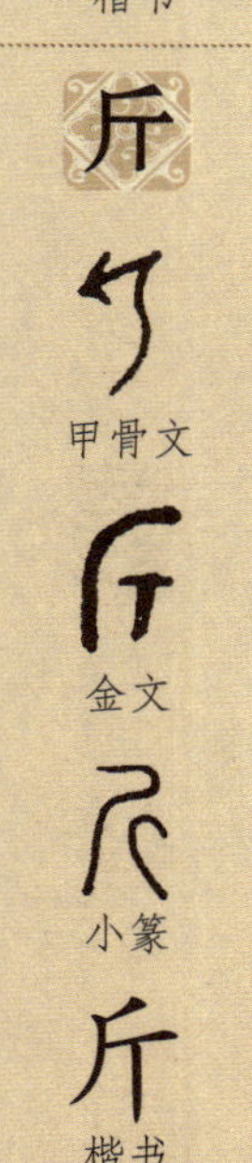

（jīn）

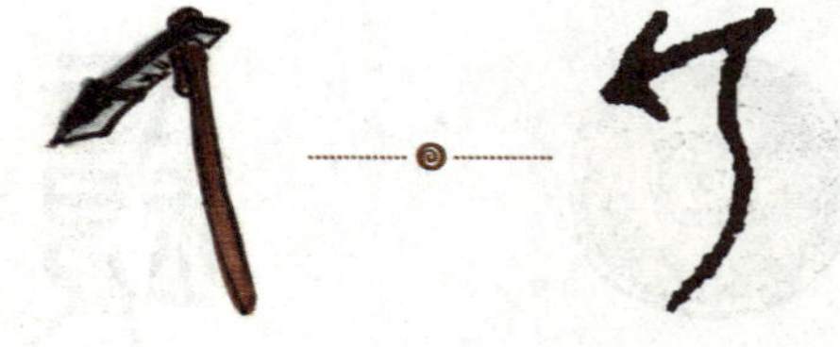

“斤”是象形字，甲骨文像一把刃朝左的斧子。金文像一把宽刃大斧。小篆承接金文而来，并整齐化，但很难看出这是一把斧子了。隶变后楷书写作“斤”。

《说文·斤部》：“斤，斫木也。象形。凡斤之属皆从斤。”（斤，砍削木头的横刃小斧。象形。大凡斤的部属都从斤。）

“斤”的本义是指砍伐树木的斧头。如《左传·哀公二十五年》：“皆执利兵，无者执斤。”

后来“斤”被借来表示重量单位。旧制一斤等于十六两。如“半斤八两”。

(fǔ)

“斧”是形声字。甲骨文从斤（斧头），父声。金文变化不大。小篆变为上声下形的形声字。隶变后楷书写作“斧”。

《说文·斤部》：“斧，斫也。从斤，父声。”（斧，砍东西用的纵刃大斧。从斤，父声。）

“斧”的本义为斧头。作动词，指用斧头砍。如三国时曹操《苦寒行》：“担囊行取薪，斧冰持作糜。”由砍去多余之处引申出修饰、指导、删改之意。如“斧正”，就是请人修改文章之意，作敬辞。

斧

甲骨文

金文

小篆

斧

楷书

(dǒu)

(dòu)

“斗”是象形字。甲骨文像勺之形。金文与甲骨文大体相同。小篆线条化，变得看不出原形了。隶变后楷书写作“斗”。

读作 dǒu，“斗”的本义是古代的一种盛酒器。如唐代李白《行路难》：“金樽清酒斗十千。”后引申指形如斗状的器物。如“烟斗”“漏斗”。斗能盛东西，故引申为量具。如《晋书·陶潜传》：“吾不能为五斗米折腰。”

用作形容词，指微小、狭小。也比喻事物的微小。如“斗筲之器”。又比喻事物之大。如“斗碗”“斗大”。

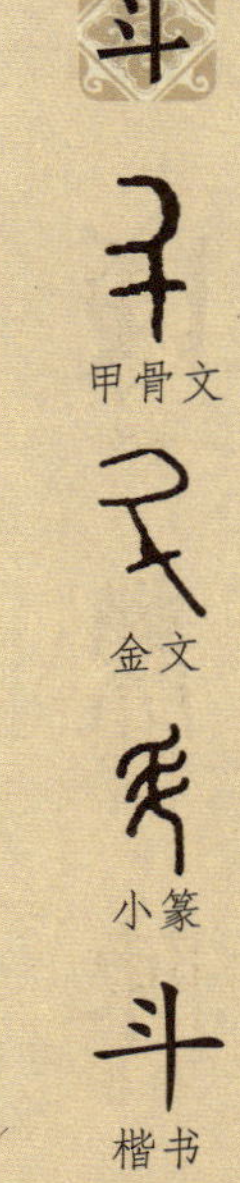

降

甲骨文

金文

小篆

降

楷书

(jiàng)

(xiáng)

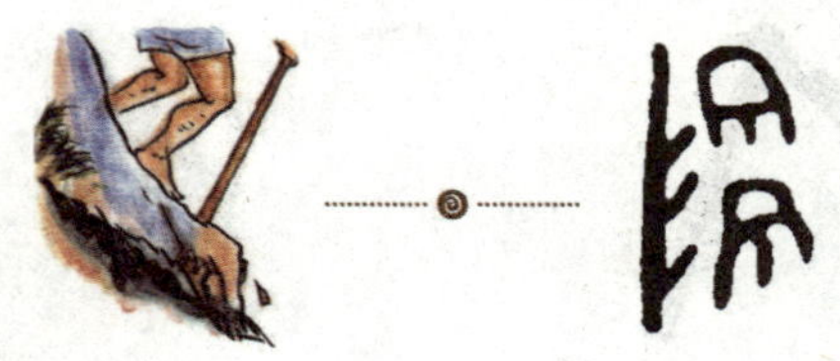

“降”是会意兼形声字。甲骨文从阜，从夅（脚尖朝下的两只脚），会从高处沿脚窝下来之意，夅兼表声。金文与甲骨文大致相同。小篆整齐化。隶变后楷书写作“降”。

《说文·自部》：“降，下也。从阜，夅声。”（降，下降。从阜，夅声。）“降”的本义是从高处走下来，读作jiàng。如《左传·僖公二十三年》：“降一级而辞焉。”意思是走下一层台阶而辞别。由此引申为降落、下。如“降雨”就是下雨之意。又引申为降生。如清代龚自珍《己亥杂诗》：“我劝天公重抖擞，不拘一格降人才。”

陈

金文

小篆

陳

楷书

陈

(chén)

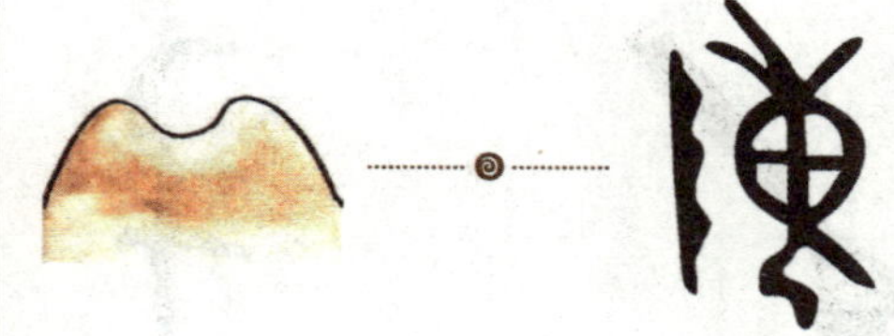

陈，是四方高中央低的山丘，是舜的后裔妫满分封的地方。由阜、由木会意，申声。

“陈”指古国名。如《说文》：“陈，宛丘，舜后妫满之所封。”《左传·昭公八年》：“陈，颛顼之族也。”

陈列。如《论语·季氏》：“陈力就列，不能者止。”《左传·隐公五年》：“陈鱼而观之。”

述说。如《古诗十九首》：“今日良宴会，欢乐难具陈。”

姓氏的一种。

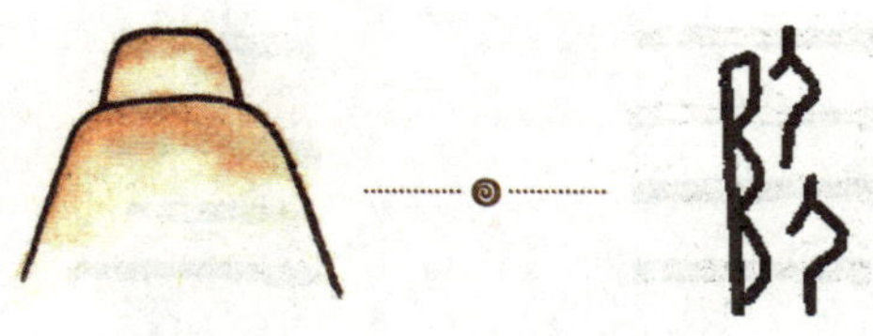

陶

(táo)

(yáo)

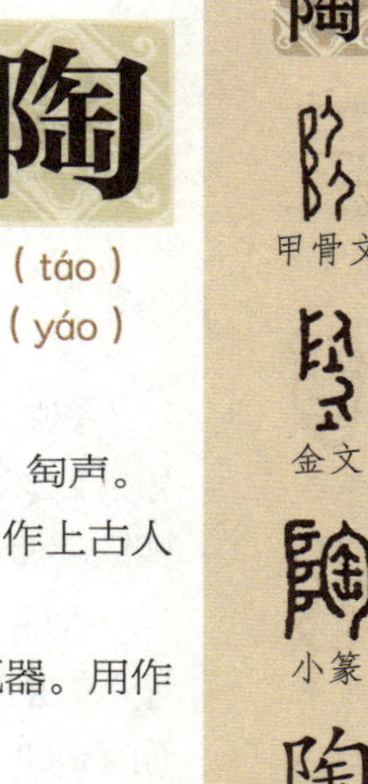

“陶”是会意兼形声字。甲骨文从阜，从上下二人，会人登上窑包之意。金文加二“土”，强调是土堆成的窑包。小篆从阜、从匋会意，匋兼表声。隶变后楷书写作“陶”。

陶，像叠着两双盂的山丘，在济阴郡。从阜，匋声。

“陶”的本义是烧制陶器的窑包，念 yáo。用作上古人名，指皋陶，传说是虞舜的臣子，掌管刑狱。

táo 是“陶”现在常用的读音。引申指烧制瓦器。用作名词，指烧制而成的瓦器。如“彩陶”。

甲骨文　金文　小篆　陶 楷书

陪

(péi)

陪，重叠的土堆。另一义说，是满。从阜，咅声。

“陪”的本义是重叠的土堆。如《说文》：“陪，重土也。”《左传·定公四年》：“分之土田陪敦，陪犹山也。”

陪伴。如《诗经·大雅·荡》：“以无陪无卿。”《礼记·曲礼》：“自称曰陪臣某。”

同“赔”。赔偿，偿还。如唐代白居易《判题》：“在放牧处相觝，请陪半价。”

小篆　陪 楷书

四

(sì)

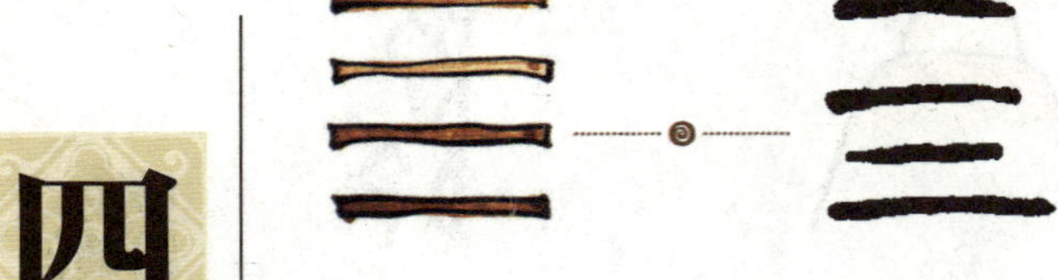

“四”的甲骨文是指事字。字。甲骨文用四条横线代表“四”，该形体沿用到战国时期。金文字形像鼻子喘息呼气的样子。隶变后楷书写作“四”。

《说文·四部》：“四，阴数也。象四分之形。凡四之属皆从四。”（四，表示阴的数字。像分为四角的形状。大凡四的部属都从四。）

“四”指数目，是三加一的和。如“四壁”“四肢”“四合院儿”。通“驷”，古代四匹马拉一辆车称“驷”。如《韩非子》：“人臣处国无私朝，居军无私交……是故不得四从；不载奇兵。”

亚

(yà)

亚，丑恶。像人龟背鸡胸的样子。贾侍中说，用它来表示次一等的意义。大凡亚的部属都从亚。

“亚”指丑。如《说文》：“亚，丑也。”马王堆汉墓帛书《十六经》：“夫地有山有泽，有黑有白，有美有亚。”

次于，表示时间或空间靠后。如《尚书·牧誓》：“亚旅。”《诗经·周颂·载芟》：“侯亚侯旅。”《史记·项羽本纪》：“亚父南向坐。”

低于，弱于。如《左传·襄公十九年》：“圭妫之班，亚宋子而相亲也。”

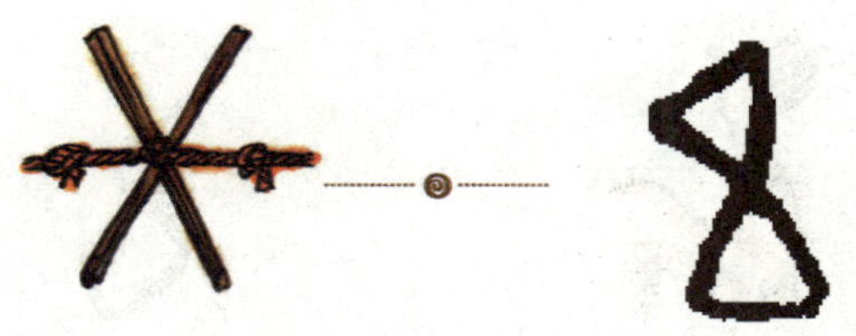

(wǔ)

"五"是象形字。甲骨文、金文的形体像两物交叉之形。小篆的写法大致相同。隶变后楷书写作"五"。

五，表示水、火、木、金、土五种物质。二，表示天和地。㐅表示阴、阳二气在天地之间交错。大凡五的部属都从五。㐅，古文"五"字，是五的省略。

"五"的本义为交错、交结。后来被假借为数字使用，其"交错"之义就用"午"代替表示了。如唐代沈佺期《和中书侍郎杨再思春夜宿直》："千庐宵驾合，五夜晓钟稀。"这里的"五夜"是指五更的时候，凌晨三至五点。

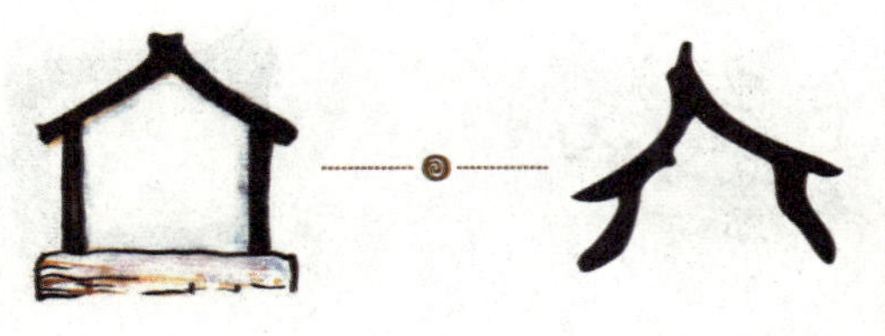

(liù)

六，《易经》的数字，用六为阴的变数，用八为阴的正数。由入、由八会意，(表示六是由八退减而成。)大凡六的部属都从六。

"六"指数名，是五加一的和。如《管子·五行》："人道以六制。"《诗经·小雅·采绿》："六日不詹。"唐代杜牧《阿房宫赋》："六王毕，四海一。"

工尺谱记音符号之一，表示音阶上的一级。如《宋史》："其黄钟清用'六'字。"

古国名，在今安徽省六安市北。如《左传·文五年》："楚人灭六。"

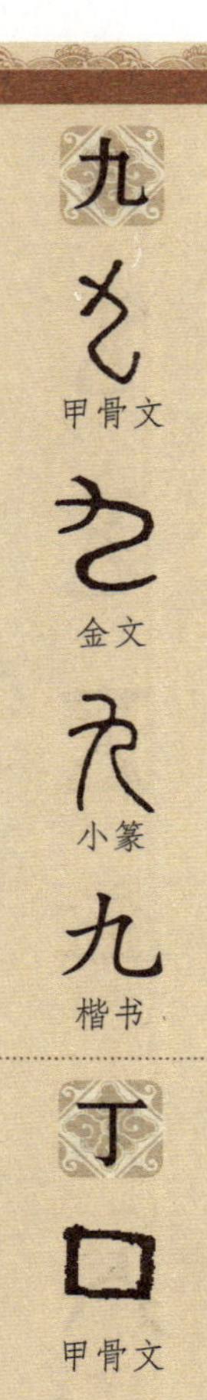

九

(jiǔ)

“九”为象形字。甲骨文像弯曲的长虫子。金文与甲骨文大体相同。小篆线条化，已经看不出虫的形状了。隶变后楷书写作“九”。

《说文·九部》:“九，阳之变也。象其屈曲究尽之形。凡九之属皆从九。”(九，阳的变数。像弯弯曲曲直到终尽的样子。大凡九的部属都从九。)

“九”的本义与虫有关，但后世其本义消亡，而被借用为数字。古人造字纪数，起于一，极于九,九是最大的个位数。凡形容极高、极大、极广、极远的事物，几乎都用“九”来形容。

丁

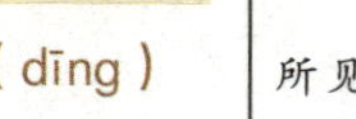

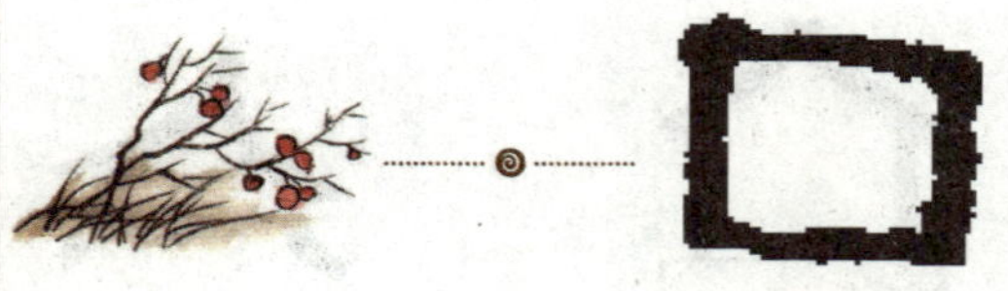

“丁”是象形字。甲骨文、金文形体像俯视所见的钉头之形。小篆线条化。隶变后楷书写作“丁”。

丁，夏天万物都壮实。像草木茎上有果实的样子。丁继承丙，像人的心。大凡丁的部属都从丁。“丁”的本义是钉子。后来被假借为天干的第四位，而原作钉子讲的“丁”则另加了个“钅”，表明钉子是用金属做的，写作“钉”。

钉子由坚硬的金属做成，故可引申指强健、健壮，所以成年男子也称为“丁”。如唐代白居易《新丰折臂翁》:“无何天宝大征兵，户有三丁点一丁。”

(qín)

"禽"的甲骨文是象形字。甲骨文上部像网形，下部像网具的柄。金文加声符"今"。小篆承接金文而来，变得复杂了。隶变后楷书写作"禽"。

《说文·内部》："禽，走兽总名。从内，象形，今声。禽、离、兕头相似。"（禽，走兽的总名称。从内，ナ像头部之形，今声。禽、离、兕三个字的头部相似。）

"禽"的本义就是捕捉禽兽的工具，后来又引申为鸟兽的总称。如《三国志·魏书·华佗传》："吾有一术，名曰五禽之戏。""禽"亦可专指鸟类。如《尔雅·释鸟》："二足而羽谓之禽。"

禽

甲骨文

金文

小篆

楷书

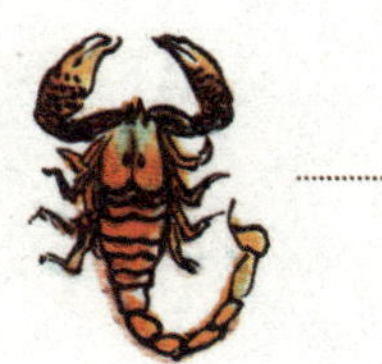

万

(wàn)

(mò)

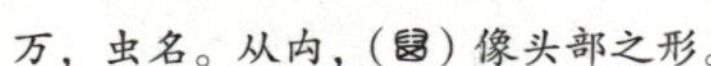

万，虫名。从内，（）像头部之形。

"万"的本义是虫名，即蝎子。如《说文》："万，虫也。"

数词。如唐代元稹《遣悲怀》："今日俸钱过十万，与君营奠复营斋。"

倍。如宋代苏轼《与滕达道二十三首》："悲苦之怀，必万常人。"

表示极多。如《列子·汤问》："高万仞。"《乐府诗集·木兰辞》："万里赴戎机。"唐代王之涣《凉州词》："一片孤城万仞山。"唐代杜甫《江畔独步寻花》："千朵万朵压枝低。"

甲骨文

金文

小篆

萬

楷书

(zǐ)
(zi)

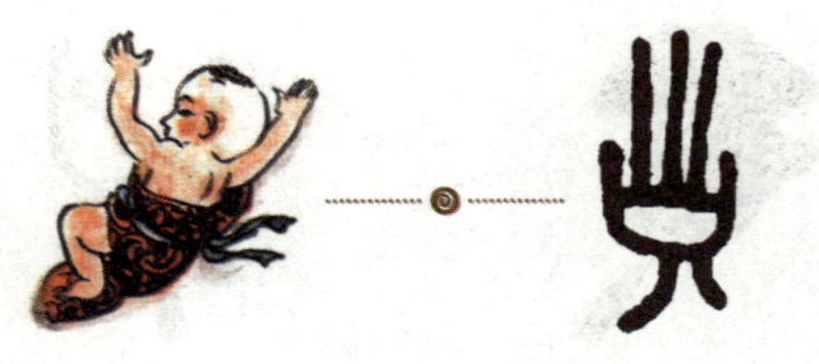

“子”是象形字。甲骨文像小儿在襁褓中的样子。金文像婴儿双手张开要人抱的样子。小篆的形体承接金文，并线条化。隶变后楷书写作“子”。

《说文·子部》：“子，十一月，阳气动，万物滋，人以为称。象形。”（子，代表十一月，这时阳气发动，万物滋生，人假借“子”作为称呼。像婴儿的样子。）“子”的本义为婴儿。引申泛指孩子（与父母等长辈相对）。亦可表示古代对男子的美称或尊称，还特指有道德和有学问的人。古代的五等爵位（即公、侯、伯、子、男）的第四等。

甲骨文

孕

小篆

孕

楷书

(yùn)

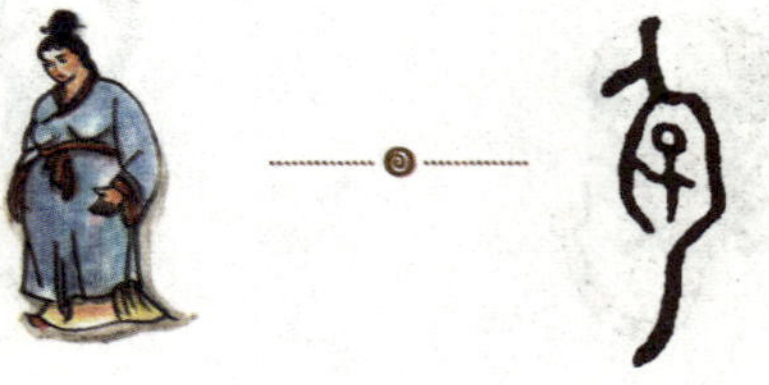

“孕”是会意字。甲骨文从人，从子，会怀孕之意。小篆上部变为“乃”字，下部的“子”依然存在。隶变后楷书写作“孕”。

《说文·子部》：“孕，裹子也。从子，从几。”（孕，怀胎。由子、由几会意。）

“孕”的本义是怀胎。如《庄子·天运》：“民孕妇十月生子，子生五月而能言。”

由怀胎引申比喻在既存事物中成长着新事物，即培育、培养。如唐代李白《述德兼陈情上哥舒大夫》：“天为国家孕英才，森森矛戟拥灵台。”

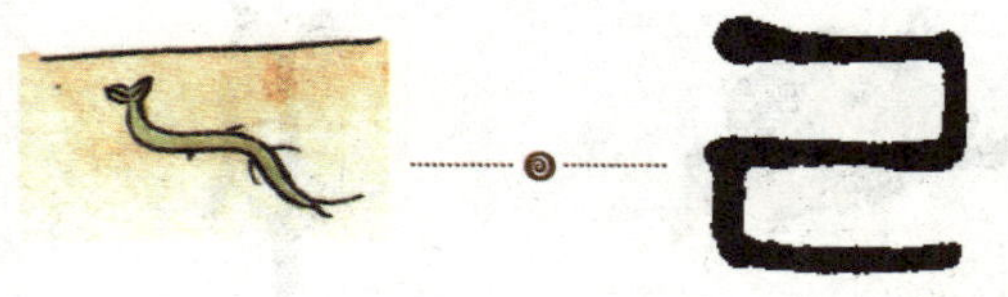

(jǐ)

“己”是象形字。甲骨文、金文、小篆的形体大致相同，都像系在箭上用来射飞鸟的弯曲的绳索。隶变后楷书写作“己”。

《说文·己部》：“己，中宫也。象万物辟藏诎形也。己承戊，象人腹。”（己，定位在中央。像万物因回避而收藏在土中的弯弯曲曲的形状。己继承戊，像人的腹部。）“己”的本义为拴在箭上的丝绳。后来其本义消失，被假借为表示自己。如“要想人不知，除非己莫为”。还被假借为天干的第六位，位于甲、乙、丙、丁、戊之后。

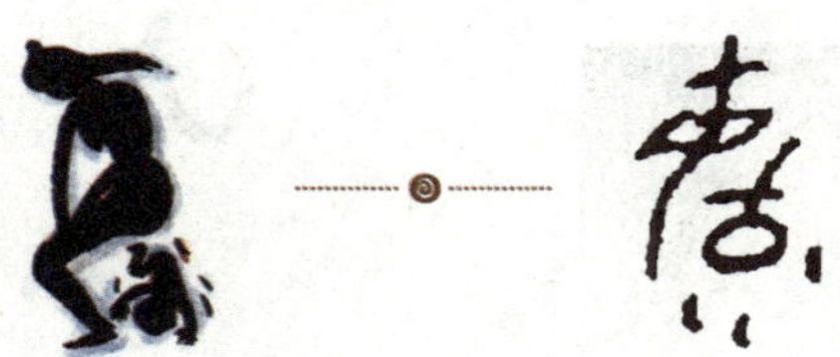

(yù)

(yō)

“育”是会意字。甲骨文上部是一个女人，下部是一个倒着的子，会妇女生子之意。金文省从母。小篆承接甲骨文、金文。隶变后楷书写作“育”。

《说文·𠫓部》：“育，养子使作善也。从𠫓，肉声。《虞书》曰：‘教育子。’”（育，培养孩子使之做好人好事。从𠫓，肉声。《虞书》说：“教育孩子并使之成长。”）

“育”（yù）的本义为生育、生子。如《易经》：“夫征不复，妇孕不育。”引申指养育、培植。如“封山育林”。又指教育、培养。如《孟子·告天下》：“尊贤育下，以彰有德。”

己

己 甲骨文

己 金文

己 小篆

己 楷书

育

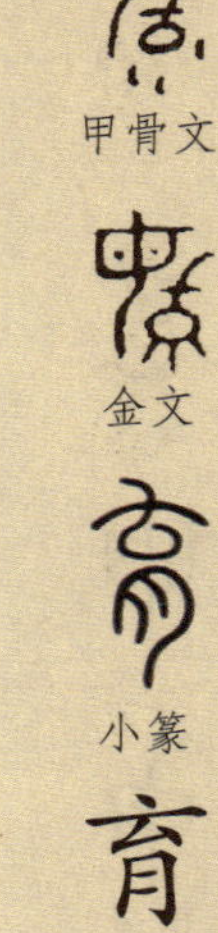

羞

(xiū)

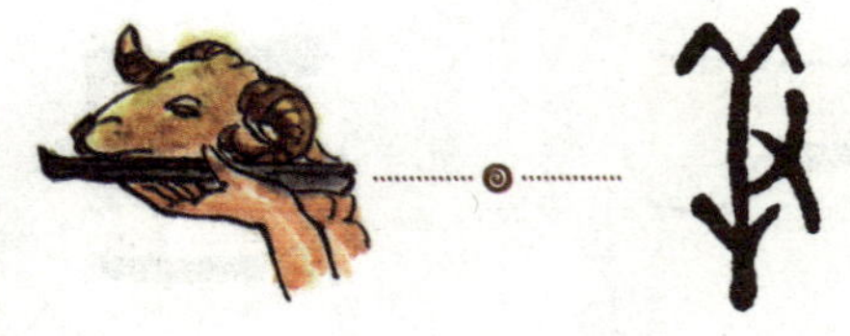

“羞”是会意字。甲骨文左边是一只羊，右边是一只手。金文的形体与甲骨文大体相同。小篆从羊，从丑。隶变后楷书写作“羞”。

《说文・丑部》:“羞，进献也。从羊，羊所进也；从丑，丑亦声。”（羞，进献（食品）。从羊，羊是进献的食品；从丑，丑也表声。）“羞”的本义为进献。如《左传・隐公三年》:“可荐于鬼神，可羞于王公。”意思是，可献祭给鬼神，可进献给王公。

引申为怕别人笑话的心理和表情。如“害羞”。又引申为耻辱。如“羞辱”。

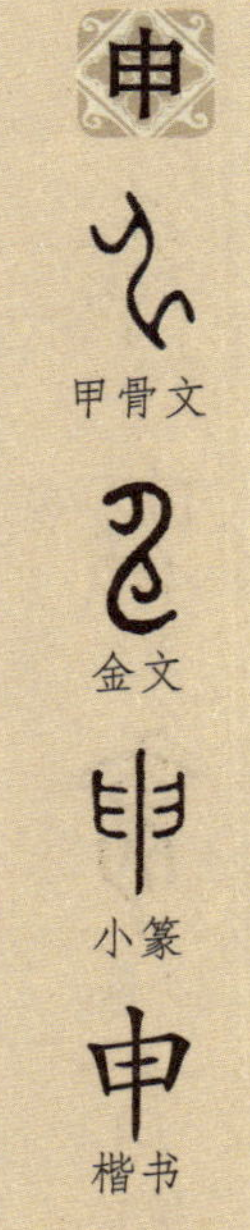

申

(shēn)

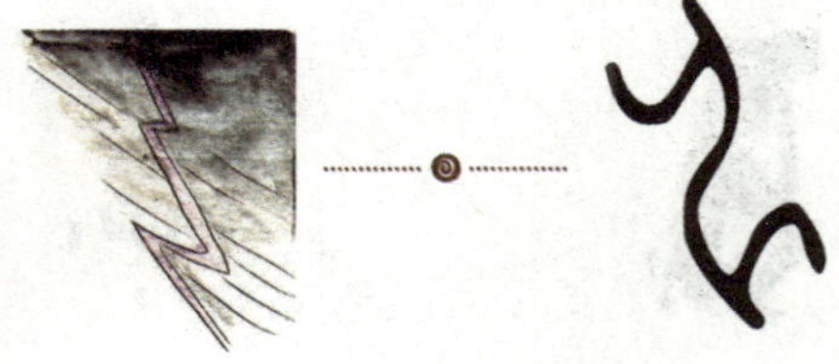

“申”是象形字。甲骨文像雷雨天闪电舒张的形状。金文与甲骨文形体很相似。小篆将闪电拉直，线条化了。隶变后楷书写作“申”。

申，神明。（申）代表七月，这时阴气形成，它的体态，或自伸展，或自卷束。从臼，表示自我持控的意思。官吏在申时吃晚饭的时候听理公事，是为了申明早晨所布置的政务的完成情况。大凡申的部属都从申。“申”的本义为闪电。闪电在天空中是肆意伸展的，所以又泛指伸展、延长。不仅事物可以伸展开，事情和言谈也可以由一个点展开，故而还引申为陈述、表明。